U0737112

应用型本科院校经济与管理类专业系列教材

管 理 学

（第二版）

主　编　朱礼龙

副主编　郝世绵　程业炳　郑　谦

主　审　刘朝臣

合肥工业大学出版社

图书在版编目(CIP)数据

管理学/朱礼龙主编 . —2 版 . —合肥:合肥工业大学出版社,2015.6
ISBN 978 - 7 - 5650 - 2271 - 5

Ⅰ.①管…　Ⅱ.①朱…　Ⅲ.①管理学—高等学校—教材　Ⅳ.C93

中国版本图书馆 CIP 数据核字(2015)第 129174 号

管理学(第二版)

主编　朱礼龙		责任编辑　汤礼广		
出　版	合肥工业大学出版社	版　次	2009 年 4 月第 1 版	
地　址	合肥市屯溪路 193 号		2015 年 6 月第 2 版	
邮　编	230009	印　次	2015 年 6 月第 5 次印刷	
电　话	理工编辑部:0551—62903087	开　本	710 毫米×1000 毫米　1/16	
	市场营销部:0551—62903163	印　张	24.75	字　数　444 千字
网　址	www.hfutpress.com.cn	印　刷	合肥星光印务有限责任公司	
E-mail	hfutpress@163.com	发　行	全国新华书店	

ISBN 978 - 7 - 5650 - 2271 - 5　　　　　　定价:45.00 元

如果有影响阅读的印装质量问题,请与出版社市场营销部联系调换。

第二版前言

本书第一版是 2009 年 4 月出版的，距今已经整整五年了。

这五年来，管理者面对的社会已经发生了很大的变化，特别是源于 2008 年下半年的金融危机，其余威尚存，组织管理面临的新情况新问题层出不穷，而且未来仍会不断变化；另外，管理学是一门动态的学科，因此作为这一学科的教科书应该及时反映社会变化带来的新问题，以帮助管理者在不同的条件下提前做好从事管理工作的准备。基于此，我们对本书进行了适当的修订。

第二版的修订工作由朱礼龙教授统筹，各章的修订工作分工为：第一章、第七章、第八章由朱礼龙修订，第二章、第十二章由程业炳修订，第十章由郑谦修订，第十三由奚雷修订，第十四章由詹学文修订。为了保持本书原有体系特点，我们在修订时对其没有做大的变动，只是在体例方面做了较大的调整，并精选了每章的导入案例，删除每章中的插入案例和结尾案例，使得每章的阅读更为流畅。修订的重点是补充和完善每一章的内容，增加和更新了必要的案例。

在第二版的修订工作中，各位参与修订的人员查阅了大量的资料，付出辛勤劳动，使得本书的质量提高了很多。对在修订本书工作中参考的资料，我们尽可能地在参考文献中列出，并借此对相关作者表示深深的谢意。

由于作者水平有限，再加上管理理论的不断发展，人们对它的认识和研究还在继续深入，因此本书在论述中难免出现谬误，编者真诚地希望读者提出宝贵意见，以便在今后的修订工作中加以改正。

编　者

第一版前言

管理活动由来已久,人类社会出现后,有了有组织的活动,便有了管理活动。在管理活动中,人们不断总结管理经验,逐渐形成了闪烁着人类智慧的博大精深的管理思想以及日臻完善的管理理论。本书在借鉴和吸收前人管理思想和管理理论的基础上,紧密结合当今的管理实践,对管理的基本思想、原理和方法也进行了适当总结并做了若干探索。在体系的设计和内容的安排上,本书尽可能做到体系完整、结构合理、内容丰富而又重点突出,力求使理论阐述和实际应用有机结合,在保持一定理论高度的同时使其兼有较强的可读性。

本书的内容共分 6 篇 14 章。第一篇是总论部分,主要介绍管理的概念、特征和职能,管理者的角色和技能,管理的普遍性与特殊性,管理理论的演变,组织环境以及管理道德与社会责任。第二篇是计划部分,主要介绍决策、计划以及战略与战略规划。第三篇是组织部分,主要介绍组织和人力资源管理。第四篇是领导部分,主要介绍领导、激励和沟通。第五篇是控制部分,主要介绍控制职能。第六篇是创新部分,主要介绍创新职能。

本书的编写大纲由朱礼龙副教授拟订,并经全体参编教师反复酝酿、讨论修改而成。初稿完成后又经多次集体修改,最后由刘朝臣教授仔细审读后才定稿。各章的编写工作分工为:第一章、第七章、第八章、第十四章由朱礼龙编写,第二章、第三章、第四章由郝世绵编写,第五章、第六章由谢传会编写,第九章、第十一章、第十二章由程业炳编写,第十章由郑谦编写,第十三章由奚雷编写。

在教材的编写过程中,我们参阅了大量的文献资料,还借鉴了在管理领域做过开拓性工作的专家和学者们的研究成果,在此,我们对其表示衷心的感谢。由于编者水平有限,加上成书时间仓促,难免存在错漏之处,敬请广大读者批评指正。

编　者

目 录

第一篇 总 论

第二篇　计　划

第三篇 组 织

第四篇 领 导

第五篇　控　制

第六篇　创　新

第一篇 总 论

- 管理导论
- 管理理论的演变
- 组织环境
- 管理道德与社会责任

第一章　管理导论

【学习目标】

通过本章内容的学习，学生将了解和掌握管理的概念和特征，管理职能的定义以及决策、计划、组织、领导、控制和创新等管理职能，管理者的定义、类型以及组织对管理者的素质要求，亨利·明茨伯格的管理者角色理论，罗伯特·卡茨的管理者技能理论以及管理的普遍性与现实性问题。

【导入案例】

小米等手机被曝存漏洞　易致银行支付宝账户被盗

随着移动互联网的发展与智能手机的普及，第三方支付规模日益扩大。而由于手机系统存在的固有漏洞，使攻击者通过建立公共 WIFI、植入木马程序等方式获取用户手机隐私以及账户信息，从而达到银行卡与支付宝账户中现金盗取的目的。

一、小米 2、三星 Galaxy S4 等机型被曝存安全漏洞

按照支付宝以及支付平台现有的保护措施，用户在具有账号、登录密码、支付密码、短信验证码四道防线才能通过的第三方支付平台实现消费转账，并且每笔消费都有银行账户变动短信进行提示。那么数道防线下，不法分子又是如何盗刷银行卡的呢？从事研究第三方支付的独立机构将近年来通过支付宝盗刷银行卡的案例进行汇总分析指出，部分案例是由于用户个人不慎，泄露个人信息所致，如被人复制身份证补办手机卡，导致银行卡被盗刷；而相当部分案例是用户被动情况下由于网络环境不安全导致用户银行卡资金被盗，如去咖啡馆等公众场所链接 WIFI，导致手机被控制。经过研究人员调查发现，小米 2、三星 Galaxy S4 以及谷歌 Nexus 4 部分机型存在 ROOT 提权安全漏洞。

二、手机系统漏洞致安全手机软件失效

在这些被调查的手机中,全部都安装了国内主流的手机安全软件。根据央视报道,当专业技术人员利用系统安全漏洞进行支付宝攻击转账测试时,手机上安装的安全软件并没有做出安全防护措施。这种攻击模式组合使用浏览器的漏洞和本地 ROOT 提权漏洞,进行进一步攻击,完全屏蔽掉360 手机卫士的运行,从而使其失效。并且该种攻击模式,使腾讯手机管家等市场主流手机安全软件同样失去保护手机的作用。

三、避免链接公共 WIFI 防银行卡盗刷

针对存在安全漏洞的手机,攻击者会设置一个公共的钓鱼 WIFI,通过去配置一台无线路由器,把它作为用户手机上网的中间人共计的节点。如果用户手机连入这样的公共 WIFI 中,用户的上网流量就会被劫持到攻击者指定的一个笔记本电脑或者 PC 上。一旦手机上网用户的数据流被攻击者劫持,用户点开的任何网页就有可能被攻击者插入恶意攻击程序,并利用手机固有的漏洞植入新的木马程序,帮助攻击者获得手机的完全控制权,从而读取手机存储的手机用户信息,控制手机安装的应用。此外,获得控制权后还能将验证短信完全屏蔽,从而实现恶意转账。

管理活动由来已久,自从人类社会出现以来,有了有组织的活动,也就有了管理活动。于是人们开始总结管理活动中已有的经验,形成了一些闪烁着古代劳动人民智慧的、质朴的管理思想。然而,令人遗憾的是,管理理论的出现,却是 19 世纪末的事。在 19 世纪末 20 世纪初的欧美,随着工业化进程的加速,管理实践的丰富,古典管理理论(即科学管理理论和组织管理理论)开始形成,从而标志着管理理论的诞生。

第一节　管理的概念和特征

一、管理的概念

管理就其字面而言,即"管人"和"理事",亦即管理者对组织中的人和事进行安排和处理。但是这种过于简单的陈述没能告诉我们有关管理含义的更多的信息。有关"管理"一词的解释,我们援引有代表性的中外管理学者所下的定义,并给出本书的定义。

科学管理理论创始人泰罗(F. W. Taylor)认为,管理就是对工人进行挑选和培训,对生产和操作进行统计和记录以及定额管理的过程。管理的实质就

是"确切地知道你要别人做什么，并注意他们用最好最经济的方法去做"。

组织管理理论的主要代表人物亨利·法约尔（Henry Fayol）主张管理是计划、组织、指挥、协调和控制这五种因素的运用和体现过程。管理就是实施计划、组织、指挥、协调和控制。

行政组织理论的主要代表人物马克斯·韦伯（Max Weber）指出管理是通过行政组织体系层层下达并实现企业经营者意图的过程。

早期的管理学者玛丽·帕克·芙丽特（Mary Parker Follett）认为管理是通过其他人来完成工作的艺术。

决策理论的代表人物西蒙（H. A. Simon）认为，管理就是决策，决策贯穿于管理的全过程。

管理过程学派的代表人物孔茨（H. Koontz）则提出，管理就是设计和保持一种良好的环境，使人在群体里高效率地完成既定目标。

斯蒂芬·罗宾斯和玛丽·库尔特（Stephen P. Robbins & Mary Coulter）认为，管理是一个协调工作活动的过程，以便能够有效率和有效果地同别人一起或通过别人实现组织的目标。

托马斯·贝特曼和斯考特·斯奈尔（Thomas S. Bateman & Scott A. Snell）指出，管理是通过对人和资源的配置实现组织目标的过程。

杨文士认为，管理是指组织中的管理者，通过实施计划、组织、人员配备、指导和领导、控制等职能，来协调他人的活动，使他人和自己一起实现既定目标的活动过程。

周三多认为，管理是指组织为了达到个人无法实现的目标，通过各项职能活动，合理分配、协调相关资源的过程。

综合上述定义，本书认为，管理是一个协调各项职能活动的过程，通过对人和资源的有效配置，从而实现组织的目标。

关于该定义可作如下进一步解释：

（1）管理的载体是组织。组织包括企事业单位、国家机关、政治党派、社会团体及宗教组织等。

（2）管理的本质是一个协调各项职能活动的过程。为了组织总体目标的实现，有必要对组织开展的各项职能活动进行协调。

（3）管理的对象是人和其他资源。管理的对象涉及一切相关资源，包括人、财、物、资金、技术、信息等，其中人是各类资源中最为重要的资源。

（4）人和资源的配置离不开信息获取、决策、计划、组织、领导、控制和创新等管理职能。本书认为，创新不是作为一个独立的职能出现，它是伴生于其他职能活动的，在其他职能活动开展过程中体现出来。

（5）管理的目的是为了实现既定的组织目标。目标不仅是组织成员开展各项职能活动的动力，更是组织设立的原因。

二、管理的特征

1. 管理的自然属性与社会属性

管理的自然属性是指管理具有不以人们的意志为转移，也不以社会制度和意识形态的不同而有所改变的性质，它是一种客观存在。管理的自然属性可以从以下三个方面来理解：

（1）管理是人类社会活动的客观要求。人类的任何社会活动，都需要组织协调，如果没有这种组织协调，生产要素就难以优化组合，经济的各个活动就不能正常进行，社会劳动过程就会发生中断和混乱，社会文明就难以继续，社会进步就无从谈起。

（2）管理是一种特殊职能，是社会分工的产物。随着人类社会的进步和经济的发展，管理作为一种专门职业被从整个社会分工中分化出来，经济越发达，专门管理人员的作用就显得愈加重要。

（3）管理是生产力。一个组织，一个地区，一个国家，其生产力的发达程度不仅取决于其各种资源的质量和数量，更取决于其组合程度和有效利用程度。这些都要依赖于管理。

管理的社会属性是指与生产关系相联系的特性。任何社会组织的管理都是在一定的社会形态下进行的，受到政治、法律及体制的影响。作为特殊职能的管理活动要能够反映出管理的预期目的、谁的目的和怎样的目的、实现目的的途径和手段等，所有这些问题，其实质就是为谁管理的问题。纵观人类历史，所有管理都是为了生产资料占有者服务。资本主义生产关系下的管理从来都是为资本家服务的，具有剥削性和资本的独裁性；而社会主义生产关系下的管理是为国家和人民的利益服务的，具有公有性，反映着国家、集体和个人的经济关系，反映着人民当家做主的社会特征。当然，冷战结束后，由于科技进步、资本主义国家阶级结构的变化、国家干预的增加以及人民民主意识的增强，资本主义管理的剥削性和资本独裁性的具体形式和特征发生了较大的变化，但其本质并没有发生变化，这就是管理社会性的反映。

2. 管理的科学性与艺术性

管理是由一系列概念、原理、原则和方法构成的知识体系，反映了管理活动的科学性。管理的科学性主要体现在管理具有系统化的理论知识、严格的程序化操作以及具体的管理技术和技能三个方面。

管理的艺术性则是强调管理的实践性，没有实践，也就无所谓艺术。管理是一种随机的创造性工作,它不像有些科学那样可以单纯通过数学计算去求得最佳答案,也不可能为管理者提供解决问题的具体模式,它只能使人们按照客观规律的要求,实施创造性管理,从这个意义上讲,管理是一种艺术。同时,管理中还存在着许多未知的、活的、模糊的因素。所谓未知的、活的、模糊的因素,即靠人的经验、感觉、魄力、权威等都无法度量甚至无法言传,被人们称之为"艺术"的部分,这部分也正是管理学应该开发的处女地。随着科学技术的发展和管理科学的发展,那些未知的、活的、模糊的领域会越来越少(但不会没有),但对人们去从事管理的艺术水平的要求却越来越高。

3. 管理的协调性与目的性

管理存在于各种社会化活动之中,涉及组织与组织、组织与个人、个人与个人之间关系的协调,这就决定了管理具有协调性。由于单个人的能力有限,许多目标的实现是个人力所不逮的,所以个人必须借助于组织这一平台,通过与他人的合作实现组织既定的目标。同时,由于资源的稀缺性,有限的资源如何在组织之间、组织内部各部门之间甚至是同一部门不同岗位之间合理地配置,都离不开管理。

管理是人类一种有意识、有目的的活动,具有明显的目的性,任何管理都具有一定的目的,没有目的的行为或活动是不能称之为管理的。目的性是管理区别于其他行为或活动的特性。管理作为有目的的人类活动,它渗透到每一组织活动中,对组织的发展乃至社会的进步具有普遍意义。任何组织进行管理,都是为了达到其组织目的,而管理目的就是组织中管理主体规定管理客体的管理活动以及应遵循的发展轨道,给自身也给管理客体树立一个努力的方向和目标,是组织中管理活动最终应达到的预期结果,是为实现管理过程而树立的目标。

第二节 管理的职能

在管理过程中,管理者要实现组织的目标,往往采用某些程序类似、内容具有共性的管理行为,涉及一系列不同的活动,包括信息获取、决策、计划、组织、领导、控制和创新等。人们对这些管理行为或活动加以系统性归纳,逐渐形成了"管理职能"这一普遍被认同的概念。

一、管理职能的概念

管理职能对任何组织而言都是极其重要的,但是作为组织管理活动的管理职能究竟应该包括哪些,管理学者至今仍众说不一。

最早系统地提出管理职能的是法国的法约尔。他提出管理的职能包括计划、组织、指挥、协调和控制五个职能，其中计划职能为他所重点强调。他认为，组织一个企业，就是为企业的经营提供所有必要的原料、设备、资本和人员；指挥的任务要分配给企业的各种不同的领导人，每个领导人都承担各自单位的任务和职责；协调就是指企业的一切工作都要和谐的配合，以便于企业经营的顺利进行，并且有利于企业取得成功；控制就是要证实一下是否各项工作都与已定计划相符合，是否与下达的指示及已定原则相符合。

古利克和厄威克（L. Gulick & L. Urwick）就管理职能的划分，提出了著名的管理七职能说。他们认为，管理的职能包括计划、组织、人事、指挥、协调、报告和预算。

孔茨和西里尔·奥唐奈里奇（Koontz & Cyril O'Donnell）把管理的职能划分为计划、组织、人事、领导和控制。人事职能的包含意味着管理者应当重视利用人才，注重人才的发展以及协调人们的活动，这说明当时管理学家已经注意到了人的管理在管理行为中的重要性。

20 世纪 60 年代以来，随着系统论、控制论和信息论的产生以及现代技术手段的发展、管理决策学派的形成，使得决策问题在管理中的作用日益突出。西蒙在解释管理职能时，突出了决策职能。他认为组织活动的中心就是决策。制定计划、选择计划方案需要决策，设计组织结构、人事管理等也需要决策，选择控制手段还需要决策。他认为，决策贯穿于管理过程的各个方面，管理的核心是决策。

美国学者米和希克斯（Mill & Hicks）在总结前人对管理职能分析的基础上，提出了创新职能，突出了创新可以使组织的管理不断适应时代发展的论点。

国内学者周三多提出管理职能涉及信息的获取、决策、计划、组织、领导、控制和创新，突出了信息工作在组织管理中的重要性。

综上所述，本书认为，管理职能是指管理过程中各项活动的基本功能，是管理者在管理活动中应当承担的职责和任务，是管理活动内容的理论概括，是管理原则、管理方法的具体体现。管理职能主要涉及决策、计划、组织、领导、控制和创新等管理活动。

二、主要的管理职能

1. 决策

决策职能是管理者识别并解决问题以及利用机会的过程。从某种意义上来说，决策是要解决正式组织如何确定目标并为实现目标而合理地选择手段的问题。解决这个问题,是正式组织的主要机能,也是管理者必须要行使的重要职能。美国的管理学家罗宾斯曾十分明确地指出,决策是管理者工作的实质。

决策是组织管理中一个程序性很强的活动,其一般步骤如图 1-1 所示。

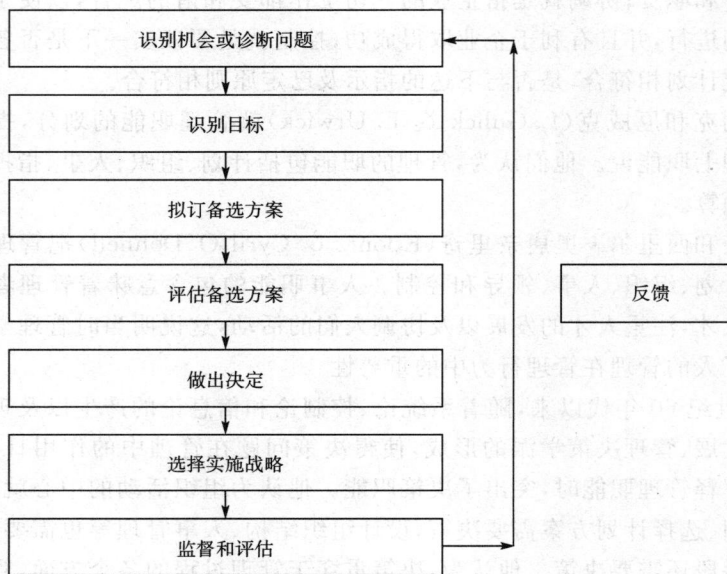

```
┌─────────────────────────┐
│     识别机会或诊断问题      │◄─────────┐
└─────────────────────────┘           │
            │                          │
┌─────────────────────────┐           │
│        识别目标            │           │
└─────────────────────────┘           │
            │                          │
┌─────────────────────────┐           │
│       拟订备选方案          │           │
└─────────────────────────┘           │
            │                          │
┌─────────────────────────┐    ┌────────┐
│       评估备选方案          │    │  反馈   │
└─────────────────────────┘    └────────┘
            │                          │
┌─────────────────────────┐           │
│        做出决定            │           │
└─────────────────────────┘           │
            │                          │
┌─────────────────────────┐           │
│       选择实施战略          │           │
└─────────────────────────┘           │
            │                          │
┌─────────────────────────┐           │
│       监督和评估           │──────────┘
└─────────────────────────┘
```

图 1-1　决策程序图

2. 计划

计划职能是组织为实现既定的决策目标而对未来的行动进行规划和安排的工作过程。制定目标并确定为达成这些目标所必需的行为是计划的本质所在。需要指出的是,从事计划活动是组织中各层次管理者所必须开展的;各层次管理者必须制订符合并支持组织总体战略的目标;各层次管理者必须制订一个支配和协调他们所负责的资源的计划,以便实现工作小组的目标。

3. 组织

组织职能是指对组织所拥有资源的分配与协调的活动过程。要实现对组织所拥有资源的分配与协调,管理者必须根据组织的战略目标和经营目标来设计组织结构,配备人员和整合组织力量,提高组织的应变力,以有效地实现目标。组织工作的主要内容是:①根据组织的规模和任务设计组织结构;②明确相应的职责、任务和权力;③为了保证工作顺利建立健全各项规章制度等。

4．领导

领导职能是指指挥、带领、引导和鼓励组织成员以使他们为实现组织目标做贡献的过程。领导职能的发挥有赖于三个条件：①管理者必须具有领导其工作小组成员朝着组织目标努力的能力；②管理者必须了解个人和组织行为的动态特征，激励员工及进行有效的沟通和团队合作；③领导者必须富有创新意识和创新精神。

5．控制

控制职能是指对组织的运行状况及战略经营计划的实施进行监督，并进行必要的改变，以确保组织目标的实现。控制是通过信息反馈和绩效评估，对组织的活动进行监督、检查、纠正偏差的过程，是连续不断、反复进行的过程，贯穿于整个活动的始终。控制职能保证了组织各部门、各环节按预定要求运作，从而实现组织的目标。控制工作的主要内容是：①识别计划与实际运行的偏差；②找出产生偏差的原因；③采取纠偏行动。

6．创新

创新职能是指人们在改造自然和改造社会过程中方法、手段和结果的质的飞跃。创新首先是一种思想以及在这种思想指导下的实践，是一种原则以及在这种原则指导下的具体活动，是管理的一项基本职能。创新职能主要表现为：①发明——新颖性、创造性和实用性的科学技术的创造；②发现——对未知事物或规律的揭示；③革新——渐进式技术发展；④开发——技术发明的推广和应用。

第三节　管　理　者

管理大师彼得·德鲁克（Peter F. Drucker）曾经说过："如果一个企业运转不动了，我们当然去找一个新的经理，而不是另雇一批工人。"由此可见，组织管理者对组织的生存和发展起着至关重要的作用。那么，究竟什么是管理者？管理者有哪些类型？组织对管理者的素质有哪些要求？诸如此类的问题，有必要加以阐述。

一、管理者的定义

传统观点认为，管理者是指那些在组织中行使管理职能、对组织目标做出实质性贡献的人。这一定义以正式职位和权力为基础，以此为基础，组织中的成员被区分为管理者和被管理者。

现代观点认为,管理者是组织中这样的一类人,他们通过协调其他人的活动达到与别人一起或者通过别人实现组织目标的目的。这一定义的实质在于,管理者不仅仅是在行使管理职能,更重要的是,通过组织资源尤其是人力资源的合理配置达到实现组织目标的目的。

组织的管理者是相对于被管理者而言的,被管理者一般也称为作业人员。作业人员是指在组织中直接从事具体的业务,且不承担对他人工作监督职责的人,他们的任务就是做好组织分派的具体的操作性任务。

二、管理者的类型

管理者的分类可以按管理者所在的层次进行分类,也可以按管理者负责的管理领域进行分类。

1. 按管理者所在的层次进行分类

组织尤其是大型组织有许多管理层次。管理者处于组织不同的层次往往影响其重要职能和技能组成。

对大型组织来说,不同层次管理者的类型有高层、中层和基层之分,他们在组织中的位置如图1-2所示。

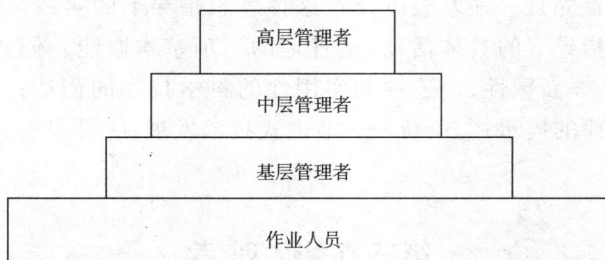

图1-2 管理者的层次分类

（1）高层管理者

高层管理者是一个组织中的高级执行者并负责全面的管理,一般高层管理者指战略管理者,关注长期问题并侧重于组织的生存、成长和总体有效性。

高层管理者包括首席执行官(CEO)、首席运作总监(COO)、公司总裁、副总裁和高级执行委员会的成员。

传统意义上,高层管理者的作用是通过制定战略和控制资源确定总体方向。但现在,高层管理者更经常被叫作真正的组织领导者,而不是战略建筑师。

（2）中层管理者

中层管理者位于组织中高层管理者和基层管理者之间,负责将战略管理者制定的总目标和计划转化为更具体的目标和活动,又称为战术管理者。

传统意义上,中层管理者接受公司目标并将其分解为事业单位目标,将下面的事业单位计划集中起来供高层参考。但现在,中层管理者角色的变化需要他们不仅是管理控制者,而且还是其下属的成长教练。一方面,必须确保那些基层管理者能够保持长期战略目标与短期并需要马上行动的事情之间的平衡;另一方面,必须支持下属并训导他们,使其更具创新精神。

(3)基层管理者

基层管理者是监督组织运作的低层管理者,直接涉及组织内非管理性的员工,实施中层管理者制定的具体计划。

传统意义上,基层管理者受上层的指导和控制,以确保其成功地实施支持公司战略的行动。但在现在优秀的公司里,基层管理者执行的作用变弱了,而对其创新和创造性的需要在增加,以实现成长和新业务开发。

需要指出的是,在小公司和那些已经适应时代的大公司里,管理者肩负战略、战术和运作的责任。今天,最好的管理者有能力进行战略思考,将战略转变为具体目标,协调资源,与基层员工一起工作。

2. 按管理者负责的管理领域进行分类

按管理者负责的管理领域进行分类,管理者可以分为综合管理人员和专业管理人员。综合管理人员是指负责管理整个组织或组织中某个事业部的全部活动的管理者,专业管理人员是指仅仅负责管理组织中某一类活动的管理者,如图1-3所示。

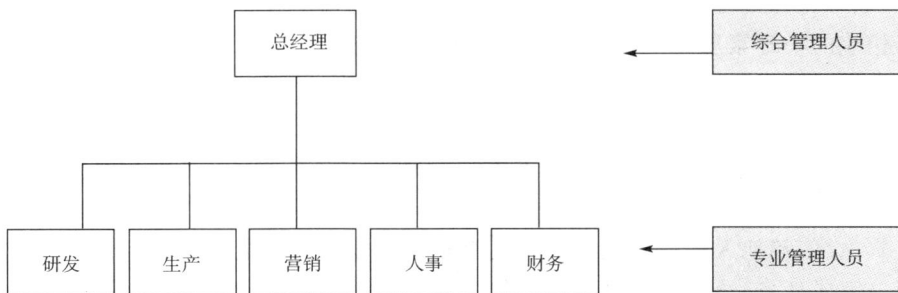

图1-3 管理者的领域分类

三、组织对管理者的素质要求

管理者的素质是指管理者与管理相关的内在基本属性与质量。管理者的素质是形成管理水平与管理能力的基础,是做好管理工作、取得管理功效的极为重要的主观条件。其素质主要表现为政治素质、思想素质、道德素质、终身学习的理念、知识和技术素质、心理素质、创新能力、团队精神、强健的体质和充沛的精力等。

1. 政治素质

政治素质是指管理者在政治方面表现出来的基本特质,是管理者从事管理活动必须具备的政治立场、政治观点、政治态度和政治品质等各方面的总和。政治素质在整个管理者素质体系中居首要地位,对于其他素质的发挥具有决定性的影响。政治素质是管理者素质构成体系中最根本、最首要的素质。

2. 思想素质

思想素质是管理者理论修养、思想作风、思想观念以及思维方法等各方面的总和,是管理者在管理活动中正确地认识问题、科学地分析问题、成功地解决问题的前提。思想素质的高低是管理者成熟与否的重要标志,对实现有效管理起着关键性作用。具有良好思想素质的管理者,能在管理的过程中更好地发挥能动作用,增加主动性、目的性和创造性,从而表现出较高的管理水平,取得良好的管理绩效。

3. 道德素质

道德素质是指管理者在管理活动中自觉遵守社会规范,恪守职业道德的素质。道德素质具体包括:

(1)责任心。管理者作为社会活动的指挥者,对他人、集体和社会肩负着重大的责任。管理者应该热爱自己的事业,为事业的成功努力工作。

(2)宽容。管理者在管理活动中必须在非原则问题上有宽松、灵活的精神和相应的心理素质。"有容德乃大",只有心胸宽阔,才能团结上下左右搞好工作。为此,管理者一是要包涵下属的缺点,二是能心平气和地使用优于自己的人才。

(3)诚实。这是一个有道德素质的管理者必备的根本品质,是取信于人、成就事业的基础。

(4)信赖他人。在管理活动中能否充分信任下属和员工,放心大胆地让他们去完成任务,这是现代管理者与传统管理者的重大区别。在现代社会,由于工作的复杂性,使得完成某一项任务不可能仅依靠领导一个人。作为管理者,只有具备充分信任他人的心理素质,才能充分发挥组织内部每一个人的作用,培养出一批有实干精神和能力的人才。

(5)心胸开阔。古人云:"宰相肚里能撑船。"管理者应心胸开阔,能容人、容事,不斤斤计较个人得失。尤其是在经营管理企业的过程中,更要把握好诚信原则,要与人为善。得民心者得天下,就是这个道理。为此,管理者要养成良好的品德,要善待他人,尊重他人,平等待人,这样才能使员工有一种公平感,积极性才能被充分调动出来。

(6)吃苦耐劳。管理的本质是服务。管理者必须做到服务认真、态度端正,礼貌待人,工作热情、周到。管理工作头绪多,事情繁杂,有时急事突如其来,加班加点是家常便饭,休息日经常也是工作日。因此,吃苦耐劳精神也是管理者所不可缺少的素质。

4. 终身学习的理念

知识经济时代向组织的管理者发出了明确的信号:智慧、知识、资本在今后的时代中将扮演更加重要的角色,拥有知识的管理者将拥有更多的取胜机会,不懂得最新生产方式和创新方式的管理者将会被社会淘汰;学校教育、素质教育和终身学习是管理者立身社会的不可或缺的支撑点。

5. 知识和技术素质

专业知识是管理者知识结构中不可缺少的组成部分,尤其是科技管理者。只有懂专业的管理者,才能在管理过程中有的放矢,灵活机动,遵循事物发展规律,按客观规律办事,避免官僚主义。

管理者应懂技术。作为一名现代的企业管理人员,不能把自己的水平和能力仅仅定位在满足于一般的宏观性的企业经营管理上。管理者懂技术,并不是要求作为管理者本身必须对本企业生产经营所涉及的各种技术样样精通,这样做既不现实,也没必要。但管理者至少要做到以下几点:一是应该了解和掌握本单位的技术情况,要知道本单位的技术水平、技术装备、技术力量,与同行业技术力量相比,本单位技术力量处在何种地位,既要与国内的同行比,也要与国外的同行比;二是应该掌握本单位的一两项关键性技术,要做到越熟练越好,这样不仅有利于提高企业管理者在员工中的地位和威信,而且有助于管理者有效地解决在管理中遇到的实际问题;三是要不断加强技术管理,要高度重视技术人员的引进、培养和素质的提高工作,采取有效措施,不断提高本企业产品的高新技术含量。

6. 心理素质

心理素质是指人们的心理条件,它由自我意识、气质、性格、情感、价值观等心理要素构成。

(1)自我意识。自我意识包括自我概念、自我评价、自我信心、独立性等内容,反映人类认识自己、评价自己和体现自己的能力。这种不同的自我意识,在相当程度上影响着人们对职业的选择以及职业上的成功。管理者应有极强的自信心和自主性,不墨守成规、优柔寡断、畏首畏尾,而是勇往直前、无所畏惧,主动地面对任何困难。

(2)气质。气质是人们对外界事物的一种惯性反应,主要表现在情绪体验的快慢、强弱、隐显以及动作的灵敏或迟钝方面。气质对管理者的能力和绩效也有一定的影响作用。

(3)性格。性格是指一个人较稳定的对现实的态度和习惯化了的行为方式,是态度和行为方式较为稳定的心理特征。管理者的性格特征是在承认了性格差异的前提下,寻找那些直接影响管理者管理绩效的性格共性,这些共性的因素,构成了他们的基本性格特征。

(4)情感。情感是人的喜、怒、哀、乐等心理表现。人的情感类型一般可划分为感情型和理智型。管理者,尤其是高层领导者,由于从事的是具有很大不确定性和竞争性的事业,管理过程中会遇到许多棘手的问题,因此,要求管理者在情感上更富有理性色彩,无论在顺境还是在逆境中都能保持清醒的头脑,以高度的沉着和冷静进行思考、分析和行动。

7. 创新能力

管理者需要大胆创新。创新是发现、发明或开发一种新思想、新概念并将之应用于实践的过程。组织的各层级管理者要认清世界的潮流,真正地在自己的工作岗位上,勇于实践,大胆创新,敢于走别人没有走过的路,在市场经济的大潮中,创造出自己独特的经验,不断提高组织的竞争能力。

8. 团队精神

不要以为在企业当上了领导就是一个人说了算,一意孤行必将导致众叛亲离。时时善待他人,尊重企业里的每一个人,是干好事业、办好企业的关键,善于协调、沟通、协商才是企业管理者要做的大事情。

9. 强健的体质和充沛的精力

当今社会,竞争压力越来越大,企业管理者要在竞争中取胜,保持身体健康是基本保证。身体健康的人不仅精力充沛,而且心胸宽广、态度乐观,这样才能在压力面前不会轻易地败下阵来。

第四节　管理者的角色与技能

一、管理者的角色

美国著名的管理学家亨利·明茨伯格(Henry Mintzberg)是管理者角色学派的创始人。管理者角色学派是 20 世纪 70 年代在西方出现的一个管理学派,它是以对管理者所担任的角色分析为中心来考察管理者的职务和工作的。明茨伯格认为,管理者做什么可以通过管理者在工作中所扮演的角色来恰当地描述。对于管理者而言,从管理者的角色出发,才能够找出管理学的基本原理并将其应用于管理者的具体实践中去。

管理者角色学派的代表作,就是明茨伯格的《管理者工作的性质》(The Nature of Managerial Work)。管理者真正做了什么? 他们是怎么做的? 为什么要这样做? 对这些古老的问题早就有着许多现成的答案,但明茨伯格并不轻易相信这些现成答案,而是深入研究现实。明茨伯格发现,在企业管理过程中,管理者很少花时间做长远的考虑,他们总是被这样或那样的事务和人物牵制,而无暇顾及长远的目标或计划。一个显而易见的事实是,他们用于考虑一个问题的平均时间仅要九分钟。管理者若想固定做一件事,那这样的努力注定要失败,因为他会不断被其他人打断,总会需要他去处理其他事务。所以,明茨伯格认为,那种从管理职能出发,认为管理是计划、组织、指挥、协调、控制的说法,未免太学究气了。你随便找一个管理者,问他所做的工作中哪些是协调而哪些不是协调,协调能占多大比例,恐怕谁也答不上来。所以,明茨伯格主张不应从管理的各种职能来分析管理,而应把管理者看成各种角色的结合体。

在《管理者工作的性质》中,明茨伯格这样解释说:"角色这一概念是行为科学从舞台术语中借用过来的,角色就是属于一定职责或者地位的一套有条理的行为。"根据他自己和别人的研究成果,得出结论说,管理者并没有按照人们通常认为的那样按照职能来工作,而是进行别的很多工作。明茨伯格将管理者的工作分为 10 种角色。这 10 种角色可归纳为三类,即人际关系方面的角色、信息传递方面的角色和决策制定方面的角色。明茨伯格的管理者角色理论的内容可以用表 1-1 来表示。

表 1-1　明茨伯格的管理者角色理论

角　色	描　述	特征活动
人际关系方面的角色		
(1)挂名首脑	象征性的首脑,必须履行许多法律性的或社会性的例行义务	迎接来访者,签署法律文件
(2)领导者	负责激励和动员下属,负责人员配备、培训和交往	实际上从事所有的有下级参与的活动
(3)联络者	维护自行发展起来的外部接触和联系网络,向人们提供恩惠和信息	发感谢信,从事外部活动

信息传递方面的角色		
(4)监督者	寻求和获取各种特定的即时的信息,以便透彻地了解组织与环境,作为组织内部和外部信息的神经中枢	阅读期刊和报告,保持私人接触
(5)传播者	将从外部和下级得到的信息传递给组织的其他成员——有些是关于事实的信息,有些是解释和综合组织的有影响的人物的各种价值观点	举行信息交流会,用打电话方式传达信息
(6)发言人	向外界发布有关组织的计划、政策、行动、结果等信息,作为组织所在产业方面的专家	举行董事会议,向媒体发布信息
决策制定方面的角色		
(7)企业家	寻求组织和环境中的机会,制定改进方案以发起变革,监督某些方案的策划	制定战略,检查会议执行情况,开发新项目
(8)干扰对付者	当组织面临重大的、意外的动乱时,负责采取补救行动	制定战略,检查陷入混乱和危机的时机
(9)资源分配者	负责分配组织的各种资源——事实上是批准所有重要的组织决策	调度、询问、授权,从事涉及预算的各种活动和安排下级的工作
(10)谈判者	在主要的谈判中作为组织的代表	参与工会进行合同谈判

1. 人际角色

人际角色直接产生于管理者的正式权力基础。管理者所扮演的三种人际角色是:挂名首脑角色(作为首脑必须行使一些具有礼仪性质的角色)、领导者角色(管理者和员工一起工作并通过员工的努力来确保组织目标的实现)、联络者角色(与组织内个人、小组一起工作以及与外部利益相关者建立良好的关系所扮演的角色)。

(1)挂名首脑角色

这是管理者所担任的最基本的角色。由于管理者是正式的权威,是一个组织的象征,因此要履行这方面的职责。作为组织的首脑,每位管理者有责任主持一些仪式,比如接待重要的访客、参加某些职员的婚礼、与重要客户共进午餐等。很多职责有时可能是日常事务,然而,它们对组织能否顺利运转非常重要,不能被忽视。

（2）领导者角色

由于管理者是一个企业的正式领导,要对该组织成员的工作负责,在这一点上就构成了领导者的角色。这些行动有一些直接涉及领导关系,管理者通常负责雇佣和培训职员,负责对员工进行激励或者引导,以某种方式使他们的个人需求与组织目的达到和谐。在领导者的角色里,我们能清楚地看到管理者的影响。正式的权力赋予了管理者强大的潜在影响力。

（3）联络者角色

这指的是管理者同他所领导的组织以外的无数个人或团体维持关系的重要网络。通过对每种管理工作的研究发现,管理者花在同事和单位之外的其他人身上的时间与花在自己下属身上的时间一样多。这样的联络通常都是通过参加外部的各种会议、各种公共活动和社会事业来实现的。实际上,联络角色是专门用于建立管理者自己的外部信息系统的——它是非正式的、私人的,但却是有效的。

2. 信息角色

管理者负责确保和其一起工作的人具有足够的信息,从而能够顺利完成工作。整个组织的人依赖于管理结构和管理者以获取或传递必要的信息,以完成各自工作。管理者所扮演的三种信息角色是:监督者角色（持续关注内外环境的变化以获取对组织有用的信息,接触下属或从个人关系网获取信息,依据信息识别工作小组,了解组织潜在的机会和威胁）、传播者角色（分配作为监督者获取的信息,保证员工具有必要的信息,以便切实有效完成工作）、发言人角色（把信息传递给单位或组织以外的个人,让相关者如股东、消费者、政府等了解和满意）。

（1）监督者角色

作为监督者,管理者为了得到信息而不断审视自己所处的环境。他们询问联系人和下属,通过各种内部事务、外部事情和分析报告等主动收集信息。担任监督角色的管理者所收集的信息很多都是口头形式的,通常是传闻和流言,当然也有一些董事会的意见或者是社会机构的质问等。

（2）传播者角色

组织内部可能会需要这些通过管理者的外部个人联系收集到的信息。管理者必须分享并分配信息,要把外部信息传递到企业内部,把内部信息传给更多的人知道。当下属彼此之间缺乏便利联系时,管理者有时会分别向他们传递信息。

（3）发言人角色

这个角色是面向组织的外部的。管理者把一些信息发送给组织之外的人。而且,管理者作为组织的权威,要求对外传递关于本组织的计划、政策和成果信息,使得那些对企业有重大影响的人能够了解企业的经营状况。例如,首席执行官可能要花大量时间与有影响力的人周旋,要就财务状况向董事会和股东报告,还要履行组织的社会责任,等等。

3. 决策角色

处理信息并得出结论。管理者进行决策,让工作小组按照既定的路线行事,并分配资源以保证计划的实施。管理者所扮演的四种决策角色是:企业家角色(对作为监督者发现的机会进行投资,以利用这种机会)、干扰对付者角色(处理组织运行过程中遇到的冲突或问题)、资源分配者角色(决定组织资源如财力、设备、时间、信息等用于哪些项目)、谈判者角色(花费大量时间,同包括员工、供应商、客户和其他工作小组进行必要的谈判,以确保小组朝着组织目标迈进)。

（1）企业家角色

企业家角色指的是管理者在其职权范围之内充当本组织变革的发起者和设计者。管理者必须努力组织资源去适应周围环境的变化,要善于寻找和发现新的机会。而作为创业者,当出现一个好主意时,总裁要么决定一个开发项目,直接监督项目的进展;要么就把它委派给一个雇员。这是开始决策的阶段。

（2）干扰对付者角色

企业家角色把管理者描述为变革的发起人,而干扰对付者角色则显示管理者非自愿地回应压力。在这里,管理者不再能够控制迫在眉睫的罢工、某个主要客户的破产或某个供应商违背了合同等变化。在危机的处理中,时机是非常重要的,而且这种危机很少在例行的信息流程中被发觉,大多是一些突发的紧急事件。实际上,每位管理者必须花大量时间对付突发事件。没有组织能够事先考虑到每个偶发事件。

（3）资源分配者角色

管理者负责在组织内分配责任,他分配的最重要的资源也许就是他的时间。更重要的是,管理者的时间安排决定着他的组织利益,并把组织的优先顺序付诸实施。接近管理者就等于接近了组织的神经中枢和决策者。管理者还负责设计组织的结构,即决定分工和协调工作的正式关系的模式,分配下属的工作。在这个角色里,重要决策在被执行之前,首先要获得管理者的批准,这能确保决策是互相关联的。

(4)谈判者角色

组织要不停地进行各种重大的、非正式化的谈判,这多半由管理者带领进行。对在各个层次进行的管理工作研究显示,管理者花了相当多的时间用于谈判。一方面,因为管理者的参加能够增加谈判的可靠性,另一方面因为管理者有足够的权力来支配各种资源并迅速做出决定。谈判是管理者不可推卸的工作职责,而且是工作的主要部分。

需要指出的是,管理者的这10种角色是一个整体,它们是互相联系、密不可分的。这10种角色形成了一个完整的角色构架,没有哪种角色能在不触动其他角色的情况下脱离这个框架。比如,人际关系方面的角色产生于管理者在组织中的正式权力和地位;这又产生出信息方面的三个角色,使其成为某种特别的组织内部信息的重要神经中枢;而获得信息的独特地位又使管理者在组织做出重大决策(战略性决策)中处于中心地位,使其得以担任决策方面的四个角色。我们说这10种角色形成了一个完整的角色构架,并不是说所有的管理者都给予每种角色同等的关注。不过,在任何情形下,人际的、信息的和决策的角色都不可分离。这10种角色表明,管理者从组织的角度来看是一位全面负责的人,但事实上却要担任一系列的专业化工作,既是通才又是专家。

二、管理者的技能

管理者能否扮好自己的角色,能否履行好各自管理岗位所要求的职责,能否有效地开展管理工作,在很大程度上取决于他们是否真正具备了管理所需的相应的管理技能。根据罗伯特·卡茨(Robert L. Katz)的研究,管理者应具备三类基本的技能,即技术技能、人际技能和概念技能。

1. 技术技能

技术技能是指管理者运用所监督的专业领域中的过程、惯例、技术和工具的能力,诸如工程、计算机科学、财务、会计、国际贸易、物流等。技术技能对于基层管理者最重要、中层管理者较重要、高层管理者较不重要,这是因为基层管理者要直接处理作业人员所从事的工作。

2. 人际技能

人际技能是指成功地与别人打交道并与别人沟通的能力。具有良好人际技能的管理者能够使员工付出最大的努力。人际技能包括对下属的领导能力和处理不同小组之间的关系的能力。管理者知道如何与员工沟通,如何激励、引导和鼓励员工的热情和信心，人际技能对于所有层次的管理者都很重要，但对于中层管理者尤为重要。

3. 概念技能

概念技能是指把观点设想出来并加以处理以及将关系抽象化的精神能力。具有概念技能的管理者必须能够将组织看作一个整体，能准确把握组织和单位内的各种关系，识别问题的存在，拟订可供选择的解决方案，挑选最好的方案并为付诸实施提供便利，因此概念技能对于高层管理者最为重要。

管理技能与管理层次之间的关系如图1-4所示。

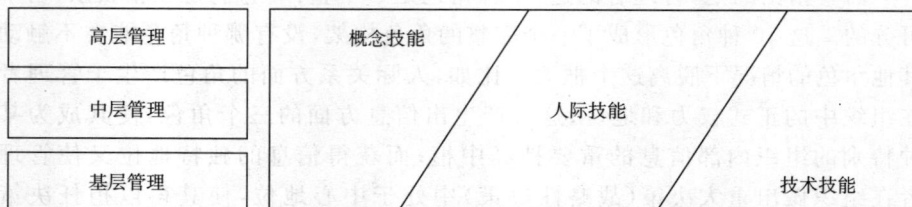

图1-4 管理技能与管理层次之间的关系

第五节 管理的普遍性与现实性

如果你是一位经管专业的学生，你可能会有这样一个疑问，为什么将管理学作为学科基础课开设？如果你是一位非经管类专业的学生，你可能会有这样一个疑问，为什么将管理学作为一门公共选修课开设？通过对管理的普遍性与现实性的认识，你将会了解学习管理学这门课程的意义。

一、管理的普遍性

作为与社会化大生产相伴而生的一类活动，管理是无处不在、无时不在的。对于所有的组织而言，管理都是绝对必要的。无论组织的规模大小，无论在组织的哪个层次，无论组织的工作领域是什么，无论这个组织位于哪个国家，管理都是普遍存在的，管理的这种性质被称为管理的普遍性（如图1-5所示）。

由于管理是普遍存在的，无论作为管理者出现，还是作为被管理者出现，我们每一个人都是离不开管理的。通过学习管理，一方面有助于我们了解良好管理的组织，总结其成功的经验；另一方面有助于我们了解管理不善的组织，分析其失败的教训，并且采取措施加以纠正。

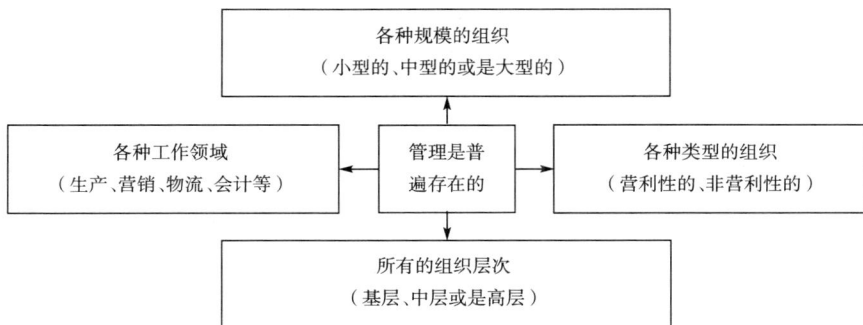

图 1-5 管理的普遍性

二、管理的现实性

学习管理的另一个原因是我们所处的现实环境。当我们成为管理者时，我们要考虑如何带领下属去实现组织的目标；当我们是被管理者时，我们要学会如何与管理者打交道，学会如何分析管理者的行为，以及学会对组织的工作有更深入的洞察。因此，无论你在组织中的地位如何，你都可以从管理的课程中获取许多有价值的知识。

复习思考题

一、名词解释

1.管理

2.管理者

3.管理职能

4.技术技能

5.人际技能

6.概念技能

二、问答题

1.如何理解管理的内涵？

2.为什么说管理既是科学又是艺术？

3.主要的管理职能有哪些？它们之间的相互关系如何？

4.简述一个有效的管理者需要扮演的角色。

5.管理者应该具备何种技能？不同层次的管理者在应具备的技能上有何侧重？

三、案例分析题

事必躬亲的章总

北京 H 公司章总，工龄有三十多年，在行业内也算是前辈，工作态度非常严谨。他对公司组织的培训工作非常重视，从培训课程内容设置、培训讲师选聘、培训酒店场地签订到培训证书印制、培训现场条幅悬挂、培训期间餐饮订单等，事无巨细，从头抓到尾，尽管公司有专门的培训部。章总经常亲自蹲点于培训教室现场，中间还不时打断讲师指正讲授内容，但由于公司人员常排队等他签字，于是他就不时召唤秘书奔走往返于培训现场进行公文处理。

一次，章总突然指示培训部下周举办经销商销售顾问培训班和市场经理培训班，完全脱离培训工作实施规划。培训部不得不马上开始确定培训讲师、拟制培训日程表、商谈培训教室、拟订培训通知等事项。由于某种原因，报到实际人数没有达到理想状态，章总在培训报到现场，果断指示将两个班合并为一个班举办，以节省开销。尽管前期已经安排妥当，培训讲师林教授也强调培训对象不同，培训内容侧重点不一样，最关键报到时间也不同，章总却置之不理。结果经销商参训学员得知突然变更，怨声载道，全部怪罪培训部。章总竟然也在众人面前大声斥责培训部负责人，为什么培训工作做得一塌糊涂，然后命令公司其他所有部门负责人全部到场蹲点，这下更热闹了，培训工作不光章总亲自指导，各部门负责人也不时指东道西，甚至连总经理秘书也插手指挥。可想而知，一个简单的培训活动最终被搞得乱七八糟。培训结束第二天，培训部负责人打了辞职报告。

思考题：

1. 试用管理者技能理论分析事必躬亲的章总。

2. 你是否赞同培训部负责人的辞职之举？如果是培训部负责人，你会怎样做？

第二章　管理理论的演变

【学习目标】

通过本章的学习,学生将了解和掌握中国古代的管理思想和西方工厂制度初期的管理思想及实践、西方管理理论产生和发展的过程,主要的管理理论产生的背景、代表任务和理论要点,当代管理理论发展的新动向。

【导入案例】

如何进行管理?

在一个管理经验交流会上,有两个厂的厂长分别阐述了他们各自对如何进行有效管理的看法。A厂长认为,企业首要的资产是员工,只有员工们都把企业当成自己的家,把个人的命运与企业的命运紧密联系在一起,才能充分发挥他们的智慧和力量。因此,管理者有什么问题,都应该与员工们商量解决;平时要十分注重对员工需求的分析,有针对性地给员工提供学习、娱乐的机会和条件;每月的黑板报上应公布当月过生日的员工的姓名,并祝他们生日快乐;如果哪位员工生儿育女了,厂里应派车接送,厂长应亲自送上贺礼。在A厂长厂里,员工们都普遍地把企业当作自己的家,全心全意地为企业服务,工厂日益兴旺发达。B厂长则认为,只有实行严格的管理才能保证实现企业目标所必须开展的各项活动得以顺利进行。因此,企业要制定严格的规章制度和岗位责任制,建立严密的控制体系;注重上岗培训;实行计件工资制等。在B厂长的厂里,员工们都非常注意遵守规章制度,努力工作以完成任务,工厂发展迅速。

管理的思想,古来有之,许多典型例子说明,人类有史以来就在群体式组织中进行管理活动,而现代管理理论则是西方资本主义工厂制度出现以后的产物。管理的演变过程,大体上经历了传统管理、古典管理、行为科学管理、现代管理、当代管理几个阶段,各管理学派分别从自己的学科优势出发,从不同的角度,用不同的方法对管理问题进行研究,不断完善和发展管理理论,使之更加系统化、科学化、人性化。管理不仅是一门艺术,而且演变成为一门科学。

第一节 早期管理思想

一、中国古代管理思想

只要存在人类的集体活动，就存在对这种活动的管理。而只要存在对人类活动的管理，就会有人对管理活动的实践进行思考，从而有可能在此基础上形成某种管理思想。人类在整个历史发展过程中，存在着这种或那种形式的集体活动，或者更准确地说，人类本身就是在集体活动中产生和发展的。因此，管理学作为一门独立科学的出现虽然只有近百年的时间，但是管理思想却和人类历史一样悠久深远。

中国有着几千年的文明史，在波澜壮阔的管理实践中，在浩如烟海的文史资料中，蕴藏着极其丰富的管理思想。下面所列举的只是其中几个闪光点而已。

1. 顺道

中国历史上的"道"有多种含义，属于主观范畴的"道"是指治国的理论；属于客观范畴的"道"是指客观规律。"顺道"是指管理要顺应客观规律。

老子认为"道法自然"，天有天道，人有人道，自然界和人类社会的运行都有其固有的规律。对自然界来说，"天不变其常，地不易其则"（《管子·形势》），其运行规律是不以人的意志为转移的。社会活动也是如此，生产、市场、人事、财务、农村和城市的治理，都有轨可循，"不通于轨数而欲为国，不可"（《管子·山国轨》）。

人们要取得事业成功，必须顺轨而行，不能逆道而上，因为道是客观存在的，不可能因人而移，"万物之于人也，无私近也，无私远也"（《管子·形势》），只能"因之"，不能抗拒。顺乎它，它必"助之"，你的事业就会"有其功"，"虽小必大"；逆了它，它对你也必"违之"，你必"怀其凶"，"虽成必败"。

根据这种思想，管理者必须做到：第一，辨道，辨识客观规律；第二，顺道，根据客观规律的要求来组织管理活动。

2. 重人

重人包括两个方面：一是重人心向背，二是重人才归离。治理国家，办成事业，得人是第一位的，所以我国历来讲究得人之道，用人之道。"民为邦本，本固邦宁"，自古从未有以损民为务而可以兴邦立国者，几千年的中国文明史证明了这是一条颠扑不破的真理。民本思想源于先秦，汉以后被进步思想家们奉为治国的基本方针。"闻之于政也，民无不为本也。国以为本，君以为本，吏以为本。"国家的安危存亡兴衰,定之于民;君之威侮、明昏、强弱,系之于民;吏之贤昏、廉贪,辨之于民;战争胜负也以能否得民之力为准。

得民是治理、兴国之本。欲得民必先得民心。"政之所兴,在顺民心;政之所废,在逆民心。""得众而不得其心,则与独行者同实。"(《管子》:"牧民"、"参患")为了得民心,必须为民谋利。只有"国民之利而利之",才能使"天下之民归心"(《论语》:"尧曰"、"季氏")。

得人才是得人的核心。我国素有"求贤若渴"一说,表示对人才的重视。能否重贤能之助,关系到国家的兴衰和事业的成败。"得贤人,国无不安……失贤人,国无不危"(《吕氏春秋·求人》)。"欲占国家盛衰之符,必以人才离合为验"(《水心文集》卷一《上宁宗皇帝札子》)。诸葛亮总结汉的历史经验说:"亲贤臣,远小人,此先汉之所以兴隆也;亲小人,远贤臣,此后汉之所以倾颓也"(诸葛亮《前出师表》)。

3. 求和

和则兴邦,和则生财。"和"强调的是人际关系融洽、和谐。天时、地利、人和被人们普遍认为是成功的三要素。其中,人和是发挥天时、地利作用的先决条件,"天时不如地利,地利不如人和",所以孔子提倡"礼之用,和为贵",管子强调,"上下不和,虽安必危",为求事业成功,务必"和谐辑睦","上下合同"。

求和的关键在于当权者。只有当权者严于律己,严禁宗派,不任私人,公正无私,才能团结大多数人。所以古人提倡"无偏无党","循公以灭私","天子无私人"(《直讲李先生文集》)。所谓"无私者容众",切不可"以爵禄私有爱",要严禁"独举"、"结纽",以致"党而成群者"(《管子》:"五辅"、"法法")。求和,不仅要团结顺从自己的人,而且还重用反对过自己的人,且"从束如流",常思己短己过,广纳贤才,才能形成一个高效能的人才群体结构。

4. 法治

法律是由国家制定或认可的,体现统治阶级的意志,以国家强制力保证实施的行为规则的总和。法治就是根据法律而非君主或官吏的个人好恶来调整社会、经济、政治关系,组织社会政治、经济活动。

中国古代的法治思想源于先秦,其后不断发展、完善。它包括三条基本原则:明法、一法、常法。

明法是法的公开性原则。明则信,"法必明,令必行","上有明法,下有常事也","号令必明若,赏罚必信,此正民之经也"(《管子》:"法法"、"君臣上")。民明法,可防违法抗吏;吏明法,可防枉法殃民。"法之不明,而求民之行令也,不可得也"。明法使"人不敢犯",才能做到"刑省法寡",这叫作"明赏不费,明刑不暴","明法之犹,至于无刑也",明刑者省刑(《商君书》:"君臣"、"刑赏";

《管子》："八观"、"枢言"）。

一法包括统一性原则和平等性原则。一法要求令统一，一切"唯令是行"，如果"权度不一，则循义者惑"（《管子·君臣上》），人们将会无所适从。一法还要求法律面前人人平等，"刑过不避大臣，赏善不遗匹夫"（《韩非子·有度》），要反对官吏乃至君主的法外特权，任何人不得游离于法律之外。据此，商鞅曾规定，"有功于前，有败于后，不为损刑；有善于前，有过于后，不为亏法；忠臣孝子有过，必以其数断"（《商君书·刑赏》）。《战国策》赞扬"商君法秦，法令至行，公平无私，罚不畏强大，赏不私亲近"，实为古代法治的榜样。

常法，也称固法，即保持法的稳定性。"法莫如一而固，使民知之"。"国有常式，故法不稳"。"执者固，固者信"，"法制有常，则民不散而上合"。如果"上无固镇，下有疑心；国无常经，民力不竭，数也"（《韩非子·五蠹》；《管子》："君臣上·下"、"法法"）。只有保持法的稳定性，才能取信于民，从而强化法的权威。

5. 守信

信誉是国家和企业的生命，这是我国长期管理实践中产生的信条。中国人从来都是重信誉的。孔子说，"君子信而后劳其民"（《论语·尧曰》）。韩非说，"小信成则大信立，故明主积于信"（《韩非子·外储说左上》）。治理国家，言而不信，出尔反尔，政策多变，从来都是大忌。故《管子》告诫主政者要取信于民，行政应遵循一条主要原则："不行不可复"。"不行不可复"者，"不欺其民也"。欺骗人民只能是一次，第二次欺骗，人民就不信你了。"言而不可复者，君不言也；行而不可再者，君不行也。凡言而不可复，行而不可再者，有国者之大禁也"（《管子·形势》）。

6. 预谋

"凡事预则立，不预则废"，"无过在于度数，无困在于预备"（《中庸》第二十章，《尉缭子·十二陵》）。预者，预测、预谋、预备，核心是预谋。预谋必须先预算；谋划出方案，就应当落实到人力、物力的预备。《孙子》主张未战先算，"以虞待不虞者胜"（《孙子·谋政》）。管子主张"以备待时"，要有预见，才能备患于无形而立于不败之地，"唯有道者能备患于未形也"（《管子》："霸言"、"牧民"），"有道"即能遵守客观规律，由此产生了重视调查和预测的传统。政情预测、军情预测、年景预测、商情预测、气象预测等广泛运用于管理实践，且成为预谋策划的基础。商鞅变法中留意于掌握人、马、粮、草等十三数，"不知国十三数，地虽利，民虽众，国愈弱至削"（《商君书·去强》）。范蠡经商注意于预测年景变化规律，推知粮食供求和价格的变化趋势，"论其有余不足，则知贵贱"，"贵上极则反贱，贱下极则反贵"，进行"时断"和"智断"，及时收购和发售，并提出"旱则资舟,水则资车"的"待乏"原则(《史记·货殖列传》)。诸葛亮准确地考察了敌方政治军事态势及其将士的素质,预测气象趋势,经过缜密谋划,才得以草船借箭,取得了战术上的胜利。

二、西方工厂制度初期的管理思想及实践

管理思想虽然古已有之,但管理理论的系统形成则是伴随着工厂制度的出现而开始的。工厂制度的出现,不仅使管理活动的思考有了众多的对象,而且还使管理活动逐渐成为许多组织成员的专门职业,他们的任务便是思考和改善管理活动。这种思考的累积必然有助于管理理论的系统形成和发展。在西方工厂制度初期,对管理活动进行思考并提出一定管理思想的主要是一些经济学家和工厂管理人员。

1. 小詹姆斯·瓦特与马修·鲁宾逊·博尔顿

最早在企业管理中使用科学管理方法的,当推小詹姆斯·瓦特(James Watt,Jr)和马修·鲁宾逊·博尔顿(Mathew Robinson Boulton)。他们是蒸汽机发明和设计的两个先驱者的儿子。1796年,当他们的父亲在英国建立索霍工程铸造厂时,他们就开始负责对这家工厂的管理,还对管理事务进行了分工:瓦特主持组织工作与行政管理,博尔顿负责销售与商业活动。他们为工厂制定了许多管理制度,并在组织工厂的生产与销售活动中运用了多种管理技术。比如,他们组织市场调查,向欧洲大陆派出许多代表收集各项可能影响蒸汽机需求的资料,并据此确定企业的生产能力和编制生产计划;依据工作流程的需要,有计划地安排机器的空间布置,组织生产过程规范化,产品部件标准化;在会计与成本核算方面,他们建立了详尽的统计记录和控制系统,还采用了原料成本、人工费用、成品库存等分别记账的会计制度,从而能够计算工厂所制造的每台机器的成本和每个部门所获得的利润;在人事管理方面,他们进行了工作效率研究,制定了管理人员与员工的培训计划,实行按成果支付工资的方法,并试图改进员工的福利,为员工建立了一套互助保险制度。瓦特和博尔顿在管理实践中的这些探索甚至令今天的管理学家感到惊奇。

2. 罗伯特·欧文

罗伯特·欧文(Robert Owen)是空想社会主义者,他是19世纪初期最有成就的实业家之一,也是杰出的管理学先驱者,他最早播下了人事管理的种子。欧文认为,人是环境的产物,只有处在适宜的物质和道德环境下,人才能培养出好的品德。为了证明自己的哲学观点是正确的,欧文在他自己的工厂里进行了一系列劳动管理方面的改革:停止雇用10岁以下的童工,将原来雇

用的童工送入学校学习；其余的人每天工作时间不超过 10 小时 45 分钟；禁止对工人体罚；为工人提供厂内膳食；设立向工人按成本销售生活必需品的商店；通过建造工人住宅与修筑道路来改善工人生活的社区环境，等等。

为了吸引其他实业家也来关心工人工作和生活条件的改善，欧文正确地指出了人的因素在工业生产中的重要作用。他在自传中写道："如果对无生命的机器给予适当的注意就能产生如此有利的结果，那么如果对你的极为重要的、构造更为奇特的、有生命的机器给予相同关注的话，又有什么样的结果不可以期望呢？"他嘲笑那些实业家们只注意把数以千计的金钱与大量的时间用来购买和改进机器，而不愿对工人进行投资。他认为，如果把同样数目的金钱和时间用来改善工人劳动的话，那么带来的收益将不是资本的 5%、10% 或 15%，而是 50%，在许多情况下甚至会是 100%。他宣称自己在新拉纳克的工厂获得了 50% 的利润，还说不久将会达到 100%，而这主要是关心人的结果。

3. 亚当·斯密

亚当·斯密（Adam Smith）是英国古典政治经济学的主要代表人物之一，他的《国民财富的性质和原因的研究》（简称《国富论》）不仅是经济学说史上的不朽巨著，而且也是管理学宝贵的思想遗产。在这本书中，他不仅阐述了劳动价值理论，而且还详细分析了劳动分工带来的好处。

斯密认为，劳动是国民财富的源泉。一国财富的多寡取决于两个因素：一是该国从事有用劳动的居民在总人口中所占的比重；二是这些人的劳动熟练程度、劳动技巧和判断力的高低。劳动分工有助于这个目标的实现。斯密详细分析了制针业的情况。他指出，即使是制针这样简单的作业，如果每个工人都完成全部的制造过程，那么一个雇用 10 个工人的工厂每天只能生产 2000 根针；而如果将制造过程分解成好多个不同的作业程序，每个工人只从事有限的操作，那么尽管工厂设备简陋，也可以使针的产量达到 48000 根以上。为什么"同样数量的工人因为有了劳动分工就能完成更多的工作"呢？斯密认为，其原因有三：

第一，劳动分工可以使工人重复地完成简单的操作，从而可以提高劳动熟练程度，提高劳动生产率；

第二，劳动分工节省了通常由一种工作转到其他工作所损失的时间；

第三，劳动分工使劳动简化、工具专门化，从而有利于创造新工具和改进设备。而新机械的发明和利用，又使劳动进一步简化和减少，从而使一个工人能够完成许多工人的工作。

需要指出的是，斯密关于劳动分工的分析，后来发展成为管理学的一条基本原则。

4. 查理斯·巴贝奇

查理斯·巴贝奇（Charles Babbage）是英国的一位数学家，曾于1828～1837年在剑桥大学任数学教授，并在1833年设计了一种能自动执行指令、具有现代计算机的所有基本要素（存储装置、穿孔卡片输入系统、运算装置、外存储器以及条件运转器）的分析机器。正因如此，有人把巴贝奇称为"计算机之父"。

作为一名数学家，巴贝奇一生中始终对经济和管理问题有着浓厚的兴趣。1832年，他出版了《论机械和制造业的经济》一书。在这本书中，巴贝奇继续进行斯密关于劳动分工的研究并指出，劳动分工不仅可以提高工作效率，还可以减少工资支出。他认为，一项复杂的工作，如果不进行分工，每个工人都要完成制造过程中的各项工序，企业则必须根据全部工序中技术要求最高和体力要求最强的标准来雇用工人，并支付每个工人工资。相反，在进行了合理的分工后，企业就可以根据不同工序的复杂程度和劳动强度来雇用不同的工人，支付不同标准的工资，从而使工资总额减少。

此外，巴贝奇还强调不能忽视人的因素。他认为，工厂与工人之间有一种共同的利益，主张实行一种分红制度，使劳动效率得到提高的工人能因此而分享工厂的一定利润，并对那些提出有效的合理化建议的工人给予奖励，等等。

三、早期管理思想阶段的主要特点

在传统管理思想阶段，管理仍未摆脱小生产方式的影响，管理者主要靠自己的主观经验和直观判断来组织管理生产活动，没有形成一套科学系统的管理理论和管理方法。这一时期有关管理问题的论述，还未能建立起管理理论，但它们已经区分了管理职能与企业职能，意识到管理将会发展成为一门具有独立完整体系的科学，预见到管理的地位将不断提高，为管理学的形成奠定坚实的基础。

第二节　古典管理理论

古典管理时期是指19世纪下半叶至20世纪初。古典管理理论以"经济人"假设为基础，其出发点是经济利益成为驱动员工提高劳动效率的主要动力，在研究方法上侧重于从静态的观点分析管理过程的一般规律。

一、科学管理理论

正是由于社会发展的需要，以及传统经验式管理的束缚，美国出现了以泰罗为首的科学管理运动的倡导者,形成了划时代的"科学管理理论";在法国出现了以法约尔为代表的"一般管理理论"。他们使这一时代成为管理学科的转折点,使管理逐步由经验变为科学,由支离破碎走向系统化。

1. 泰罗与科学管理理论

泰罗(F. W. Taylor,1856—1915)出生于美国费城一个富有的律师家庭,中学毕业后考上哈佛大学法律系,但中途不幸患眼疾而被迫辍学。泰罗22岁时到一家工厂当学徒,在技术与管理上得到了锻炼,他的大部分时间是在宾夕法尼亚州的米德韦尔和伯利恒钢铁公司度过的。由于工作努力,表现突出,他很快就从一名普通工人被提升为领班、工长,最后成为总工程师。泰罗的经历使他对生产现场十分熟悉,尽管他发明过多项专利技术,但他还是意识到,在当时的工厂中要提高劳动生产率,最主要的问题不在于技术而在于管理,他认为单凭经验进行管理是不科学的,必须加以改变。于是他利用自己取得的地位开始了管理方面的一系列科学试验和革新活动,并据此提出了他的"科学管理理论"。

科学管理理论的影响是广泛而又深远的,它促进了工厂管理方式的改革,逐步代替了过去单凭经验管理的方法,并逐步形成一整套管理制度,使得美国一些主要企业长期得以稳定发展,同时它对以后管理理论的发展也有深远影响。泰罗奠定了科学管理的理论基础,标志着科学管理思想的正式形成。

从1881年开始,泰罗进行了一项"金属切削试验",由此研究出每个金属切削工人工作日的合适工作量。经过前两年的初步试验之后,他给工人制定了一套工作量标准。

1898年,泰罗受雇于伯利恒钢铁公司,在此期间进行了著名的"搬运生铁块试验"和"铁锹试验"。这一研究改进了操作方法,训练了工人,使生铁块的搬运效率提高了3倍。铁锹试验使每人每天的操作量从16吨提高到59吨,每个工人的日工资从1.15美元提高到1.88美元。

泰罗的"科学管理"理论的主要内容包括以下几个方面:

(1)工作定额。科学管理的中心问题是提高效率,为此要制定出有科学依据的劳动定额,要进行动作与时间研究。规定每个工人在工作日内的产量定额,通过工时研究和动作研究,制定出标准的工作定额。

(2)科学选择"第一流的工人"。"第一流的工人"是指最适合于他的工作而又有进取心的工人。为了提高劳动生产率,必须为工作挑选第一流的工人。泰罗认为,使工人的能力同工作相配合,管理当局的责任在于为工人找到最合适的工作,培训他们成为第一流的工人,激励他们尽最大的努力来完成工作。

(3)工作标准指导卡。根据操作的合理要求,制定加工路线、加工工艺、技术标准、操作标准、工具使用等工作标准卡,用来指导工人进行操作。泰罗认为,必须用科学的方法对工人进行培训,消除各种不合理的因素,制定出高效率的标准工作法,使工人按照工作标准从事工作。

(4)实行有差别的计件工资制。通过工作研究和分析,制定出一个有科学依据的定额,采取"差别计件制"的刺激性报酬制度。如果工人完成或超额完成定额,按比正常单价高出 25% 计酬。不仅超额部分,而且定额内的部分也按此单价计酬;如果工人完成不了定额,则按比正常单价低 20% 计酬。

(5)密切合作。工人和雇主都必须认识到,提高效率对双方都有利,为此,工人与管理者应保持密切合作,劳资双方应把注意力由盈余分配转移到盈余创造上,通过双方的共同努力,要使盈余增加到根本不必为如何分配而争论、对抗,双方应共同合作。

(6)计划职能同执行职能分开。泰罗主张划分计划职能与执行职能。计划部门的主要任务是调查研究,为定额与方法提供科学依据,制定定额、操作方法,拟定计划,发布指令,比较标准与实际进行控制;现场工人从事执行职能,按计划部门制定的操作方法和指示,使用规定的标准工具,从事操作。

泰罗在管理方面的主要著作有《计件工资制》(1895 年)、《车间管理》(1903年)和《科学管理原理》(1912 年)。泰罗通过这一系列的著作,总结了几十年试验研究的成果,归纳了自己长期管理实践的经验,概括出一些管理原理和方法,经过系统化整理,形成了"科学管理"的理论。由于他的杰出贡献,他被后人尊称为"科学管理之父"。

2.科学管理理论的其他代表人物

泰罗的科学管理理论在 20 世纪初得到了广泛的传播和应用,影响很大。许多人也积极从事管理实践与理论的研究,丰富和发展了"科学管理理论"。与泰罗同时代的人有:

(1)吉尔布雷斯夫妇。吉尔布雷斯是美国工程师,其夫人是心理学博士,他们在动作研究和工作简化方面做出了特殊贡献。吉尔布雷斯毕生致力于提高效率,被人们称之为"动作专家"。

(2)亨利·甘特,美国管理学家、机械工程师。他是泰罗在创建和推广科学管理时的亲密合作者,他的"甘特图"是当时计划和控制生产的有效工具,他还提出了"计件奖励工资制"。

二、法约尔与一般管理理论

泰罗等人主要研究工厂中如何提高效率,其研究范围始终没有超出劳动作业的技术过程,没有超出车间管理的范围。与泰罗同时代的法国人法约尔则以管理过程和管理组织为研究重点，着重研究管理的组织和管理的活动过程，奠定了古典组织理论的基本框架。

亨利·法约尔（Henry Fayol，1841—1925）是法国人，1860年从圣艾帝安国立矿业学院毕业后进入康门塔里——福尔香堡采矿冶金公司，成为一名采矿工程师，后来任矿井经理，1888年出任该公司总经理，并在这里度过了整个职业生涯。法约尔长期担任公司的总经理，他所处的地位使他研究的对象与泰罗有很大的不同。泰罗侧重于车间生产的管理研究，法约尔的研究侧重于从高层管理者的角度去剖析具有一般性的管理，注重对协调组织内部各项活动的基本原则的研究，被称为"一般管理理论"。于1916年问世的名著《工业管理与一般管理》是他一生管理经验和管理思想的总结，该书集中体现了他的研究精髓。法约尔的理论贡献主要体现在他对管理职能的划分和管理原则的归纳上。

法约尔指出，任何企业都存在着六种基本活动，管理活动只是其中的一种。这六种基本活动是技术活动、商业活动、财务活动、安全活动、会计活动和管理活动。其中管理活动又包括计划、组织、指挥、协调和控制五项职能。

法约尔在其《工业管理与一般管理》一书中还首次提出一般管理的14条原则：

（1）劳动分工。劳动的专业化分工可以提高效率，但分工要适度，并非越细越好。

（2）职权与职责。职权与职责是相互联系的，在行使职权的同时，必须承担相应的责任，有权无责或有责无权都是组织上的缺陷。

（3）纪律。它是企业领导人同下属人员之间在服从、勤勉、积极、举止、尊敬等方面所达成的协议，组织成功离不开纪律。

（4）统一指挥。组织的成功离不开指挥，组织内的每个成员只接受来自一个上级的指挥。

（5）统一领导。每一项具有同一目标的组织活动，只能有一个领导、一个计划。

（6）个人利益服从集体利益。任何雇员个人或雇员群体的利益，都应当服从组织的整体利益，个人和小集体的利益不能超越组织的利益。

（7）报酬合理。报酬应合理，对工作成绩和工作效率优良者应给予适当的奖励。

（8）集权与分权。根据组织的客观情况，确定适度的决策权力结构。

（9）等级链与跳板。从高层管理者到底层管理者的直线职权代表了一个等级链，信息应当按等级链传递。如果遵循等级链会导致信息传递的延迟，因此可以允许平级直接通过"跳板"沟通,但事后要汇报。

(10)秩序。组织中的每个成员应该规定其各自的岗位,各司其职。

(11)公平。管理者应当和蔼且平等地对待下级。雇员在受到公平对待时,会以忠诚和献身的精神来完成他们的任务。

(12)人员稳定。雇员的高流动率是低效率的,人员的经常变动对企业很不利。

(13)首创精神。在尽力完成工作任务的前提下,鼓励雇员的首创精神。

(14)团队精神。鼓励团队精神,以实现组织内部成员之间的协调和合作。

三、韦伯的行政组织理论

马克斯·韦伯(Max Weber,1864—1920)是德国古典管理理论的代表人物,出生在德国富裕家庭,担任过教授、政府顾问、编辑和作家等,他对社会学、经济学、政治和宗教都有广泛的兴趣,提出过许多新的观点和思想。其主要著作有《新教的伦理》、《经济史》、《社会组织和经济组织》等。韦伯最早提出了一套完整的行政组织体系理论,作为"古典组织理论"的创始人,他被称为"组织理论之父"。

韦伯的理想的行政组织体系理论,是指行政组织体系应以理性的、法律的权力为基础,其组织管理机构则是最纯粹的应用法定权力的形态。理想的行政组织是建立在正式、合法和权威基础上的最好的管理制度,是最符合理性原则、高效率的一种组织结构形式。在企业中的每一个人是通过职务和职位而不是通过个人或世袭地位来管理。韦伯的主要贡献是提出了理想的行政组织体系理论,这集中反映在他的代表作《社会组织与经济组织》一书中。韦伯理想的行政组织体系具有以下特点:

(1)劳动分工。把组织内的工作进行分解,使每个职位都有明确规定的权责范围,人员按职业专业化进行分工。

(2)职权等级。公职和职位应当按等级来组织,每个下级都处在一个上级的控制和监督下。

(3)人员任用。人员任用要完全根据职务的要求,通过正式考试和教育培训来实行。

(4)管理人员。管理人员有固定的薪金和明文规定的升迁制度,成为一种职业管理人员。

(5)遵守规则和纪律。管理人员必须严格遵守组织中规定的规则和纪律以及办事程序。

(6)组织中人员之间的关系。组织中人员之间的关系完全以理性准则为指导，只是职位关系而不受个人情感的影响。

韦伯认为，这种行政组织形式在原则上适用于各种组织。它是人们进行强制控制的合理手段，是达到目标、提高效率的最有效的形式。它在准确性、稳定性、严格的纪律性和可靠性等方面都优于其他组织形式，能适用于所有的管理工作及各种组织。

四、古典管理理论的特点

古典管理阶段出现了资本所有者与企业管理者的分离，管理成为企业的专门职能。随着生产社会化程度的提高，管理学家着重解决的问题是促使管理者们由传统的家长式经验管理过渡到制度化、标准化的科学管理，同时把人看作是单纯的"经济人"、"活机器"，强调物质因素的作用而忽视了人的社会性，且等级层次和规章制度过于僵硬，缺乏灵活性。

第三节　行为管理理论

20 世纪 20 年代至 50 年代，管理科学的发展进入了行为科学理论阶段。所谓行为科学，就是研究人的行为规律以及产生行为原因的一门综合性的边缘学科。这一学派研究的内容可分为两个方面：一是对组织中人与人之间关系的研究，即人际关系学派的观点；二是对群体中人的行为的研究，即组织行为学派的观点。

一、人际关系学说

梅奥（G. E. Moyo，1880—1949）是美国行为科学学家。1924～1932 年间，美国国家研究委员会和西方电器公司合作，由梅奥负责进行了著名的霍桑试验。霍桑试验在西方电器公司所属的霍桑工厂进行，经历了 8 年的时间，最初是想证明生产的物理条件对生产效率有直接的影响，但试验结果与试验假设大相径庭。梅奥中途介入并领导了后续的访谈与试验，发现了工作小组中的"非正式组织"现象，提出了与科学管理理论不同的"人群关系理论"。霍桑试验分四个阶段：

第一阶段——工厂照明试验。试验者希望通过试验得出照明度对生产率的影响，但试验结果发现，照明度的变化对生产率的影响很小。

第二阶段——继电器装配室试验。从这一阶段起，梅奥参加了试验。该试验是想证明各种工作条件的变动对小组生产率的影响，以便能够更有效地控制影响工作效率的因素。

第三阶段——大规模访谈。研究人员在实验的基础上在全公司范围内进行了访问和调查,结果发现,影响生产力最重要的因素是工作中发展起来的人群关系。

第四阶段——接线板接线工作室试验。以集体计件工资制的刺激来提高效率。试验发现,工人既不会超定额,也不会完不成定额。根本原因是工人怕标准再度提高,怕失业,为保护速度慢的同伴。

梅奥通过对霍桑试验的总结,于1933年完成了《工业文明中人的问题》一书,书中阐述了人群关系理论的主要观点:

(1)人是"社会人",而不是单纯的"经济人"。科学管理把人当成"经济人"看待,认为金钱是刺激人的积极性的唯一动力。梅奥认为,人是"社会人",影响其积极性的因素除物质方面外,还有社会与心理方面,如友情、安全感、归属感、自尊等。

(2)企业中除了"正式组织"之外,还存在着"非正式组织"。非正式组织是为了满足工作中的情感需求,包括兴趣爱好相投、亲朋故旧关系、工作联系等。非正式组织的弊端是可能集体抵制管理者的决策与命令,不利于统一指挥。

(3)新型的领导在于通过对职工满足度的增加,来提高工人的士气,从而达到提高效率的目的。领导的职责在于提高士气,善于倾听和沟通下属职工的意见,使正式组织需求和非正式组织的社会需求之间保持平衡,这样就可以解决劳资之间的矛盾和冲突,提高效率。

二、行为科学理论的创建和发展

行为科学的研究分为两大时期:一是人际关系学说,它以20世纪二三十年代美国学者梅奥的霍桑试验开始;二是1949年在美国芝加哥讨论会上第一次提出"行为科学"这一名词。人际关系学说的提出向人们指出了在管理过程中如何满足人的社会和心理方面的需求,从而调动人的工作积极性。许多学者对这一问题进行了系统的研究,研究的结果促进了管理理论的发展。为人际关系学说做出贡献的学者还有很多。

组织行为学派是一种横跨心理学、社会学等多学科的理论,它对工作中个人和群体的行为进行分析和解释,强调创造出一种最优工作环境,以便既能实现组织目标,又能实现个人目标。其研究主要集中在以下四个领域:

(1)人的需要、动机和激励问题。激励理论分为内容型激励理论、过程型激励理论和行为改造型激励理论三种类型,分别从不同角度探索了对职工的激励问题。其代表理论有:马斯洛的"需要层次论";赫茨伯格的"双因素理论"(保健—激励理论);斯金纳的"强化动机理论";弗鲁姆的"期望理论"。

（2）企业管理中的"人性"问题。其代表理论有：麦格雷戈的"X 理论—Y 理论"；莫尔斯和洛希的"超 Y 理论"；大内的"Z 理论"；阿吉里斯的"不成熟—成熟理论"。关于人性假定的具体内容将在本书有关章节作专题介绍。

（3）企业中的"非正式组织"以及人与人的关系问题。非正式组织对组织目标的实现有着重要的影响，包括非正式组织的规模与结构、内聚力与士气以及非正式组织内的人际关系等。其代表理论有：卢因的"团体力学理论"；布雷福德的"敏感性试验"；莱维特的"沟通网络理论"。

（4）企业的领导方式和领导行为问题。领导行为理论即领导有效性理论，它研究如何提高领导效率的问题。其代表理论有：坦南鲍姆和施密特的"领导行为连续体理论"；利克特的"支持关系理论"；斯托格第和夏特尔等人的"双因素模式"；布莱克和穆顿的"管理方格法"。

行为科学理论主张以人为中心进行管理，揭示了人类行为的一般规律，认为人的行为动机和需求是非常复杂的，这是管理思想的一个重大改变。行为科学理论的发展，推动了管理思想由僵化的专制式管理方式向灵活、激励式的管理方式转变。

第四节　现代管理理论的进展

一、管理理论丛林

第二次世界大战之后，世界政治形势基本稳定，许多国家都致力于发展本国经济，对管理问题的研究日益深入，呈现出了百家争鸣的理论繁荣局面。美国管理学家哈罗德·孔茨曾两次在《哈佛商业评论》中发表文章讨论他所提出的"管理理论丛林"问题。1980 年，关于管理理论丛林中的各个学派，孔茨指出至少已经有 11 个学派。

1. 管理过程学派

管理过程学派也叫管理职能学派，它是在法约尔管理思想的基础上发展起来的，主要代表人物有孔茨和奥唐奈。该学派认为，管理是一个过程，它是在正式组织中由管理者通过别人，并同别人一起去完成工作的过程。它可以划分为计划、组织、指挥、协调和控制等步骤，这些步骤形成了一个完整的系统。通过对管理过程的研究，可以总结出一些基本的管理原理和规律性的东西，由此形成一种管理理论。

2. 人际关系学派

人际关系学派的依据是，管理是通过别人来完成某些事情的活动，因此，就必须以人与人之间的关系为中心来研究管理问题。基本理论有：马斯洛的"需要层次理论"、赫茨伯格的"双因素理论"等。该理论以个人心理学作为研究的基础，注重组织中人与人之间的关系，并指出，处理好组织中人与人之间的关系是组织中的管理者必须理解和掌握的一种技巧。

3.群体行为学派

群体行为学派的最早代表人物是梅奥，其研究活动是霍桑试验。该学派重点研究各种群体的行为方式，即从小群体的文化和行为方式到大群体的行为特点。群体行为学派与人际关系学派关系密切，但群体行为学派侧重于研究群体中人的行为，不是纯粹的人际关系。

4.社会合作系统学派

社会合作系统学派的创始人是美国的高级经理和管理学家巴纳德，代表作是 1938 年出版的《经理人员的职能》。该学派认为，社会的各级组织都是一个协作系统，是由相互进行协调的个人所组成的协作系统。这些协作系统是正式组织，不论其级别的高低和规模的大小，都包含协作的意愿、共同的目标、信息联系三个基本要素。非正式组织也起着重要作用，它同正式组织互相创造条件，在某些方面对正式组织产生积极的影响。组织中的经理人员是这个协作系统的中心人物，经理人员在组织中起着相互协调、相互联系的作用，通过信息的沟通来协调组织成员的协作活动，使组织能够顺利运转，实现组织的共同目标。

5.社会技术系统学派

社会技术系统学派的创始人是英国的特里斯特，代表作有《长臂采煤法的某些社会学的和心理学的意义》、《社会技术系统的特性》。该学派认为，组织是由技术系统和社会系统形成的社会技术系统，个人的态度和行为都受到人们在其中工作的技术系统的巨大影响。要解决管理问题，只分析社会协作系统是不够的，还必须分析研究技术系统对社会的影响，以及对个人的心理影响。他们认为，组织的绩效不仅取决于人们的行为态度及其相互影响，而且也取决于人们工作所处的技术环境；管理人员的任务之一就是确保社会协作系统与技术系统的相互协调。

6.决策理论学派

决策理论学派的代表人物是西蒙和马奇，代表作有两人合著的《组织》和西蒙的《管理决策新科学》。该学派是在社会系统学派的基础上发展起来的，十分强调决策在组织中的重要地位，认为管理是以决策为特征的，管理的本质就是决策，决策贯穿于管理的各个方面和全过程。

7. 系统管理学派

系统管理学派把系统论的观点运用于研究组织的管理活动,代表人物主要有卡斯特、罗森茨韦克,代表作有《系统理论和管理》、《组织和管理:系统与权变的方法》等。该学派认为,组织应从系统和整体的观点来考察企业,这样可以使企业与社会以及企业内部各部门之间的关系网络更为清楚,就可以避免管理人员只注意专门领域的特殊职能,却忽略了组织的总体目标;或只注意内部条件的组织,却忽略了环境因素的影响。用系统的观点管理企业,有助于提高企业的经营效率,更好地实现企业的总目标。

8. 数理学派

数理学派的主要代表人物是美国的伯法,代表作为《现代生产管理》。数理学派认为,管理是制定和运用数学模型与程序的系统,是通过对企业生产、采购、人事、财务、库存等活动间相互关系的分析,用数学符号和公式来表示决策、计划、组织、控制等合乎逻辑的程序,求出最优的解答,以实现企业的目标。

9. 经验学派

经验学派的创始人是美国的德鲁克、戴尔、斯隆,代表作有德鲁克的《管理实践》、《管理:任务、责任和实践》以及戴尔的《伟大的组织者》。该学派主张通过分析经验来研究管理问题。他们认为,应该从企业管理的实际出发,以大企业的管理经验为主要研究对象,通过研究各种成功和失败的管理案例,总结出一些一般性的结论,就可以了解怎样进行管理。

10. 管理者工作学派

管理者工作学派又称经理角色学派,代表人物是加拿大的亨利·明茨伯格。该学派认为,对经理人员的实际情况进行考察,可以发现经理人员在现实中的活动规律,并以此来纠正纯粹的管理理论所造成的理解偏差。孔茨对明茨伯格的研究做了这样的评价:"观察管理者实际上在做什么是很有用处的。"

11. 权变学派

这是 20 世纪 70 年代末在西方形成的一种管理学派,代表人物是英国的伍德沃德。权变学派认为,不存在最好的、能适应一切情况的、一成不变的管理方法与管理理论。通过大量事例的研究和总结,他们把各种各样的企业归纳为几个基本类型,并为每一种管理类型找出一种管理模式。权变理论强调管理方式和方法同其所处环境的特点密切相关,管理方式和方法要适用于当时当地的环境和条件,要因时、因地、因人制宜。一种形式的管理方式在不同的环境条件下,会有不同的结果,因此,要具体问题具体分析。

以上各个学派都从不同的角度探索了管理的原理和方法,他们之间既有观点相通、继承发展的地方，也有许多观点不一致之处，呈现出"百花齐放、百家争鸣"的繁荣景象。这对于构筑管理科学理论非常有益，但这种管理理论的分散化趋势，经过一定阶段的发展是需要走向统一的，管理需要有一条系统的、全面的管理理论来指导。

管理理论从泰罗的科学管理问世发展至今，已有一个世纪的历史了，其间经历了古典管理理论阶段（包括泰罗的科学管理和法约尔、韦伯为代表的管理过程与管理组织理论）、行为科学理论和"管理科学"理论阶段，后来，随着行为科学和"管理科学"理论的继续发展、分化，演变出了许多新的管理学派，形成了众多风格各异的管理理论，进入了管理理论的丛林。

二、现代管理理论的主要特点

由于现代组织管理上的新问题、新情况、新要求，企业界和理论界纷纷尝试和创新相适应的管理思路、方式、方法和手段。于是，第二次世界大战后管理学说、管理实践犹如春天的百花，呈现出一派欣欣向荣的景象，综合地说，现代管理理论的发展体现出以下五个方面的特点。

1. 管理内涵进一步拓展

现代管理理论的内容不只限于成本的降低、产出的增加，而更重视人的管理、人力潜力的开发，更重视市场、顾客的问题，管理的核心更侧重于决策的正确与否、迅速与否。

2. 管理组织的多样化发展

管理组织形式多种多样，除了不断推出新的有效组织形式如事业部制、矩阵制、立体三维制等以适应现代企业组织管理的要求，还创设了与资产一体化控股、参股相适应的管理组织，以及提出了组织行为等一系列组织管理理论。

3. 管理方法日渐科学

现代管理虽然不摒弃传统的有效管理方法，但为适应大规模产销活动引入了现代科学技术，发展了现代管理方法，其中有投资决策、线性规划、排队论、博弈论、统筹方法、模拟方法、系统分析等方法，试图从生产资源的有效整合方面进一步提高管理的效果。

4. 管理手段自动化

现代企业组织面临更复杂的环境，需要接受和处理大量信息，需要迅速寻找解决问题的方案，并更多地节约日益高涨的劳动力费用。为此，现代管理在管理手段方面的研究和使用有了突破性进展，如办公设备的自动化，信息处理机的发明，电子计算机在企业管理的市场研究、产品设计、生产组织、质量控制、物资管理、人事财务管理等领域的应用。

5.管理实践的丰富化

各个企业已经明白不存在一套固定的适应一切的管理体系,必须根据自己企业的特点,根据现代管理的基本法则来创造性地形成自己的管理特色。于是就有了日本式管理与松下公司管理的差异,以及美国式管理与国际商业机器(IBM)公司管理的差异。管理实践的丰富化更进一步推动了管理理论、方式方法和手段的发展。

现代管理理论实为一个综合性的管理理论体系,它广泛吸收了社会科学和自然科学的最新成果,把组织看作一个系统,进行多方面有效管理,从而有效整合组织资源,达到组织既定目标和应负的责任。现代管理科学性的强化,使管理的预见性、综合性和可靠性有了很大的提高,基本适应了战后现代企业和经济发展的需要。

第五节　管理理论的新动向

自 20 世纪 90 年代以来,经济全球化、信息化和知识化迅猛发展,与此相适应,管理体系的内涵和外延亦在不断地发生着重要的变化,管理学也面临着前所未有的变革,一些新的经营管理理念、方法和手段应运而生。

一、非理性主义理论

早期科学管理模式以理性主义(物本主义)为基石,以"经济人"为假设,认为人可通过制度、利益机制进行诱导和控制,通过科学方法进行管理。

非理性主义文化管理模式是以非理性主义(人本主义)为基础,认为人不同于其他管理要素,是具有精神文化属性的主体,是具有丰富性、精神性、非理性心理意识的主体;它还认为管理不仅是一个物质技术过程或制度安排,而且是和社会文化、人的精神密切相关的。它重视对情感、宗旨、信念、价值准则、行为标准等"软"因素的长期培训,通过培训企业文化来提高企业职工凝聚力,从而增强企业竞争能力。在研究人们心理和行为规律的基础上,柔性管理概念被提了出来,它强调通过非强制途径在人们心目中产生一种潜在说服力,最终使人们自愿地为实现组织目标而努力工作。

非理性主义理论对发挥人的积极性、开发人的潜能起到了革命性作用,把管理重心拉回到对人的价值的关注及社会心理对管理效果的作用上来,促进了东西管理文化交融,使人本管理成为新的发展潮流。例如企业重视员工参与,使人性得到最完善的发展,激发塑造健康人性,帮助员工自我实现等。企业管理已使理性主义的科学管理与非理性主义的企业文化管理相互融合。

二、战略管理理论的发展

战略管理理论产生于 20 世纪 60 年代,早期主要是针对战略结构问题的研究,如哈佛大学安德鲁斯教授认为战略形成过程是企业内部条件因素与外部环境状况相匹配的过程,并提出了战略制定的 SWOT 分析框架。安索夫提出战略构成的四要素,即产品与市场范围、增长向量、协同效应和竞争优势,并提出了战略管理的概念。波特提出产业竞争理论,即产业五种竞争力量模型、三种竞争优势战略等。

近年来关于战略管理理论的新发展主要表现在以下两方面:

1. 战略联盟

战略联盟是两个或两个以上企业间或特定事业与职能部门间,为实现某种共同战略目标,通过公司协议或联合组织等方式而结成的联合体。它是企业间的一种"合作竞争"的形式,具有"双赢"的效果。

2. 核心能力理论

核心能力理论是从组织内部因素来研究企业竞争优势。核心能力指企业在开发技术、产品及市场营销等方面所具有的独特能力。企业内部能力、资源和知识的积累,是企业获得超额利润和保持企业持续竞争优势的关键。

在外部环境剧烈变化的今天,越来越多的企业开始重视战略管理,通过战略决策和行动,来增强企业适应性和应变能力,通过长期积累塑造核心能力,使企业在市场竞争中赢得长期的竞争优势。

三、虚拟企业

信息技术的不断进步和消费需求多样化特性的加剧,使组织呈现出虚拟化、扁平化、柔性化的特征。组织设计原则也发生了变化:目标由效率性转向适应性;能力强化由资产竞争性转向员工和企业的学习性;设计基础由物质流转向价值流、信息流。

狭义的虚拟企业(virtual corporation)指在互联网上设立网址、参与其他企业能力共享的一种全新企业组织。它存在于电脑与通信的网络和空间里,能感知到其存在而无法观察到它的实体,即 dotcom。广义的虚拟企业指在有限资源条件下,为适应快速、多变的市场需求,取得最大的竞争优势,制造商以其拥有的优势产品或品牌为中心,通过信息网络和快速运输系统,将供应商、经销商、顾客以及若干规模各异却拥有专长的小型企业或车间连接起来,共同和及时地开发、生产、销售多样化、用户化产品的一种开放式企业组织模式。

如戴尔计算机公司独特的供货方式和市场开拓手段,它以"戴尔"品牌计算机为核心,能够在1小时内下单,从外部选择供应商并与之建立伙伴关系,双方共享设计数据库、技术、信息资源,大大加快了新技术推向市场的速度。客户提出订单后,戴尔公司能在36小时内按需求装配好,5天内把货送到,这使它成为成长迅速的知名电脑公司。

虚拟企业的最终目标是对顾客的需要做出及时的反应,并为其提供高质量的虚拟产品。虚拟企业的基本特征有:

(1)具有高效的信息管理系统;

(2)与上下游企业建立战略联盟关系,将非核心的部件、生产环节分包出去,使传统劳动密集型和知识含量不高的生产在企业中所占的比重下降;

(3)加强企业的研究开发能力,并注意与科研机构合作,注意对知识产权的采购,构筑企业的知识网络,从而始终把握高增值的生产环节和核心的技术;

(4)经营理念和方式的变革。如员工自主决策的强化、管理组织的中空化、远距离现场作业、定制化营销等。

四、流程再造(Business Process Reengineering)

企业中的营运流程有核心作业流程和支持作业流程。核心作业流程包括各项作业活动(识别顾客需求、满足这些需求、接受订单、评估信用、设计产品、采购物料、制作加工、包装发运、结账、产品保修等)、管理活动和信息系统;支持作业流程指设计、人员、后勤、资金等支持和保证核心流程的活动。再造理论认为按照劳动分工理论建立起来的企业组织体系使业务流程被职能部门分割,各部门容易只管本部门从事的工作(而这只是一个完整流程的一部分),导致整个流程的运作低效。1990年,美国著名企业管理大师麻省理工学院教授哈默提出流程再造理论,企业再造是对企业经营过程作根本性的重新思考和彻底翻新,以使企业在成本、质量、服务、速度等关系企业业绩的重大问题上获得戏剧化的改善,并强调通过充分利用信息技术使企业业绩取得巨大提高。在美国100家最大公司中,其中68%的公司进行了重新构建,并取得了巨大成功,如IBM、通用、福特等。

流程再造要依靠工业工程技术、运筹学方法、管理科学、社会人文科学和现代高科技,并涉及企业的人员、经营过程、技术、组织结构和企业文化等各个方面,基本内容应包括:

(1)人的重构。推行流程再造要克服人的惰性,成败取决于整体人员素质和水平。要设立总体战略设计指导委员会、再造项目主任(领导团队再设计并实施)以及再造团队的层级结构。

（2）技术的重构。利用先进技术建立覆盖整个企业信息网络,从研发设计到制造装配,尽量采用标准化、模块化、成组技术和柔性制造装配系统。利用CAD/CAM(计算机辅助设计制造)、CIM(计算机集成制造)、FMS(柔性制造系统),使研发周期缩短,并能根据顾客需要进行调整,做到按需生产。要使各部门分享信息、并行决策、协调一致,开展技术创新,缩短产品周期。

（3）组织结构的重构。建立面向经营过程的工作小组,小组制组织结构有明确的职责和充分的自主权、决策权。

（4）企业文化的重构。建立保持最强竞争力,适应变革,敢冒风险,敢于决策,注重吸收信息,互相信任,敢于承担责任,根据表现评价员工,接受别人评价与奖励的组织新文化。

流程再造通常分为三种类型:

（1）职能内部流程重组。

（2）企业内跨职能边界的业务流程重组,如一些并行计划、缩短周期的做法。

（3）企业间业务重组。如通用汽车公司(GM)与轿车配件供应商之间的购销协作。GM 公司采用共享数据库、EDI 等信息技术,将公司经营活动与配件供应商经营活动连接起来。配件供应商通过 GMS 数据库了解其生产进度,拟定自己的生产计划、采购计划和发货计划,同时通过计算机将发货信息传给GM 公司,GM 收货员在扫描条形码确认收到货物的同时,通过 EDI 自动向供应商付款。GM 与其零部件供应商的运转像一个公司,实现了对整个供应链的有效管理,缩短了生产周期、销售周期、订货周期,减少了非生产性成本,简化了工作流程。

五、现代先进制造系统

市场需求的稳定性降低使大批量生产模式不能满足竞争需要。市场快速多变和用户驱动的特点,要求企业要追求多品种、动态适应性的生产制造模式,而计算机技术、网络技术、控制技术、传感技术与机、光、电一体化技术等方面的进步使先进制造成为可能。

现代先进制造系统是以灵敏和响应的制造系统为特征,能对市场情况和客户要求做出迅速的反应,结合创新的商业思想,快速交付高质量、符合顾客要求的产品。它由四个部分组成:

（1）在制造过程中有效地利用机器设备和自动装置;

（2）使用先进工程技术 CAD/CAM、CIM、计算机数字控制(CNC)制造设备、柔性制造系统(FMS)、快速样品制造(RP)、虚拟制造(VM)等；

(3)有效地利用信息技术和信息系统来管理；

(4)对组织和人力资源进行有效管理。

六、知识管理

知识型企业的经营资本是知识资本,包括市场资产、知识产权资产、人力资源资产和基础结构资产。知识型企业的特征有:经营者与管理者分离;劳动(创新性脑力劳动)雇佣资本;企业的资本构成以无形资产为主体;知识型企业面临较高的技术进入屏障和较低的资本退出壁垒;知识型企业成长速度极快。

知识管理就是对一个企业集体知识与技能的捕获(不论这些知识存在于数据库中、被印刷在纸上抑或是存在于人们的脑海里),然后将这些知识与技能分布到能够帮助企业实现最大产出的任何地方的过程。

近期现代管理理论的新发展还有可持续性管理、客户关系管理、风险企业管理等。随着21世纪生产方式的深刻变革,管理理论正面临着前所未有的巨大发展和挑战。

复习思考题

一、名词解释

1.科学管理理论

2.过程管理理论

3.霍桑实验

4.管理理论的丛林

二、问答题

1.中国古代管理思想主要体现在哪些领域?

2.泰罗的科学管理原理主要有哪些内容? 为什么说泰罗是"科学管理之父"?

3.法约尔提出的管理职能和14条管理原则有哪些?

4.人际关系学说的主要论点有哪些?

5.孔茨提出西方管理理论有哪些学派?

6.知识经济时代管理的变革趋势是什么?

三、案例分析题

某大学管理学教授在讲授古典管理理论时,竭力推崇科学管理的创始人泰罗的历史功勋,鼓吹泰罗所主张的"有必要用严密的科学知识代替老的单凭经验或个人知识行事"的观点,并且宣传法约尔的14条管理原则。

后来,在介绍经验主义学派的理论时,这位教授又强调企业管理学要从实际经验出发,而不应该从一般原则出发来进行管理和研究。他还说,欧内斯特·戴尔(Ernest Dale)在其著作中故意不用"原则"一词,断然反对有任何关于组织和管理的"普遍原则"。

在介绍权变理论学派的观点时,这位教授又鼓吹在企业管理中要根据企业所处的内外条件随机应变,没有什么一成不变、普遍适用的"最好的"管理理论和方法。

不少学生却认为这位教授的讲课前后矛盾,胸无定见,要求教授予以解答。教授却笑而不答,反而要求学生自己去思考,得出自己的结论。

根据上述材料,回答下列问题:

1.你是否认为这位教授的上述观点前后矛盾? 为什么?

2.在企业管理中,有无可能将管理原理和原则与实践正确结合起来?

3.管理学究竟是一门科学,还是一门艺术?

第三章 组织环境

【学习目标】

通过本章内容的学习，学生将了解和掌握组织环境的类型以及分析的方法，组织的资源、能力和核心能力之间的内在逻辑关系，组织内部环境分析的价值链分析法，组织文化的概念、层次、结构和类型，组织文化的构建、维系和变革。

【导入案例】

开发新产品与改进现有产品之争

袁之隆先生是南机公司的总裁。这是一家生产和销售农业机械的企业。1992年产品销售额为3000万元，1993年达到3400万元，1994年预计销售可达3700万元。每当坐在办公桌前翻看那些数字、报表时，袁先生都会感到踌躇满志。

这天下午又是业务会议时间，袁先生召集了公司在各地的经销负责人，分析目前和今后的销售形势。在会议上，有些经销负责人指出，农业机械产品虽有市场潜力，但消费者的需求趋向已有所改变，公司应针对新的需求，增加新的产品种类，来适应这些消费者的新需求。

身为机械工程师的袁先生，对新产品研制、开发工作非常内行。因此，他听完了各经销负责人的意见之后，心里便很快算了一下，新产品的开发首先要增加研究与开发投资，然后需要花钱改造公司现有的自动化生产线，这两项工作约耗时3～6个月。增加生产品种同时意味着必须储备更多的备用零件，并根据需要对工人进行新技术的培训，投资又进一步增加。

袁先生认为，从事经销工作的人总是喜欢以自己业务方便来考虑，不断提出各种新产品的要求，却全然不顾品种更新必须投入的成本情况，就像以往的会议一样。而事实上公司目前的这几种产品，经营效果还很不错。结果，他决定仍不考虑新品种的建议，目前的策略仍是改进现有的品种，以进一步降低成本和销售价格。他相信，改进产品成本、提高产品质量并开出具

第一节 组织与环境

一、组织是一个开放系统

管理活动总是发生在一定的情景下,它要深刻地受到周围环境中各种因素的影响。系统理论认为组织是由人、财、物、信息等多种相互依赖的要素或者采购、生产、销售、物流、售后服务等不同的部门组成的一个系统,同时组织又是环境的一个子系统,它要从周围的环境中输入各种资源,然后通过内部的管理职能实现要素的转换,向外输出产品、服务、信息、财务结果、人事结果等各种形式的产出,以实现组织"效果"和"效率"的双重目标。系统论的这种认识显然为我们认识管理与环境之间的关系提供了很好的分析工具。

二、环境的类型

组织环境包括组织的外部环境与内部环境。

外部环境诸因素对一个组织的影响程度是不同的。首先,对于一个特定的组织来说,它总是存在于某一产业环境之内,这个产业环境直接影响组织的生产经营活动。所以第一类外部环境是产业环境,它是组织微观的外部环境。第二类外部环境因素是间接地或潜在地对组织发生作用和影响,一般将这类外部环境称为组织的宏观外部环境。一般来说,宏观外部环境包括下面一些因素或力量:政治与法律因素、经济因素、社会人文因素和技术因素。产业环境和位于其内部的各个组织均要受到政治、经济、社会和技术等宏观环境的影响。当然,这些因素和力量都是相互联系、相互影响的。

组织内部环境是组织能够加以控制的因素。组织战略目标的制定及战略的选择不但要知彼,即客观地分析组织的外部环境,而且要知己,即对组织内部的资源、能力及核心能力加以正确的估计。组织内部环境是组织经营的基础,是制定战略的出发点、依据和条件,是竞争取胜的根本。对组织的内部环境进行分析,其目的在于掌握组织目前的资源、能力状况,明确组织的优势和劣势,进而使选定的战略能最大限度地发挥组织的优势,避开或克服组织的劣势,最终使组织战略目标得以实现。

三、环境分析的意义

综合起来看，环境分析对组织决策有着非常重要的影响，具体表现在以下三个方面：

（1）环境分析可以提高组织决策的正确性。外部环境分析可以为组织提供大量的能够客观反映环境特点及其变化趋势的信息；内部环境分析可以使组织明确自己的资源状况和利用能力，了解组织文化特点及其对组织成员行为倾向的影响。在此基础上，组织可以根据自己的优势和劣势，制定出既符合环境要求，又能为组织成员所接受，从而愿意为其实施而努力的正确决策。

（2）环境研究可以提高组织决策的及时性。环境在变化中提供的发展机会，只有及时加以利用，才能实现组织发展；同样，对于环境在变化中造成的威胁，组织更应及时应变，否则便难以存续。要及时利用机会、避开威胁，必须在机会刚刚出现或威胁尚未来到之时就能及时发现，这样才能使组织及时制定决策，采取措施。

（3）环境研究可以提高组织决策的稳定性。组织活动必须根据环境的要求来进行，而环境，特别是外部环境的状况和特点又是在不断变化的，甚至说每时每刻都在发生着变化，那么这是否意味着组织活动的方向和内容决策也必须频繁地发生变化呢？不是的，因为任何决策的制定和执行都是一个过程，并包括许多工作，这些工作的完成都需要一定的时间，都有一个时期，因此组织的决策必须保持一定的稳定性。

第二节　组织环境分析

一、组织的外部环境分析

1. 宏观环境的分析

宏观环境，又称为总体环境或社会环境，是指对一切产业部门和组织都将产生影响的各种因素和力量。宏观环境不直接影响组织的短期行为，但对组织的长期决策有影响。宏观环境包括政治与法律环境、经济环境、技术环境、社会文化环境和自然环境（如图 3-1 所示）。

（1）政治法律环境

组织的政治环境是指制约和影响组织生产经营的各种政治要素及其运行所形成的环境系统。政治环境具体涉及以下内容：政治制度、政党和政党制度、政治性团体、国家的方针政策等。

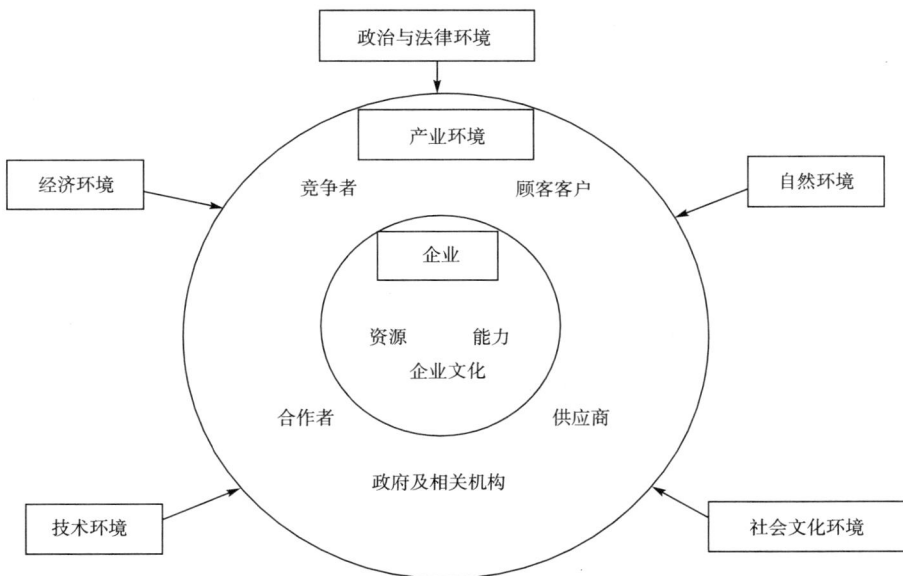

图 3-1 企业与外部环境的关系

组织的法律环境是指与组织经营相关的社会法律制度及其运行的状态。法律环境可以规范、制约、引导组织,要求组织的生产、经营、管理、分配、交换以及改组、合并、扩充或破产都必须遵循国家的法律法规,有利于发展社会主义市场经济,有利于开展国际经济合作和国际竞争。组织的法律环境主要涉及以下内容:国家的法律法规、国家的司法与执法机关、组织自身的法律意识等。

(2)经济环境

经济环境是指构成组织生存和发展的社会经济状况及国家经济政策。社会经济状况包括经济要素的性质、水平、结构、变动趋势等多方面的内容,涉及国家、社会、市场及自然等多个领域。国家政策是国家履行经济管理职能,调控宏观经济水平、结构,实施国家经济发展战略的指导方针,对组织经济环境有着重要的影响。

组织的经济环境是一个多元动态系统,主要由社会经济结构、经济发展水平、经济体制和宏观经济政策四个要素构成。

(3)技术环境

技术环境是指组织所处的社会环境中技术要素与该要素直接相关的各种社会现象的集合。技术环境对经济和组织产生全面的、革命性的影响,彻底改变组织的活动方式。技术环境对组织有直接影响和间接影响,直接影响表现在由技术进步对生产力、产品发展速度、产品类型等组织经营要素的改变上;间接影响表现在由技术对个人消费观念和消费习惯的影响引起对组织产出要求的改变上。

（4）社会文化环境

社会文化环境是指诸如人口、观念、生活方式、工作态度等方面的内容。社会文化环境通过两个方面来影响组织:一是影响人口总量和人口分布、居民的价值观和生活方式,从而影响他们对产业和组织的态度;二是影响组织内部人员的价值观和工作态度,从而影响组织的士气。

值得企业注意的社会文化因素包括:组织或行业的特殊利益集团、生活方式、对政府的信任程度、公众道德观念、对退休的态度、对环境污染的态度、社会责任、收入差距、对经商的态度、购买习惯、对售后服务的态度、对休闲的态度等。

（5）自然环境

随着科学技术的发展,人类对自然环境、对人与自然的关系的认识逐步加深,人类改造自然的办法也越来越多。因此,在进行环境分析时,不少管理者往往忽略了对自然环境的分析。

一般来说,自然环境包括地理位置、气候条件和资源状况等。

2. 产业环境分析

所谓产业,是指生产相同功能的产品,面对同一购买群体的一组组织以及其他利益相关者的集合。产业环境(Industry Enviroment),又称为特定环境,或任务环境,或工作环境,是指从产业(或部门、行业)角度看,影响组织的各种因素和力量,它是组织经营所面临的最直接的环境。组织所处的产业环境涉及所在产业的产业结构、发展趋势、产业的市场状况、各种生产要素的供给者、竞争的状况以及相关的政府机构等。这些因素或力量绝大部分是组织不能控制的,只有主动去适应它们。

组织所面临的产业环境与宏观环境相比,其对组织的影响更为直接。因此,组织必须经常、不断地进行产业环境的分析。产业环境分析旨在探究这个群体之间的关键环境变量,具体内容包括:

（1）产业环境整体分析

产业环境整体分析,涉及产业经济特性的分析、产业吸引力的分析以及产业变革驱动因素的分析。

① 产业的主要经济特性分析

产业经济特性的分析,对组织战略的制定具有重要的意义,它主要包括以下因素:市场规模、产业内组织竞争的范围、市场增长的速度及产业所处的生命周期阶段、竞争厂商的数目及其相对规模、客户的数量、行业盈利水平、进入/退出壁垒、产品是否标准化、技术变革是否迅速、资源条件、产品革新是否迅速。

② 产业吸引力的分析

所谓产业吸引力,是指该产业的销售利润率或销售额的增长率。一般来说,如果一个产业的销售利润率处于该国或该地区平均利润率水平以上,则可认为该产业具有吸引力;反之,则该产业没有吸引力。

③ 产业变革的驱动因素分析

产业驱动变革的因素分析包括两部分:一是识别出产业变革的主要驱动因素;二是评估各种驱动因素对该产业可能产生的影响。引起产业变革的驱动因素主要有:产业长期增长率的变化、客户的变化以及客户使用产品方式的变化、产品革新、技术变革、营销革新、大组织的进入和退出、专有技术的扩散、产业的日益全球化、成本和效率的变化、政府政策的变化、不确定性和商业风险的变化。

在上述影响产业变革的驱动因素中,有关键性的驱动因素和非关键性的驱动因素。组织在进行产业环境分析时,要识别出关键性的驱动因素并加以利用。

(2)产业内竞争结构的分析

1)波特竞争模型

在进行产业环境分析时,战略管理者首先必须分析组织所处的竞争状况。按照美国哈佛大学工商管理学院教授迈克尔·波特的观点,一个产业的激烈竞争,根源于其内在的经济结构,在一个产业中存在有五种基本竞争力量(如图3-2所示),即新进入者的威胁、产业中现有组织之间的竞争、替代品或服务的威胁、供应者讨价还价的能力、用户讨价还价的能力。这五种基本竞争力量的现状、消长的趋势及其综合强度,决定了产业竞争的激烈程度和产业的获利能力。在竞争激烈的产业中,一般不会出现某个组织获得非常高的收益的状况;在竞争相对缓和的产业中,会出现相当多的组织都可以获得较高的收益。这五种竞争力量的作用是不同的,问题的关键是在该产业中的组织应当能找到较好的防御这五种竞争力量的位置,甚至对这五种竞争力量施加影响,使它们有利于本组织的发展。

① 新进入者的威胁

所谓新进入者,又称为潜在竞争者,是指那些当前与原有组织不在同一产业中竞争,但有可能成为敌对竞争对手的部分组织或者机构。潜在进入者可

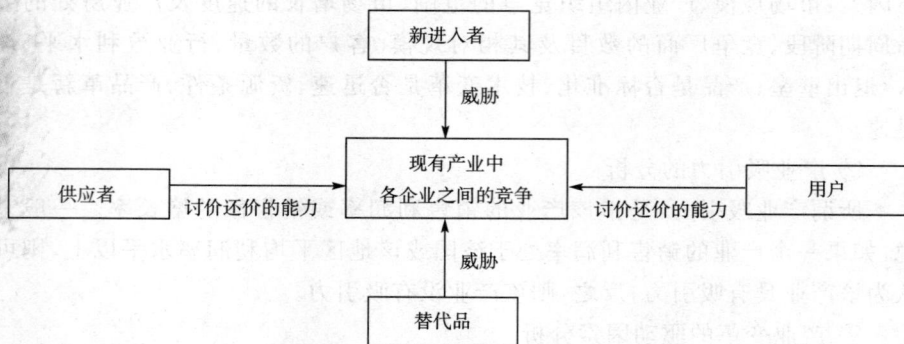

图 3-2　波特的五种竞争力模型

以是一个新办的组织，或者是一个采用多元化经营战略的、原从事其他产业的组织。

对利润的追求是导致潜在竞争者进入某一产业的最重要的原因。当一个产业的投资收益率高于产业平均水平时，必然会吸引更多的新手进入该行业，从而使得收益率下降，最终达到收益的平衡。这个新进入者给本产业带来了新的生产能力，并要求取得一定的市场份额。但是，该产业中原有的组织是不愿意潜在竞争者进入的。因此，产业的潜在竞争者必然会面临产业的进入壁垒。这个新进入者对本产业威胁的大小取决于该组织进入新产业需要克服的障碍和付出的代价（或进入壁垒）以及进入新产业以后，原有组织反应的强烈程度。根据波特理论，一些可能的产业进入壁垒包括：

a. 规模经济。规模经济是指一定时期内产品的单位成本随着总成本的增加而降低，它可以表现在组织的每一个职能环节中。规模经济的存在对潜在进入者设置了障碍，因为它迫使新进入者一开始就承担大规模生产从而导致的高成本投入的风险，或者以小规模生产而接受产品成本的劣势。

b. 产品的差别化。产品的差别化迫使新进入者耗费大量资金树立自己的商品信誉，消除顾客对原有产品的忠诚，这种努力通常带来初试阶段的亏损，并且要持续一段时间，而且常常冒着血本无归的风险。

c. 转换成本。转换成本是指买方由从原供应商处采购产品转换到另一供应商时遇到的一次性成本。它可能包括雇员重新培训成本、新的辅助设备成本、检验考核新资源所需的时间及成本、由于依赖于供应方工程支持而产生的对技术帮助的需要和产品重新设计以及中断老关系需要付出的代价。如果转换成本过高，则新进入者为使买方接受这种转变，使其使用该产品的预期收益大于转换成本与使用成本之和，这就使得新进入者必须在经营方面有重大的改进。所以，转换成本构成了一种进入壁垒。

d. 分销网络的可获性。现有的组织通过老关系高质量的服务等方式左右了分销网络，所以，新进入者需要以压低产品价格、分担广告费用等方法促使现有网络接受其产品，甚至建立全新的分销网络。

e. 现有组织具有的特殊优势。现有组织具有一些进入者不具备的特有优势，如专有的技术、可靠的原材料来源、区位优势、经营经验等。

f. 政府的管制。政府对某些产业的限制进入构成了特殊的进入壁垒。比如，大多数政府对电信、电力等网络产业的进入加以限制，对民航、食品的管制，等等。

此外，新进入者的威胁还受到对产业内现有组织预期反应的影响。如果现有组织有对新进入者勇于反击的历史，或者是拥有相当充裕的资源进行反击，那么，潜在进入者的进入极有可能被遏止。

② 替代品的威胁

替代品是指那些与本产业产品具有相同或相似功能的产品。如洗衣粉可部分替代肥皂；圆珠笔可部分替代钢笔。替代品的存在限制了一种产品的潜在回报，替代品产业为该产业能够索取的价格设定了上限。来自替代品的威胁有三个因素：

a. 替代品的盈利能力。如果替代品的盈利能力较大，则会对本产业原有的产品形成较大的压力，它把本产业的产品价格约束在一个较低的水平上，使本产业组织在竞争中处于被动的地位。

b. 生产替代品的组织所采用的经营战略。若生产替代品的组织采用迅速增长的积极的战略，则它就会构成本产业的威胁。

c. 用户的转变费用。如果用户改用替代品的转变费用越小，则替代品对本产业的压力就越大。

③ 供应者的讨价还价能力

供应者可以通过改变销售产品或服务的质量、开拓新的服务项目等方式来影响产业。来自供应者的威胁主要体现在以下几方面：

a. 供应者的集中程度和本产业的集中程度。如果供应者的集中程度较高，本产业原材料的供应完全由少数几家组织控制，而本产业的集中程度却较差，少数几家组织供给产业中众多的分散的组织，则供应者常会在价格、质量和供应条件上给购买者施加较大的压力。

b. 供应品的可替代程度。若存在合适的可替代品，即使供应者再强大，他们的竞争也会被牵制。

c. 本产业对于供应者的重要性。如果本产业是供应者的重要用户，供应者的命运与该行业息息相关，则来自供应者的压力就会减小；反之，就会增加压力。

d. 供应品对本产业生产的重要性。如果供应品对本产业的生产起着关键性的作用,则供应者会提高其讨价还价的能力。

e. 供应品的特色和转变费用。如果供应品具有特色并且转变费用较大时,供应者讨价还价的能力就会增强,会对本产业施加较大的压力。

f. 供应者向前一体化的可能性。供应者向前一体化,就更增强了他们对本产业的竞争压力。

g. 本产业内的组织向后一体化的可能性。组织向后一体化,会降低他们对供应者的依赖程度,从而减弱了供应者对本产业的竞争压力。

④ 用户的讨价还价能力

顾客要求组织提供价格更低廉、质量更好的产品和更好的售后服务,他们会利用组织间的竞争来施加压力。来自用户的威胁主要取决于以下几个因素:

a. 用户的集中程度。若本产业的产品集中在少数几个用户,用户购买的数量占了组织很大的比例,则他们会对组织造成较大的压力。

b. 产品的标准化程度。若产品的标准化程度越高,用户选择的余地就越大;反之,用户对特色产品很难施加压力。

c. 用户从本产业购买的产品在其成本中的比重。比重越大,用户就会对价格、质量等问题更为挑剔;反之,在价格上是不敏感的。

d. 转变费用。用户转向购买其他产业产品的选择余地越大,对本产业形成的压力就越大。

e. 用户的盈利能力。用户的盈利能力低,则在购买时对价格的反应就较敏感。

f. 用户向后一体化的可能性。用户向后一体化,会增强对本产业的竞争压力。

g. 本产业向前一体化的可能性。产业向前一体化,可以降低组织对用户的依赖性,削弱用户对本产业的竞争压力。

h. 本产业产品对用户产品质量的影响程度。若本产业产品对用户产品质量有重要的影响,则用户对价格不敏感,对本产业构成的压力较小。

i. 用户掌握的信息。用户掌握的信息越丰富,其讨价还价能力就越强。

⑤ 产业内现有组织间的竞争

组织间的竞争就是一个产业内部组织的直接对抗,它是五种竞争力量中最重要的一种。在大多数产业中,各组织都是相互依存的,对于每一个组织的竞争行动,其他竞争者都会预测它对自己组织的影响,从而采取相应的对策。

根据波特的观点,产业内的竞争强度与下列因素有关:

a.竞争者数量和彼此的相对力量。当产业内的竞争者数量众多,而且在规模和能力方面比较均衡时,竞争往往更为激烈;而当一个产业被另一个产业或几个组织统治时,则可能在产业内建立某种秩序,避免激烈的价格竞争。

b.产业增长速度。在产业增长时,组织一般只需要保持与行业同步增长就可以收益;当产业增长缓慢时,对市场份额的争夺就要激烈得多。

c.产品或服务的差别化程度。产品差别化是指现有组织凭借产品特色、售后服务、广告或出于第一个进入该产业而获得商标信誉及顾客忠诚度的优势。因此,如果产业内产品或服务的差异化程度高,则价格方面的竞争可能不很激烈,而其他方面的竞争可能活跃得多。

d.退出壁垒的高低。由于资产专用性、退出的固定成本、政府及社会约束等因素的存在而导致了较高的退出壁垒,这时即使收益甚微,组织仍然可保持在该产业中的竞争地位。

e.固定成本的高低。当产业内存在剩余生产能力时,高的固定成本对组织产生巨大的压力,组织为了充分利用生产能力而迅速导致价格战升级。

f.竞争者的多样性。竞争者的多样性表现在战略、起源、文化等方面。多样性的竞争者对竞争有不同的目标与战略,很难准确了解彼此的意图,也很难在产业的系列竞赛规则上达成一致的协议,竞争手段往往会多样化。

2)成功关键因素分析

成功关键因素是指组织在特定市场上获得赢利必须拥有的技能和资产,它们可以是一种价格优势、一种资本结构或消费组合,也可以是一种纵向一体化的行业结构,是影响产业中组织在市场上赢利性能力的主要因素。

成功关键因素分析的任务在于,识别组织所在产业当前的因素,并预测其发展趋势,为下一步组织制定与这些因素相匹配的战略和内部资源分析做准备。回答以下问题有助于确认产业成功的关键因素:顾客在各个竞争品牌之间进行选择的基础是什么?产业中的一个卖方厂商要取得竞争成功必须有些什么样的资源和竞争能力?产业中的一个卖方厂商要获得持久的竞争优势必须采取什么样的措施?

①不同产业的成功关键因素

按照产业划分,成功关键因素主要有以下几类:

a.技术类产业成功关键因素:科研专家、工艺创新能力、产品创新能力、在既定技术上的专有能力、网络经营能力等。

b.制造类产业成功关键因素:低成本生产(获得规模经济、取得经验曲线效应)、固定资产最高能力利用率、有技能劳工、低成本产品设计、低成本厂址、灵活的生产系列产品满足顾客的要求等。

c.销售类产业成功关键因素：技术支持、顾客服务、订单处理、产品线、商品推销技巧、有吸引力的款式包装、顾客保修、精明的广告等。

d.分销类产业成功关键因素：强大的批发网或特约经销网络、组织控制的零售点、拥有自己的分销渠道、低分销成本、快速配送等。

e.技能类产业成功关键因素：技术工人、质量管理诀窍、设计专家、在具体技术上的专有技能、开发出创造性产品、卓越的信息系统、快速的市场反应、电子商务能力、较多的经验和诀窍等。

f.一般管理能力类产业成功关键因素：有利的组织形象或声誉、成本低且便利的设施选址、礼貌的员工、能够获得财务资本、专利保护等。

② 产业生命周期不同阶段的成功关键因素

以上是从产业的横向划分来看其成功关键因素。从产业的生命周期而言，在几种驱动力量的作用下，产业会随着时间的演变，经历幼稚期、成长期、成熟期、衰退期。在每个不同阶段，组织在产业内取得成功所需要的成功关键因素是不同的，往往会随着产业的结构和特征而改变。

a.幼稚期。幼稚期市场增长率高，需求增长较快，技术变动较大，产业中的用户主要致力于开辟新用户、占领市场，但此时技术上有很大的不确定性，在产品、市场、服务等策略上有很大的余地，对行业特点、产业竞争状况、用户特点方面的信息掌握得不多，组织进入壁垒低。此阶段的成功关键因素是产品技术、销售渠道、消费者的信任等。

b.成长期。成长期市场增长率很高，需求高速增长，技术渐趋定型，产业特点、竞争状况及用户特点已经比较明朗，组织进入壁垒高，产品品种及竞争者数量增多。此阶段成功的关键因素是产品质量、对市场需求的敏感程度。

c.成熟期。成熟期市场增长率不高，需求增长率也不高，技术逐步成熟，产业特点、竞争状况及用户特点非常清楚和稳定，产业标准已经建立，买方市场形成，产业盈利能力下降，新产品和产品的新用途开发困难，产业进入壁垒高。此阶段成功的关键因素是生产成本、产品的特色、产业标准、销售渠道、品牌、售后服务。

d.衰退期。衰退期市场增长率下降，需求也下降，产品品种及竞争者数目减少。从衰退期的原因来看，可能有四种类型的衰退：一是资源型衰退。由于生产所依赖的资源的枯竭所导致的衰退，其成功的关键因素是拥有新的所依赖的资源。二是效率型衰退。出于效率低下的比较劣势而引起的产业衰退，其成功的关键因素是与新技术结合。三是收入低弹性衰退。因需求收入弹性较低而衰退的产业，其成功的关键因素是低成本、产品差异化。四是聚集过度性衰退。因经济过度聚集的弊端所造成的产业衰退，其成功的关键因素是回收投资，缩减生产力。

3. 组织的竞争对手分析

在对产业成功关键因素分析的基础上，重点要对组织的竞争对手进行分析。

（1）主要竞争对手的界定

所谓主要竞争对手，是指那些对组织现有市场地位构成直接威胁或对组织目标市场地位构成主要挑战的竞争者。对主要竞争对手的分析可帮助组织了解对手当前的经营状况和动态，对组织战略调整决策形成重要的支持。分析所获得和掌握的一些关键信息，往往成为组织内部问题诊断的重要参照标准。如果一个组织不去检测其主要竞争对手的各种行动，不去理解它们的战略，不去预测分析它们下一步可能采取的行动，就不可能战胜竞争对手。因此，从这一点上说，全面准确地了解竞争对手甚至比了解自己更重要。

明确谁是产业内竞争对手，在竞争度较低的产业相对简单。有些竞争度很低、集中度很高的产业，比如，我国目前的移动通信业，全产业参与竞争的只有中国移动、中国联通和中国铁通三家，确定对手仅需要一点直觉。在集中度较低、竞争水平较高的产业，比如餐饮业，一般中等城市的餐饮组织均超过两万家，合理界定对手就存在一定的难度且需要相应的成本。

即使在集中度较高的产业，竞争地位排名靠后的组织一般也不能简单地将产业领头组织确定为主要竞争对手，但侧重于分析领先组织和近期十分活跃的快速发展组织则不失为很好的研究思路。壁垒较高的产业组织在界定对手的过程中，可以侧重考虑现有竞争者；壁垒较低的产业组织在考虑当前对手的同时，还要注意可能进入产业的新对手。

（2）对主要竞争对手分析的内容

根据波特的观点，对主要竞争对手的分析包括：未来目标、假设、现行战略、资源和能力四个因素，它们之间的关系如图 3-3 所示。人们往往了解对手现行的战略和能力，而对目标和假设却往往不够注意，因为对这两个因素的观察要比对竞争对手实际行为的观察要难得多，但这却是确定竞争对手将来行动的主要因素。

1）未来目标

了解竞争者的目标，就可以了解每位竞争对手对其目前的地位和财务状况是否满意，推断出竞争者的战略发展方向和可能采取的行动，从而在战略管理一开始时，就能针对主要竞争者可能采取的行动设计相应的措施。同时，对竞争对手目标的分析，也有助于预测它对战略变化的反应，从而帮助组织躲避

什么驱使着竞争对手 | 竞争对手在做什么和能做什么

| **未来目标**
战略目标和财务目标 | **现行战略**
现在如何竞争 |

竞争对手的反应
竞争对手对其目前地位满意吗？
竞争对手将有什么行动或战略改变？
竞争对手哪里易被攻击？
什么将激起竞争对手最强烈和最有效的报复？

| **假设**
关于自身和产业的假设 | **资源与能力**
优势与劣势 |

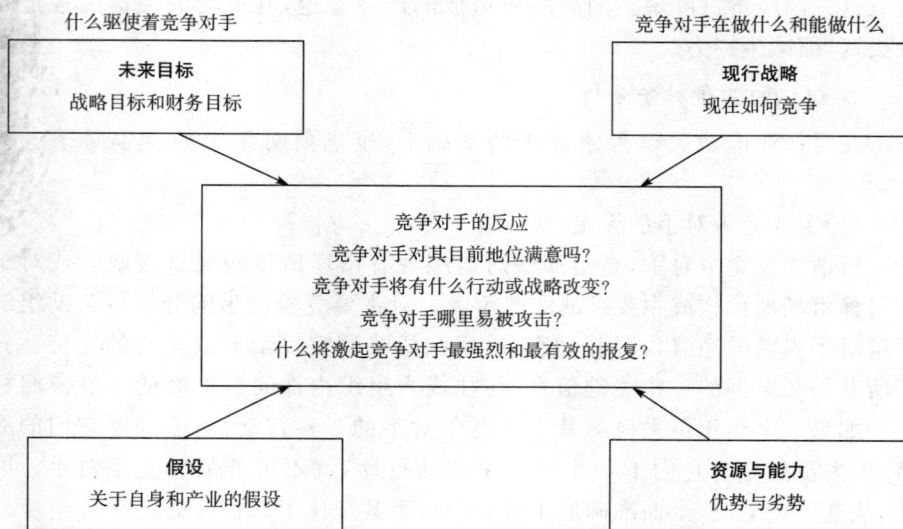

图 3-3　对主要竞争对手分析的内容

对手有可能采取的某些战略行动所带来的不良影响。竞争对手的公开战略目标可以通过各种资料获得，比如上市公司的公告。而针对竞争者不愿意公开的目标以及各种目标的权重，组织可以通过对手的价值观或信念、对待风险的态度、组织结构、控制和激励系统、领导层的构成以及该业务单位在母公司中的地位等收集相关信息，从而了解对手的战略目标。

2) 假设

竞争者的目标是建立在其对环境和对自己的认识分析之上，这些认识就是竞争者的假设。竞争者的战略假设有两类：第一类是竞争者对自己的力量、市场地位、发展前景等方面的假设，又称为竞争者自我假设；第二类是竞争者对自己产业及产业内其他组织的假设，包括竞争者的产业构成、产业竞争强度和主要产业威胁、产业发展前景、产业潜在获利能力等方面的认识和判断。

竞争者的战略假设主要与下列因素有关：组织的历史和文化、最高管理者的职业经历和背景、在市场上成功或失败的经验、产业中的传统思想等。对假设的分析不是一件容易的事，但是，仍旧可以从竞争对手公开的宣传、领导层和销售队伍的言论及价值观念、以前的战略行动和现行战略行动中分析这些假设。

3) 竞争对手的现行战略

对竞争者现行战略进行分析的重点在于：通过竞争者的产品和市场行为来推断它的现行战略，预计目前战略的实施效果，分析竞争者现行战略对本组织的影响。分析该组织当前的业绩、继续实施当前战略的前景以及竞争者改变目前战略的可能性。对当前业绩及前景持满意态度的组织可能会继续实施现行战略或适当进行部分调整。但是，业绩很差的竞争对手则会推出新的战略行动。

4）竞争对手的资源和能力

这是指竞争对手发起战略行动以及处理所处环境或产业中事件的能力。通过对竞争对手的资源和能力进行实事求是的评估，真正把握对手的优势和劣势。竞争对手的目标、假设和现行战略会影响它反击的可能性、时间、性质和强度，而对手的优势和劣势将决定它发起战略行动的能力以及处理所处环境中突发事件的能力。

5）预测主要竞争对手可能采取的行动

在对上述四个因素分析的基础上，应对各个竞争对手可能发动的战略行动和防御能力做出判断。这主要从两个方面来分析：

① 预测竞争对手的下一步行动

a.对现行地位和业绩的满足。将竞争者的目标与其现行地位和业绩相比较，分析谁可能实行战略转变。

b.可能采取的行动。根据竞争者的目标、假设、资源和能力，它最有可能做出什么样的战略变化。

c.行动的强度和严肃性。对某个竞争者的目标、资源和能力的分析，能够被用来评估竞争对手可能采取行动的预期强度。

② 分析竞争对手的防御能力

a.易受攻击性。竞争者最易受到攻击的是哪些战略行动和哪些事件？什么事件具有不对称的获利后果，即对某个竞争者的利润影响比对发起行动组织的利润影响是大还是小？哪些行动可能需要太大的代价去报复或仿效，以至于使该竞争者无法冒险去采取这类行动？

b.什么行动或事件将会挑起竞争者之间的报复？

c.报复的有效性。报复会不会迅速进行？报复可能以什么形式展开？何种行动能使竞争者报复的有效性下降？

一般来说，每个竞争者都有其经营哲学、组织文化和某些起主导作用的信念。因此，一个组织需要深入了解竞争者的思维体系，并预测竞争者可能做出的反应。了解竞争者的基本反应模式，有助于组织选择和确立行动时机。

二、组织的内部环境分析

1. 组织资源分析

组织的竞争优势源于组织的核心竞争力，核心竞争力又源于组织能力，而组织能力源于组织资源。换言之,组织可持续性的竞争优势是由组织在长期运行中,将具有战略价值的资源和能力进行特殊的整合、升华而形成的核心竞争力所产生的。这样一个整合过程正是组织素质的提升过程,也是一个以资源为基础的战略分析过程(如图3-4所示)。

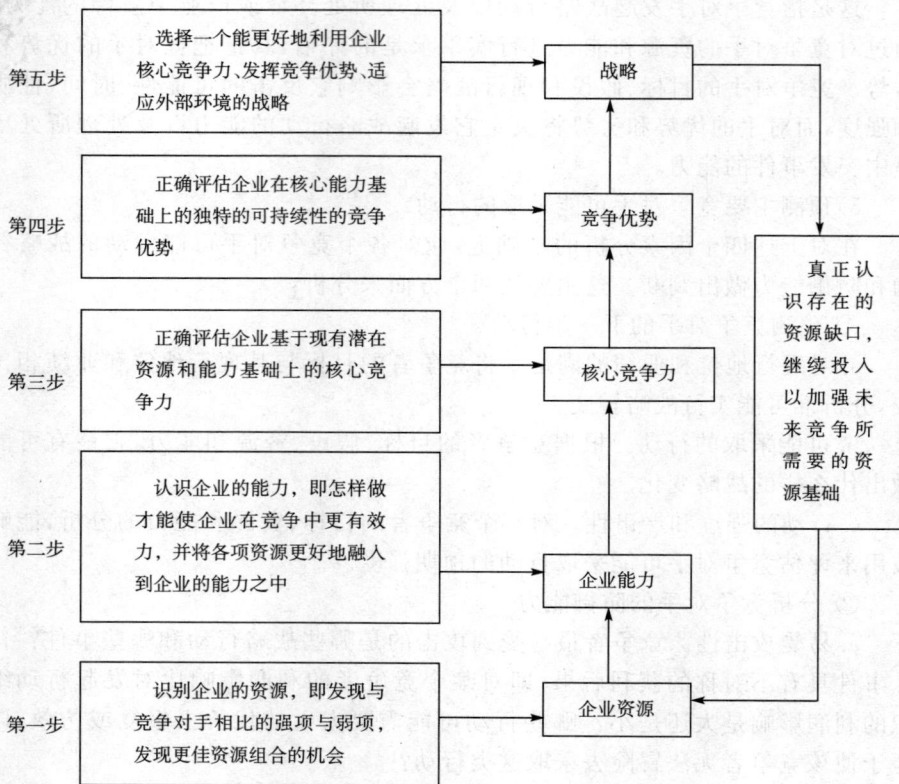

第五步	选择一个能更好地利用企业核心竞争力、发挥竞争优势、适应外部环境的战略	战略
第四步	正确评估企业在核心能力基础上的独特的可持续性的竞争优势	竞争优势
第三步	正确评估企业基于现有潜在资源和能力基础上的核心竞争力	核心竞争力
第二步	认识企业的能力,即怎样做才能使企业在竞争中更有效力,并将各项资源更好地融入到企业的能力之中	企业能力
第一步	识别企业的资源,即发现与竞争对手相比的强项与弱项,发现更佳资源组合的机会	企业资源

真正认识存在的资源缺口,继续投入以加强未来竞争所需要的资源基础

图3-4　以资源为基础的战略分析

(1)组织资源的分类

① 有形资源

有形资源是指可见的、能量化的资产。有形资源不仅容易被识别,而且也容易估计价值。有形资源包括四类:财务资源、组织资源、实物资源、人力资源。许多有形资源的价值可以通过财务报表予以反映。其中,人力资源是一种特殊的有形资源,它意味着组织的知识结构、技能、决策能力、团队使命感、奉献精神、团队工作能力以及组织整体的机敏度。因而,许多管理学家把人力

资源称为"人力资本"。

② 无形资源

无形资源是指那些根植于组织的历史、长期积累下来的、不容易辨识和量化的资产,如组织的创新能力、产品和服务的声誉、专利、版权、商标、专有知识、商业机密等。与有形资源相比,无形资源更具潜力。目前,在全球经济中,相对于有形资源而言,组织的成功更多地取决于知识产权、品牌、商誉、创新能力等无形资源。

(2)组织资源分析的过程

组织资源分析,旨在确定组织资源状态、组织在资源上表现出的优势和劣势以及相对未来战略目标存在的资源缺口等。组织的成功源于对资源的成功开发和利用,因而,必须做好组织资源分析。

资源分析一般包括以下步骤:

① 分析现有资源

对现有资源进行分析,是为了确定组织目前拥有的资源量和可能获得的资源量。

② 分析资源利用情况

分析资源利用情况,原则上是运用资源的投入与产出的比率来进行,可采用一些财务指标。另外,对组织的不同职能活动还要采用其他一些指标进行分析。比如,对营销活动效率的分析,可使用销售额与广告费用的比率、与销售费用的比率、与销售人员工资的比率以及与销售场地面积的比率等进行分析;对生产活动的分析,可使用产出数量与废次品或返工产品的比率等指标进行分析。

分析资源利用情况,还可以运用比较法,如将本组织资源实际利用情况分别与组织计划中设定的目标、与组织的历史最高水平、与组织所在产业的平均水平和最高水平、与竞争对手的情况进行比较。

③ 分析资源的应变力

资源应变力的分析,其目的是要确定一旦战略环境发生变化,组织资源对环境变化的适应程度。特别是对那些处于多变环境的组织来说,更应做好资源的应变力分析,这是建立高度适应环境变化的资源基础的出发点。在具体分析时,要把分析重点放在那些对环境变化特别敏感的资源上。

④ 进行资源的平衡分析

关于资源的平衡分析,存在两种观点。一种观点认为,为了保持资源的稳定平衡,应在组织内设立资源余量。例如,设置一定水准的保险库存量,以防止物流供应上的意外;保持一定富裕生产能力,以应付订货量的突然增加等。

另一种观点认为，设置资源余量只会在组织内助长容忍差错和低效率的管理，日本企业采取的准时生产制就是基于这一观点。其实，两种观点都有道理，应加以有机结合。对于反映管理水平、受组织可控因素影响较大、重置容易的资源，应通过加强管理来逐步降低甚至取消资源余量；对于受组织不可控因素影响较大（如受外部环境影响大、重置困难）的资源应保持合理的资源余量，以应付环境变化。

进行资源平衡分析，应主要做好四个方面的平衡分析：业务平衡分析、现金平衡分析、高级管理者资源平衡分析、战略平衡分析。

2. 组织能力分析

组织能力是指整合组织资源，使价值不断增加的技能。一般而言，资源本身并不能产生竞争能力和竞争优势，竞争能力和竞争优势源于对组织多种资源的整合。

在识别、判定一个组织的核心竞争力之前，首先要弄清该组织的基本能力状况。对组织基本能力状况的分析，可以从组织生产经营所必需的各项功能的角度分别进行。

（1）财务能力分析

要分析判断一个组织的经营能力，首先必须分析组织的财务状况，因为组织的财务报表记录了组织经营的整个过程和取得的绩效水平。分析组织财务状况，广泛使用的方法是财务比率分析。财务比率分析通常从两个方面进行：一是计算本组织有关财务比率，并与同行业中的竞争对手进行比较或与同行业平均财务水平进行比较，从而了解本组织与竞争对手或同行业一般水平相比较的财务状况或经营成果；二是将计算得到的财务比率与本组织过去的财务比率和预测未来的财务比率相比较，从而测定组织财务状况和经营成果在一个较长时间内的变动趋势。

财务比率评价体系主要由收益性、安全性、流动性、成长性和生产性五大类指标构成。

（2）营销能力分析

一个组织营销能力的强弱，往往体现在其产品竞争能力、销售活动能力、新产品开发能力和市场决策能力等方面。因此，营销能力分析通常从这四个方面进行分析。

① 产品竞争能力分析

产品竞争能力分析，是对组织当前销售的各种产品的市场地位、收益性、成长性、竞争性和结构性等方面进行的分析。分析结果将为改进产品组合、开发新产品和加强市场营销指明方向。

② 销售活动能力分析

销售活动能力分析,是在产品竞争力分析的基础上,对组织的销售组织、销售渠道、促销活动、销售绩效等方面进行分析,以判断组织销售活动的能力、存在的问题及原因,进而为制定战略提供依据。销售活动能力分析可以从以下几方面进行:销售组织分析、销售渠道分析、促销活动分析、销售绩效分析。

③ 新产品开发能力分析

新产品开发能力分析,应着重从新产品开发计划、新产品开发组织、新产品开发过程和新产品的开发效果四个方面进行分析,并将分析结果与主要竞争对手比较,进而判断组织能力的强弱,为组织战略的选择提供依据。

④ 市场决策能力分析

市场决策能力分析是以产品市场竞争力、销售活动能力、新产品开发能力等的分析结果为依据,对照组织当前实施的经营方针和经营战略,以发现组织在市场决策中的不当之处,评估判断组织领导者的市场决策能力,并探讨组织中长期所应采取的经营战略,以提高组织领导者的决策能力和水平,使组织获得持续的发展。

(3)生产管理能力分析

组织的生产功能包括将投入品转变为产品或服务的所有活动。在绝大多数行业中,组织生产经营的大部分成本发生在生产过程。因此,生产管理能力的高低,决定着公司战略的成败。而生产管理的首要任务,就是开发和管理一个有效的生产体系。

(4)组织效能分析

组织是实现目标的工具,是进行有效管理的手段。分析组织效能,发现制约组织长远发展的组织管理问题,并加以改进,则可为组织战略的正确制定和成功实施奠定坚实的组织基础。

进行组织效能分析,首先必须明确评价组织效能的一般标准。良好组织应符合以下基本原则:目标明确、组织有效、统一指挥、权责对等、分工合理、协作明确、信息通畅、沟通有效、管理层次和管理幅度协调、有利于人才成长和合理使用人才、有良好的组织氛围等。

(5)组织文化分析

组织文化是基于共同价值观之上,是组织全体职工共同遵循的目标、行为规范和思维方式的总称。如今,组织文化的价值越来越为各类组织所重视。人们从海尔集团等许多大组织成功的范例中发现,这些组织之所以能在快速发展中立于不败之地,是由于它们成功地创造了具有自身特色的组织文化。理论界的研究和组织界的实践均已证明,组织文化的力量既可能支持组织的战略管理,助其成功;也可能抵制它们,促其失败。因此,分析组织文化的现状,从中找出能够制约组织战略的关键要素,并予以加强或改进,就成为组织战略管理者面临的重要挑战。

3. 组织核心能力分析

核心能力体现为一系列技能、技术、知识的综合体,要准确、全面地分析和评价一个组织的核心能力是比较困难的。核心能力是组织赢得持久竞争优势的源泉。一般而言,对组织的核心能力进行分析,可以从以下几方面入手:

(1)主营业务分析

主营业务分析,即分析组织是否有明确的主营业务,组织优势是否体现在主营业务上,该主营业务是否有稳定的市场前景,本组织在该领域中与竞争对手相比的竞争地位如何。一个组织若没有明确的主营业务,经营内容过于分散,则很难形成核心能力;或者组织虽有主营业务,但在该业务领域中的竞争地位很弱,也谈不上有核心能力。在对主营业务进行评价时,组织可以运用主营业务明确程度、主营业务市场占有率及其行业排名、主营业务收益占总收益的份额、主营业务市场前景等指标。

(2)核心产品分析

核心产品是核心能力与最终产品之间的有形联结,是决定最终产品价值的部件或组件。例如,本田公司的发动机、英特尔公司的微处理器,都是所属公司的核心产品。

对核心产品的分析,应具体分析组织是否有明确的核心产品,核心产品的销售现状、竞争地位和市场前景,产品的差异性和延展性,扩大虚拟份额的可能性和具体思路等。核心产品可以延展至多个最终产品领域,最大限度地实现核心能力的范围经济。因此,一个组织如果没有过硬的核心产品,则很难说该组织具有较强的核心能力,分析核心产品的具体指标包括核心产品的市场份额、知名度、美誉度、行业延展度、销售收入增长率及未来市场前景等。

(3)核心能力分析

核心能力分析,主要分析支持组织主营业务和核心产品的核心技术和专长是什么,组织管理人员是否对此达成共识;这些核心技术和专长的价值性、独特性、难于模仿性和不可替代性如何;这些核心技术和专长是否得到了充分发挥,为组织带来何种竞争优势,强度如何;保护、保持和发展这些核心技术和专长的现时做法、方案和未来计划是什么;等等。

核心能力具有动态性,昔日的核心能力今天可能会退化为一般能力。组织为了具有持久的竞争优势,必须不断保护和发展自己的核心能力。因此,对组织核心能力的分析,还应涉及更深层次的内容,即组织发展核心能力的能力分析,主要包括组织培育核心能力的能力和管理核心能力的能力两个方面。

4. 组织内部环境分析的方法

组织内部环境分析的方法随着组织的不同而呈现出多样化的特征。但是,一般说来,各种各样的分析方法可归纳成两大类:一类是进行纵向分析,即分析组织各个方面的历史沿革,从而发现组织在哪些方面得到了相对加强,在哪些方面有所削弱。根据这种纵向分析,在历史分析的基础上对组织各方面的发展趋势做出预测。另一类是进行横向分析,即将组织的情况与行业平均水平作横向比较分析。通过这种分析,组织可以发现相对于行业平均水平的优势和劣势。因此,对组织经营来说,横向比较分析更具有实际意义。本书重点介绍价值链分析法。

价值链分析法由迈克尔·波特教授(Michael E. Porter)提出。他认为,组织的生产是一个创造价值的过程,组织的价值链就是组织所从事的设计、生产、销售、运输以及支持性活动的集合体。对于消费者来说,一个价值链显示了产品生产的整体价值,它是由价值活动和边际利润两部分组成的(如图 3-5 所示)。

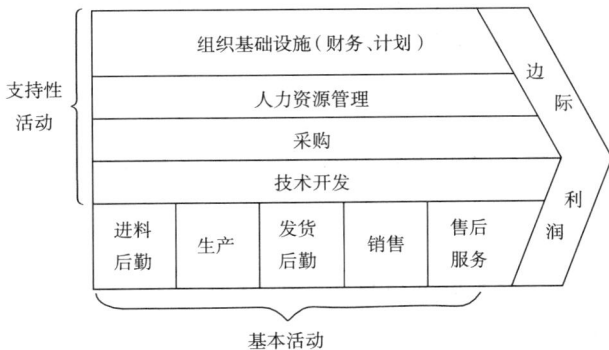

图 3-5 价值链

价值链中的价值活动可分成两大类,即基本活动和支持性活动。基本活动涉及生产实体的产品、销售产品给购买者以及提供售后服务等活动,而支持性活动是以提供生产要素投入、技术、人力资源以及公司范围内的各种职能等,支持组织的基本活动。

(1)基本活动要素

① 进料后勤

进料后勤包括收货、储存、原材料整理、发放材料到产品生产单位、库存控制、运输车辆的调度以及原料退货等活动。

② 生产

生产，即将生产要素投入转变成最终产品的活动，如机械加工、装配、包装、组装、机器维修、产品检验、打印和厂房设施管理等。

③ 发货后勤

发货后勤指有关集中、存储和将产品实际分销给客户的活动，包括收集成品、入库储存、订单处理、发货车辆的调度等活动。

④ 销售

销售指为顾客提供购买本组织产品的途径或方式，并促使其购买的各种活动，如广告、促销、销售人员安排、分配定额、分销渠道的选择、定价策略和公共关系等。

⑤ 售后服务

售后服务指提供各种服务以提高或保持产品价值的活动，如安装、修理、人员培训、零配件供应以及产品的调试等。

(2)支持性活动要素

① 采购

采购指购买用于价值链中的生产要素投入的职能活动。像所有的价值活动一样，采购活动也需要运用一定的"技术"，如与客户打交道的手续、标准规则以及信息系统等。

② 技术开发

技术开发包括旨在改进产品和生产过程的技术活动，由工程技术部门和研发部门来完成。

③ 人力资源管理

人力资源管理涉及人员的遴选、录用、培训、技能发展以及制订各类人员的薪酬制度等活动。

④ 组织基础设施(组织基础工作)

组织基础设施包括总体管理、组织计划、组织财务、会计核算、法律事务、与政府间的事务以及质量控制等活动。

一个组织的价值链通常由上述各种活动组成。对组织内部条件的审计，一方面可以对每项价值活动进行逐项分析，以发现组织存在的优势和劣势；另一方面，也可以分析价值链中各项活动的内部联系，这种联系以整体活动最优化和协同这两种方式给组织带来优势。

通过价值链分析可以发现，组织的优势既来自于构成价值链的单项活动本身，也来自于各项活动之间的联系。而且从更广泛的角度讲，组织的价值链蕴藏于范围更广泛的价值系统之中。从组织与供应商和购买商的关系角度来说,供应商具有用于下游组织价值链中投入外购的价值链,而组织的产品最终又会成为买方价值链的一部分。因此,组织的优势既可来源于价值活动所涉及的市场范围的调整,也可来源于组织间协调或共用价值链所带来的最优化效益。

第三节　组织文化

一、组织文化的概念

在了解组织文化的概念之前,有必要介绍文化的概念。文化有广义和狭义之分,广义的文化是指人类在社会历史实践过程中所创造的物质财富和精神财富的总和;狭义的文化是指社会的意识形态以及与之相适应的礼仪制度、组织机构、行为方式等物化的精神。

关于组织文化,不同的学者有不同的见解。主要的观点有:①组织文化是企业形成的群体意识及所形成的行为规范;②组织文化是指导企业制定员工和顾客政策的宗旨;③组织文化是指一个企业的共有价值观念、传统、习惯和行为方式;④组织文化是运用已形成的价值观、塑造英雄人物、明确规定习俗和仪式、构建文化网络等来培养其员工行为的一致性。

本书认为,组织文化是指组织在长期的实践活动中所形成的,并且为组织成员普遍认可和遵循的,具有本组织特色的价值观念、团体意识、行为规范和思维模式的总和。显然,该组织文化的界定,主要是从狭义的方面加以考虑的。

二、组织文化的功能

组织文化的功能从整体上来说就是全面优化组织管理,合理配置生产力要素,提高组织的竞争能力,促进组织的持续稳定发展。具体地讲,组织文化主要有以下五个方面的功能。

1. 导向功能

组织文化规定着组织发展的战略方向,组织在选择经营领域和经营目标时,组织做什么,不做什么,以及怎么做,都是由组织文化决定的,也可以说是由组织信奉的价值观和遵循的经营宗旨决定的。同时,组织文化也可以引导组织领导者和员工的价值观、行为、人际关系、品格、工作效率、能力等,是组织发展的主要力量源泉。

2. 凝聚功能

美国学者凯兹·卡恩认为,在社会系统中,将个体凝聚起来的主要是一种心理力量,而非生物的力量。社会系统的基础是人类的态度、知觉、信念、动机、习惯及期望等。组织文化具有这样一种极强的心理凝聚力量,当一种文化得到认同后,就会形成一种黏合作用,把组织员工凝聚起来。当员工把自己的命运同组织的命运紧紧联系在一起的时候,就充分体现了组织的凝聚力。同时,在组织氛围的影响下,使组织员工通过自身的感受,产生对工作的自豪感、使命感和责任心,增强对本组织的"认同感"、"归属感",从而使员工在潜意识中形成一种对组织强烈的向心力。

3. 激励功能

优秀的组织文化是组织成长的动力源,它创造着组织的活力,也激发着员工的工作热情,使他们的积极性和潜能得到最大限度地发挥。这种功能往往可以起着放大作用,使行为主体产生更强烈的愿望、更大的干劲,使其行为产生更剧烈、更明显的效果。组织文化的这种激励功能来自于组织文化本身的精神力量。俗话说,精神的力量是无穷的,一个组织有了优秀的组织文化就有了取之不尽的精神力量。这就是为什么一些有远见的企业家孜孜以求组织文化的原因。

4. 约束功能

实践告诉我们,组织中员工的个人目标与组织的组织目标不可能完全相同,个人的价值观与组织的整体价值观也不可能绝对一致,这就决定了员工的实际行为与组织要求的行为之间必然存在着一定的差距,只不过优秀组织中的差距小些,非优秀组织中的差距大些。如果不能很好地解决这个问题,组织的发展就会受到不同程度的影响。为了解决这一问题,组织就必须建立一整套包括规章制度在内的约束机制来保证控制职能的实现。但是,应当指出,这种外在的约束所起的作用是很有限的,它会因为使员工觉得不被信任而大打折扣。组织文化的建立就可以弥补这种硬约束的不足。组织文化因为将组织的目标、价值观和行为方式最大限度地内化为员工自己的目标、价值观和行为方式,使对员工的外在约束变成了员工的自我约束,从而达到管理的最高境界——无为而治。

5. 协调功能

协调功能也有学者称之为维系功能。组织文化的协调功能表现为对外协调和对内协调两个方向上。它对外协调组织和社会的关系,使组织的发展目标、方向和行为与社会的发展方向和要求和谐一致,尽可能地从社会中获取组织发展所需要的各种资源和支持,为组织的发展服务,并承担着对外树立组织形象的使命。当然,组织文化的对外功能不仅仅是被动的适应,优良的组织文化在对外关系中除了适应外部环境外,还表现为主动进取和积极协调的功能。组织文化对内可以协调各分支机构、各部门以及员工之间的关系,使组织内部的资源——物质资源、时间资源、精神资源等得到最有效的配置。组织规模越大,组织文化的内协作用越明显,如一些著名的跨国公司对分散在世界各地的无数分公司就是通过对组织价值观和经营理念的认同而保持方向的一致。

三、组织文化的层次、结构和类型

1. 组织文化的层次

沙因组织文化理论的重要思想构造了组织文化的三个层次模型(如图3-6所示)。

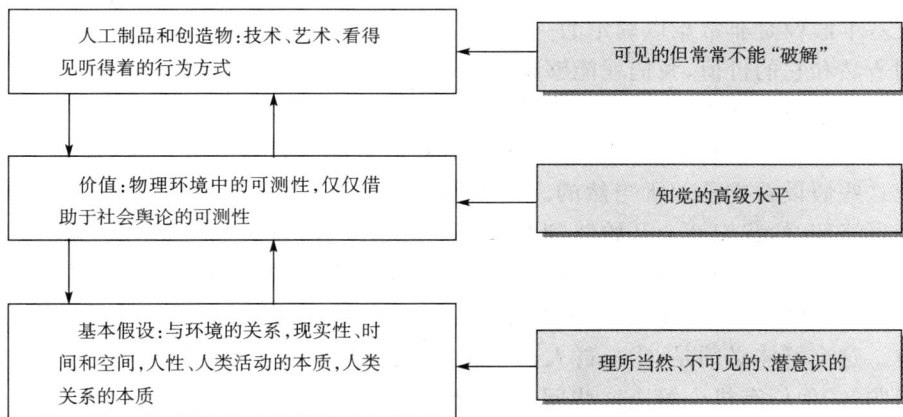

图 3-6　组织文化模型

组织文化的第一个层次是人工制品和创造物,它们构成了物质的和社会的环境。在这一层次上,人们可以看到物理空间、群体输出的技术、书面的和口头的语言、艺术作品和组织成员公开的行为。

组织文化的第二层次是价值。在某种意义上,所有的文化知识最终都反映了某些人的基本价值,具有同"是什么"相区别的"应当是什么"的感觉。当一个群体面对新的任务、争论和问题时,首先提出来要解决的只能是价值的重要地位,因为这时还不存在决定什么是事实和真实的共同基础。群体中的某个人——通常是缔造者,他对真实性和如何处理群体面临的问题具有确信,且会依据这种确信提出解决的办法。这时作为个体,可能会确信已提出的解决办法是一种基于事实的信念和原则,但是,对于群体来说,只有当共同分享到解决问题的成功结果时,才会达到这种确信的程度。

组织文化的第三个层次是基本假设。当解决问题的方法被反复运用后,就会成为理所当然的。当初仅仅为一种价值所支持的假设,后来就渐渐被当作是真实的。我们也逐渐相信事情本来就是如此的。在某种意义上,基本的假设与一些人类学家所说的"占统治地位的价值"是不同的。那些占统治地位的价值所反映的是若干基本选择中人们所愿意选择的解决方案,但这些选择在文化中仍旧是可见的,组织中的成员能够不时地依据那些占统治地位的价值去行动。但是,沙因指出,在一定意义上他想界定的,并且已经变成理所当然的基本假设,在一个文化单位中是不变动的。事实上,一种基本假设如果被一个群体所牢牢地掌握,群体成员就会发现,他们的行为要依据其他的前提是不可思议的。

沙因指出,无意识的基本假设常常涉及文化的一些基本的方面。但是,这类基本假设是非常难以确定的。如果我们能非常细心地审查一个组织的人工制造品和它的价值,我们就能够猜测出基本的假设。有时,通过两个人交谈将两种文化模型连接起来,基本假设通常就会被带到表层来。做这项工作时,应当特别的细心,因为,不是人们不愿将他们的基本假设带到表层来,而是他们把这些假设看成是理所当然的。当人们将基本假设表层化,文化的模型突然变得清楚时,我们就会开始感到我们真的理解了我们一直在做什么和我们为什么那样做。因此,组织文化在其文化基本假设和价值层面才是真正的文化。

需要强调的是,沙因组织文化模型的一个重要的条件,即一个给定的群体。这个群体必须是:①一群人在一起,有足够长的时间"分享"各种"显著的"问题;②他们有机会解决这些问题,并观察这些解决方案的效果;③他们已经吸收过新成员。除非有一群"共有"一段历史的人,否则,一个群体的文化就不可能被"确知"。

总之,如何适应组织内部和外部环境的变化是组织经营过程中永远重要的课题,特别是近年来环境变化的速度越来越快,适应环境变化的重要性也越来越高。为了适应变化,组织需要新的思考方式和行为方式,可是这种新的方式却很难产生或很难生存。沙因对组织文化的研究为我们认识自己文化的深层本质提供了有效的工具。

2. 组织文化的结构

组织文化是一个丰富的、系统的体系,这个体系是由许多相互联系、相互渗透、相互制约的要素构成的。如果从系统论的观点来看,组织文化的结构可以分为物质层文化、制度层文化和精神层文化三个层次(如图3-7所示)。

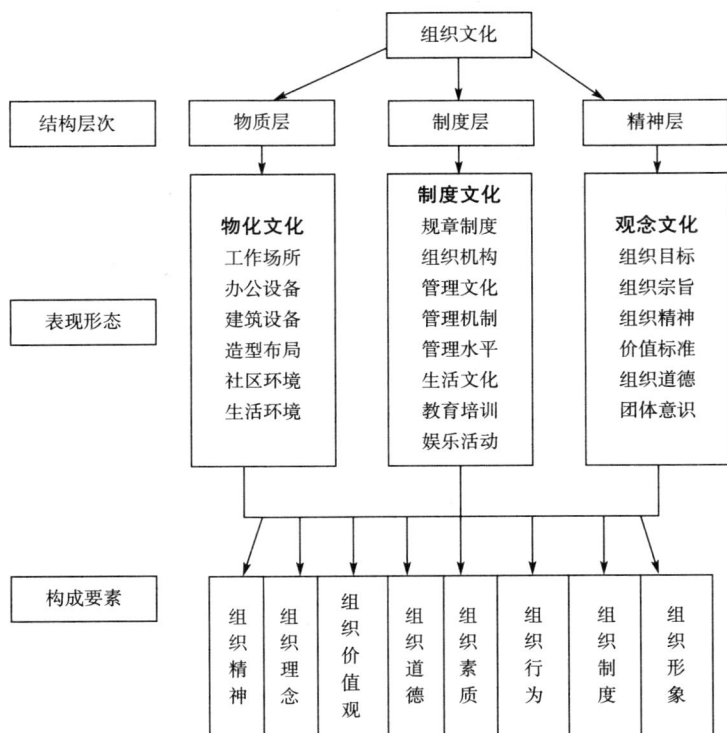

图 3-7　组织文化的结构、形态和要素

组织文化的表现形态有物化文化、制度文化和观念文化三种形态。组织文化的构成要素主要可以概括为组织精神、组织理念、组织价值观、组织道德、组织素质、组织行为、组织制度和组织形象八个要素。

3. 组织文化的类型

组织文化是客观存在的,它是组织在长期的生存和发展中形成的。由于生存发展的环境不同,组织文化呈现出较大的差异性。一所大规模研究型大学的文化与一个制造型组织的文化是不同的,不同类型大学的组织文化也会有所不同,甚至在组织内部的各个部门之间也存在文化差异,例如,研发部门的组织文化一般就与行政管理部门的不同,而生产部门可能又有自己独特的组织文化。因此,从不同的角度考察组织文化,就会形成不同的分类。

从组织文化管理的角度看,理论界有多种划分方法。以下是几种较为典型的分类法。

(1)阿伦·肯尼迪和特伦斯·迪尔的四分法

阿伦·肯尼迪和特伦斯·迪尔在《公司文化》一书中按组织任务和经营风

险的不同把组织文化分为四种：

① 硬汉、胆识型文化。这是所有组织文化中极度紧张的一种。这种文化推崇个人主义，鼓励敢于冒风险，而且，对于所采取的行动是正确或错误能迅速地获得反馈。

② 工作娱乐并重型文化。这种组织文化奉行拼命地干、尽情地玩的信念，娱乐和行动就是准则，职工很少承担风险，且反馈较为迅速。

③ 孤注一掷型文化。这种组织文化适用于风险高、反馈慢的环境，组织所做决策的风险很大，但却要在几年以后才知道决策能否带来效益。其信念是注重未来、崇尚试验，往往用这个公司的前途去冒险。

④ 按部就班型文化。这类组织文化具有低风险、反馈慢的特点，由于缺乏反馈的结果，所以职工关心的只是"如何做"，追求技术上的完美、工作上的有条不紊，极易产生官僚主义。

（2）约翰·科特和詹姆斯·赫斯克特的三分法

美国哈佛商学院的约翰·科特和詹姆斯·赫斯克特在合著的《组织文化与经营业绩》一书中，从组织文化与组织经营业绩之间关系的角度，把组织文化分为以下三种：

① 强力型组织文化。在强力型组织文化中，几乎每个经理都具有一系列基本一致的共同价值观念和经营方法。组织的新成员也会很快地接受这些观念和方法。如果新任的高级经理背弃了组织的价值观念和行为规范，那么，不仅他的上司会纠正他的失误，他的下级同事们也会那样做。这些组织常常将组织的一些主要价值观念通过规则或职责规范公之于众，敦促组织所有经理人员遵从这些规定。即使是新的总经理到任，强力型组织文化也不会随之改变，因为它已深深地扎根于组织之中了。

② 策略合理型组织文化。策略合理型组织文化认为组织中不存在抽象的、好的组织文化，也不存在任何放之四海而皆准的、适应所有组织的"克敌制胜"的组织文化。只有当一种组织文化适应于组织环境，这种文化才是好的、有效的文化。这就是说，与组织经营业绩相关联的组织文化必须是与组织环境、组织经营策略相适应的文化。组织文化的适应性越强，企业的经营业绩就越好；组织文化的适应性越弱，组织的经营业绩就越差。这一理论预言，决策果断、官僚作风不强的组织文化可以使一个处于业务竞争十分激烈市场环境下兼并的咨询公司取得辉煌的经营业绩，却会给一家传统型人寿保险组织的经营业绩带来损害。同样，重视尖端科技项目的组织文化对计算机制造组织大有益处，而对交响乐团却毫无作用。强调权力结构稳定、多元化的组织文化在组织活动节奏较慢的经营环境中能起到良好的作用，但并不适应那种工作

节奏较快、竞争十分激烈的行业环境。

这一理论观点所提出的小型高新科技组织与大型银行所需要的组织文化完全不同的观点更接近于现实中的具体情况,这就在一定程度上弥补了强力型组织文化理论存在的不足。同时,这一理论也为多元化公司构建适合于不同业务、具有不同特征的多种组织文化而不是单一组织文化提供了理论依据。不过,它也同样存在着缺陷,那就是这一理论分析模式基本上属于一种静态分析。当组织环境发生变化时,策略合理型组织文化变化迟缓,不能迅速地适应新的组织环境,结果必然导致其经营业绩的大幅度下降。正如他们所讲:"组织文化的良好适应会因市场环境的不断变化而湮灭,结果损伤了组织长期经营业绩。"

③ 灵活适应型组织文化。科特和赫斯克特认为:"只有那些能够使组织适应市场经营环境变化并在这一适应过程中领先于其他组织的文化,才会在较长时期与组织经营业绩相互影响。"这种组织文化特别注重适应组织环境,提倡变革,勇于冒险,坦率交流,并要求管理人员注重领导艺术,员工注重行为方式。员工之间互相支持,互相信任,勇于发现问题和解决问题。员工有高度的工作热情,敢于革新,对革新持欢迎态度。在组织文化适应程度高的组织中,文化的理想目标在于一个组织中各级管理不仅能够随时满足顾客的需求、员工的需求、股东的需求,而且要以满足这三位一体的需求为宗旨,发挥领导才能和领导艺术,倡导组织经营策略或战术上的转变。

从上述三种组织文化的类型中不难看出,单纯地强调强有力的组织文化的构建以及组织文化与组织策略或战略的简单适应,均不能绝对地促进组织经营业绩的提高,唯有建立灵活适应型组织文化才能保证组织长期持续地发展。

(3)查尔斯·汉迪的四分法

英国当代著名的管理思想家查尔斯·汉迪(Charles Handy)是对组织文化谈及较多的管理大师之一。在《通晓组织》一书中,汉迪对组织文化按不同的类型进行了以下初步的阐述:霸权文化,这种文化通常以个人权力为核心,在小型组织中十分常见;角色文化,指组织内各自的职能及相互间的关系;任务文化,这种文化就像一张网,整个组织的核心在任务的完成上;个性文化,汉迪认为组织中的个性文化对于个人行为的影响极大。汉迪深信,不懂得四种文化的内涵就不可能真正懂得管理。在《管理之神》一书中,汉迪拓展了四种组织文化类型的内涵。宙斯代表权力,阿波罗象征角色,雅典娜代表任务,狄俄尼索斯代表个性。

① 霸权管理文化(宙斯式管理文化)。霸权管理文化型组织高度依赖于一个权力中心源,这个权力中心源由极少数人甚至一个人构成。霸权型组织决策时往往快速异常,任何要求以高速度来完成的事情,都可以在这种模式的

管理下取得成功。当然，速度并不能保证品质，品质全依赖于宙斯和最接近他的那些圈内人士的才能而定。一个无能、昏庸、老迈、凡事漠不关心的宙斯，会很快腐败堕落并逐渐毁坏整个网络组织。因此，在这类组织中，"领袖"和"继承人"自然就是重要的能保证组织正常运转的因素。

霸权文化型组织对外部的威胁和机会能做出迅速反应，工作中组织给个人很多信任。组织通过工作的结果来判断员工的绩效，但却很少关心达到结果所采用的手段。

② 角色管理文化（阿波罗式管理文化）。阿波罗是秩序与法规之神，由他所代表的这种文化假定人仅仅是理性的，任何事都能够，也都应该以概念逻辑的方法来分析研究。一个组织的任务也因此能够被一格一格地划分出来，直到你做出一份组织的工作流程图，上面用特定的"工作职别"界定出角色的体系，并用一整套美其名曰员工手册、预算案、资料库之类的规则和程序，将它们紧紧结合。

角色文化型组织通过组织文件和规章制度进行工作，其权力和影响力主要来自功能部门，如财务部门、技术支持部门、人力资源部门等。对功能部门工作的控制主要是通过以下方式：明确的角色定位，详细的工作描述，权威的认定；特定的沟通渠道和方式；解决争议的规则，申诉的流程。功能部门自身的管理由高层管理者组成的一个小团队负责，这些高层管理者是各个部门根据组织规则、流程、计划等进行工作时的协调者。

在这种类型组织中，所处位置是权力的主要来源，反对个人权力，各个功能部门的权力根据组织规则进行界定。组织的效率依赖于工作任务和职责分配的合理性，而不是依赖于个人。角色型组织非常适合以下环境：环境稳定，即环境变化非常小而且可以事先做出预测；组织可以控制环境；市场稳定、可预测或者可控制。在需要变化时，角色型组织表现得较为迟缓，有时为了适应技术的变化，这类组织也进行没有任何风险的变化。因此，当市场、产品/服务或者环境发生变化时，角色型组织很可能继续保持不变，直至这个组织崩溃或者高层管理者被替代。

③ 任务管理文化（雅典娜式管理文化）。这类文化在管理上采用非常不一般的方式。基本上，管理被认为和不断成功地解决问题有关。首先，必须去发现问题何在，然后针对问题提出解决的方法，调整适当的资源与策略，让会影响最后结果的人员所形成的团队开始运作。一切以最后的结果，也就是解决问题的实际情况，来评断其表现。

任务文化型组织力求把适当的资源和人员有机地组合在一起。权力和影响主要来自于专家的权威，而不是所处位置或者组织授予的个人权力，当然，位置权力和个人权力也有一定的影响,但和其他文化类型的组织比较起来,其影响被广泛地分散。任务型组织中的每个人都倾向于认为自己具有影响。

任务文化是一种团队文化。工作是大家的共同目标,而不是某个人的目标,消除了员工之间许多身份地位和工作风格的差异。任务型组织运用团队统一的力量去提高效率,个人的工作也只有放在团队中才有意义。

任务文化型组织的适应性非常高。矩阵型组织是任务文化的一种典型形式。为了特定目标组成的团队、项目小组可以根据环境的变化及时进行改组、撤销。从理论上讲,每个团队在它内部都有它需要的决策权力,个人对他负责的工作有高度的控制程度,因此任务型组织工作反应速度迅速,工作绩效是根据结果来判断的。组织中的工作关系一般比较宽松,大家互相尊敬,但这种尊敬是基于能力而不是年龄或者地位。

但是,任务型组织难于产生规模性或者较深的技术水平,因为大规模的组织是很难用灵活的小团队进行组织的。任务型组织中的专家要解决各种各样的问题,并且要在各种各样的团队中解决问题,因此,与角色型组织中的同行比较起来,其专业化程度相对比较低。

④ 个性管理文化(狄俄尼索斯式管理文化)。个性文化型组织并不多见,在大部分组织中都没有它的踪影,但许多人坚持这种组织文化价值。在个性型文化中,个人是中心,即使有部门或者有组织,它的存在也仅仅是服务和帮助个人的。汉迪认为,在其他三种组织文化中,个人都是从属于组织的,都是被用来帮助组织达成其目标的。而在狄俄尼索斯式的管理文化中,却是组织来帮助个人实现其梦想。组织是员工的下属,组织的生存也依赖于其员工。很显然,很多组织不能持有这种文化而存在,因为它们往往有超越员工集体目标的组织目标。这一文化最常见于俱乐部、协会、专业团体和小型咨询公司。

在个性文化型组织中,一般不存在控制或者管理的等级。组织为个人服务,并且依赖个人而存在;个人可以离开组织,而组织一般没有权力驱逐个人。员工对组织的忠诚度较低,一般将组织看作是一个对自己有益的地方,具有这种文化倾向的个人较难管理。影响力来自于共享,权力一般是基于专家的身份。个性文化型组织有时会变成任务文化型,但经常是变成权力或者角色文化型组织。

四、组织文化的构建、维系和变革

1. 组织文化的构建

(1)组织文化的形成途径

组织文化的形成有三种途径:首先,创始人仅仅聘用和留住那些与自己的想法和感受一致的人员；其次，他们对于员工的思维方式和感受方式进行灌输和社会化；最后，创始人把自己的行为作为角色榜样，鼓励员工认同这些信念、价值观和假设，并进一步内化为自己的想法和感受。当组织成功时，创始人的愿景被人们视为成功的主要决定因素。在这一点上，创始人的整个人格特点会植根于组织文化之中。

组织文化起源除了受组织创始人的巨大影响外，它所赖以形成、生存和发展的时代文化背景也会对其产生直接影响。一种管理思潮形成后，它就有极大的渗透性和诱惑力，因而对那些在这种思潮中诞生的组织文化的起源有着重大影响。因为一种管理风格、组织形式一经形成，它就会犹如某种定势、某种范式，具有极大的示范作用，对那些在其示范传递范围内的组织文化的起源产生重要影响；一次经营管理革命发生后，其对旧有组织文化传统冲击的余波就会绵绵不断，因而对在其后新创立的组织文化的形成同样有着重要的作用。

（2）制度化与组织文化的构建

所谓制度化也称为文化制度化，是指把组织倡导的价值观转化为具有操作性的管理制度的过程。文化与制度之间是一种蕴含与互动的关系，文化中蕴含着制度，制度中也体现了文化，没有文化的制度与没有制度的文化都是不可想象的。文化形成制度，即文化观念是制度形成的依据，制度要反映文化的要求；制度强化文化，即制度对文化观念特别是对新文化的巩固与发展有重要作用。制度文化是组织文化的一种重要构成要素，是组织精神文化的基础和载体，并对精神文化起反作用。因此，组织价值观必须要转化为制度，或者说，组织制度必须要体现价值观的精神，否则，组织文化变革就不可能成功。

从组织文化建设的角度看，必须把制度建设纳入到组织文化建设的范围之内，使之成为文化管理的一个组成侧面；同时，组织在进行文化建设的过程中会产生一定的文化成果，如质量文化、经营文化、市场文化等，这些成果也需要以制度的方式巩固下来。因此，组织的制度化建设就成为文化建设中所不可缺少的组成部分，而且是其较深层次的组成部分。

总之，组织制度文化是将文化理念转化为员工自觉行为的关键，也就是把组织倡导的价值观转化为具有可操作性的管理制度的过程。价值观必须转化为制度，否则，组织文化管理就缺少制度保证而最终导致组织的失败。在将价值观转化为制度的同时，一定要关注制度与价值观的联系，防止两者脱节。只有把制度文化建设放到重中之重的位置，使组织有了应变各种环境的个性文化底蕴，组织才能真正具有提高竞争力的制度文化优势。

（3）组织文化管理模式的构建

组织文化管理模式的构建是一项系统工程。由于组织文化的价值在于它的个性化和独特性,所以组织文化管理模式构建的关键是要结合某一组织的具体实际情况策划设计,考虑到组织的客观条件和主观要求,需要"软"、"硬"结合和"虚"、"实"结合,想要找到一个固定的模式是不可能的,照搬其他组织的做法更是不可取的。从组织文化构建的实质来看,就是将组织管理文化理念具体化为行为准则的过程。组织中的员工长期工作生活在一个组织里,其行为必然受到组织共同文化观念的影响。如果把这些文化观念具体化为行为准则,它就会指导员工该做哪些事,不该做哪些事,该怎么做哪些事,不该怎么做哪些事。作为一种管理理念,组织文化及其管理模式是"道是无形却有形",也就是将隐性的文化理念显性化为管理规则的过程。

一般来说,在确立组织文化管理模式构建目标时,要考虑以下几个方面:构建具有竞争力的组织文化体系;实现员工对组织价值、理念、精神的认同;塑造组织形象,整合组织无形资产;明确组织的共同行为准则,规范组织员工行为;完善组织基本制度和政策;推动员工价值和组织价值的共同实现等。

组织文化管理模式的设计必须由组织高层主管和有关人员组成领导小组,由有关部门人员组成工作小组。邀请专业咨询公司帮助策划设计的组织,双方应共同组成领导小组和项目小组,实施"并行工程"。组织文化的构建操作一般分为五个阶段:准备阶段、调研阶段、分析阶段、设计阶段、实施阶段。

组织文化管理模式的构建还可采取以下方法:①国际国内组织文化的比较研究。学习借鉴国际、国内著名公司的组织文化建设经验,以及组织文化的前沿研究成果、研究方法和应用途径,以使自己在策划设计和操作时,胸怀全局,思路宽阔。②关键事件、典型案例的调研分析。把握组织文化发展阶段、影响因素、管理行为特征、关键事件、典型案例,以及高层管理者的设想及各层人员的反映,使策划设计和操作更加切合实际。③定性和定量结合,进行量表评价诊断。现场考察、分层访谈、问卷统计分析,按照组织文化分值,根据组织价值观模型,实施评价诊断,找出组织文化要素和管理行为特征之间的结构性联系。

2. 组织文化的维系

人类的文化现实和文化遗产是由于传播的存在才得以实现的,文化的共创和共享借助于维系与传承才得以完成。离开维系与传承,文化不可能形成,更谈不上文化的整合发展。由于组织文化在组织管理活动中具有无法替代的核心作用,因而,组织文化一旦建立,组织内部就会采取一些措施来维系文化。

（1）维系组织文化的关键因素

在维系组织文化的过程中,甄选活动、高级管理层的举措和社会化方法三个因素起举足轻重的作用。

① 甄选。组织的甄选过程有着明确的目标，即识别并雇用那些有知识、技能和能力的人，从而成功完成组织中的工作。通常，能够满足某个工作需要的求职者肯定不止一位，在这个时候，所雇用的人显著受到决策者对于求职者是否适合组织的判断的影响。这种试图确保员工与组织相匹配的努力，不管是出于有意还是无意，都会导致受聘员工的价值观与组织价值观大体一致，至少与组织价值观中的相当一部分保持一致。另外，甄选过程也为求职者提供了一些有关组织的信息，如果求职者发现自己的价值观与组织价值观存在冲突，他们会自动退出候选人之列。因此，甄选过程成为一种双向选择过程，当雇主和求职者相互不匹配时，它允许其中一方终止他们之间的联姻。通过这种方式，甄选过程筛选掉了那些可能对组织的核心价值观构成攻击或威胁的人，从而维系着组织的文化。

② 高级管理层。高级管理层的活动也对组织文化有着重要影响。高层管理者通过自己的举止言行建立起规范，并将其渗透到组织当中。例如，公司是否鼓励冒险，管理者应该给自己的下属多大自由度，什么样的着装是得体的，什么样的活动可以得到加薪、晋升或其他奖励，等等。

③ 社会化。不管组织在人员的甄选和选拔录用方面工作做得多好，新员工都不可能完全适应组织文化的要求。可能最重要的是，由于新员工对组织文化尚不熟悉，所以他们可能会干扰组织中已有的观念和习惯。因此，组织需要帮助新员工适应组织文化，这种适应过程称为社会化（socialization）过程。

在讨论社会化问题时，最关键的社会化阶段是员工进入组织的时间。这是一个组织要尽力把外来者塑造成"合格"员工的阶段。那些未能掌握重要而关键的角色行为的员工，则会被当作"违规者"或"反叛者"，并常常会被开除。但是，组织会对它的所有员工进行社会化，虽然有时方式并不明显。社会化过程贯穿于员工在组织中的整个职业生涯。它进一步起到了维系组织文化的作用。

(2)组织文化维系的内容

组织文化不是在某一时刻产生的，而是在长期的管理实践中连续积累、维系与传承的产物。在组织文化不断地维系与传承的过程中，新的文化特质也在不断增加。组织文化新特质包括组织发展过程中形成的新文化，也包括通过文化交流吸收的适合组织自身发展需要的异质成分。组织文化新特质的创造是在原有特质积累的基础上进行的，这是一种更高层次的积累。这种积累，往往是与淘汰组织文化中的消极成分同时进行的，即"破旧立新"，使组织文化不断与时代要求和组织发展需要相适应。

从组织文化维系的主要工作来看，包括以下内容：

① 利用组织全部的传播媒介，策划宣传攻势，将组织文化信息传播到每一个组织成员。不能存在信息盲区，不能让一个员工游离于影响之外，要巧妙地利用社会公共媒介宣传组织文化。

② 及时收集反馈信息，加以整理，将有价值的信息迅速加工，重新传播执行。

③ 通过多种方式多种渠道，统一员工对组织文化的理解和认识，如举办辩论赛、团体讨论等。

④ 建立组织文化的倡导者和组织文化执行者之间的信息通道，让信息双向交流沟通。

⑤ 成立部门与部门之间进行协调的组织机构，解决执行过程中可能产生的冲突和矛盾。

⑥ 要扶正祛邪，引导支持组织文化及其执行的舆论和行为，形成良好的组织风尚，杜绝不适于组织文化的舆论和行为。

(3)组织文化维系的方式

组织文化维系的方式可以分为对内和对外两种。从组织文化对内的维系来看，其维系通道包含以下内容：

① 组织神话和组织英雄的种种神奇传说、奇闻逸事等，往往成为组织文化对内维系与传承的一条重要的无形通道。神话是超越历史的，甚至是超越文化的。在神话的"言语"后面存在的是神话的"语言"。组织英雄人物是组织精神的化身，是组织力量的缩影，是强劲的组织文化的枢纽。组织英雄使得员工在理智上明确方向，在感情上奋发豪爽，在行为上有所模仿。英雄人物集中体现着组织价值观念，它们在组织文化传统的继承过程中发挥着极为重要的作用。

② 将组织文化传统用语录、标语、标记、口号、雕塑的形式表达出来，将有助于强化人们对组织文化传统的继承，因而也成为组织文化维系的重要渠道。组织文化博大精深，包含着许多内容，诸如各种深层的组织文化理念等，其真正的含义和主旨不是所有组织文化共同体的人都能一下看透、把握准的，也并非总是可以为他们立刻、全部接受的。从这个意义上说，组织文化为员工所理解、接受的过程，就是组织文化在组织内部维系的过程，这个过程渗透到组织文化成长的自始至终，经常以语录、标语、标记、口号、雕塑等形式表示出来。

③ 企业家及其管理者的意识、行为、作风、要求，换言之，他们的个人示范作用和对下属的要求，也构成组织文化对内维系的重要渠道。在一个成熟的组织文化体系里面，组织创立者往往经过组织文化的种种有意或无意的加工而成为组织英雄人物，无论他们在世与否，这种神话或半神话都是可能的。因

此，一些企业家在组织文化传播过程中往往兼有双重角色，既以带有神话色彩的组织英雄人物出现，又以现实世界里组织文化的"示范者"、"传教士"的面目出现。企业家还通过其选拔和培养起的一批组织管理者来传播组织文化。

④ 组织见习、考核、晋升制度等功能的发挥过程，也是组织文化对内维系与传承的重要渠道之一。师傅带徒弟、职业培训与再教育，除了传授技术、训练技能以外，主要是灌输组织文化。从组织内部提拔人才的制度，更是在员工中间渗透组织文化的重要途径。此外，组织还可以通过一系列风俗、仪式不断在内部强化组织文化、传播组织文化，也可以通过组织主流文化以外的各种非主流文化和小团体文化等亚文化系统进行组织文化对内的维系。

从组织文化对外的维系来看，其维系渠道很多，主要包括以下方面：

① 组织产品、劳务传递渠道。伴随着具有组织个性、组织经营特征的产品、劳务的社会扩散，伴随着组织宣传、组织形象的制造与对外输出，组织文化同时也在进行着自身对外的维系。

② 组织分工角色及其角色意识会影响到社会生活领域。在一个分工体系高度发达的社会里，如果仅有社会正规教育，没有组织文化的再教化和熏陶，这个社会的分工体系是难以有效运转的。组织文化的重要内容之一就是组织角色文化。组织职工、管理者把在组织文化氛围中形成的角色意识及其行为习惯延续和转换到社会生活领域，完成自身的社会扩散。

③ 组织文化通过各种传播媒介在社会中传播、扩散。加拿大文化传播学家马歇尔·麦克卢汉（Marshall Mcluhan）在 20 世纪 60 年代出版的《理解媒介——论人的延伸》一书中首创了一个如今人们耳熟能详的术语——媒介。麦克卢汉有一句经典的名言："媒介即信息。"他认为，每一种媒介发出的信息，都代表着或是规模、或是速度、或是类型的变化，所有这些都会介入到人类的生活中。从媒介的定义来看，组织的一切存在，包括客观存在和主观存在，都是传播媒介。因此，组织文化可通过组织本身进行传播，同时也可以通过其他媒介进行传递。

总之，组织文化的价值观念、行为准则等，要被组织全体员工所共享，就必须在本组织范围内广泛传播，使组织上下具有统一的目标、行为规范等。同时，由于组织是社会的细胞，一个组织的文化应全方位地传播给公众，接受社会公众的评价。在进行对外社会传播时，要处理好"传名"与"传实"的关系。所传之名，要确有其名，不能杜撰、捏造，还要掌握分寸，名实相符。这样，就容易处理好"形"与"神"的关系，宣传一个组织的文化总体状况。组织文化除了在本地区、本国内传播外，还需走向世界。组织文化的国际性传播，是跨文化传播的重要组成部分，有利于冲破国界，从文化民族中心主义走向文化相对主义。只有通过各国不同组织之间的相互交流、学习、借鉴，才有利于共享全球优秀文化带来的巨大生产力。

3. 组织文化的变革

组织文化变革是指由组织文化特质改变所引起的组织文化整体结构的变化。它是组织文化运动的必然趋势。组织文化变革的根源在于组织生存、发展的客观条件发生了根本性的变化。一方面，它是社会文化变革在组织内的反映；另一方面，它又是组织生存发展的必然要求。当组织原有文化体系难以适应组织经营发展的需要而陷入困境时，就必然通过文化变革创建新的组织文化。

（1）组织文化变革的原因和阻力

约翰·科特和詹姆斯·赫斯克特认为，组织文化变革是客观的，但是，组织文化变革的过程相当复杂，困难重重，究其原因主要有以下两点：

首先，组织文化的变革存在极大的困难——要克服组织文化具有反弹阻力。这就需要极大的权力支撑，而这种权力通常只能属于组织的最高管理者。

其次，组织内部各级机构存在着相互依赖性。这种相互依存的内部关系使得不进行全局的改革，就不能对某一局部进行任何重大的改革，而能够实施这种全局性改革的人，其职位也只能是出自组织最高层。

由于上述原因，组织文化的变革相当复杂，不仅涉及表层文化的改变，而且涉及深层文化的改变。这种改变涉及组织成员基本价值观念、思维习惯、行为方式、心理的转变，也会使组织内部各种物质利益关系受到冲击。同时，组织文化具有坚固性与无形性。组织文化是由相对稳定和持久的因素构成的，这一特性往往导致文化的变革具有相当的阻力。一种文化需要很长一段时间才能形成，而一旦形成，它又常常是牢固而不易更改的，这就是我们经常忽略的组织文化的惯性。

组织文化变革常常面临个体、组织、理念等诸多的阻力。组织文化变革中个体的阻力来源于人的某些特性，如个人习惯、狭隘的利己主义、对变化缺乏适应能力、对风险的疑虑等。组织并不是个体的简单集合，而是更多地表现为一种有机体，因此当文化变革发生时，其面临的阻力也更多地以一种整体性、系统性的方式表现出来，如组织结构惯性、对已有资源分配的威胁、对已有权力关系的威胁等。此外，组织文化变革还会遇到文化的惰性、陈旧的价值观念等文化理念的障碍，因此，组织文化变革尤其是其中的突发性变革，会遭遇到普遍的阻挠。例如，组织成员容易产生一些对抗举动，如果组织成员缺乏思想准备，往往会给组织经营秩序带来混乱。但也要看到，组织文化变革总是由无序状态过渡到有序状态，组织文化变革破坏了旧的文化体系，而新的文化体系尚未建立或建立之初,组织成员对其不适应、不接受时则会呈现一种分散、无序状态,但分散和无序经过一段时间必然走向有序。当然,我们还应看到,组织文化变革总是由量变到质变的。由一种文化到另一种文化的转变往往需要较长的时间,即使是组织外部环境发生巨大变化,使组织文化出现突发性变革,也是建立在量变积累基础之上的。

(2)组织文化变革的过程

关于组织文化的变革过程,学者们提出了不同的看法,综合他们的主张,莫兰(R. T. Moran)和里森伯格(J. R. Riesenberger) 认为,组织要想成功变革文化,应遵循以下步骤:

① 建立一个愿景。当一个组织开始进行变革时,需要有明确的变革方向与目标,让全体员工都能够知道组织文化变革的蓝图。通过蓝图进行组织沟通,使上上下下都能明确组织航行的路线。因此,组织文化变革必须与组织战略、愿景和组织结构变革协调进行。

② 详细沟通这个愿景,也就是说组织文化变革要通过沟通消除阻力。必须要充分考虑变革所带来的阻力,要积极进行有效的沟通,只有广大的员工认识到变革的必要性与重要性以及怎么去变革,同时要对员工积极有效的变革进行激励和肯定,才能提高员工的参与性,调动员工的积极性,才能保证文化变革的成功。组织要通过培养支持变革的先进人物来培育变革的动力。

③ 让大家都参与。组织文化变革时,要通过培训改变员工的观念和行为,使新的组织文化价值观和行为方式深入到每个人的思想和行为中去,变成他们新的工作态度和工作准则,变成他们内心流出的自觉。新的组织文化要靠文化设计师设计与支持,但事实证明,整个组织的各个科室、各个团队都参与进来,使全体员工都参与进来至关紧要。只有依靠所有人的参与、理解、支持与响应,组织才可以激发充满活力的、完全统一的组织文化。

④ 规划执行流程,对变革成效及时监控、评估与反馈。要管理组织文化变革过程,要及时有效地对变革效果进行监控和反馈,领导要言行一致地带头进行根基性的变革,作变革的典范与教练。真正的文化变革如果没有领导的坚强决心与信念,就不可能起到真正的作用。特别在中国组织的现阶段,真正的文化变革都必须要有强势的领导去设计、倡导、组织和塑造。领导者可以根据其理念采取相应的措施,来更新组织的组织文化。从某种意义上说,组织文化形成与变革的过程就是一个领导的过程。

总之,组织文化变革是组织文化发展的必然阶段。正确认识组织文化变革的动因、阻力、影响因素及其过程,对于促进组织文化的进步具有重要意义。组织应通过对其文化现状进行的深刻剖析,进行有计划的变革,广泛地吸取异质文化的精华,并且根据客观形势的变化不失时机地推动组织文化的变革与发展。

复习思考题

一、名词解释

1. 核心能力
2. 价值链
3. 学习效应
4. 组织文化

二、简答题

1. 什么是组织的宏观环境?它包括哪些因素?
2. 以一个组织为例,采用 PEST 法分析宏观环境因素给该组织带来的机会和威胁?
3. 什么是组织的产业环境?为什么要进行产业环境的分析?
4. 什么是波特的竞争模型?如何分析模型中的五种基本竞争力量?
5. 什么是产业成功的关键因素?怎样进行关键因素的分析?
6. 如何对竞争对手进行分析?
7. 怎样对组织资源进行分类?其意义何在?
8. 如何对组织资源进行分析?以一个实际组织为对象,分析其资源,并熟悉组织资源分析过程。
9. 如何对组织能力进行分析?以一个实际组织为对象,分析其能力,并熟悉组织能力分析的步骤、内容和方法。
10. 什么是组织核心能力?其评价标准是什么?如何培养组织的核心能力?
11. 试述组织资源、能力、核心能力、竞争优势、战略之间的关系。
12. 经验效益所揭示的战略意义是什么?如何运用经验效益进行竞争?
13. 价值链分析的目的是什么?

三、案例分析

兴运电机厂的经营困境诊断

兴运电机厂坐落在某小县城,是一家生产电动机的小型国有企业。改革开放前,该厂生产油嘴油泵,后转产电动机。20 世纪 80 年代电动机需求很大,国内大部分电动机生产厂家的自动化水平都很低,兴运电机厂凭借先入优势很快打开市场,经济效益十分可观,职工的工资在当地是最高的。进入 90 年代,这家企业开始走下坡路了。到 1994 年,企业已经严重资不抵债。

正值当年暑假,厂长在外地读大学的儿子李斌根据学校的要求,需要利用暑假找一家企业实习。李斌所学的专业是工商管理,明年就要毕业了。父子俩一商量,决定哪也不去,就在"自家"的企业实习。出于对家庭和事业发展的责任心,李斌认认真真地开始了他的实习。

他向父母询问情况，了解公司财务状况，设法掌握竞争对手信息，回忆和梳理看到和听到的关于"自家"企业的所有情况。在此基础上，李斌将兴运电机厂走向衰败的原因归纳为如下四个大的方面：

一是人工生产的低效率和随之而来的安全性问题。随着改革开放的深化，国内的电动机需求越来越大，电动机生产厂家为了抢占市场，不是扩大生产就是提高生产的机械化、自动化水平。电动机生产最重要的一个环节是嵌线，把铜线压进压槽，这是一项极容易出现错误操作的工作。兴运电机厂嵌线环节全部靠人工手动完成，返工率较高，浪费严重，效率很低。规模相近、自动化程度高的企业一天的电动机产量在兴运电机厂却需要用一周的时间制造，所以每次有订单来的时候，如果库存不够，全厂职工要加班，工人为此怨声载道。工厂的大部分制造环节都采用人工操作的方式，很容易出事故，工厂每年都有伤亡事故发生。

二是财务管理制度混乱。工厂的财务由一个职业中专毕业的人主管。工厂从来都没有现金流量表，资产负债表的编制也十分粗糙，当然更不会有财务报表分析了，这就造成了工厂财务的混乱。

三是人事制度混乱。工厂的负责人由县经济委员会委派，所以工厂的兴衰变成了上面能不能派来一个好的负责人。这些负责人每次到来，如果经营不好，便申请调离。他们没有压力，也就没有动力。工厂的许多职工都是通过后门进来的，相互扯皮的事情经常发生，一般员工与这些"特殊"的员工格格不入，加上没有激励政策，更加大了员工的不满。工人开始怠工，甚至把不满变成了偷窃，工厂每年都因此损失不少仪器。后来工厂实行了计件工资制，但并没有从根本上解决问题。

四是环境不好。兴运电机厂坐落在一个小镇，周围都是农民，农民经常向工厂提出一些无理的要求，地方政府从来不管这些事情，听之任之。

诊断原因后，李斌提出四条建议：

（1）转产。目前的电动机市场已被众多的大型厂家占有，兴运电机厂已无参与竞争的实力。建筑行业是一个发展前途很好的行业，可以利用当地水泥厂的煤灰生产建筑材料。转产所需的资金可以通过融资和变卖资产等方式解决，估计可以获得 100 万元的资金。

（2）转产后的企业需要一名专业会计人员，以便及时了解和把握每个月的现金流量和资产负债情况，每个月定期进行财务汇报，以便于经营者全面了解企业经营情况。

（3）改革企业的人事制度。既然是转产，生产电动机的工人对建筑行业陌生，那么企业的原班人马已经没有存在的必要。但是考虑到工人的具体情况，企业可以出面组织一个电动机修理部，理由是当时电动机使用量较大，会维修的比较少，但修理部一定要自负盈亏。这样既不会给企业增加负担，还可以解决一部分职工的生活困难，而且可以为企业售出的电动机做些售后服务工作。新的员工一律要通过招聘录取，因为新的项目利润比较大，完全可以给高一点工资，吸引一些比较好的人才。企业的人事管理要走上正轨，绝对不能允许有走后门的现象出现。

（4）确定严格的管理制度。对于一个小型企业来说，说什么企业文化，都有点无稽之谈，这时候就需要有严格的管理制度，铁腕政策，采用泰勒的管理方法，工作细分，通过工作的高强度实现高效率。

根据上述材料,回答下列问题:

1.关于诊断依据。请判断李斌对兴运电机厂的诊断依据是基于基本的管理理论常识还是基于管理理论知识。说明你的理由。

2.关于外部环境。管理者所要面对外部环境中的一般环境主要包括哪些? 案例中李斌所提到的环境属于哪一种?

3.关于企业文化。按照李斌的说法,兴运电机厂没有企业文化,这种判断是否正确? 为什么?

4.关于转产。李斌为企业转产设计了两个方案。甲方案固定投资(费用)80 万元,生产单位产品变动成本为 100 元;乙方案固定投资 50 万元,生产单位产品变动成本为 110 元,单位产品价格均为 150 元,若计划产量达到 15000 个单位(假定产品均能售出)。从两个方案的保本获利能力上看,哪一个方案好? 说明理由。

5.对李斌的诊断和建议,你有何看法和评价?

第四章 管理道德与社会责任

【学习目标】

通过本章内容的学习,学生将了解和掌握企业道德的内涵、企业道德的基本规范,企业道德与企业绩效的相互关系,企业对员工道德管理的基本方法,企业社会责任的定义、性质及其分类,两种不同的社会责任观、企业与社会责任的关系以及 SA 8000 标准。

【导入案例】

南京冠生园事件

南京冠生园是一家百年老字号,素以童叟无欺、货真价实作为经商的理念。其原本所生产的各类食品、糕点不但享誉中华,在整个东南亚地区和日本、韩国等国家都很有口碑。然而,通过中央电视台 2001 年 9 月 3 日的节目,观众却看到以下画面:卖不出去的月饼拉回厂里,刮皮去馅、搅拌、炒制,入库冷藏,来年重新出库解冻搅拌,再送上月饼生产线⋯⋯

使用陈年馅做月饼的隐情被揭露后,冠生园受到巨大的市场冲击。工商部门进厂调查,卫生防疫部门再三检测,"南冠"月饼在全国范围内被撤柜。南京分布最广的连锁商业零售企业——苏果超市的营销人员介绍说,虽然撤柜后商家又接到通知说"南冠"的月饼陈馅在菌群卫生指标方面均为合格,可以恢复面市,但当时顾客一听说是"南冠"的产品,避之唯恐不及。

曝光之后,不只是月饼,其他产品如元宵、糕点等也销不动了。南京冠生园因经营不善、管理混乱、资不抵债,只好向法院提出破产申请。南京广东路的一条小巷里,冠生园厂区已经是人去楼空。小巷居民纷纷叹息:"效益好的时候,提货的车一辆接一辆。如今,说败也就这么败了⋯⋯"

第一节　管理道德概述

　　企业的商业伦理状况正日益受到商业伙伴的重视。一个比较明显的征兆是，越来越多的审计公司由于不赞成客户的商业伦理表现而拒绝合作，审计公司会告诉客户："我们不再对你的公司账目进行审计，我们不想在上面签自己的名字，因为我们不喜欢你做生意的方式。"

　　许多企业确实也存在着严重的道德和社会责任问题，如曾经被看作应受谴责的行为（撒谎、欺骗、歪曲、掩盖错误），在一些人眼里已经变成可接受的甚至是必要的做法；有的管理者通过非法地利用知情者的信息获取利润；一些企业的环境污染、矿难、毒粉丝、毒奶粉、苏丹红、石蜡油等问题已严重威胁了消费者利益和社会的公共利益。

　　事实上，企业的管理活动无时无刻不涉及道德和社会责任困境。比如，化工厂在生产产品的同时，对空气造成了污染；塑料袋生产企业给人们带来方便的同时，也带来了白色污染；香烟生产企业在满足吸烟者需求的同时，也损害了他们的健康，污染了环境；豪华的产品外包装引起人们购买欲望的同时，也浪费了大量的资源，等等。这些现象都涉及管理道德与社会责任问题。

　　管理道德与社会责任问题是管理学研究的新课题。20世纪60年代以前，企业的使命仅仅是获得经济利益，企业的社会责任问题并没有引起人们的重视。随着经济和社会的发展，再加上管理理论和实践日益发展，人们要求企业不仅提供满足消费者需要的产品或服务，而且要考虑消费者的长远利益和长期社会福利。

一、道　德

　　道德是一种社会现象，是指在社会生活中每个人必须遵循的行为原则和规范。而这些原则和规范是为了维护社会群体的共同利益和协调人们之间的相互关系而建立的，并随着社会发展而变化。道德的这一功效也与法律有些相似，但法律是靠国家执法机构采取的强制手段发挥调节功效的，而道德是靠社会舆论、传统习惯、个人良心（内心信念）来调节的。

　　道德作为维持人类社会正常生活的基本规范，可以分为：有关私人生活的道德规范，如个人品德、修养、作风、习惯以及个人私生活中处理爱情、婚姻、家庭问题以及邻里关系的道德规范；有关公共生活的道德规范，如遵守社会公共秩序、文明礼貌、讲究公共卫生、爱护公共财物、保护环境、救死扶伤、见义勇为、维护民族尊严和民族团结等；有关职业生活的道德规范，如忠于职守、勤恳工作、诚实劳动、廉洁奉公、团结合作、维护本行业声誉等。

在中国传统文化中,"道"意为原则、规范、过滤。"德"是指人们内心的情感和信念,指人们坚持行为准则的"道"所形成的品质和境界。"道者,人之所共有;德者,人之所自得。"朱熹说过:"德者,得其道于心而不失之谓也。"东汉学者许慎在《说文解字》中写道:"德,外得于人,内得于己也。"所谓"外得于人"就是"以善德施之他人,使众人得其益。"所谓"内得于己",就是"以善念存储心中,使身心互得其益"。可见,"道"是指规范,"德"则是对该种规范的认识、情感、意志、信仰以及在此基础上形成的稳定和一贯的行为。

在西方古代文化中,"道德"一词起源于拉丁语的"mores",意为风俗和习惯。后来古罗马思想家西塞罗根据"mores"一词创造了一个形容词"moralis",指社会的道德风俗和人们的道德个性。后来英文的道德"morality"一词则沿袭了这一含义。

可见,不管是中国还是西方,"道德"一词包含了社会道德原则和个人道德品质两方面的内容。道德原则指道德领域并非完全是地区性、个别的和特殊的,而是具有某些一般性的特征。道德品质一般指行为、作风上所表现的思想、认识、品格等的本质,即个人的道德行为、道德作风反映出来的道德思想、道德意识和道德品性等的本质。一般情况下,人们常把道德品质看作是对一个人的道德思想行为的总的看法。

二、企业道德

企业道德作为道德体系中的一个范畴,是一个既古老又崭新的问题,说它古老,是因为它贯穿于企业发展过程的始终;说它新,是因为在传统的伦理著作中,多以社会道德、家庭道德、思想道德为研究内容,很少提及企业道德。在推进现代企业制度进程的今天,我们很有必要将企业道德从社会道德中分离出来,加以专门研究。

在现代管理学中通常把道德理解为那些用来明辨是非的规则或原则。通常人们认为,道德在本质上是规则或原则,这些规则或原则旨在帮助决策判断某种行为是正确的或错误的,或这种行为是否为组织所接受。不同组织的道德判断标准可能不一样,即使同一组织也可能在不同时期有不同的道德标准。当然,组织的道德标准要与社会的道德标准相一致,否则,这个组织很难为社会所接纳。而这些道德原则是人们在长期的管理实践中逐渐形成并确立起来的,它标志着人们对交往活动及人与人之间关系规律的自觉遵守。

关于企业道德,有以下四种不同的观点。

1. 道德功利观

道德功利观是从行为引起的后果来判断行为的道德性,即从某种行为能否为大多数人带来最大利益及最大幸福来判断行为的道德性。这种观点认为,决策应该完全依据其后果或结果做出。功利主义目标是为绝大多数人提供最大的利益。功利主义管理者认为,解雇20％的工人是正当的,因为这将增加企业的赢利能力,提高留下的80％雇员的工作保障,使股东获得最好的收益。一方面,功利主义鼓励提高效率和劳动生产率,符合利润最大化的目标;另一方面,功利主义也可能造成资源的不合理配置,尤其是在受决策影响的人没有参与决策的情况下,会导致这些利益相关者的权利受到忽视。

2.道德权利观

道德权利观是决策要在尊重和保护个人基本权利的前提下做出。个人的基本权利包括隐私权、言论自由权等。比如,当雇员揭发雇主违反法律时,应当对他们的言论自由加以保护。权利观的积极一面是它保护了个人的自由和隐私,但它也有消极的一面,主要是把对个人权利的保护看得比工作的完成更加重要,它能造成一种过分墨守成规的工作气氛,阻碍劳动生产率和工作效率的提高。

3.公平理论道德观

公平理论道德观是要求管理者公平地实施规则。接受公平理论观的管理者可能用公平理论向新来的员工支付比最低工资高一些的工资,因为在他看来,最低工资可能不足以维持该员工的基本生活。按照公平原则行事有利有弊,它保护了那些利益可能未被充分体现或缺乏权利的利益相关者的利益,但它不利于培养员工的风险意识和创新精神。

4.综合社会契约理论观

综合社会契约理论观是从"实然"和"应然",或者说从实证(是什么)和规范(应该是什么)方面看待商业道德。也就是说,它要求决策人在决策时综合考虑实证与规范两个方面的因素。这种道德观综合了两种"契约":一种是经济参与人当中的一般契约,它规定了商业活动的程序;另一种是一个社区中特定数量的人当中的较为特定的契约,它规定了哪些经济行为方式是可以接受的。这种商业道德观实质上是在说明契约的道德前提,并要求管理者依据各行业和各公司中的现有道德准则,以决定什么是对的,什么是错的。

以上观点本质上是围绕企业是"经济人"还是"道德人"的争论。前者的理由是:在企业理论和实践中,许多企业对其自身的道德行为持功利主义态度,从理论上,他们秉承古典经济学的"经济人"假设以及"私恶即公利"的信条,即追逐个人私利,客观上促进社会公共利益。从实践上看,功利主义与高效率、高生产率、高额利润的目标相一致,这就使得一些管理者为自己寻找适当的理由来追求利润最大化，他可以说他正在为绝大多数人牟取最大的利益。后者的理由是：企业的经济行为从某种意义上可以简单地概括为追求利润的最大化。企业管理的基本功能是对企业的经济行为从财务会计的角度进行反映和控制。但同时，企业的行为又是一种社会行为，这种行为使得企业的经济行为又必须上升到一种伦理的层面。企业如同一枚硬币的两面，同时承担着"经济人"和"道德人"的角色。

事实上，功利主义越来越遭到人们的非议，最典型的管理理论就是"所有利益相关者的利益"说，它要求企业决策的依据从股东利益转向所有利益相关者的利益。其理由是：一方面，企业所有者不仅包括物质资本所有者——股东和债权人，而且包括人力资源所有者——劳动者，随着知识经济的发展和科学技术的进步，人力资本变得越来越重要；另一方面，企业运营不仅影响到在公司做了各种专用性或通用性投资的所有者的利益，而且影响到其他利益相关者的利益，如顾客、供应商、当地社区居民、政府等。除股东外，来自于其他利益相关者的制衡对企业经营者正在产生越来越大的影响，而且在某种程度上，这些利益相关者也拥有监督和约束公司的权力，因为企业的运营状况与他们的自身利益密切相关。这种观点从一个方面把诸如个人权利、社会公正等一些抽象的标准运用到了管理的决策中，这就意味着管理者要在非功利标准的基础上建立道德标准，与其对效率和利润标准的追求相比，管理者会不断发现自己处于道德的困境中，他们不得不面临自身的道德选择。

三、企业道德的基本规范

1. 职工与管理者的道德规范

职工与管理者同时作为企业的人员，从一个层面上看是一种被管理与管理的关系，这种关系是组织存在与发展的需要，也是一个组织必须有的一种最基本的结构。现代管理与早期管理的最根本的区别在于被管理者不再是那种"没有思想"的工具，而是被视为"活生生的人"，体现了"以人为本"的管理思想，这种管理思想要求我们弄清楚职工与管理者的伦理关系及其道德规范。

首先，管理者在同职工的关系上，就是要把"以人为本"的思想贯彻到管理之中，如孟子所说"爱人者人恒爱之，敬人者人恒敬之"。所谓"爱人"就是管理者要关心职工的工作生活，搞好劳保福利；所谓"敬人"就是管理者要主动密切与职工的关系，经常与职工接触，帮助职工解决实际困难。具体的道德规范主要体现为：

（1）尊重职工个性和尊严；

（2）承认职工在能力上的差异，在分配上不搞平均主义；

（3）讲究用人之道，做到人尽其才，物尽其用；

（4）对职工要讲信用，言必行，行必果；

（5）在对人的内部控制制度建设上，不可要求过高过严，以与企业生产经营活动的需要相适应为限度；

（6）注意研究"需求层次论"，在条件许可时，尽量满足职工不同时期的心理需求和物质文化需求，使职工的生产积极性具有持久性。

其次，职工在同管理者的关系上，要做到关心企业、服从领导，融洽上下关系，职工就不会离开企业。

2. 职工与职工的道德规范

协调职工间的竞争与协作关系。每个员工都是企业群体中的一员，其工作热情和效率一方面通过企业内部的个人竞争来刺激，另一方面要通过群体协作来提高。现代企业生产分工精细，任何产品的制造都要通过许多环节，经由许多人的共同努力才能完成。没有劳动协作，任何产品的制造、任何科研的完成都是难以想象的。然而以个人为激励对象的管理和激励机制容易引起群体内部个人之间的过度竞争，影响部门间、个人间的协作精神，导致彼此保密、封锁、不合作，人与人之间的关系紧张，进而损害企业整体利益。日本企业受儒家文化的影响，具有强烈的"企业家族主义"的集体精神和协作意识，他们认为企业的成功非"人和"不能取胜，企业员工之间应该和谐相处，亲如一家。我国国有企业正在进行以建立现代企业制度为目标的改革，需要打破原有职工之间竞争机制不健全的状况，引入新的人事分配制度。在发挥竞争作用的同时，同样要加强协作，提倡互助精神、和谐精神，处理好员工间竞争和协作的关系。合作和竞争同时存在于企业职工的生产活动中，合作不排斥竞争，竞争亦不排斥合作，两者是对立统一的。它们是实现企业共同利益的两种方法或途径，合作是职工之间相互取长补短，通过企业群体的共同协作奋斗实现企业共同利益；竞争则是每个职工扬长避短，通过发挥个体的智力和体力，实现企业的共同利益。我们应大力提倡职工之间的合作与竞争，既要团结协作，互帮互助，又要光明磊落地靠真才实学去表现自己，实现自己的奋斗目标。任何损人利己、不择手段的行为，都是社会主义企业道德所不容许的。

3. 企业与社会的道德规范

企业是市场经济的主体，是整个国民经济的细胞，在生产经营活动中，必然与其他企业、消费者、金融机构等发生关系，这些关系是否协调和谐将直接关系到企业的生存发展。因此，企业必须高度重视社会的道德规范问题。在处理与国家的关系时，应坚持把国家利益同企业利益统一起来，并服从和服务于国家利益。在处理和地方的关系时，应遵守诚信、合作、互利、互助的道德规范。在处理与消费者之间的关系时，应遵守"讲质量、讲信誉"的道德规范。

企业与外部环境的关系。企业管理者都是在一定外部环境中从事管理工作的，对于外部宏观环境如政治环境、经济环境、人文环境、技术环境等，他不能超越它、改造它，而要适应它、利用它，从而取得企业与外部环境的和谐、融合；对于外部微观环境如设备、原料、资金等生产要素的供应商，零部件、工艺技术等的协作者，产品输出的购买者以及竞争者、社区、政府等，他要把他们看作企业的合作伙伴和利益共同体，看作企业获取绩效、实现经营目标的直接相关因素，互惠互利，和谐相处。

第二节　企业道德与企业绩效

一、道德是企业不可缺少的一种资源

现代人力资本理论已不仅是指人的智力和技能，还包含了人的思想、观念、态度和道德等。可见，企业道德是构成人力资本的重要因素，越来越多的企业把道德看成是企业发展的重要资源。弗兰西斯·福山在《信任——社会道德与繁荣的创造》中指出，经济活动无法脱离经济伦理和企业道德的文化背景，无法离开宏观政策和企业经营管理的价值导向。

二、道德影响企业绩效

企业道德影响企业绩效。现实证明，企业是借助于员工的道德品质和企业道德文化影响企业绩效的。良好的企业道德通过以下几个方面提高企业绩效：

（1）企业道德能使管理者做出正确的决策。有良好道德素质的管理者会有较强的责任感，会慎重考虑决策的方方面面，做出客观、公正的判断；他们在决策时也会从道德规范的角度来考虑，有些决策失误不是技术上、经济上或法律上的不可行，而是道德上的不可行造成的；有良好道德素质的管理者还可以对不同的利益相关者起到相互制约的作用，从而公正地做出决策。

（2）具有一定道德水平的企业可以吸引、留住人才，也可以激发员工的工作积极性。人们不仅有物质的需要，还有精神的需要。企业要对人尊重、理解、信任和关心，此外要有良好的企业形象。在这种环境下，工作的员工才可能激发出潜能，更加积极地为组织工作。

（3）可以更加顺利地推进组织发展和变革。管理者具有良好的道德品质，就会顾全大局，不斤斤计较个人的得失，考虑到员工的利益和组织并推动组织

发展和变革。

三、道德可以成为竞争优势

企业绩效的取得要有自己的竞争优势,而道德可以成为竞争优势。

组织资源或能力如要成为企业竞争优势,要具备三个条件:

(1)有价值,这种资源或能力是有利于提高竞争能力的;

(2)稀缺性,即它是一种稀缺资源,同行业中拥有这种资源或能力的企业很少;

(3)难以模仿性,即竞争对手不可能轻易获得这种资源或能力。

道德是一种资源,技术、设备和制度等可以在较短的时间内学到,但全体员工内在的追求这样一种企业伦理层面上的东西是长期学习的结果,是其他企业在短期内很难学到的,这是很难学习和模仿的,因此它又带有稀缺性。从某种意义上说,企业的竞争也是道德的竞争,道德也可以形成竞争优势。早在古代,我国就有"诚招天下客,信纳万家财"的说法,诚信不欺是经商长久取胜的基本因素,信是处世立业的基础,是人际关系的美德,并作为商业道德代代相传,形成企业竞争优势。

第三节　如何对员工进行道德管理

一、制定和颁布正式的道德规则

要把企业建设成一个有序、高效、文明、健康的组织,除了需要一般性的组织制度外,还有必要建立一套严格的道德准则,其目的就是让组织中的成员明白以什么样的精神从事工作,以什么样的态度对待工作,尽量防止可能出现的不道德行为。

企业的道德准则是企业全体员工必须遵循的价值准则与具体的行为规范。尽管企业种类不同,但企业道德准则通常都包括四个基本方面:

(1)作为一名企业员工基本的行为规范。诸如:企业职工应遵守健康和安全的生产、操作规程与服务规范;以诚实、礼貌、公正和相互尊重的态度表达意见和看法;准时上下班,工作上服从领导指挥安排,在工作场合不饮酒、不说脏话;工作期间穿公司统一的制服或职业服装,等等。

(2)合法经营且不损害公司利益。诸如:企业一切经营活动应严格依法办事;不从事和收受商业性的贿赂;任何人不得从事赢利性的兼职工作,不得利用公司的财产为自己谋取利益;企业应严格遵守行业协会的自律守则,并自觉接受其监督与指导;企业应严格按照《公司法》和相应的会计与审计准则办事,等等。

(3)对消费者和客户要高度负责,提供诚实服务。诸如:在企业营业推广和广告宣传过程中,准确地说明产品的特征、规格、用途及使用方法;最大限度地履行企业应尽的义务,向用户和消费者提供高品质的产品与服务,等等。

(4)企业管理者身体力行。诸如:在身体力行和以身作则的同时,以直率、开明的姿态,建立敢于承担责任、团队合作、相互信任与支持的内部文化氛围;对有贡献的员工和有益于公司声誉与发展的经营行为及时给予必要的肯定与奖励,从而达到鼓励先进、鞭策落后的目的,等等。

特别需要提出的是,制定道德准则重要的是能否遵守,而中高层管理人员又是贯彻这一点的关键。因为,从经济的角度看,企业经营的道德问题并没有严格的社会衡量标准,也很难进行具体的定量分析,而且企业往往要付出一定的费用,因此,中高层管理者能否把社会利益和道德自律提高到相应的地位,并制定与之相配套的经营策略、经营方针和健全的自我保障体系是解决这一问题的关键。

二、聘用符合组织道德准则的人

挑选道德素质高的员工通常是通过审查申请材料、组织笔试和面试以及特定阶段的试用等环节,把既有专业知识道德素质又高的人录用进来。这是企业提高员工整体道德素质的最基本的途径,也是实现企业人力资源优化配置的最基本的方法和手段。

我们也必须看到,衡量一个人的道德素质的高低远比衡量一个人的专业知识复杂和困难,这需要一个长期观察的过程。因此,仅仅通过"挑选"这一控制措施,是很难把道德水平低的求职者淘汰掉的。尽管如此,重视对员工道德素质的挑选,其意义远远超过"挑选"本身,因为"挑选"本身就足以说明企业对道德素质高的人员的重视,对全体员工也是一种道德传播、宣传、教育的过程。对于促进全体员工加强自身道德修养,提升全体员工的整体道德水平,提高企业的凝聚力、向心力,都将起到积极的作用。

三、管理者以身作则

高层管理人员在道德方面的引导作用主要体现在以下两方面。

第一,高层管理人员在言行方面是员工的表率,他们所做的比所说的更为重要,他们作为组织的领导者要在道德方面起模范带头作用。企业中高层管理人员对组织文化的基本走向和基调具有较强的影响力,他们所做的一切具有极强的示范作用。如果他们把个人的利益凌驾于集体利益之上,把个人的好恶与情绪倾向置于规章制度之上,甚至在奖惩和提拔过程玩弄权术,那么整个企业经营活动就有可能陷入信誉危机。所以,管理者必须在经营道德问题和履行社会责任问题方面身体力行,要直接参与并组织实施这些活动。没有高层管理者的以身作则、具体部署与大力支持,经营道德水准的提高和社会责任的履行就不可能实现。

第二,高层管理人员可以通过奖惩机制来影响员工的道德行为。奖励的方式和手段是多种多样的,如提薪、晋升、表扬、进修学习等,这就会向员工传达强有力的信息,促进群体道德水平的提高。惩罚的方式和方法也多种多样,有降薪、降职、通报、警告,乃至开除,这同样向员工传达了强有力的信息,让组织中所有的人都认清后果,从另一个方面提高群体的道德水平。值得注意的是,任何不良信息都会诱导道德的急剧滑坡。比如,以不道德的手段获得晋升,或者管理者任人唯亲、对错误言行姑息迁就,或者不能以身作则等,这些行为都会严重影响组织整体道德水平的提高。

四、制定切实可行的工作目标

对一个人来说,工作是一回事,但如何对待工作又是另一回事,前者是一种需要,后者则是一种道德。同样,工作要有目标,但应该确定什么样的目标才不至于影响到员工的道德选择?那就是员工应该有明确和现实的目标。如果目标与员工的要求不切实际,即使目标是明确的,也会产生道德问题。

现代企业管理制度的一个重要内容就是目标管理,这无疑是管理手段的一大进步。但是,在具体运作过程中,企业整体目标和具体目标的设定必须具有可操作性,否则企业管理者和员工就会进入被动和盲目的境地。如果工作目标过高必然会产生超负荷的压力,即使道德素质较高的员工也会感到困惑,很难在道德和目标之间做出选择,有时甚至为了达到目标而不得不牺牲道德。比如,有的企业规定,不论个人销售额是多少,每年要淘汰后几名的市场促销员,一些促销员为了不被淘汰,使用虚假宣传、行贿等不道德手段。可见,符合实际的目标是非常重要的,它可以减少员工的困惑,并能激励员工,使其以积极的态度对待工作。

五、建立优秀的组织文化

组织文化是指组织中的成员共有的价值体系。组织文化的内容和力量对员工行为的影响绝对不可小觑。如果一个办公室的所有成员都认为上班看报纸是正确的,那么一个反对上班看报纸的员工敢不看报纸吗?不敢。除非他想被其他人斥责为"假积极"并受到他们的排挤。如果一个办公室的所有成员都认为上班时不应当聊天，那么那些爱聊天的员工也不好意思再聊天了。这就是组织文化的力量。优秀的组织文化将自动告诉员工什么是对的，什么是错的，他们应当怎样做。

研究资料表明，个体都具有对特定组织的归属感，也容易接受组织的规则，组织成员相互之间影响比较强。组织中的自我教育是实现员工自我道德教育的有效方法。作为管理者，要及时发现员工中的优秀成员，采用娱乐、座谈等方式，通过员工自身道德行为的相互影响，进行自我引导。

优秀的组织文化应当是鼓励员工进取、革新，允许员工自由争辩和公开批评。处于这种文化中的员工将意识到不道德行为的存在，并对他们认为不正确的行为进行公开挑战。

六、依据道德准则，奖罚分明

如果仅仅颁布一个道德准则，全凭员工自行遵守，缺乏一种有效的道德管理奖惩机制，那么这样的道德准则等于没有。要使道德准则发挥作用，管理者就必须对遵守它的员工进行奖励，对违反它的员工进行惩罚。对道德准则的遵守必须进行考核，并纳入薪酬体系。当惩罚员工的错误行为时，管理者不仅要针对错误的行为和当事人，还要将事实公布于众，让人们知道：如果你做了不道德的事，你将为此付出代价。

另外，在对员工的绩效进行考核时，不能只注重成果而不考察员工取得成果所采取的手段。仅考察成果的结果就是为手段辩护。管理者如果希望员工能坚持道德准则，就必须在绩效考核时包含这方面的内容。如果一位以不正当手段取得重大成果的员工得到晋升，这无异于表明不道德的方法也是可取的。仅仅评价结果等于鼓励不择手段，这会使管理者陷入自身矛盾的境地。采取不正当手段取得成果的员工同样应当受到惩罚。

第四节　社会责任概述

一、企业社会责任的定义

企业社会责任（corporate social responsibility，CSR）的正式定义虽经国内外论坛多次讨论，却仍莫衷一是。按照契约论的说法，企业是利益相关者之间的各种契约交易所形成的一种法律实体。在所有的契约关系中，最核心的就是经营者与股东之间的关系，这也是现代企业制度的核心问题。在国际范围内形成了两种公司治理模式：一种强调股东利益最大化，把股东与经营者之间的关系视为最核心的关系，以美国企业为代表；另一种强调企业利益相关者的作用和要求，以日本、德国企业为代表。在这两种模式里，对企业社会责任的界定也是不一样的。世界银行将企业社会责任定义为：企业与关键利益相关者的关系、价值观、遵纪守法以及尊重人、社区和环境有关的政策和实践的集合。它是企业为改善利益相关者的生活质量而贡献于可持续发展的一种承诺。具体而言，企业在创造利润、对股东利益负责的同时，还要承担对员工、对社会和环境的社会责任，包括遵守商业道德、生产安全、职业健康、保护劳动者的合法权益、节约资源等。

为了更好地理解社会责任的概念，需要弄清楚它与社会义务和社会反应的区别。

社会义务（social obligation）：社会义务是指企业尽了法律和经济所要求的义务，达到了法律的最低要求。这种类型的企业只愿意承担法律上明文规定的义务和政府的一些严格的明文规定，一切经营活动建立在满足国家法律的要求和企业经济利益要求基础之上，对一些模棱两可的社会职责往往采取漠视的态度。因此，如果企业在承担法律上和经济上的义务（法律上的义务是指企业要遵守有关法律，经济上的义务是指企业要追求经济利益）的前提下，还承担追求对社会有利的长期目标的义务，那么，我们就说该企业是有社会责任的。社会义务是企业参与社会活动的基础。如果一个企业仅仅履行了经济上和法律上的义务，我们就说该企业履行了它的社会义务，或达到了法律上的最低要求。只履行了社会义务的企业追求的只是那些对其经济目标有利的社会目标。

社会反应（social responsiveness）：社会反应是指企业以对自己和社会都有利的方式，把公司的经营活动、方针政策同社会环境联系起来的能力。这种类型的企业不仅能履行法律上规定的社会义务，而且能够满足一些基本的社会要求。他们认为，企业承担社会责任能提高企业形象，因而符合企业的根本利益，所以它们愿意利用一定的经营资源支持一些社会事业。这种类型的企业通常是从中期和短期的利益出发，侧重于特定的社会领域、具体项目和事件，它们比较重视参与社会事业的手段（means），强调参与本身所能够产生的社会效应。可见，与社会义务相比，社会责任和社会反应超出了基本的经济和法律标准。有社会责任的企业受道德力量的驱动，去做对社会有利的事而不去做对社会不利的事。社会反应则是指企业适应不断变化的社会环境的能力。

具有社会责任企业的一切经营活动和经营决策着眼于企业的长期利益，

高度重视企业经营的道德自律和道德自觉。它们不仅仅强调参与社会事业的义务性和自觉性，而且还力求取得良好的社会效果；它们不但热衷于社会的公益事业，而且还积极赞助基础科学研究、文化、艺术和教育事业等。

通过以上讨论，我们对企业社会责任做如下定义：如果企业在承担法律和经济义务的前提下，还承担追求对社会有利的长期目标的义务，我们就认为该企业具有社会责任。其中法律义务是指企业要遵守有关法律；经济义务是指企业要追求经济利益。简单地说，企业的社会责任就是企业认真考虑企业行为对社会的影响。

二、企业社会责任的性质

正是由于企业利益与社会利益事实上的浑然一体和不可分割性，企业在履行社会责任时所采取的一些行为兼具自身与社会的双重影响属性。企业社会责任的本质就是一种企业自身对人类社会所承担的义务。企业社会责任具有社会属性，是社会对企业组织的外在要求。企业社会责任是企业组织向前发展的必然结果。

三、企业社会责任的分类

从法律角度可分为：法定和非法定的企业社会责任。

法定的企业社会责任是指国家有关法律、法规及相关法律性条文规定企业必须承担的社会义务。比如，企业所缴纳的税金、企业的产品质量等。非法定的企业社会责任是指除国家法定的企业社会责任以外的，企业愿意自主承担的社会义务。

从范围可分为：企业内层社会责任和企业外层社会责任。

所谓企业内层社会责任是指企业对企业内部的投资者、雇员、客户、当地社区所应承担的社会责任。企业外层社会责任是指企业对政府、社会团体、媒体、贸易机构、竞争者所应承担的社会责任。

第五节　如何看待企业的社会责任

一、两种不同的社会责任观

在如何对待企业的社会责任问题上，理论界存在着两种相反的观点。

1. 古典学派观点

古典学派的观点（classical view）又被称为纯粹经济观，它是对企业与社会之间关系的一种极端认识,是典型的反社会责任的观点(obstructive responses)。这一观点的核心思想就是,企业管理者唯一的社会责任就是实现利润的最大化,就是为出资人(股东)谋求最大的投资回报,其代表人物是诺贝尔经济学奖获得者弗里德曼(Milton Friedman)。他认为,如果企业管理者将经营资源投向社会利益方面的话,那么他们的行为和做法就会使市场机制的作用大打折扣。进一步说,如果由于企业承担了一定的社会责任而导致企业利润或红利的下降,那么股东的利益就会受到损害;同理,企业履行社会职责,导致销售价格上扬,顾客的利益就受到侵蚀,价格上扬会引起客户抵制或销售滑坡,直至影响企业的正常经营活动,甚至使企业产生生存危机。因此,弗里德曼认为,企业履行社会责任所造成的经营成本的增加无疑将通过提价的方式转嫁到消费者方面和通过减少红利分配由股东来承担。持这种观点的企业把自身的经济利益和社会利益对立起来,淡化了它们之间的相容性和一致性。这种企业在经营决策和制定经营方针的过程中,往往不愿承担社会责任,而仅考虑企业的利益。

总结这种古典学派观点,大致有以下几种:

(1)认为大多数企业的管理者是职业管理者,他们不具有企业的所有权,这些企业的经营者向股东负责,其主要责任是最大限度地满足股东的利益,追求利润最大化。纯粹经济观点认为企业管理者的任务是设法以最有效率的方法来组合各项生产资源,使生产成本最低,再将产品卖给愿意支付最高价格的顾客,为企业创造最大的利润。

(2)认为管理者将组织的资源用于社会目的时,他们是在削弱市场机制的作用,将有人为此付出代价。当社会责任行为使利润和股息降低时,便损害了股东的利益;当社会责任行为使工资和福利降低时,便损害了员工的利益;当社会责任行为使价格上升时,又损害了消费者的利益。当然,如果顾客不能接受较高的价格,企业的销售额将会下降,企业也不能生存。

(3)认为由于市场的激烈竞争,必然使资金流向能获得最高回报率的地方。当企业担负社会责任时,社会责任行为使企业增加了经营成本,这些成本必然要以高价转嫁给消费者,或者通过较低的边际利润由股东承担。否则,投资回报率将降低,资金将从担负社会责任的企业中流出,流向不承担社会责任的企业中,提高这些企业的资金回报率。

2.社会经济观点

社会经济观点(socioeconomic view)反对企业是一个只对股东负责任的经济实体,认为企业必须把一切经营活动融入社会的大系统,确保生存是企业的首要问题,其次才是利润。因此企业必须对创造和支持他们的社会承担责任。

社会经济观认为，企业除了要赚取合理利润以外，还应为基本相关利益群体承担其应负担的社会责任。为此，企业必须以不污染环境、企业员工人人平等、企业广告要真实等方式来维护社会利益，积极参与社区活动，不断增进社会利益。企业不仅对股东负责，同时要对社会负责，因为企业存在于社会之中，企业的发展受社会的影响。例如，企业的设立和经营要经过政府的许可，政府依据国家产业政策和行政规定可以扶植一些企业也可以限制一些企业，甚至撤销对一些企业的许可。这种观点认为，社会为企业的生存和发展提供了基本条件，企业是依托社会而存在的，企业只有履行自己的社会责任，才能获得社会的认可，树立企业的形象。

二、企业与社会责任的关系

企业组织是存在于社会组织当中的，两者之间是相互影响、相互制约的关系。而企业与企业社会责任也正是这样，一个国家的公民要对国家履行一定的社会责任，而企业作为一个国家的经济主体，更要承担起一份社会责任。企业与企业社会责任两者的关系应该是"鱼水关系"，是不可分割的。企业的建立和发展与社会环境休戚相关，社会是企业利益的来源，这就要求企业通过对社会履行社会责任，改善社会环境，而使社会整体环境更适合企业的发展。企业的经济活动需要在社会环境中发生，企业应承担自己的经济活动所造成的社会后果。

总的来说，从企业角度来看，企业通过承担社会责任，可以赢得声誉和组织认同，同时也可以更好地体现自己的文化取向和价值观念，为企业发展营造更好的社会氛围，使企业得以保持生命力，保持长期可持续地发展。从社会角度来看，企业承担社会责任，在社会发生变革时，可以应对社会变革的消极影响，降低或减少由于社会变革因素而必须付出的改革成本。

企业承担社会责任的意义表现为以下几方面：

（1）满足公众利益。自 20 世纪 60 年代以来，社会对企业的期望越来越多，很多人支持企业追求经济和社会的双重目标，公众支持企业追求经济目标，更主张企业追求社会目标，承担社会责任。

（2）增加企业利润。有社会责任的企业可获取长期利润，这在很大的程度上归因于责任行为所带来的良好的社区关系和企业形象。

（3）承担道德义务。企业能够具有且应该具有社会意识，企业承担社会责任不仅是道德的要求，而且还符合自身利益。

（4）塑造良好的形象，创造良好的环境。企业通过承担社会责任，无论在企业组织内部还是企业组织外部都会得到认可，可以在组织或个人心目中树立一个良好形象。通过承担社会责任还可以改善企业所在地的生产经营环境。

（5）企业通过承担社会责任，注重可持续发展，有利于提高生活质量。

（6）阻止政府的进一步管制。企业作为独立的商品生产者和经营者，要依靠自身的机制来维持和制约其生产经营活动的运行和发展。政府在管理对象上，应由管理企业为主转变为以管理宏观经济活动为主，由直接调控转为间接调控。政府的工作重点是保持国民经济总量平衡、结构合理，搞好长期战略、产业布局等，而不直接进入企业内部，干预企业生产经营。因为政府对企业的过多干预将增加经济成本，限制管理者的活动，不利于企业的发展。

（7）责任和权力对等。企业作为独立的商品生产者和经营者拥有很多权力，它能在国家的宏观调控下，根据市场需要，自主地行使法律赋予的经营管理的各项权力。根据权力与责任对等的原则，企业有多大的权力就应承担多大的责任，其中包括相应的社会责任。

（8）符合股东利益。企业的社会责任能够满足公众的期望，塑造良好的企业形象，使企业的经济效益变得更好。承担社会责任的结果是企业将获得较多的长期利润，这样的企业被认为风险较低、透明度较高，由此企业的股票会升值，给股东带来较高的收益，符合股东的利益。

三、企业社会责任的主要内容

企业既是一种社会机构又是一种经济机构，经济活动需要在社会环境中发生，企业应承担自己的经济活动所造成的社会后果。成功的企业要在利润和责任、公平与效益之间找到平衡，以实现经济的可持续发展。企业社会责任的主要内容表现在以下几个方面：

（1）企业对环境的责任。企业要在保护环境方面发挥主导作用，特别要在推动环保技术的应用方面发挥示范作用，以人为本、以人为善；企业要以"绿色产品"为研究和开发的主要对象；企业要治理环境。

（2）企业对员工的责任。为员工提供安全的工作场所、宽松的工作环境，保证员工的身心健康；努力开发和利用企业的人力资源，与他们保持密切的联系，建立和健全劳动分工基础之上的激励机制和奖励机制，尊重和发挥企业员工的积极性和主动性，坚决克服在奖励、培训、升迁等方面对员工实施差别对待；企业应确保对员工进行持续性的在岗培训和离岗培训，不断地提高员工的工作技能，为他们提供具有挑战性的工作机会，提高他们的参与感和责任感，帮助他们实现人生的价值；在生产条件和劳动条件等方面必须是合乎法律规定的，不能是有害于就业者健康甚至摧残就业者生命的；就业机会必须体现义务权利对称的原则，就业者应该在就业机会中获得自己应有的劳动收入和社会保障，而不是克扣劳动者的应有收入和无视社会保障的就业者就业机会。

（3）企业对顾客的责任。向消费者提供优质安全可靠的产品，安全的权利是顾客的一项基本权利，企业不仅要向顾客提供他们所需要的产品，还要让他们得到安全的产品。实践证明，产品安全越来越得到一些企业，尤其是知名企业的重视。向消费者提供正确的信息，企业要赢得顾客的信赖，所提供的产品信息不能弄虚作假，肆意夸大，欺骗消费者；向消费者提供售后服务，重视和确实实行售后服务是企业对消费者的承诺和责任，要建立与消费者沟通的有效渠道，及时解决顾客在使用本企业产品时所遇到的问题和困难；定价要公平，不能利用企业与消费者之间信息不对称，而漫天要价，损害消费者的利益。

（4）企业对竞争对手的责任。市场经济是有序的市场竞争、公平的市场竞争，作为企业，不搞恶意竞争，做好企业在行业中的自律，处理好同竞争对手之间的关系。

（5）企业对投资者的责任。保证投资者对企业经营管理的权利，保证投资者的股权收入。

（6）企业对政府的责任。履行纳税义务，遵守国家政策。

第六节　社会责任：SA 8000

一、企业社会责任的演变

"企业社会责任"的概念起源于欧洲，早期企业组织是一个以赢利为目的的生产经营单位，利润最大化是其追求的永恒主题，它没有责任也没有义务去完成本应由政府或社会完成的工作，其行为只要不违法，以任何手段和方式去追求利润都无可厚非。美国著名经济学家弗里德曼认为，企业不采用欺骗和舞弊等手段实现它的收益目标，就是为整个社会谋求了最大的利益。这种过分狭窄的企业经营目标，虽推动了社会经济的高速发展，但各种社会公害也相伴而来。如严重的环境污染损害了消费者的利益、危害企业雇员安全及影响了雇员健康，社会贫富悬殊等，这对社会生活和经济的持续发展产生了重大影响，使西方国家政府及社会公众不得不开始重视企业履行社会责任问题，即要求企业在实现利润最大化的同时，兼顾企业职工、消费者、社会公众及国家的利益，履行保护环境、消除污染等社会责任，将企业的经营目标与社会目标统一起来。

随着社会化大生产和工业化革命以及随后资本的不断扩张而引起一系列社会矛盾,如贫富分化、社会穷困等,特别是劳工问题和劳资冲突等,企业的社会责任才逐渐为人们所重视。有的学者把企业社会责任的演变分成四个阶段。

第一阶段:作为1873年至1896年第一次经济大危机的结果,巨大的产业垄断资本主宰社会经济生活,资本大规模扩张,经济实力迅速增强。与之相伴而行的是掠夺性的开采、歧视性的定价、工人超负荷的工作和低廉的工资,由此引发了大规模的罢工和社会公众的强烈不满。有鉴于此,西方国家的政府开始通过立法的形式来限制企业的一些经营行为。

第二阶段:20世纪30年代的第二次经济大萧条,公众普遍抱怨企业对因倒闭而造成的工人失业不负责任,银行倒闭给储户的投资带来了惨重的损失,大股份公司通过市场与经营运作戕害中小股东的利益。大萧条以后,资本主义各国普遍推行凯恩斯主义和福利主义政策,国家的经济功能和对社会经济生活的干预得到全方位的强化,政府通过立法方式硬性要求企业不但约束自己的经营行为,而且还要企业实施就业机会均等政策并为企业的员工提供适当的社会保险和福利。

第三阶段:20世纪60年代,尤其自1973年第三次经济危机开始以来,垄断化和国家化的趋势发生了根本性的逆转。以企业为中心的现代资本主义社会使劳动者面临更加严峻的处境,竞争加剧,收入减少,在劳资对抗中处于不利地位。工会在多样化的经济形式和经济活动中缺乏统一的行动能力,干涉能力也大大降低。而且社会与公众对垄断和劳资关系状况的意识逐步淡化,而对生活的质量、健康状况和环境的质量等问题日益重视,国家对环境保护和环保标准等方面的立法与执法也越来越严厉。尤其突出的是烟草商们被要求将"吸烟有害健康"印制在外包装上,甚至烟草广告也受到严厉的限制。自此,许多企业已不再是被动地接受社会责任,而是将社会责任潜移默化为一种理念和价值观。

第四阶段:20世纪80年代初期,大规模的资本国际流动、国际间的企业并购以及贸易自由化谈判加快了经济全球化的进程,赋予企业的社会责任以新的形式与内容,可持续发展问题和企业社会责任的国际合作问题被提升到了国际社会和各国政府的议事日程上,而且成为企业界普遍关注的热点。一方面,企业根据社会要求和环境保护原则进行大规模的生产工艺革新和技术改造,以适应新的技术标准、环境标准和贸易标准;另一方面,许多跨国公司在对高耗能、重污染的生产项目进行国际转移时,越来越多地受到来自东道国政府的限制以及合作伙伴要求进行技术改造和污染治理等方面的压力。再就是新的反垄断和保护社会公众利益等方面的立法数量急剧增加,如反资本垄断基础之上的反技术垄断、反核武器扩散和核试验、烟草实施高税收、烟酒等特殊产品实行专卖制度等。从各国的情况来看,有酒类立法的国家达70多个。这种专卖是市场经济条件下的专卖,它既不是政府包办的专卖,也不是统购包销或由一个公司垄断经营,而是通过专卖法或专卖条例实行生产许可与批发零售许可制度。

二、SA 8000 的定义

SA 8000 即"社会责任标准",是 Social Accoutability 8000 的英文简称,是全球首个道德规范国际标准。

为了配合国际主要买家对社会责任管理体系的需求,国际社会责任管理体系组织(Social Accoutability International)的咨询委员会集合了来自工会、人权组织、儿童权益组织、学术组织、零售商、制造商、承包商、非政府组织、顾问公司、会计公司及验证机构的代表,于 1997 年 10 月订立了 SA 8000 国际标准,这是全球第一个有关社会责任管理体系、道德规范的国际标准。根据《国际劳工组织公约》、《世界人权宣言》、《联合国儿童权益公约》以及《联合国消除一切形式歧视妇女行为公约》等原则所制定的 SA 8000,内容覆盖及贯穿公司各个部门管理体系的制定及操作,使其在经营上达到 SA 8000 标准的各种要求。此标准适用于世界各地任何行业、不同规模的组织与公司,其宗旨是确保生产商及供货商所提供的产品皆符合社会责任的要求。

和 ISO 9000 质量管理标准一样,SA 8000 标准也由独立的认证机构提供认证,成功通过认证机构审核的公司可以获得认证机构颁发的认证证书。获证企业还要接受定期的监督审核,以确保公司不断改善工作条件。与 ISO 9000 标准不同的是,SA 8000 标准不仅是一个管理体系标准,也是一个社会责任表现的标准。任何企业或组织可以通过 SA 8000 认证,向客户、消费者和公众展示其良好的社会责任管理表现,从而获得市场机会。

SA 8000 标准适用于世界各地任何行业、不同规模的公司。其依据与 ISO 9000 质量管理体系及 ISO 14000 环境管理体系一样,皆为一套可被第三方认证机构审核的国际标准。

三、SA 8000 的主要内容

SA 8000 标准的要求包括:

(1)童工。要求不使用或不支持使用童工;救济童工;对童工和未成年工的教育;对童工和未成年工的安全卫生。

（2）强迫劳动。不使用或不支持使用强迫劳动；不扣押身份证或收取押金。

（3）健康与安全。安全、健康的工作环境；任命高层管理代表负责健康与安全；健康与安全培训；健康与安全检查，评估和预防制度；厕所、饮水及食物存放设施；工人宿舍条件。

（4）结社自由及集体谈判权利。尊重结社自由及集体谈判权利；法律限制时，应提供类似方法；不歧视工会代表。

（5）歧视。不从事或不支持雇用歧视；不干涉信仰和风俗习惯；不容许性侵犯。

（6）惩戒性措施。不使用或不支持使用体罚、辱骂或精神威胁。

（7）工作时间。遵守标准和法律规定，至多每周工作 48 小时；至少每周休息一天；每周加班不超过 12 小时，特殊情况除外；额外支付加班工资。

（8）工资报酬。至少支付法定最低工资，并满足基本需求；依法支付工资和提供福利，不罚款；不采用虚假学徒计划。

（9）管理体系。政策；管理评审；公司代表；计划与实施；供应商、分包商和分供商的监控；处理考虑和采取纠正行动；对外沟通；核实渠道；纪录等。

当 SA 8000 的以上内容与国内法发生冲突时，一般来说"不优先适用国内法，也不优先适用 SA 8000，而要采用最严格的标准。"

复习思考题

一、名词解释

1. 道德

2. 社会责任

3. SA 8000

二、问答题

1. 四种不同道德观点是什么？

2. 如何对员工进行道德管理？

3. 简述企业道德与经济绩效的关系。

4. 什么是企业的社会责任？

5. 企业责任的演化过程是什么？

6. SA 8000 的主要内容是什么？

7. 什么是关于社会责任的古典学派观点和社会经济观点？

8. 企业应在哪些方面承担社会责任？

三、案例分析

世界 500 强也有失策时

上海某企业是 500 强合资企业，A 公司是该企业的一家供应商，负责该公司油漆车间技术保洁和油漆缺陷分析等工作。PR 公司派到该企业工厂工作的共有小李等 60 人，A 公司为他们提供培训和各种劳动福利，并且按照劳动法的规定为员工缴纳各种社会保险和提供劳动保护。

2004 年 1 月，该企业因为服务价格高而将 PR 公司辞掉了，换由 B 公司提供相同服务。B 公司将 A 公司在该企业的小李等 60 名工人大部分收编，该企业也做这些工人的挽留工作，希望他们加入 B 公司。其实，作为专业技术工人的小李他们并不愿意走，于是小李等 60 名员工变成了 B 公司的人。可是不久，留下来的小李他们发现，B 公司不跟他们签订劳动合同，不为他们缴纳社会保险，劳动保护条件也很差。而该企业则对 B 公司既保持了服务的质量，又大大降低了生产成本的做法非常满意。小李他们几次向公司提出要求按法律规定的标准给予他们基本保障，但都不被理睬。为了维护自己的劳动权利，小李等员工向市劳动监察大队举报，要求查处违法用工的单位。由于没有与该企业或者 B 公司签订劳动合同，而工作地点又在该企业的工厂，所以小李就把 B 公司和这家企业一起投诉。

该企业认为，公司的保洁是 B 公司承包的，工人当然也是 B 公司的。企业只对 B 公司的服务质量、价格感兴趣，至于 B 公司招用什么工人、怎么招用工人、有没有违反劳动法都与企业无关。因此小李的投诉与该企业无关，该企业依法不承担任何法律责任。根据我国劳动法，该企业是可以不承担任何法律责任的。

根据上述材料，回答下列问题：

1. 作为世界 500 强之一，该企业的行为是否违反了 SA 8000?

2. 你是如何理解"大公司应主动站出来承担相应的社会责任"？

第二篇　计　划

- 决　策
- 计　划
- 战略与战略规划

第五章 决　策

【学习目标】

通过本章内容的学习，学生将了解和掌握决策的定义特点及其准则，决策的类型，决策的过程和影响因素，常见的决策方法，决策的理性限制及其应对。

【导入案例】

准确决策与盲目投资

Y市建筑卫生陶瓷厂是一家国有中型企业，由于种种原因，2005年停产近一年，亏损250万元，濒临倒闭。2006年初，郑先生出任厂长。面对停水、停电、停工资的严重局面，郑先生认真分析了厂情，果断决策：治厂先从人事制度改革入手，把科室及分厂的管理人员减掉3/4，充实到生产第一线，形成一人多用、一专多能的治厂队伍。郑先生还在全厂推行了"一厂多制"的经营方式：对生产主导产品的一、二分厂，采取"四统一"（统一计划、统一采购、统一销售、统一财务）的管理方法；对墙地砖分厂实行股份制改造；对特种耐火材料厂实行租赁承包。

改制后的企业像开足马力的列车急速运行，逐渐显现了规模跟不上市场的劣势，从而严重束缚了企业的发展。有人主张贪大求洋，贷巨款上大项目，有人建议投资上千万元再建一条大规模的辊道窑生产线，显示一下新班子的政绩。郑先生根据职工代表大会的建议，果断决定将生产成本高、劳动强度大、产品质量差的86米明焰煤烧隧道窑扒掉，建成98米隔焰煤烧隧道，并对一分厂的两条老窑进行了技术改造，结果仅花费不足200万元，便使其生产能力提高了一倍。目前该厂已形成年产80万件卫生瓷、20万平方米墙地砖、5000吨特种耐火材料三大系列200多个品种的生产能力。2006年，国内生产厂家纷纷上高档卫生瓷，厂内外也有不少人建议赶"潮流"。对此，郑厂长没有盲目决策，而是冷静地分析了行情，经过认真调查论证，认为中低档卫生瓷的国内市场潜力很大，一味上高档卫生瓷不符合国情。于是经过市场考察，该厂新上了20多个中低档卫生瓷产品，这些产品一投入市场便成了紧俏货。目前新产品产值占总产值的比例已提高到60%以上。

　　与 Y 市建筑卫生陶瓷厂形成鲜明对比的是河南省 SD 陶瓷公司,该公司也是一家国有中型企业,20 世纪 90 年代初,它曾是全省建材行业三面红旗之一。然而近年来在市场经济大潮的冲击下,由于盲目轻率,导致企业重大决策失误,使这家原本红红火火的国有企业债台高筑。2002 年,由国家计委、省计经委批准,为该公司投资 1200 万元建立大断面窑生产线。但该公司为赶市场潮流,不经论证就将其改建为辊道窑生产线,共投资 1700 万元。由于该生产线建成时市场潮流已过,因此投产后公司一直亏损。在产销无望的情况下,公司只好重新投入 1000 多万元再建大断面窑,使公司元气大伤,债台高筑,仅欠银行贷款就达 3000 多万元。5 年来,该公司先后做出失误的重大经营决策 6 项,使国有资产损失数百万元。企业不仅将以前积累的数百万元自有资金流失得一干二净,而且成了一个"老大难"企业。

　　Y 市建筑卫生陶瓷厂由衰变强和河南省 SD 陶瓷公司由强变衰形成了强烈的反差对比。

　　决策的正确与失误关系到组织和事业的兴衰存亡,因此,每一个管理者都必须认真研究决策科学,掌握决策理论、决策的科学方法和技巧,在千头万绪中找出关键之所在,权衡利弊,及时做出正确、可行的决策。

第一节　决策概述

一、决策的定义

　　在日常生活和工作中,人人都可能是决策者。无论个人还是组织,几乎每时每刻都在做出决策。从管理者的角度来说,决策是其管理工作的核心、基本要素。有人曾对高层管理者做过一项调查,要他们回答三个问题:"你每天花时间最多的是在哪些方面?""你认为你每天最重要的事情是什么?""你在履行你的职责时感到最困难的工作是什么?"结果,绝大多数人的答案都是"决策"两个字。

　　决策如此重要,那么究竟什么是决策? 中外学者从不同角度给出了许多不同的说法。

　　著名社会科学家、管理学家西蒙认为"管理就是决策"。

　　路易斯、古德曼和范特将决策定义为"管理者识别、解决问题以及利用机会的过程"。

　　美国学者亨利·艾伯斯认为:"决策有狭义和广义之分。狭义的决策是在几种行为方针中做出选择；广义的决策还包括在做出选择之前必须进行的一切活动。"

管理学教授里基·格里芬在《管理学》中指出："决策是从两个以上的备选方案中选择一个的过程。"

我国周三多教授的定义是："所谓决策，是指组织或个人为了实现某种目标而对未来的一定时期内有关活动的方向、内容及方式进行选择或调整的过程。"

有关决策的定义，还有很多不同的描述。但是，随着科学技术的发展，人们对现代决策越来越趋于这样的共识：所谓决策就是人们为了达到一定目标，在掌握充分的信息和对有关情况进行深刻分析的基础上，用科学的方法拟定并评估各种方案，从中选出合理方案并付诸实施的过程。

二、决策的特点

从决策的定义可以看出决策具有以下特点：

1. 目标性

任何决策都是为了实现一定目标而进行的方案选择。在对行动方案做出选择前，首先要有明确的目标。目标是组织在未来特定时期内完成任务程度的标志。没有目标或目标不明确，人们就难以拟定未来的活动方案，评价和比较这些方案就没有了标准，决策就没有方向，往往会导致决策无效甚至失误。所以，必须明确为什么要进行决策，决策最终要达到什么样的目标。

2. 可选择性

决策的实质是选择，没有选择就没有决策。而要能有所选择，就必须提供可以相互替代的各种方案。如果只有一个方案，就无法比较其优劣，也无选择的余地，谈不上是决策，只有多个方案的选择才能评价其优劣，得到满意结果。事实上，为了实现共同的目标，组织总是可以从事多种不同的活动，这些活动在资源要求、可能结果以及风险程度等方面均有所不同。因此，不仅有选择的可能，而且有选择的必要。

3. 可行性

决策所做的若干个备选方案应是可行的，这样才能保证决策方案切实可行。而实施任何决策都需要利用一定的资源，如果缺乏必要的人力、物力和技术条件，理论上非常完善的方案也只能是空中楼阁。组织的任何活动都需要通过对组织外部环境和组织内部条件的调查分析，根据实际需要与可能，选择切实可行的方案。因此，决策方案的拟订和选择，不仅要考察采取某种行动的必要性而且要注意实施条件的限制。

4. 满意性

最优决策要求：决策者能了解与组织活动有关的全部信息；决策者能正确辨识全部信息的价值并能据此制定出没有疏漏的行动方案；决策者能够准确计算出每个方案在未来的执行结果。显然，这些条件难以具备。因此，在决策活动中，在方案数量有限、执行结果不确定的条件下，人们难以做出最优选择，只能根据已知的全部条件，加上人们的主观判断，做出相对满意的选择。

5. 过程性

决策是一个过程，而非瞬间的行动，它是一个多阶段、多步骤的分析判断过程。决策的过程性可以从两个方面去考察：首先，组织决策不是一项决策，而是一系列决策的综合，只有这一系列的具体决策已经确定，相互协调，并与组织目标相一致时，才能认为组织的决策已经形成；其次，这一系列决策中的每一项决策，其本身就是一个包含了许多工作，且由众多人员参与的过程。从决策目标的确定，到决策方案的拟订、评价和选择，再到决策方案执行结果的评价，这些诸多步骤才构成了一项完整的决策，这是一个"全过程"的概念。

6. 动态性

决策的过程性和动态性密切相关。决策不仅是一个过程，而且是一个不断循环的过程。作为过程，决策是动态的，没有真正的起点，也没有真正的终点。决策的目的之一，便是使组织的内容适应外部环境的要求。然而外部环境是在不断发生变化的，这就要求决策者必须时刻监视并研究这些变化，从中找到可以利用的机会，据此调整组织的活动，实现组织与环境的动态平衡。

三、决策的准则

决策的本质是选优，对决策方案如何选优，管理学家赫伯特·西蒙提出"有限理性"的原则，即我们所说的"满意原则"，而不是"最优原则"。西蒙认为，人类实际的理性既不是完美无缺的"绝对理性"，也不是非理性的。他提出"有限理性"的概念，并指出人们在决策时，不能坚持要求最理想的解答，常常只能满足于"足够好"或"令人满意"的决策。

西蒙认为，人要做到完全理性或绝对理性，必须做到决策者了解与组织活动有关的全部信息；决策者能正确地辨识全部信息的有用性，了解其价值，并能据此制定出没有疏漏的行动方案；决策者能够准确地计算每个方案在未来的执行结果；决策者对组织在某段时间内所要达到的结果具有一致而明确的认识。

但在现实中,上述这些条件往往得不到满足。因为:第一,从广义上说,外部存在的一切对组织的目前或未来均会产生或多或少、直接或间接的影响,然而组织很难收集到反映外界全部情况的所有信息;第二,对于收集到的有限信息,决策者的利用能力也是有限的,这种双重有限性决定了企业只能制定有限数量的行动方案;第三,任何方案都需要在未来付诸实施,而人们对未来的认识能力和影响能力是有限度的,目前预测的未来状况与未来的实际情况可能有着非常显著的差别,因此行动必有风险性;第四,即便决策方案的实施带来了预期的结果,这种结果也不一定就是组织实现其最终目标所需要的。

现实中的上述情况决定了决策者难以做出最优决策,只能做出相对满意的决策。

四、决策的依据

管理者在决策时离不开信息。决策活动是依据所获得的信息来进行的,信息的数量和质量直接影响决策水平。因而在决策前、决策中以及决策反馈时,都要尽可能全面地收集有关信息,作为决策的依据。

但这并不是说管理者要不计成本地收集各方面的信息。这里所说的信息是指决策所必需的或对决策有影响的信息。管理者在决定收集什么样的信息、收集多少信息以及从何处收集信息等问题时,要进行成本-收益分析。只有在收集的信息所带来的收益超过因此而付出的成本时,才应该收集信息。所以说,适量的信息是决策的依据,信息量大,信息的成本就要增加;信息量少,管理者就无法做出有效的决策。

五、决策的地位和作用

美国管理学家赫伯特·西蒙认为"管理就是决策"。这一论断使决策在管理中的地位跃然而出。正是为了突出决策的地位和作用,我们通常说:决策是管理的中心,管理就是决策。

1. 决策是实施各项管理职能的保证

决策贯穿于管理全过程。无论是进行计划、组织,还是进行领导、控制,各项管理职能的开展都离不开决策,可以说整个管理活动就是紧紧围绕着如何制定和实施决策而进行的,决策是实施其他管理职能的前提和基础。没有正确的决策,管理的各项职能就难以充分发挥作用。管理职能中的决策实例见表5-1所列。

表 5-1　管理职能中的决策实例

计划	组织的目标是什么？实施什么计划能最好地实现这些目标？
组织	组织结构应如何设计？职位应如何设置？
领导	采用什么领导方式最有效？选择何种激励方式让员工努力工作？
控制	组织中哪些活动需要控制？如何实现有效控制？如何选择控制方式？

2. 决策是决定组织管理工作成败的关键

一个组织管理工作成效的大小,首先取决于决策的正确与否。决策正确,可以提高组织的管理效率和经济效益,使组织兴旺发达;决策失误,则一切工作都是徒劳,甚至给组织带来灾难性的后果。因此,对每个决策者来说,不是是否需要做出决策的问题,而是如何使决策做得更好、更合理、更有效率,这是关系到组织管理工作好坏的关键。

第二节　决策类型

决策贯穿于整个组织活动的全过程,涉及各方面的内容。不同类型的决策,需要采用不同的决策方法,因此,根据不同的要求,从不同的角度对决策加以分类,将有助于决策者把握各类决策的特点,根据决策问题的特征采用相应的方法,进行有效的决策。根据不同的划分标准,我们可以将决策分为以下几种类型。

一、战略决策、战术决策和业务决策

按决策的重要性程度不同,可把决策分为战略决策、战术决策和业务决策。

战略决策是所有决策问题中最重要的决策,是指具有全局性的、长期性的、作用大和影响深远的决策,主要解决的是"干什么"的问题。例如,企业的方针、目标与计划,技术的改造与引进,组织结构的改革等,都属于战略决策。战略决策所需解决的问题复杂,对决策者的洞察力和判断力有很高的要求。这类决策通常由高层管理者做出。

战术决策又称管理决策,是战略决策执行过程中的具体决策,解决的是"如何干"的问题,它是指为了实现战略目标,而做出的局部性、较短时期内的具体活动方式的决策。例如,产品开发方案的制订、更新设备的选择等。战略决策是战术决策的依据,战术决策是在战略决策指导下制定的,是战略决策的落实。这类决策通常由中层管理者做出。

▶▶▶ 113

业务决策，是日常工作中为提高生产效率和效益、合理组织业务活动而做出的决策。属于业务决策范畴的主要有：工作任务的日常分配和检查、岗位职责的制定和执行、库存的控制以及材料的采购等。这类决策通常由基层管理者做出。

二、集体决策与个体决策

从决策的主体看，可把决策分为个体决策与集体决策。

个体决策是指单个人做出的决策。如总经理签署一项权限内的销售合同就是个体决策。

集体决策是指多个人一起做出的决策。组织中的许多决策，尤其是那些对组织有重大影响的决策往往是由集体来决定的。如股东大会、董事会等做出的决策就是集体决策。

相对于个体决策，集体决策有一些优点：①能更大范围地汇总信息；②能拟订更多的备选方案；③能得到更多的认同；④能更好地沟通；⑤能做出更好的决策等。但集体决策也有一些缺点，如花费较多的时间、产生"从众现象"以及责任不明等。

总体来讲，集体决策与个体决策相比在决策的创造性、减少失误、提高质量、增加可接受性程度方面更具有优越性；但在效率方面、成员责任感方面却逊于个体决策。因此，只要决策效果的提高足以抵消效率的损失，就应更多地采用集体决策。

三、初始决策与追踪决策

按决策的起点不同，可把决策分为初始决策与追踪决策。

初始决策是指组织对从事某种活动或从事该种活动的方案所进行的初次选择；追踪决策是指在初始决策的基础上对组织活动方向、内容或方式的重新调整。初始决策是零起点决策，它是在有关活动尚未进行从而环境未受到影响的情况下进行的。随着初始决策的实施，组织环境发生变化，这种情况下所进行的决策就是追踪决策。因此，追踪决策是非零起点决策。组织中的决策大部分属于追踪决策。

追踪决策相对于起始决策具有以下特点：

（1）回溯分析。即对初始决策的形成机制与环境条件进行客观分析，列出须改变决策的原因，以便有针对性地采取调整措施。

（2）非零起点。追踪决策所面临的条件与对象都不是处于初始状态，而是随着初始决策的实施受到了某种程度的改造、干扰和影响。

（3）双重优化。即追踪决策所选择的方案,不仅要优于初始决策方案(因为只有在原来的基础上有所改善,追踪决策才有意义),而且要能够改善初始决策实施过程中的各种可行方案,选择最优或最满意的决策方案。

四、程序化决策与非程序化决策

组织中的问题可被分为两类:一类是例行问题,另一类是例外问题。例行问题是指那些重复出现的、日常的管理问题;例外问题则是指那些偶然发生的、新颖的、性质和结构不明的、具有重大影响的问题。赫伯特·西蒙根据问题的性质把决策分为程序化决策与非程序化决策。

程序化决策是按预先的程序、处理方法和标准来解决管理中经常重复出现的例行问题。正是由于问题重复出现,各种信息完整,故决策可以程序化到重复和例行的程度。管理者不必遵循复杂的决策过程进行决策,只要按照事先制定好的系统化的程序、规则行事就可以了。如日常任务的安排、常用物资的采购等均属此类。在管理工作中,有 80% 的决策属于程序化决策。

而非程序化决策是解决以往无先例可循的新问题,具有极大的偶然性、突发性和随机性,很少发生重复。这类问题的解决没有事先准备好的规则和政策可遵循,其决策步骤和方法难以程序化,不能重复使用。如新生产方法的采用、企业的合并重组等。非程序化决策需要考虑内外部条件变动及其他不可量化的因素,这类决策正确与否,决策效果如何,往往取决于决策者的气魄、首创精神和决策方法的科学性。大多数战略决策属于非程序化决策。

当然,在现实生活中,极少的管理决策是完全程序化的或非程序化的,这仅是两个极端,绝大多数决策介于两者之间。非程序化决策是可以成为程序化决策的。如企业进行第一次对外投资时,进行的是非程序化决策,但由于还要不断地进行投资,就把投资决策程序化了,以后的投资决策就成了程序化决策。

五、确定型决策、风险型决策与不确定型决策

从环境因素的可控程度看,可把决策分为确定型决策、风险型决策与不确定型决策。

确定型决策是指在稳定(可控)条件下进行的决策。在确定型决策中,决策者确切知道自然状态的发生,每个方案只有一个确定的结果,最终选择哪个方案取决于对各个方案结果的直接比较。例如,某个决策者有笔余款,他有几个备选方案:购买一年期国债,年利率 7%;存一年期银行定期存款,利率4.5%;存银行活期存款,利率为 1.5%。显然,决策者的目标是想多获得利息,

在此情况下，他的决策是一种确定型决策。比较利率的结果，他应该选择购买国债。

风险型决策也称随机决策。在这类决策中，自然状态不止一种，决策者无法知道哪种自然状态会发生，但知道有多少种自然状态以及每种自然状态发生的概率。在每种不同的状态下，每个备选方案会有不同的执行结果，所以，不管选择哪个备选方案，都有一定的风险。例如，某厨师烧菜，用仅剩的三个蛋来炒饭。他已经向碗中打了两个蛋，打第三个蛋时，厨师凭经验感觉，30%可能该蛋已臭，可是油锅已沸腾，没有时间再取一个碗来试这个蛋是好是坏。这时就是一个风险条件下决策的问题，如果打入碗中，可能三个蛋全被毁；如果不打入碗中，用两个蛋来炒饭，可能因量少招致客人不满。对这类决策，决策者应该在计量化基础上进行辨别和筛选。

不确定型决策是指在不稳定条件下进行的决策。在不确定型决策中，决策者可能不知道有多少种自然状态，即便知道，也不能知道每种自然状态发生的概率。实际上，大多数工商企业的决策，都属于不确定型决策。某公司欲发展海外业务，想选择下列其中一种合适的进入海外市场的方式：间接出口、直接出口或者直接投资。由于环境条件的高度不稳定性，目标国可能存在的政治风险（如国有化、政变、法律条件的改变等），国际金融市场货币汇率波动造成的外汇风险，当地文化习惯不同可能会造成对产品的消费倾向不同……因此，每个备选方案都有成功的机会也有失败的可能，但都无从衡量其可能性到底有多大。显然，公司面临的是不确定型决策。在不稳定条件下决策，关键在于尽量掌握有关信息资料，根据决策者的直觉、经验和判断果断行事。

除了上述分类方法之外，还有其他分类方法。如根据决策时间的长短，可分为长期决策和短期决策；按决策目标的多少，可分为单目标决策和多目标决策；根据决策运用的方法不同，可分为定量分析决策与定性分析决策；按决策者是基于经验还是基于科学分析，可分为经验决策和科学决策；等等。

第三节　决策过程和影响因素

一、决策过程

决策活动不能被简单地理解为管理者"拍板"做决定的片刻行为，因为决策是一个动态的过程，特别是在现代管理中，一些关系到组织存在与发展的重大决策活动往往表现为一个复杂的过程。关于决策的过程，国内外管理理论家、管理者、企业家有着不同的意见，但一般来说，决策过程应包含以下内容：

1. 明确问题

一切决策都是从问题开始的。问题是指理想与现实的差距。没有问题就不需要决策,所以决策必须是在发现问题的基础上进行的。那么,决策者如何才能发现问题呢? 决策者首先应该具有深入实际观察问题的意识和能力,从而才能及时发现存在的问题。常用的发现问题的方法是将事情的现状和某些标准进行比较,发现差距,确认问题。标准可以是过去的绩效、预先设置的目标,或是组织中其他一些部门的绩效,或是其他组织中类似部门的绩效。在问题明确以后,决策者就可以对问题进行系统分析,确认问题的内涵和界限,界定问题的性质和特征、深度和广度、严重的程度及与其他问题的关联程度,抓住问题的关键要害,以便寻求解决问题的办法与途径。

2. 确立目标

在明确问题以后,还要研究为解决这些问题将要采取的措施应符合哪些要求,必须达到哪些效果,也就是说要确立决策目标。目标是指管理者在特定的条件下所要达到的一定结果。能否正确地确定目标,关系到决策成败的关键。确立决策目标,不仅为方案的制订和选择提供了依据,而且为决策的实施和控制,为组织资源的分配和各种力量的协调提供了标准。确定决策目标时,还应当估计是否有条件实现这个目标,为此,需要对实现决策目标的各方面条件做全面、细致的分析。

3. 拟订备选方案

为解决某一问题而设计出多个可行的供决策者抉择的方案,就称为备选方案。备选方案至少需要有两个或两个以上,决策者才可能从中进行比较,然后选出最理想的方案。一旦机会或问题被正确地识别出来,管理者就要提出达到目标和解决问题的各种方案。这一步骤需要创造力和想象力。在提出备选方案时,管理者必须把试图达到的目标牢记在心,而且要提出尽可能多的方案。管理者常常可以借助其个人经验、经历和对有关情况的把握来提出方案。为了提出更多、更好的方案,需要从多种角度审视问题,这意味着管理者要善于征询他人的意见。

4. 评估备选方案

拟订出各种备选方案之后,就要根据已定目标的要求,对各方案进行评价、比较和选择。为此,管理者起码要具备评价每种方案的价值、相对优势或相对劣势的能力。在评估过程中,要使用预定的决策标准(如所想要的质量)以及每种方案的预期成本、收益、不确定性和风险,最后对各种方案进行排序。

例如,管理者会提出以下的问题:该方案是否有助于质量目标的实现? 该方案的预期成本是多少? 与该方案有关的不确定性和风险有多大?

5. 选择方案

在决策过程中,管理者通常要做出最后的选择。尽管选择一个方案看起来很简单——只需要考虑全部可行方案并从中挑选一个能解决问题的最好方案,但实际上做出选择是很困难的。由于最好的选择通常建立在仔细判断的基础上,所以管理者要想做出一个好的决定,必须仔细考察全部事实,并确信自己已获取足够的信息,从而最终选择最好方案。

6. 实施方案

决策的正确与否及其效果如何,要以执行结果来验证。决策的执行结果,不仅取决于决策方案的选择,而且取决于执行过程中的工作质量。因此,方案的实施是决策过程中至关重要的一步。在方案选定以后,管理者就要制订实施方案的具体措施和步骤,如明确责任、制定考核标准、建立有关激励机制等。

7. 监督和评估

一个方案可能涉及较长的时间,在这段时间里,形势可能发生变化,而初步分析是建立在对问题或机会的初步估计上,因此,管理者要不断对方案进行修改和完善,以适应变化了的形势。由于组织内部条件和外部环境的不断变化,管理者要不断修正方案来减少或消除不确定性,定义新的情况,建立新的分析程序。具体来说,职能部门应对各层次、各岗位履行职责情况进行检查和监督,及时掌握执行进度,检查有无偏离目标,及时将信息反馈给决策者。决策者则根据职能部门反馈的信息,及时追踪方案实施情况,对与既定目标发生部分偏离的,应采取有效措施,以确保既定目标的顺利实现;对客观情况发生重大变化,原先目标确实无法实现的,则要重新寻找问题或机会,确定新的目标,重新拟订可行的方案,并进行评估、选择和实施。

二、决策的影响因素

在决策过程中,影响决策的因素有很多,但主要的因素可以归纳为以下几类:

1. 环境因素

环境对组织决策的影响是不言而喻的,而且这种影响是双重的。首先,环境的特点影响着组织活动的选择。比如,就企业而言,市场稳定,今天的决策主要是昨天决策的延续,而市场的剧变,则需对经营方向和内容经常进行调整。其次,对环境的习惯反应模式也影响着组织活动的选择。对于相同的环境,不同的组织可能做出的反应是不一样的。这种调整组织与环境关系的模式一旦形成,就会趋于稳固,限制着决策者对方案的选择。

2. 过去决策

今天是昨天的延续,明天是今天的延伸。在大多数情况下,组织决策不是在一张白纸上进行的初始决策,而是对初始决策的完善、调整或改革。过去的决策是目前决策的起点;过去方案的实施,给组织内部和外部环境带来了某种程度的变化,进而给"非零起点"的决策带来了影响。过去决策对目前决策的影响程度要受到过去决策与现任决策者的关系的影响。

3. 决策者对风险的态度

风险是指失败的可能性。由于决策是人们确定未来活动方向、内容和目标的行动,而人们对未来的认识能力有限,目前预测的未来状况与未来的实际状况不可能完全相符,因此在决策指导下进行的活动,既可能成功,也可能失败。任何决策都必须冒一定程度的风险。

组织及其决策者对待风险的不同态度会影响决策方案的选择。喜好风险的人通常会选取风险程度较高但收益也较高的方案;而厌恶风险的人通常会选取较安全同时收益水平也较低的方案。

4. 组织文化

组织文化制约着组织及其成员的行为以及行为方式,进而影响到一个组织对方案的选择与实施。

在具有开拓、创新气氛的组织中,人们渴望变化,欢迎变化,支持变化。显然,欢迎变化的组织文化有利于新决策的实施。相反,在偏向保守、怀旧、维持传统的组织中,人们总是对将要发生的变化产生怀疑、害怕和抗御的心理和行为;而抵御变化的组织文化则可能给任何新决策的实施带来灾难性的影响。

5. 时间

美国学者威廉·金和大卫·克里兰把决策类型划分为时间敏感决策和知识敏感决策。时间敏感决策是指那些必须迅速而尽量准确做出的决策,这充分体现了决策的时间因素。战争中军事指挥官的决策多属于此类决策,这种决策对速度的要求远胜于质量。知识敏感决策,对时间的要求不是非常严格。这类决策的执行效果主要取决于其质量,而非速度。组织的战略决策基本属于知识敏感决策。制定这类决策时,决策者通常有较宽裕的时间来充分利用各种信息,要求人们充分利用知识,做出尽可能正确的决策。

第四节 决策方法

科学的决策方法是保证组织决策科学、有效的前提条件。随着决策理论和实践的不断发展，人们在决策中所采用的方法也不断得到充实和完善。当前，经常使用的决策方法一般可以分为两大类，即定性决策方法和定量决策方法。把决策方法分为两大类只是相对而言，在具体使用中，两者不能截然分开，两者相辅相成，密切配合，已成为现代决策的一个发展趋势。

一、定性决策方法

定性决策方法，是指依靠决策者个人或集体的学识、经验、分析和判断能力来进行决策的方法。常见的定性决策方法有下列几种：

1. 直觉决策法

直觉决策是决策者依赖于过去经验的总结，是无意识的进行决策选择的过程。人们越来越意识到，理性分析被过分强调了，在某种情况下，人们依赖于直觉会提高决策水平。一般来说，在情况紧迫、信息有限和缺乏可供推理的事实时，在非程序化决策和不确定型决策中，在高层战略决策和创造性决策时，直觉决策应用较多。

2. 集体决策方法

在进行决策时，决策者的理论水平、经验阅历、能力素质往往起决定作用。一个人的知识、经验与精力毕竟是有限的，因此，组织中有关重大问题的决策，常采用集体决策的方法，即用某种组织或聘请一些专家来代替个人进行决策。

（1）头脑风暴法

头脑风暴法是比较常用的集体决策方法，便于发表创造性意见，因此主要用于收集新设想。通常是邀请一些业内人士和专家学者，在完全不受约束的条件下，畅所欲言地发表自己的看法，通过相互启发、集思广益，使各人的看法趋向一致，做出决策。头脑风暴法的创始人美国的奥斯本为该决策方法的实施提出了四项原则：①对别人的意见不做任何评价，将相互讨论限制在最低限度之内；②建议越多越好，在这个阶段，参与者不要考虑自己建议的质量，想到什么就应该说出来；③鼓励每个人独立思考，广开思路，想法越新颖奇异越好；④可以补充和完善已有的建议，使某种意见更具说服力。

头脑风暴法的目的在于创造一种畅所欲言、自由思考的氛围，诱发创造性思维的共振和连锁反应，产生更多的创造性思维。这种方法的时间安排应在1～2小时之内，参加者以 5～6 人为宜。

（2）名义小组技术

在集体决策中，如对问题的性质不完全了解且意见分歧严重，则可采用名义小组技术。通常是管理者召集一些有知识的人，告知他们要解决问题的关键内容，并请他们独立思考，写下自己的备选方案和意见，然后请他们按次序陈述各自的方案和意见。在此基础上，由小组成员对提出的备选方案进行投票，产生大家最赞同的方案，并形成对其他方案的意见，提交管理者作为决策参考。

在这种技术下，小组成员互不通气，也不在一起讨论、协商，从而小组只是名义上的。这种名义上的小组可以有效地激发个人的创造力和想象力。

（3）德尔菲技术

德尔菲技术又称专家意见法，是由美国的兰德公司于 20 世纪 50 年代提出的，它是按规定程序，背靠背地征询专家对组织有关问题的意见，然后进行决策的方法。

其具体规则是：先向专家提出相关的研究问题，请专家分别发表意见；主持人把意见综合整理后，再反馈给每个人，请他们重新做出分析和判断；主持人再进行意见综合，再反馈给每个人。如此反复，直到意见大体趋于一致，或意见分歧明朗化为止。

运用该技术的关键是：

①选择好专家，这主要取决于决策所涉及的问题或机会的性质；

②决定适当的专家人数，一般 10～50 人较好；

③拟订好意见征询表，因为它的质量直接关系到决策的有效性。

德尔菲技术的优点是能充分发挥各位专家的作用，隔绝了群体成员间的相互影响，还无需参与者到场。它的缺点是比较复杂，而且耗时，当需要进行快速决策时，这种方法通常行不通。

（4）电子会议法

电子会议法是将名义小组技术与复杂的计算机技术相结合的一种集体决策方法。

具体实施步骤是：群体成员围坐在马蹄形的桌子旁，面前除了一台计算机终端之外，一无所有；问题通过大屏幕呈现给参与者，要求他们把自己的意见输入计算机终端屏幕上；个人的意见和投票都显示在会议室中的投影屏幕上。

电子会议法的主要优势是：匿名、可靠、迅速。缺点是由于大家不能在思想上交流沟通，也就难以提出丰富的设想和方案。

3. 有关活动方向的决策方法

管理者有时需要对企业或企业某一部门的活动方向进行选择，可以采用的方法主要有 SWOT 分析法、经营单位组合分析法等。

(1)SWOT 分析法

SWOT 分析法又称为态势分析法,它是由旧金山大学的管理学教授于 20 世纪 80 年代初提出来的,SWOT 四个英文字母分别代表优势(strength)、劣势(weakness)、机会(opportunity)、威胁(threat)。所谓 SWOT 分析就是将与研究对象密切相关的各种主要内部优势和劣势、外部机会和威胁等,通过调查列举出来,并依照矩阵形式排列;然后用系统分析的思想,把各种因素相互匹配起来加以分析,从中得出一系列相应的结论,因而结论通常带有一定的决策性,有利于领导者和管理者做出较正确的决策和规划。

运用这种方法,可以对研究对象所处的情景进行全面、系统、准确的研究,从而根据研究结果制定相应的发展战略、计划以及对策等。SWOT 分析法常常被用于制定集团发展战略和分析竞争对手情况,在战略分析中,它是最常用的方法之一。

(2)经营单位组合分析法

经营单位组合分析法,又被称为波士顿矩阵(BCG),它是由美国波士顿咨询集团为大企业确定和平衡其各项经营业务发展方向和资源分配而提出的战略决策方法。BCG 分析法假定大部分企业都经营有两项以上的业务,这些业务无论是扩展、维持还是收缩,应该立足于企业全局的角度来加以确定,以便使各项经营业务能在现金需要和来源方面形成相互补充、相互促进的良好局面。

这种决策方法主张,在确定各项经营业务发展方向的时候,企业应综合考虑该项业务的市场增长情况及企业在市场上的相对竞争地位。该项业务的市场增长情况反映该项业务所属市场的吸引力,它主要用该市场领域最近两年的平均销售增长率表示。相对竞争地位是以企业在该项业务中所拥有的市场占有率与该市场上最大竞争对手的市场占有率的比值来表示的,它决定了企业在该项业务经营中获得现金回笼的能力和速度。根据上述两个标准——相对竞争地位和业务增长率,可把企业的经营单位分成四大类,如图 5-1 所示。

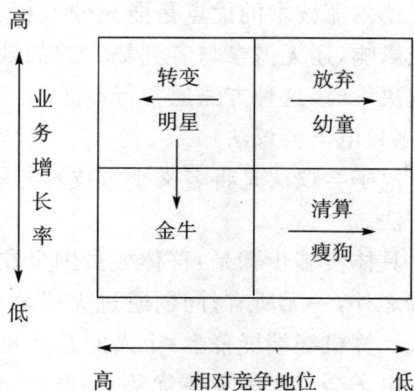

图 5-1　企业经营单位组合图

"金牛"经营单位的特征是市场占有率较高,而业务增长率较低。较高的市场占有率为企业带来较多的利润和现金,而较低的业务增长率需要较少的投资。"金牛"经营单位所产生的大量现金可以满足企业的经营需要。

"明星"经营单位的市场占有率和业务增长率都较高,因而所需要的和所产生的现金都很多。"明星"经营单位代表着最高利润增长率和最佳投资机会,因此企业应投入必要的资金,增加它的生产规模。

"幼童"经营单位的业务增长率较高,而目前的市场占有率较低,这可能是企业刚刚开发的很有前途的领域。由于高增长速度需要大量投资,而较低的市场占有率只能提供少量的现金,企业面临的选择是投入必要的资金,以提高市场份额,扩大销售量,使其转变为"明星",或者如果认为刚刚开发的领域不能转变成"明星",则应及时放弃该领域。

"瘦狗"经营单位的特征是市场份额和业务增长率都较低。由于市场份额和销售量都较低,甚至出现负增长,"瘦狗"经营单位只能带来较少的现金和利润,而维持生产能力和竞争地位所需的资金甚至可能超过其所提供的现金,从而可能成为资金的陷阱。因此,对这种不景气的经营单位,企业应采取收缩或放弃的战略。

经营单位组合分析法是对公司的业务组合分类,它的意义在于指导公司出售"瘦狗"业务,将从"金牛"业务上得到的现金投资于"明星"业务,使公司业务处于良性的组合状态。

4. 其他定性决策方法

除了上述几种方法外,下述几种也属于定性决策方法。

(1)淘汰法

淘汰法即先根据一定条件和标准,对全部备选方案筛选一遍,把达不到要求的方案淘汰掉,以达到缩小选择范围的目的。淘汰的方法有:

①规定最低满意度,达不到满意度的方案予以淘汰。如规定投资回收期为 3 年,超过 3 年的方案就予以先行淘汰。

②规定约束条件,凡备选方案中不符合约束条件的便予以剔除。

③根据目标主次筛选方案。在多目标决策情况下,并非所有目标都同等重要,决策者可根据目标的重要程度,把那些与主要目标关系不大的方案淘汰掉。

(2)环比法

环比法也叫 0-1 评分法,即在所有方案中两两比较,优者得 1 分,劣者得 0 分,然后以各方案得分多少为标准选择方案。假如有四个方案,两两对比后各方案得分见表 5-2 所列:

表 5 - 2 环比结果

比较方案 \ 被比较方案	甲	乙	丙	丁	总分
甲		1	1	1	3
乙	0		0	1	1
丙	0	1		1	2
丁	0	0	0		0

由表 5 - 2 可知,甲方案的得分最多,应选甲。

二、定量决策法

由于计算机技术的飞速发展,为决策中采用数学方法和建立数学模型创造了条件。定量分析趋向数学化、模型化、计算机化,即人们所称的决策"硬"技术。其实质是应用数学方法建立反映决策问题的数学模型,用计算机为其求解,提高决策的速度和精度。根据数学模型涉及的决策问题的性质(或者说根据所选方案结果的可靠性)不同,定量决策方法一般分为确定型决策方法、风险型决策方法和不确定型决策方法三类。下面分别予以介绍。

1. 确定型决策方法

在比较和选择活动方案时,如果未来情况只有一种并为管理者所知,则须采用确定型决策方法。确定型决策方法的特点是只要满足数学模型的前提条件,模型就给出特定的结果。属于确定型决策方法的模型很多,这里主要介绍线性规划法和量本利分析法。

(1)线性规划法

线性规划法是解决多变量最优决策的方法,是在各种相互关联的多变量约束条件下,解决或规划一个对象的线性目标函数最优的问题,即给予一定数量的人力、物力和资源,如何应用才能得到最大经济效益。线性规划作为经营管理决策中的数学手段,在现代决策中的应用是非常广泛的。

运用线性规划建立数学模型的步骤是:首先,确定影响目标大小的变量;其次,列出目标函数方程;再次,找出实现目标的约束条件;最后,找出使目标函数达到最优的可行解,即该线性规划的最优解。

例:假设某银行有 5000 万美元的资金来源,这些资金可用作贷款(x_1)和二级储备即短期证券(x_2),贷款收益率为 12%,短期证券收益率为 8%,存款成本忽略不计。再假设银行管理短期资产的流动性标准为投资资产的 25%,即短期证券与总贷款的比例至少为 25%。用线性规划法,求解银行的最佳资产组合。

解：首先确定目标函数及约束条件。

目标函数　　　　　　　　定义

$\max(y) = 0.12x_1 + 0.08x_2$　　　利润目标

约束条件

$$\begin{cases} x_1 + x_2 \leqslant 5000\ \text{万美元} & \text{总资产负债约束} \\ x_2 \geqslant 0.25x_1 & \text{流动性约束} \\ x_1 \geqslant 0\ \text{与}\ x_2 \geqslant 0 & \text{非负约束条} \end{cases}$$

可用代数法对上述线性规划问题进行求解，得 $x_1 = 4000$，$x_2 = 1000$，$\max(y) = 560$，即银行的最佳资产组合为贷款 4000 万美元，短期债券 1000 万美元。

（2）量本利分析法

量本利分析法是根据产量、成本、利润三者之间的相互关系，进行综合分析、预测利润、控制成本的一种数学分析方法，通常也称为"盈亏分析法"。利用量本利分析法可以计算出组织的盈亏平衡点，又称保本点、盈亏临界点、损益分歧点、收益转折点等。

量本利分析法的实质就是盈亏平衡点的分析，即企业的产量或销售量达到什么样的程度才能保证企业不亏损，即利润等于零，以此为界限，销售收入高于此点，企业盈利，反之则亏损。企业必须最大限度地缩小盈亏平衡点的销售量，以实现利润的最大化。

在图 5-2 中，随着产量的增加，总成本与销售额随之增加。当销售量小于平衡点 Q_0 时，销售收入小于总成本，此时企业是亏损的；当销售量达到平衡点 Q_0 时，销售收入开始等于总成本，这时企业不亏不盈；当销售量大于平衡点 Q_0 时，销售收入大于总成本，此时企业开始盈利。

如图 5-2 所示，假设 P 代表单位产品价格，Q 代表产量或销量，F 代表固定成本，V 代表单位变动成本，π 代表总利润，C 代表单位产品贡献（C＝P－V）。

①求保本产量

企业不盈不亏时，$PQ = F + VQ$，所以保本产量 $Q = F/(P-V) = F/C$。

②求保目标利润产量

设目标利润为 π，则 $PQ = F + VQ + \pi$，所以保目标利润 π 的产量 $Q = (F + \pi)/(P-V) = (F+\pi)/C$。

③求利润

$$\pi = PQ - F - VQ$$

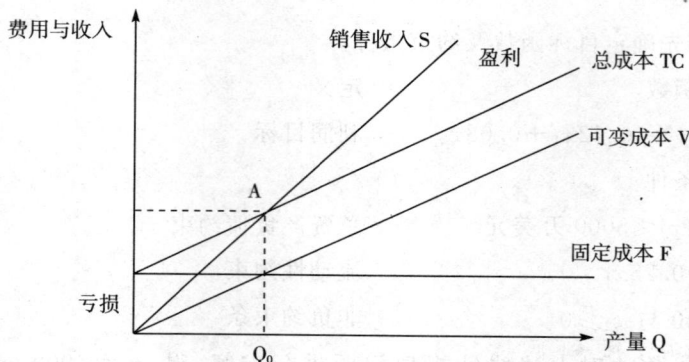

图 5-2　量本利分析表

例：某厂生产一种产品，其总固定成本为 200000 元，单位产品变动成本为 10 元，产品销价为 15 元。求：

①该厂的盈亏平衡点产量应为多少？

②如果要实现利润 20000 元时，其产量应为多少？

③当产销量是 50000 时，其利润是多少？

解：①盈亏平衡点 $Q = F/(P-V) = 200000/(15-10) = 40000$

②产量 $Q = (F+\pi)/(P-V) = (200000+20000)/(15-10) = 44000$

③利润 $\pi = PQ - F - VQ = 15 \times 50000 - 200000 - 10 \times 50000 = 50000$（元）

2. 风险型决策方法

在比较和选择决策方案时，如果未来情况不止一种，而是两种以上，管理者不知道到底哪种情况会发生，但知道每种情况发生的概率，这种情况下选择任何一个方案，都存在一定的风险，则可采用风险型决策方法。风险型决策的标准是期望值。所谓期望值实质上是各种状态下加权性质的平均值。一个方案的期望值是该方案在各种可能状态下的损益值与其对应概率的乘积之和。当决策指标为收益时，应选取期望值最大的方案；当决策指标为成本时，应选取期望值最小的方案。风险型决策方法很多，下面主要介绍决策树法和决策表法。

（1）决策树法

常用的风险型决策方法是决策树法。决策树法是一种用树状图来描述各种方案在未来收益的计算、比较及选择的方法。决策树的基本形状如图 5-3 所示。图 5-3 显示了具有两个方案两种自然状态的决策树结构。

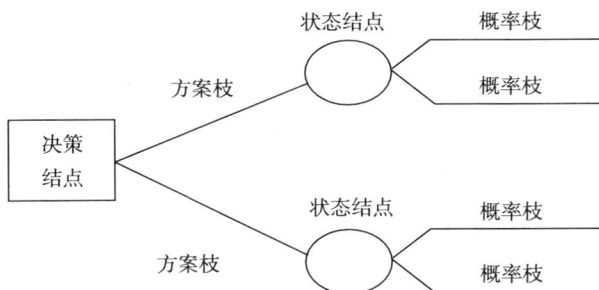

图 5-3 决策树图

例:某公司准备生产某种新产品,可选择两个方案:方案 A 是引进一条生产线,需投资 500 万元,建成后如果销路好,每年可获利 150 万元,如果销路差,每年要亏损 30 万元;方案 B 是对原有设备进行技术改造,需投资 300 万元,如果销路好,每年可获利 60 万元,如果销路差,每年可获利 30 万元。两方案的使用期限均为 10 年,根据市场预测,产品销路好的概率为 0.6,销路差的概率为 0.4,应如何进行决策?

先绘制决策图如下(如图 5-4 所示):

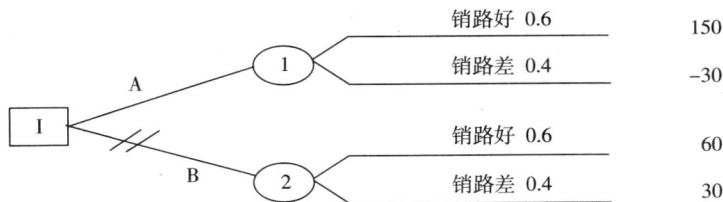

图 5-4 两种方案的决策树

然后计算期望收益值:

方案 A 为 $(150 \times 0.6 - 30 \times 0.4) \times 10 - 500 = 280$(万元)

方案 B 为 $(60 \times 0.6 + 30 \times 0.4) \times 10 - 300 = 180$(万元)

最后根据期望值选择方案:

比较 A、B 方案的收益可知,A 方案的期望收益值大于 B 方案,所以决策者应选择 A 方案,即引进一条生产线。

(2)决策表法

仍以上例所给数据资料为例,表 5-3 所示为两个方案在两种自然状态下的决策损益值表。可根据损益值和概率求出各方案的期望收益,在各自投资额下,可计算得出各方案的净收益。

表 5-3 决策损益表

自然状态 \ 方案		损益值	概率	期望收益	投资额	净收益
方案 A	销路好	150	0.6	780	500	280
	销路差	−30	0.4			
方案 B	销路好	60	0.6	480	300	180
	销路差	30	0.4			

由表得出,方案 A 的净收益 280 大于方案 B 的净收益 180,所以应选择方案 A,即引进一条生产线。

3. 不确定型决策方法

在比较和选择活动方案时,如果管理者不知道未来情况有多少种,或虽知道有多少种,但不知道每种情况发生的概率,则须采用不确定型决策方法。常用的不确定型决策方法有乐观法、悲观法、折中法、后悔值法、莱普勒斯法等。下面通过举例来介绍这些方法。

(1)乐观法

乐观法又称大中取大法,是指愿承担风险的决策者在方案取舍时以各方案在各种状态下的最大损益值为标准(即假定各方案最有利的状态发生),在各方案的最大损益值中取最大者对应的方案。

例:某企业拟开发新产品,有三种设计方案可供选择。因不同的设计方案的制造成本、产品性能各不相同,在不同的市场状态下的损益值也各异。有关资料见表 5-4 所列(损益值数据只为说明问题,不考虑单位)。

表 5-4 各方案损益值表

设计方案 \ 损益值 \ 市场状态	畅销	一般	滞销	max
Ⅰ	50	40	20	50
Ⅱ	70	50	0	70
Ⅲ	100	30	−20	100

在不知道各种状态的概率时,用大中取大法选择方案的过程如下:

① 在各方案的损益值中找出最大者,即{50,70,100};

② 在所有方案的最大损益值中找最大者，即 $\max\{50,70,100\}=100$，它所对应的方案Ⅲ就是用该法选出的方案。

（2）悲观法

悲观法又称小中取大法，是指决策者在进行方案取舍时以每个方案在各种状态下的最小值为标准（即假定每个方案最不利的状态发生），再从各方案的最小值中取最大者对应的方案。仍以上例所给数据资料为例，计算各方案的损益值，见表 5-5 所列。

表 5-5　各方案损益值表

设计方案 \ 损益值 \ 市场状态	畅销	一般	滞销	min
Ⅰ	50	40	20	20
Ⅱ	70	50	0	0
Ⅲ	100	30	-20	-20

用悲观法决策时先找出各方案在各种状态下的最小值，即 $\{20,0,-20\}$，然后再从中选取最大值：$\max\{20,0,-20\}=20$，对应的方案Ⅰ即为悲观法选取的决策方案。该方案能保证在最坏情况下获得不低于 20 单位的收益，而其他方案则无此保证。

（3）折中法

乐观法和悲观法都是以各方案不同状态下的最大或最小极端值为标准的。但多数情况下决策者既非完全的保守者，亦非极端冒险者，而是在介于两个极端的某一位置寻找决策方案，即折中法，又称乐观系数法。其决策步骤如下：

① 找出各方案在所有状态下的最小值和最大值；

② 决策者根据自己的风险偏好程度给定最大值系数 $\alpha(0<\alpha<1)$，最小值的系数随之被确定为 $1-\alpha$，α 也叫乐观系数，是决策者冒险（或保守）程度的度量；

③ 用给定的乐观系数 α 和对应的各方案最大最小损益值计算各方案的加权平均值；

④ 取加权平均最大的损益值对应的方案为所选方案。

仍以上例所给数据资料为例，计算各方案的最小值和最大值见表 5-6 所列。

表 5-6　加权平均损益值比较表

方案	min	max	加权平均值($\alpha=0.75$)
Ⅰ	20	50	42.5
Ⅱ	0	70	52.5
Ⅲ	-20	100	70

设决策者给定最大值系数 $\alpha=0.75$，最小值系数即 0.25，各方案加权平均值如下：

Ⅰ：$20\times0.25+50\times0.75=42.5$

Ⅱ：$0\times0.25+70\times0.75=52.5$

Ⅲ：$(-20)\times0.25+100\times0.75=70$

取加权平均值最大值：$\max\{42.5,52.5,70\}=70$，对应的方案Ⅲ即最大值系数 $\alpha=0.75$ 时的折中法方案。

用折中法选择方案的结果，取决于反映决策者风险偏好程度的乐观系数的确定。上例中，如 α 取 $0.2,1-0.2=0.8$，方案的选择结果是Ⅰ而非Ⅲ。当 $\alpha=0$ 时，结果与悲观法相同；当 $\alpha=1$ 时，结果与乐观法相同。这样，悲观法与乐观法便成为折中法的两个特例。

（4）后悔值法

后悔值法又称大中取小法，是用后悔值标准选择方案的方法。所谓后悔值是指在某种状态下因选择某方案而未选取该状态下的最佳方案而少得的收益。如在某种状态下某方案的损益值为 100，而该状态下诸方案中最大损益值为 150，则因选择该方案要比最佳方案少收益 50，即后悔值为 50。用后悔值法进行方案选择的步骤如下：

①计算损益值的后悔值矩阵。方法是用各状态下的最大损益值分别减去该状态下所有方案的损益值，从而得到对应的后悔值；

②从各方案中选取最大后悔值；

③在已选出的最大后悔值中选取最小值，对应的方案即用最小后悔值法选取的方案。

仍以前例所给资料为例，计算出的后悔值矩阵见表 5-7 所列。

各方案的最大后悔值为 $\{50,30,40\}$，取其最小值 $\min\{50,30,40\}=30$，对应的方案Ⅱ即用最小后悔原则选取的方案。

表 5-7　各方案在不同状态下的后悔值

市场状态　　后悔值　设计方案	畅销	一般	滞销	max
Ⅰ	50	10	0	50
Ⅱ	30	0	20	30
Ⅲ	0	20	40	40

(5)莱普勒斯法

当无法确定某种自然状态发生的可能性大小及其顺序时,可以假定每一自然状态具有相等的概率,并以此计算各方案的期望值,进行方案选择,这种方法就是莱普勒斯法,又称等概率法。由于假定各种状态的概率相等,莱普勒斯法实质上是简单算术平均法。

仍以前例所给资料为例,各方案有三种状态,因此每种状态的概率为 1/3,各方案的平均值为:

Ⅰ:$50×1/3+40×1/3+20×1/3=110/3$

Ⅱ:$70×1/3+50×1/3+0×1/3=40$

Ⅲ:$100×1/3+30×1/3+(-20)×1/3=110/3$

$max\{110/3,40,110/3\}=40$,所以应选方案Ⅱ。

复习思考题

一、名词解释

1.决策

2.程序化决策和非程序化决策

3.追踪决策

4.头脑风暴法

5.德尔菲法

6.决策树法

二、问答题

1.简述决策的定义和特点。

2.简述群体决策的优缺点。

3.简述追踪决策的特点。

4. 简述影响决策的因素。

5. 简述德尔菲法的步骤。

三、案例分析题

某工具厂从 2000 年以来一直生产经营 A 产品，虽然产品品种单一，但是市场销路一直很好。后来由于经济政策的暂时调整及客观条件的变化，A 产品完全滞销，企业职工连续六个月只能拿 50％的工资，更谈不上奖金，企业职工怨声载道，积极性受到极大的影响。

新厂长上任后，决心改变工厂的面貌。他发现该厂与其他部门合作的环保产品 B 产品是成功的，于是决定下马 A 产品，改产 B 产品。一年过去，企业总算没有亏损，但工厂的日子仍然不好过。

后来市场形势发生了巨大的变化。原来的 A 产品市场脱销，用户纷纷来函来电希望该厂能尽快恢复 A 产品的生产。与此同时，B 产品销路不好。在这种情况下，厂长又回过头来抓 A 产品生产，但一时又无法搞上去，其产品无论数量和质量都不能恢复到原来的水平。为此，集团公司领导对该厂厂长很不满意，甚至认为改产是错误的决策，厂长感到很委屈，总是想不通。

根据上述材料，回答下列问题：

1. 你认为该厂长的决策是否有错误？请你做详细分析。

2. 如果你是该厂厂长，你在决策过程中应如何去做？

第六章　计　划

【学习目标】

　　通过本章内容的学习,学生得理解计划的含义、内容、性质和作用,了解和掌握计划的概念及性质、计划的类型、计划的工作原理及编制过程、计划的组织与实施方法。

【导入案例】

北京松下的事业计划

　　北京松下彩色显像管有限公司(以下简称北京松下)是中外合资企业,自建成投产以来,北京松下以良好的经营业绩确立了在我国工业界的地位。曾经连续多次被评为全国"三资"企业中高营业额、高出口额的十大"双优"企业。

　　北京松下高度重视计划工作,他们常说,"制订一份好的计划就意味着工作完成了一半","什么是管理,执行计划就是管理"。公司对职员考核的五条标准中,一个重要标准就是制订计划的能力。

　　每年年初,公司总经理都要召开一年一次的经营方针发表会——制订计划,设定公司该年度的努力目标。根据公司的经营方针,各部门都要有年度的活动经营方针,都要制订该年度的活动计划,设定目标。制订计划的目的在于推动以目标管理为中心的事前管理,克服无计划的随机管理。公司总经理曾经形象地说:"等着了火再去泼水,傻瓜都会,管理的责任在于防止火灾的发生。"

　　北京松下最具代表性的就是推行"事业计划"。它的编制往往始于该财政年度的前几个月,其内容包括生产、销售、库存、设备投资、材料采购、材料消耗、人员聘用、工资基数等一系列详细计划和以此为前提的资金计划、利润计划和资产负债计划。"事业计划"的一个特点就是以资金形态来表现计划的严谨性,计划的详细程度大于预决算的详细程度。"事业计划"来自于全体职工的集体智慧,其中的"标准成本"、"部门费用预算"等,使职工们看到各自的岗位与经济责任。总之，"事业计划"的实施大大地加强了企业从投入到产出经营活动的可控性，指明了全体职工为实现经营目标而协调努力的方向。

北京松下不仅注重计划的制订，更注重计划的实施情况并予以检查确认，提出改善措施。公司经常强调要有问题意识，就是说在制订计划的时候能否事前预计到种种问题的发生，问题发生时能否及时正确地处理。北京松下的口号是"问题要预防在先，一旦发生了，要努力使同样的问题不发生第二次"，"工作要今天比昨天好，明天要比今天强"。

在日常的工作和生活中，我们经常会听到或看到"计划"这个词。大到我们国家制定的"十一五规划"，小到我们身边的"假期旅行计划"，"计划"几乎无所不在。我们经常会有这样的体会，如果行动前能对整个事情有一个周密的计划，对要做什么以及如何去做都能了然在胸，那么就能以更大的信心和把握投入到事情中去，结果的成功率也会高得多。

第一节　计划概述

一、计划的概念

首先，从词性来看，计划既可以是名词，也可以是动词。从名词意义上说，计划是指用文字和指标等形式进行表述的，组织及组织不同部门和不同成员在未来一定时期内的行动方向、内容和方式安排的管理文件。从动词意义上说，计划是指为了实现决策所确定的目标而预先进行的行动安排。这项行动安排工作包括：在时间和空间两个维度上进一步分解任务和目标，选择任务和目标实现方式、进度规定、行动结果的检查与控制等。我们有时用"计划工作"表示动词意义上的计划内涵。因此，计划工作是对决策所确定任务和目标提供一种合理的实现方法。

其次，计划有广义和狭义之分。广义的计划是指制订计划、执行计划和检查计划执行情况三个紧密衔接的工作过程。狭义的计划仅指制订计划，也就是说，根据实际情况，通过科学的预测，权衡客观的需要和主观的可能，提出在未来一定时期内要达到的目标，以及实现目标的途径。它是使组织中各种活动有条不紊地进行的保证。

正如哈罗德·孔茨所言："计划工作是一座桥梁，它把我们所处的这岸和我们要去的彼岸连接起来，以克服这一天堑。"计划工作给组织提供了通向未来目标的明确道路,给组织、领导和控制等一系列管理工作提供了基础。尽管我们所处的现实与预期的目标有天壤之别,但计划工作能帮助我们实现预期的目标。

二、计划的内容

计划工作的任务就是根据社会的需要以及组织的自身能力,确定组织在一定时期内的奋斗目标;通过计划的编制、执行和检查,协调和合理安排组织中各方面的经营和管理活动,有效地利用组织的人力、物力和财力等资源,取得最佳的经济效益和社会效益。可以通俗地将计划工作的任务和内容概括为六个方面:

What——做什么?即要明确计划工作的具体任务和要求,明确每一个时期的中心任务和工作重点。例如,企业生产计划的任务主要是确定生产哪些产品,生产多少,生产进度等。

Why——为什么做?即要明确计划工作的原因和目的。实践证明,计划工作人员对组织的宗旨、目标和战略了解得越清楚,认识得越深刻,就越有助于他们在计划工作中发挥主动性和创造性。

When——何时做?即规定计划中各项工作的开始时间和完成时间,以便进行有效控制。

Where——何地做?即规定计划的实施地点和场所,了解计划实施的环境条件和限制,以便合理安排计划实施的空间组织和布局。

Who——谁去做?计划不仅要明确规定目标、任务、进度和地点,还要规定由哪个主管部门负责,哪些部门协助,各阶段交接时有哪些部门和人员参加鉴定和审核等。

How——怎样做?即制定实现计划的措施,以及相应的政策和规则,对资源进行合理分配,对人力、生产能力进行平衡等。

实际上,一个完整的计划还应包括控制标准和考核指标的制定等,也就是告诉实施计划的部门或人员,做成什么样,达到什么标准才算是完成了计划。

三、计划与决策

计划与决策是何关系?两者中谁的内容更为宽泛,或者说哪一个概念是被另一个包容的?在管理理论研究中对这个问题有着不同的认识。

有人认为,计划这个概念较为宽泛,是一个包括环境分析、目标确定、方案选择的过程,决策只是这一过程中某一阶段的工作内容。

而以西蒙为代表的决策理论学派则强调,管理就是决策,决策是包括情报活动、设计活动、抉择活动和审查活动等一系列活动的过程。因此，决策不仅包括了计划，而且包容了整个管理，甚至就是管理本身。

我们认为，决策与计划是两个既相互区别、又相互联系的概念。说它们是相互区别的，因为这两项工作需要解决的问题不同。决策是关于组织活动方向、内容以及方式的选择。任何组织，在任何时期，为了表现其社会存在，必须从事某种为社会所需要的活动。在从事这项活动之前，组织必须首先对活动的方向和方式进行选择。计划则是对组织内部不同部门和不同成员在一定时期内行动任务的具体安排，它详细规定了不同部门和成员在该时期内从事活动的具体内容和要求。但计划与决策又是相互联系的，这是因为：

（1）决策是计划的前提，计划是决策的逻辑延续。决策为计划的任务安排提供了依据，计划则为决策所选择的目标活动的实施提供了组织保证。

（2）在实际工作中，决策与计划相互渗透，有时甚至是不可分割地交织在一起的。

决策制定过程中，不论是对组织优势或劣势的分析，还是在方案选择时关于各方案执行效果或要求的评价，实际上都已经开始孕育着决策的实施计划。反过来，计划的编制过程，既是决策的组织落实过程，也是决策的更为详细的检查和修订的过程。无法落实的决策，或者说决策选择的某些任务无法安排，必然导致对决策进行一定程度的调整。

四、计划的性质

在管理学的结构体系中，计划工作具有承上启下的作用。一方面，计划工作是决策的逻辑延续，为决策所选择的目标活动提供了组织实施保证；另一方面，计划工作又是组织、领导、控制和创新等管理活动的基础，是组织内不同部门、不同成员行动的依据。因此，我们可以从以下几个方面来考察计划的性质。

1. 目的性

计划的目的性是非常明显的，制订计划就是为了达到某种目标。目标是计划的出发点和归宿，也是计划的全部内容核心。计划职能通过调查研究、预测，确定组织目标，然后制定实现组织目标的计划。各种计划及其所有支持性计划，其目的都是旨在使企业或各类组织的总目标和一定时期的目标得以实现。如果没有计划，行动就会盲目，就会产生混乱。

2. 首位性

计划工作在各项管理职能中处于领先地位。管理的组织、领导和控制职能都是为了促使和保证目标的实现，而旨在确定目标及实现目标的途径的计划职能就理所当然地成为必须首先实施的职能。主管人员只有在明确了目标之后,才能确定合适的组织结构,进行适当的人员配备,确定按照什么方针来指导和领导下级,确定采取什么样的控制方法。也就是说,为了有效地将各项管理工作做好,首先必须进行计划工作。

3. 普遍性

计划的普遍性主要体现在两个方面。首先,组织内的任何管理活动都需要进行计划。无论任何组织,无论组织的哪个层面,要想实施有效地管理,就必须要做好计划工作。其次,计划是所有管理者应有的职能。所有管理人员,从高层管理人员到基层管理人员,尽管他们承担的职责不同,但他们都必须制订计划,做计划工作。这是每个管理者都必须要做的工作,只是其计划的范围和重点有所不同而已。

4. 效率性

计划职能的任务,不仅要正确地确定组织目标,而且要保证实现组织目标的途径或方案是有效率的。所谓计划的效率是指实现组织目标所获得的利益与执行计划过程中所有消耗的比率。计划工作强调协调,强调节约,其重大安排都经过经济和技术的可行性分析,可以使付出的代价尽可能合算。一项好的有效率的计划,可以使企业以合理的代价实现目标。

5. 创新性

组织面临的环境有很大的不确定性。计划工作总是针对组织未来的、需要解决的新问题和可能发生的新变化、新机会而做出的组织安排,因而它是一个创造性的管理过程。它是对管理活动的设计,这一点类似于一项产品或一项工程的设计。正如一种新产品的成功在于创新一样,成功的计划也依赖于创新。

五、计划的作用

组织的环境在不断地变化,组织的活动只有在计划的指导下才能有条不紊地进行。没有计划,各项活动必然会出现混乱和低效率。计划是管理的首要功能,在组织多变的环境下计划更有现实意义。

1. 计划可以降低组织风险

环境的复杂多变给组织带来了不同程度的风险。计划可以帮助管理者展望未来,预测未来变化,考虑未来环境变化给组织带来的冲击,确立适合自己发展的目标,合理安排资源,减少不确定性,从而可以把风险降到最低程度,甚至还能变不利为有利,抓住变化带来的机会。

2. 计划为组织成员指明方向，增强组织协调

组织的生产和服务过程是一个十分复杂的系统，涉及众多的部门和人员。当计划确立了目标且组织成员了解组织目标和为了达到目标他们必须做什么贡献时，组织成员就能开始协调他们的活动，互相合作，将各人的力量朝向组织目标。这样可避免因缺乏计划而导致的组织内耗和效率低下，有利于组织目标的实现。

3. 计划是合理配置资源的重要手段

计划明确了组织成员活动的目的和手段。通过计划管理，统筹兼顾，全面平衡，可以避免多项活动并行过程中出现的各种不协调现象，并减少重叠性和浪费性的活动，可有效地利用人力、物力和财力等资源，充分调动全体员工的积极性，提高经济效益。

4. 计划确立的目标和标准有利于控制活动的进行

如果管理者不清楚要达到什么目标，也就无法判断是否达到了目标。正是由于计划中设立了目标和标准，这样管理者就可以将实际绩效与目标进行比较，及时发现和矫正偏差。因此计划是控制的基础和前提条件，没有计划就无法进行控制。

第二节　计划的类型

由于组织活动的复杂性和多元性，计划的种类也复杂多样。人们根据不同的情况编制出各种各样的计划。按照不同的分类标准，计划可分为不同的种类。

一、按计划的期限分

按期限不同可把计划分为长期计划和短期计划。

长期计划描绘了组织在未来较长一段时期内（通常为三年或五年以上），组织以及组织的各部门从事活动应该达到什么样的状态和目标。如国家制定的"十一五"规划，它为我国今后五年的发展绘制了宏伟蓝图，也为我们指明了前进方向。短期计划具体地规定了组织的各个部门在目前到未来的各个较短的时期（如一年、半年以至更短时间），特别是最近的时段中，应该从事何种活动，从事该种活动应达到何种要求，从而为各组织成员在近期内的行动提供依据。如学校制定的课程表规定了本学期的课程安排情况。

当然，计划的这种划分不是绝对的，计划的长短是一个相对的概念。一般

计划应该覆盖多长时间,应该考虑计划的范围和计划的期限。

二、按计划的职能分

按照计划的职能不同,可把计划分为研发计划、采购计划、生产计划、营销计划、财务计划、人事计划等。

企业要从事研发、采购、生产、营销、财务、人事等方面的活动,就要相应地为这些活动和职能业务部门制订计划,否则就有可能使某些问题或某些工作受到忽视。这些计划通常是与组织中按职能划分的管理部门相对应的,如人事部门通常通过制定人员招聘计划,来满足组织内部的人力资源需求等。

三、按计划涉及范围的大小分

按照计划涉及范围的大小不同,可以将计划分为战略性计划与战术性计划。

表 6-1　战略性计划与战术性计划的比较

	战略性计划	战术性计划
时间跨度	五年或五年以上	一年或一年以下
范围	涉及整个组织	局限于特定的部门
侧重点	确定组织的宗旨、目标、战略等重大问题	明确实现的具体目标和贯彻落实战略、措施的各种方法
目的	提高效益	提高效益
特点	全局性、指导性、长远性	局部性、具体性、时期性

战略性计划是关于企业活动总体目标和战略方案的计划。战略性计划具有长远性、全局性和指导性,它决定了在相当长时间内组织资源的运动方向,涉及组织的方方面面,并将在较长时间内发挥其指导作用,如海尔的国际化战略计划。

战术性计划是指规定总体目标如何实现的具体计划。战术性计划具有局部性和具体性,其需要解决的是组织的具体部门或职能在未来各个较短时期内的行动方案,是战略性计划的具体化,如生产年度计划等。

四、按计划内容的明确性分

根据计划内容的明确性不同,可以将计划分为指导性计划和具体性计划。指导性计划是规定某些一般的方针和行动原则,它指出行动的重点但不限定具体的目标,也不规定具体的行动方案,给予行动者较大的自由处置权。具体性计划则具有明确规定的目标,它以指导性计划的目标为最终目标,它具有明确的可衡量的目标及一套可操作的行动方案。一个企业集团提出提高利润指标的指导性计划,而集团下属某企业则要制定实现利润增长的具体性计划。如在未来一年内通过降低成本4％和增加销售6％以实现利润增长10％的目标则属于具体性计划。

相对于指导性计划而言,具体性计划虽然更易于执行、考核及控制,但是缺少灵活性,它要求的明确性和可预见性条件往往很难满足。在管理工作中,必须根据实际问题,在灵活性和明确性之间进行权衡,选择制定不同类型的计划。

五、按计划解决问题的性质分

西蒙把组织活动分为两类:一类是例行活动,指一些重复出现的工作,如订货、材料的出入库等。有关这类活动的决策是经常反复的,而且具有一定的结构,因此可以建立一定的决策程序。每当出现这类工作或问题时,就利用既定的程序来解决,而不需要重新研究。这类决策叫程序化决策,与此对应的计划是程序性计划。

另一类活动是非例行活动,这些活动不重复出现,比如新产品的开发、生产规模的扩大、品种结构的调整、工资制度的改变等。处理这类问题没有一成不变的方法和程序,因为这类问题或在过去尚未发生过,或性质和结构捉摸不定,极为复杂,或因为其十分重要而需用个别方法加以处理。解决这类问题的决策叫作非程序化决策,与此对应的计划是非程序性计划。

六、计划的层次体系

哈罗德·孔茨和海因·韦里克从抽象到具体,把计划分为一种层次体系,如图6-1所示。

1. 宗旨

宗旨是社会赋予组织的基本职能和基本使命,它指明一定的组织机构在社会上应起的作用和所处的地位,表明了组织是干什么的,应该干什么,决定了组织的性质,是组织间相互区别的标志。各种有组织的活动,如果要使它有意义,至少应该有自己的宗旨。只有明确宗旨,才能制定清楚而又有意义的目标,才能正确制订实现目标的计划。比如,工商企业的宗旨是向社会提供商品或劳务,大学的宗旨是教书育人和科学研究,医院的宗旨是治病救人,法院的宗旨是解释和执行法律,等等。

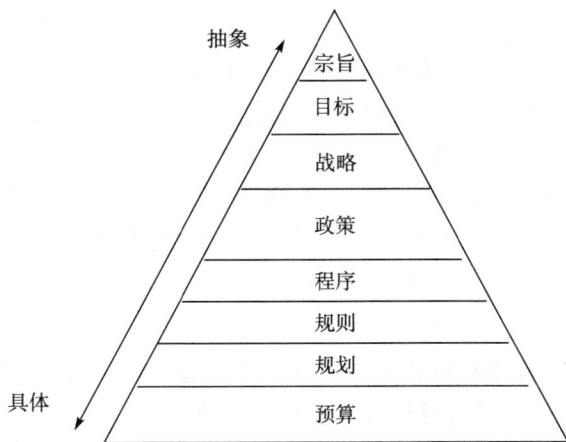

图 6-1 计划的层次体系

2. 目标

组织宗旨是组织价值的高度概括,而组织目标则更加具体地说明组织从事活动的预期结果。组织目标包括了组织在一定时期的目标以及各个部门的具体目标。组织目标往往是围绕组织宗旨而制定的,并为完成组织宗旨而努力的。虽然教书育人和科学研究是一所大学的宗旨,但一所大学在完成自己宗旨时会进一步具体化成不同时期的目标和各院系的目标,比如最近 3 年培养多少人才,发表多少论文等。

3. 战略

任何一个组织都应该是实际而具体的,而宗旨、目标的内容相对是比较抽象的。因此,组织还需要通过组织战略来实现组织目标。战略是为了达到组织总目标而采取的行动和利用资源的总计划。战略作为计划的一种形式,所着重考虑的是通过指明方向、确定重点和安排资源来取得更高的效益,以便有效地实现组织目标。例如,联想集团于 1988 年制定并实施了一个海外发展战略,并达到了预期目标。1998 年,联想集团又制定了一个面向未来的跨世纪的发展战略,随着这一战略的有效实施,联想正成为中国民族企业的一个典范。

4. 政策

政策是处理各种问题的一般规定,是用文字来说明的指导和沟通思想与行为的意见。政策是计划的指导方针,给出了决策的范围和方向,规定了组织成员行动的方向和界限。例如,许多企业在招聘营销人员时,要求"有相关工作经验",这就是一项政策。该项政策并没有指明相关工作经验的具体内涵,因此负责招聘的人员可以在一定范围内自己决策。

5. 程序

程序是制订处理未来活动的一种必需方法的计划,它通过确定活动时间的先后顺序,使组织重复发生的活动规范化,使组织各个部门之间、上下级之间的各项活动有条不紊地进行。比如,一家制造企业的处理订单程序、财务部门批准给客户信用的程序、会计部门记载往来业务的程序等,都表现为企业的规章制度。组织中每个部门都有程序。在基层,程序更加具体化、数量也更多。

6. 规则

规则详细、明确地阐明必需行动或无需行动,没有酌情处理的余地,其本质是一种管理决策。规则通常是最简单形式的计划。

规则不同于程序。其一,规则指导行动但不说明时间顺序;其二,可以把程序看作是一系列的规则,但是一条规则可能是也可能不是程序的组成部分。比如,"禁止吸烟"是一条规则,但和程序没有任何联系;而一个规定为顾客服务的程序可能表现为一些规则,如在接到顾客需要服务的信息后 30 分钟内必须给予答复。

规则也不同于政策。政策的目的是指导行动,并给执行人员留有酌情处理的余地;而规则虽然也起指导行动的作用,但是在运用规则时,执行人员没有自行处理之权。必须注意的是,就其性质而言,规则和程序均旨在约束思想。因此只有在不需要组织成员使用自行处理权时,才使用规则和程序。

7. 规划

规划包括为实现既定目标所制定的目标、政策、程序、规则、任务分配、要采取的步骤、要使用的资源以及为完成既定行动方针所需的其他因素,它是一个综合性的计划。一项规划可能很大,也可能很小。通常情况下,一个主要规划可能需要多个支持计划。在主要规划进行之前,必须把这些支持计划制定出来,并付诸实施。

8. 预算

预算是一份用数字表示预期结果的报表,又被称为"数字化计划"。预算可以帮助组织的上层和各级管理部门的主管人员,从资金和现金收支的角度,全面、细致地了解企业经营管理活动的规模、重点和预期成果。预算是基本的计划工具,预算迫使公司提前编制以数字表示的预期现金流量、收支、资本费用或者所用工时,如费用预算、资本预算等。预算也是一种控制工具。

值得指出的是,这些分类方法所划分出的计划类型很难孑然独立。比如,长期与短期就不存在定量的数值标准,程序化程度更难用某一个统一的定量标准区分其高低。另外,虽然理论研究将计划按一定标准进行分类,但现实中的计划往往是综合的,比如,长期财务计划与短期财务计划、指导性人事计划与具体性人事计划等。计划工作必须追求时间与空间、明确性、程序化程度等方面的平衡。

第三节　计划的工作原理及编制过程

一、计划的工作原理

1. 限定因素原理

所谓限定因素,是指妨碍组织目标实现的因素,如果它们发生变化,即使其他因素不变,也会影响组织目标的实现程度。其含义正如木桶原理所表述的那样:木桶所盛的水量,是由木桶壁上最短的那块木板条决定。这就是说,管理者在制订计划时,应该尽量了解那些对目标实现起主要限制作用的因素或战略因素,这样才能有针对性和有效地拟定各种方案,计划方案才可能趋于最优。

2. 灵活性原理

确定计划实施的预期环境靠的是预测,但未来情况有时是难以预测的。因此,计划需要有灵活性,这样才有能力在出现意外时可以及时调整它,不至于使组织遭受太大的损失,这就是计划的灵活性原理。灵活性原理在计划中非常重要,特别是承担任务重、计划期限长的情况,比如战略计划,它的作用更明显。虽然,计划中体现的灵活性越大,出现意外事件时适应能力越强,对组织的危害性越小,但灵活性是有一定限度的。比如,不能为了保证计划的灵活性而一味推迟决策的时间,未来总有些不确定的因素,当断不断,则会坐失良机。

3. 承诺原理

计划期限的合理选择应该遵循承诺原理。计划的编制并不是为了未来的决策,而是通过今天的决策对未来施加影响。这就是说,任何一项计划都是对完成各项工作所做出的承诺,承诺越多,计划期限越长,实现承诺的可能性越小,这就是承诺原理。该原理要求合理地确定计划期限,不能随意缩短计划期限,计划承诺也不能过多,否则会导致计划期限过长。如果主管人员实现承诺所需的时间比他可能正确预见的未来期限还要长,他的计划就不会有足够的灵活性适应未来的变化,他应减少承诺,缩短计划期限。

4. 改变航道原理

计划是面向未来的,而未来情况随时都可能发生变化,所制定的计划显然也不能一成不变,在保证计划总目标不变的情况下,随时改变实现目标的进程(即航道),就是改变航道原理。应该注意的是,该原理与灵活性原理不同:灵活性原理是使计划本身具有适应未来情况变化的能力;而改变航道原理是使计划执行过程具有应变能力,就像航海家一样,随时核对航线,一旦遇到障碍就绕道而行。

二、计划编制过程

虽然计划有不同类型,计划的形式也多种多样,但管理人员在编制任何完整的计划时,实质上都遵循相同的逻辑和步骤。一般来说,一项计划的编制过程应包括:

1. 估量机会

估量机会是计划工作的起点,它是对组织内外部环境进行分析,以确定将来可能出现的机会,并对这些机会进行全面的了解,同时了解组织的优势和劣势,其目的就是找出有利于组织发展的机会。这些都是确定切合实际的组织目标所必须考虑的问题。例如,一家公司的经营业绩出现了滑坡,该公司对此进行分析,发现主要原因是公司主要产品在市场上供大于求,市场竞争者过多,消费者的需求已发生明显变化;而该公司规模不大,具有"船小好掉头"的优势。此时公司的机会就是通过追踪顾客需求,发展新产品,而不是在原有产业内苦苦挣扎。

2. 确定目标

管理者在估量机会后,就要确定组织的目标,即确定计划的预期结果,并要确定为达到这一目标要做哪些工作、重点在哪里等。目标的选择是计划职能最为关键的内容,一个成功的计划不能在目标的选择上存在偏差。首先,计划设立的目标应与组织的总目标保持一致,这是对计划目标的基本要求。其次,要注意目标的内容和优先顺序。不同目标的优先顺序将导致不同的行动内容和资源分配的先后顺序,因此,恰当地确定优先目标是目标选择过程中的重要工作。最后,目标应有明确的衡量指标,尽可能量化,使下属能够更好地理解和执行。

3. 确定计划的前提条件

前提条件是关于要实现计划的环境的假设条件,是关于由所处的此岸到达将去的彼岸过程中所有可能的假设情况。对前提条件认识越清楚和越深刻,计划工作就越有效。因此,预测并有效地确定计划的前提条件有着十分重要的意义。考虑计划的前提,就是研究分析和确定计划的环境,或者说就是预测执行时的环境。例如,对一个工商企业来讲,将来有什么样的市场,销售量有多大,什么价格,如何筹措资金,等等。

由于将来是极其复杂的,要对一个计划的将来环境的每个细节都做出假设,不仅不切合实际而且得不偿失,因而是不必要的。因此前提条件应限于那些对计划来说是关键性的或具有重要意义的假设条件,也就是说,应限于那些对计划贯彻实施影响最大的假设条件。

4. 拟定备选方案

计划的前提条件确定后,就要拟定各种可行的计划方案供评价和选择。每一项活动一般均有不同的解决方式和方法,编制一个计划,需要寻求和检查可供选择的行动方案。由于认识能力、时间、经验和管理费用等原因,管理者并不能找到所有的可行方案,只能拟定出若干个比较有利于预期目标的可行方案进行评价比较。

5. 评价备选方案

在找出了各种备选方案和检查了它们的优缺点后,下一步就是根据计划的目标和前提条件,权衡利弊,对各种备选方案进行评价。评价备选方案的尺度有两个:一是评价的标准,既要考虑量化指标,也要考虑不可量化的指标;二是各个标准的相对重要性,即权重。同时,还要注意每一个备选方案的制约因素或隐患,从整体效益角度来评价方案。

6. 选择方案

选择方案是从几个备选方案中选择一个满意的方案,这是整个计划流程中关键的一步,也是做出决策的紧要环节。为了保持计划的灵活性,选择的结果可以是两个或两个以上的方案,并且决定首先采取哪个方案,并将其余的方案进行细化和完善,作为后备方案。

7. 制定派生计划

选择好方案后,计划工作还没有完成,还必须为涉及计划的各个部门制定支持总计划的派生计划。派生计划即细节计划、引申计划,是总计划的分解,其作用是支持总计划的贯彻和落实。只有在完成派生计划的基础上才可能完成总计划。例如一家航空公司为在激烈的市场竞争中赢得优势,决定新购一批客机以增加航班,从而获得经营的规模优势。这一计划是要制定多个派生计划的信号,如雇佣和培训各种人员的计划、采购和配置零部件的计划、制定飞行时刻表计划、广告计划、筹资计划和办理保险计划等。派生计划一般由各个职能部门和下属单位制定。

8. 编制预算

在做出决策和确定计划后，最后一步就是把计划转变成预算，使计划数字化。预算是汇总组织各种计划的一种手段，将各类计划数字化汇总，方能分配和协调组织的资源。编制预算，一方面将数字化的计划分解成与组织的职能业务相一致的各个部门，使计划的指标体系更加明确；另一方面使企业更易于对计划执行进行控制，它使管理者清楚地看到哪些资源将由谁使用，将在哪些地方使用，并由此涉及哪些费用，等等。

第四节　计划的组织与实施

在实践中，计划的组织与实施行之有效的方法主要有目标管理、滚动计划法和网络计划技术等。

一、目标管理

1. 目标

计划工作很重要的一个方面就是确定目标。目标是目的或宗旨的具体化，是一个组织奋力争取达到的所希望的未来状况。具体地讲，目标是根据企业（组织）宗旨而提出的企业（组织）在一定时期内要达到的预期成果。它包括组织的目的、任务、具体的目标项目和指标以及指标的时限。

（1）目标的性质

① 目标的层次性

组织目标是一个层次体系。这个体系的顶层是组织的总目标，它是由组织的使命和远景陈述转化而来的。总目标更多的指向组织较远的未来，并为组织的未来提供行动框架。总目标必须进一步细化为更多的具体的行动目标和行动方案，这样自总目标向下，有分公司的目标、部门和单位的目标、个人目标等，从而构成阶梯（层次）结构的组织目标体系。

② 目标的网络协调性

目标网络是从某一具体的实施规划的整体协调方面来进行工作的。其内涵表现在以下四个方面：

a. 目标和计划很少是线性的，即并非当一个目标实现后接着实现另一个目标，目标和计划形成一个相互联系着的网络；

b. 主管人员必须确保目标网络中的每个组成部分相互协调，不仅执行规划要协调，而且完成这些规划在时间上也要协调；

c. 组织中的各个部门在制定自己部门的目标时，必须要与其他部门相协调；

d. 组织制定各种目标时,必须要与许多约束因素相协调。

③ 目标的多样性

组织的主要目标通常是多种多样的,同样,在目标梯阶(层次)体系中的每个层次的具体目标,也可能是多种多样的。就组织的主要目标而言,除传统的最大利润目标外,销售额、市场占有率、组织灵活性、员工的士气、对社会的影响等,也是组织常关注的。

④ 目标的可考核性

目标可考核的途径是将目标量化。在目标体系中,每一个层次的目标应尽可能量化,以利于对组织活动的控制和对成员的奖惩。有时用可考核的措辞来说明结果会有更多的困难,对高层管理人员以及政府部门尤其如此。要使目标具有考核性,必须从源头做起,即只要有可能,就规定明确的可考核的目标。

⑤ 目标的可接受性

如果一个目标对其接受者要产生激发作用的话,这个目标必须是可接受的和可以完成的。对一个目标完成者来说,如果目标超过其能力所及的范围,则该目标对其没有激励作用。

⑥ 目标的挑战性

如果一项工作完成所达的目标对接受者没有多大意义的话,接受者就会没有动力来完成这项工作;同样,如果一项工作很容易完成,对接受者来说是件轻而易举的事情,那么接受者也没有动力来完成该项工作。因此,目标的设定应具有一定的挑战性,要让目标的完成人经过一番努力才能完成工作。目标的可接受性和挑战性是对立统一的关系,但在实际工作中,我们必须把它们统一起来。

⑦ 目标的伴随信息反馈性

在目标管理过程中,把目标的设置情况、目标实施情况不断地反馈给目标设置和实施的参与者,让员工时刻知道组织对自己的要求以及对自己贡献情况的了解,这样可进一步改善员工的工作表现。

(2)目标的作用

目标的作用可以概括为四个方面:

① 为管理工作指明方向

从某种意义上说,管理是一个为了达到同一目标而协调集体所做努力的过程,如果不是为了达到一定的目标就无需管理。目标的作用首先在于为管理工作指明了方向。为使目标方向明确,就要使目标尽量简化。所以,简化目标应当作为制定目标的一条原则。

② 激励作用

目标是一种激励组织成员的力量源泉。从组织成员个人的角度来看,目标的激励作用具体表现在两个方面:一是个人只有明确了目标才能调动起潜在能力,尽力而为,创造出最佳成绩;二是个人只有在达到了目标后,才会产生成就感和满意感。要使目标对组织成员产生激励作用,一方面目标要符合他们的需要,另一方面目标要有挑战性。目标要富于挑战性应当作为制定目标的另一条原则。

③ 凝聚作用

组织是一个社会协作系统,它必须对其成员有一种凝聚力。组织凝聚力的大小受到多种因素影响,其中一个因素就是组织目标。特别是当组织目标充分体现了组织成员的共同利益,并能够与组织成员的个人目标最大限度地取得协调一致时,就能够极大地激发组织成员的工作热情、献身精神和创造力。因此,使组织目标与群体或组织成员个人目标之间取得协调一致是制定目标的又一条原则。

④ 目标是考核主管人员和员工绩效的客观标准

大量事实表明,那种凭主观印象对主管人员进行考核的方法,不仅不客观和不科学,而且也容易挫伤人们工作的积极性。因此,正确的方法应当是根据明确的目标进行考核,也只有依据这种结果进行考核,才能真正激起人们的工作热情。为此,目标本身必须是可考核的,这也是制定目标的一条主要原则。

2. 目标管理

目标管理(Management by Objective,MBO)是美国管理学家彼得·德鲁克(Peter F. Drucker)于 1954 年在《管理实践》一书中提出的概念,并把它运用于计划的指定。德鲁克认为,并不是有了工作才有目标,而是相反,有了目标才能确定每个人的工作。所以,企业的使命和任务,必须转化为目标。如果一个领域没有目标,这个领域的工作必然被忽视,因此,管理者应该通过目标对下级进行管理。当组织最高层管理者确定了组织目标后,必须对其进行有效分解,使其转变成各个部门以及各个人的分目标,管理者可根据分目标的完成情况对下级进行考核、评价和奖惩。

目标管理被提出以后,便在美国迅速流传。时值第二次世界大战后西方经济由恢复转向迅速发展的时期,企业急需采用新的方法调动员工积极性以提高竞争能力,目标管理的出现可谓应运而生,遂被广泛应用,并很快为日本、西欧国家的企业所仿效,在世界管理界大行其道。目标管理的具体形式各种各样,但其基本内容是一样的。所谓目标管理乃是一种程式或过程,它使组织中的上级和下级一起协商,根据组织的使命确定一定时期内组织的总目标,由此决定上下级的责任和分目标,并把这些目标作为组织经营、评估和奖励每个单位和个人贡献的标准。

(1)目标管理的特点

目标管理在具体方法上是对泰勒科学管理的进一步发展。它与传统管理方式相比有鲜明的特点,可概括为:

① 重视人的因素

目标管理是一种参与的、民主的、自我控制的管理制度,也是一种把个人需求与组织目标结合起来的管理制度。在这一制度下,上级与下级的关系是平等、尊重、依赖和支持的,下级在承诺目标和被授权之后是自觉、自主和自治的。

② 建立目标锁链与目标体系

目标管理通过专门设计的过程,将组织的整体目标逐级分解,转换为各单位、各员工的分目标,即从组织目标到经营单位目标,再到部门目标,最后到个人目标。在目标分解过程中,权、责、利三者已经明确,而且相互对称。这些目标方向一致,环环相扣,相互配合,形成协调统一的目标体系。只有每个成员完成了自己的分目标,整个组织的总目标才有完成的希望。

③ 重视成果

目标管理以制定目标为起点,以目标完成情况的考核为终结。工作成果是评定目标完成程度的标准,也是人事考核和奖评的依据,它已成为评价管理工作绩效的唯一标志。至于完成目标的具体过程、途径和方法,上级并不过多干预。所以,在目标管理制度下,监督的成分很少,而控制目标实现的能力却很强。

(2)目标管理的过程

① 形成目标体系

组织的最高管理者,根据组织的需要与内部条件,制定出一定时期内经营活动所要达到的总目标,然后经过上下左右的协商,将总目标层层分解成下级各单位和部门,直至每个人的分目标。总目标指导分目标,分目标保证总目标。组织内部以总目标为中心,形成上下左右相互衔接,分工明确,协调一致的目标体系(如图6-2所示)。目标的多少和目标实现的难易程度都要适当,而且要便于考核。在目标分解的同时,还伴随有权力的下放,即授权。

② 组织实施

目标确定和权力下放后,各项具体目标是否能够如期完成就要靠执行者的自主管理了。上级管理者除非必须,否则不宜再具体针对每项措施作详细的指示,因为指手画脚、横加干预只会适得其反。但这不等于说上级可以撒手不管,上级管理者的责任从直接管理转变为间接控制,即针对下级的情况提出问题,提供情报,进行指导、协助,并且为下级更好地完成任务创造良好的工作环境。

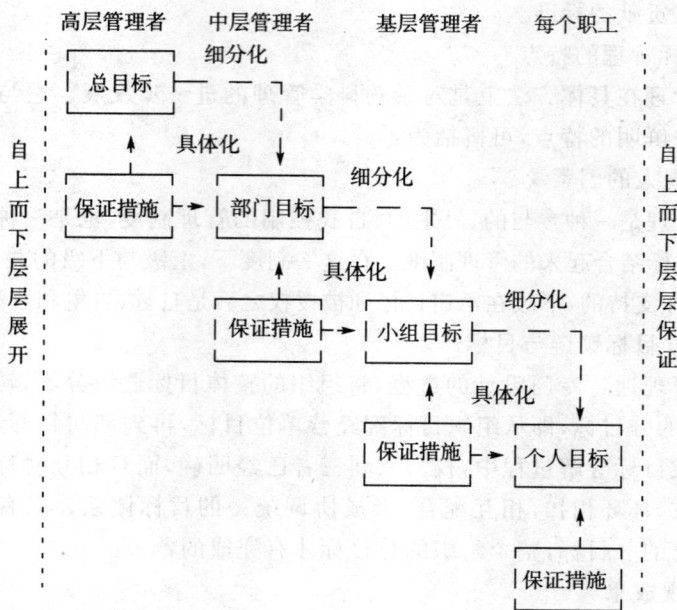

图 6-2 目标管理体系示意图

③ 成果检查

成果检查既是上一个目标管理过程的结束，同时也是下一个目标管理过程的开始；成果检查既能够作为奖惩的依据，也能发现工作中的薄弱环节和差距，为下一步做好工作创造了条件，提供了经验教训。成果检查的过程，一般是事先确定检查时间，到期后先由执行人自我检查，然后再上下协商，分析结果产生的原因，以便吸取经验教训，并为制定下一个目标作准备。

（3）对目标管理体制的分析

目标管理在全世界产生很大影响，但在实施中也出现很多问题。因此只有客观分析其优势和劣势，才能扬长避短，收到实效。

① 目标管理的优点

a. 目标管理对组织内易于度量和分解的目标会带来良好的绩效。对于那些在技术上具有可分性的工作，由于责任和任务明确，目标管理常常会起到立竿见影的效果。

b. 目标管理有助于改进组织结构的职责分工。由于组织目标的成果和责任力图划归一个职位或部门，所以容易发现授权不足与职责不清等缺陷。

c. 目标管理启发了自觉，调动了职工的主动性、积极性、创造性。由于强调自我控制、自我调节,将个人利益和组织利益紧密联系起来,因而提高了士气。

d. 目标管理促进了意见交流和相互了解,改善了人际关系。

② 目标管理的缺点

a. 目标难以制定。组织内的许多目标难以定量化、具体化;许多团队工作在技术上不可解;组织环境的可变因素越来越多,变化越来越快;组织的内部活动日益复杂,使组织活动的不确定性越来越大。这些都使得组织的许多活动制订数量化目标是很困难的。

b. 目标管理的哲学假设不一定都存在。Y 理论对人类的动机作了过分乐观的假设,但在实际中是有"机会主义本性"的,尤其在监督不力的情况下。因此在许多情况下,目标管理所要求的承诺以及自觉、自治气氛难以形成。

c. 目标商定可能增加管理成本。目标商定要上下沟通,统一思想是很费时间的。每个单位、个人都关注自身目标的完成,很可能忽略了相互协作和组织目标的实现,滋长本位主义、临时观点和急功近利倾向。

d. 有时奖惩不一定都能和目标成果相配合,也很难保证公正性,从而削弱了目标管理的效果。

鉴于上述分析,在实际中推行目标管理时,除了掌握具体的方法以外,还要特别注意把握工作的性质,分析其分解和量化的可能;提高员工的职业道德水平,培养合作精神,建立健全各项规章制度,注意改进领导作风和工作方法,使目标管理的推行建立在一定的思想和科学管理基础上;对目标管理要逐步推行,长期坚持,不断完善,从而使目标管理发挥预期的作用。

二、滚动计划法

1. 滚动计划的基本思想

滚动计划法是按照"近细远粗"的原则制定一定时期内的计划,然后按照计划的执行情况和环境变化,调整和修订未来的计划,并逐期向后移动,把短期计划和中期计划结合起来的一种计划方法。滚动计划(也称滑动计划)是一种动态编制计划的方法,它不像静态分析那样,等一项计划全部执行完了之后再重新编制下一时期的计划,而是在每次编制或调整计划时,均将计划按时间顺序向前推进一个计划期,即向前滚动一次,按照修订的项目计划组织实施,对保证项目的顺利完成具有十分重要的意义。

2. 滚动计划的编制

在计划编制过程中,尤其是编制长期计划时,为了能准确地预测影响计划执行的各种因素,可以采取近细远粗的办法,近期计划订得较细、较具体,远期计划订得较粗、较概略。在一个计划期终了时,根据上期计划执行的结果和产生条件以及市场需求的变化,对原订计划进行必要的调整和修订,并将计划期顺序向前推进一期,如此不断滚动、不断延伸。例如,某企业在2013年底制定2014～2018年的五年计划,如采用滚动计划法,到2009年底,根据当年计划完成的实际情况和客观条件的变化,对原订的五年计划进行必要的调整,在此基础上再编制2015～2019年的五年计划。其后依此类推,如图6-3所示。

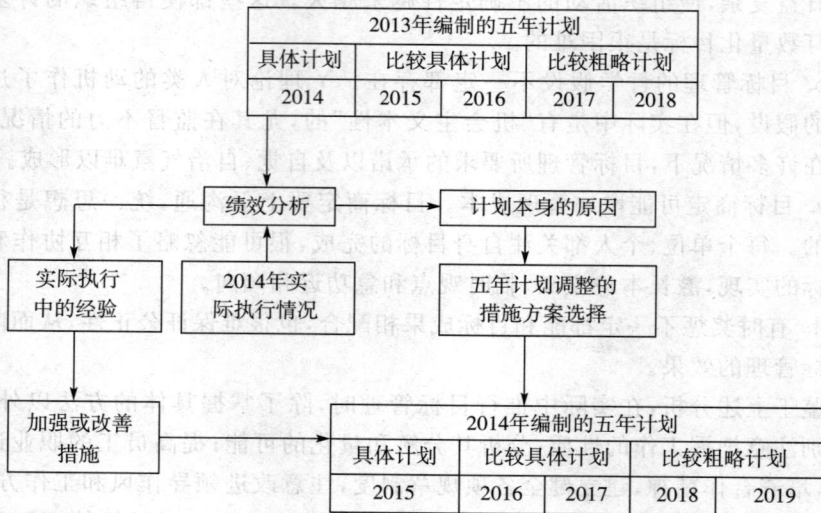

图6-3 某企业采用滚动计划法编制的五年计划

可见,滚动式计划法不仅能够根据变化了的组织环境及时调整和修正组织计划,体现了计划的动态适应性,而且它可使中长期计划与年度计划紧紧地衔接起来。

3. 滚动计划法的评价

滚动计划法虽然使得计划编制工作的任务量加大,但在计算机已被广泛应用的今天,其优点十分明显:

(1)把计划期内各阶段以及下一个时期的预先安排有机地衔接起来,而且定期调整补充,因而从方法上解决了各阶段计划的衔接和符合实际的问题。

(2)较好地解决了计划的相对稳定性和实际情况的多变性这一矛盾,使计划更好地发挥其指导生产实际的作用。

(3)采用滚动计划法,使企业的生产活动能够灵活地适应市场需求,把供产销密切结合起来,从而有利于实现企业预期的目标。

需要指出的是,滚动间隔期的选择,要适应企业的具体情况,如果滚动间隔期偏短,则计划调整较频繁,其好处是有利于计划符合实际,缺点是降低了计划的严肃性。一般情况是,生产比较稳定的大量大批生产企业宜采用较长的滚动间隔期,生产不太稳定的单件小批生产企业则可考虑采用较短的间隔期。

三、网络计划技术

网络计划技术是 20 世纪 50 年代后期在美国产生和发展起来的。这种方法包括各种以网络为基础制订计划的方法,如关键路径法、计划评审技术、组合网络法等。

1. 网络计划技术的基本原理

网络计划技术的原理:把一项工作或项目分成各种作业;用网络图表示计划任务的进度安排,并反映出计划任务的各项任务活动之间的相互关系;在此基础上进行网络分析,计算网络时间,确定关键工序和关键线路;利用时差,不断改善网络计划,求得工期、资源与成本的综合优化方案;并在计划执行过程中,通过信息反馈进行监督和控制,以保证计划预订目标的实现。

2. 网络图

网络图是网络计划技术的基础。任何一项任务都可以被分解成许多步骤的工作,根据这些工作在时间上的衔接关系,用箭线表示它们的先后顺序,画出一个由各项工作相互联系,并注明所需时间的箭线图,这个箭线图就称作网络图。如图 6-4 所示,网络图由以下部分构成:

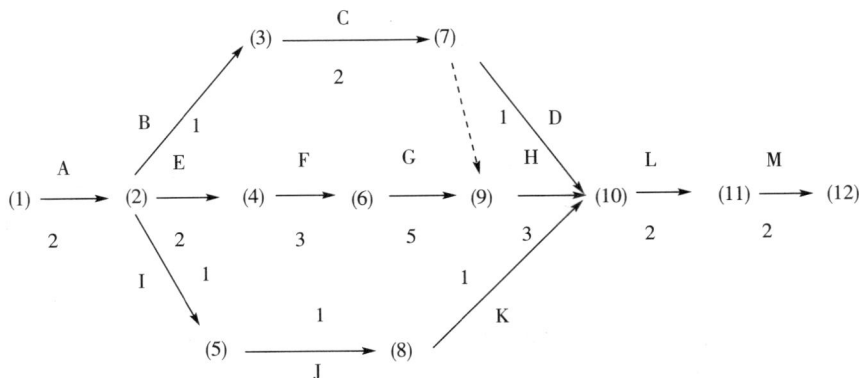

图 6-4 网络图

(1)"→",工序

它是一项工作的过程,有人力、物力参加,经过一段时间才能完成。图中箭线下的数字便是完成该项工作所需的时间。此外,还有一些工序既不占用时间，也不消耗资源，是虚设的，叫虚工序，在图中用"⋯▸"表示。网络图中应用虚工序的目的是为了避免工序之间关系的含混不清，以正确表明工序之间先后衔接的逻辑关系。

(2)"( )"，事项

它是两个工序间的连接点。事项既不消耗资源，也不占用时间，只表示前道工序结束、后道工序开始的瞬间。一个网络图中只有一个始点事项和一个终点事项。

(3)路线

路线是网络图中从始点事项出发，沿着箭头线方向前进，连续不断地到达终点事项为止的一条通道。一个网络图中往往存在多条路线，例如图 6-4 中从始点(1)连续不断地走到终点(12)的路线有 4 条，即

① (1)→(2)→(3)→(7)→(10)→(11)→(12)

② (1)→(2)→(3)→(7)→(9)→(10)→(11)→(12)

③ (1)→(2)→(4)→(6)→(9)→(10)→(11)→(12)

④ (1)→(2)→(5)→(8)→(10)→(11)→(12)

比较各路线的路长，可以找出一条或几条最长的路线，这种路线被称为关键路线。关键路线上的工序被称为关键工序。关键路线的路长决定了整个计划任务所需的时间。关键路线上各工序完工时间提前或推迟都直接影响着整个活动能否按时完工。确定关键路线，据此合理地安排各种资源，对各工序活动进行进度控制，是利用网络计划技术的主要目的。

3. 网络计划技术的评价

网络计划技术虽然需要大量而烦琐的计算，但在计算机广泛运用的今天，这些计算大都已程序化了。这种技术之所以被广泛地运用是因为它有一系列的优点：

(1)该技术能清晰地表明整个工程的各个项目的时间顺序和相互关系，并指出了完成任务的关键环节和路线。因此，管理者在制订计划时可以统筹安排，全面考虑，又不失重点。在实施过程中，管理者可以进行重点管理。

(2)可对工程的时间进度与资源利用实施优化。在计划实施过程中，管理者调动非关键路线上的人力、物力和财力从事关键作业，进行综合平衡。这既可节省资源又能加快工程进度。

(3)可事先评价达到目标的可能性。该技术指出了计划实施过程中可能发生的困难点，以及这些困难点对整个任务产生的影响，有利于管理者准备好应急措施，从而减少完不成任务的风险。

(4)便于组织与控制。管理者可以将工程，特别是复杂的大项目，分成许

多支持系统来分别组织实施与控制,这种既化整为零又聚零为整的管理方法,可以达到局部和整体的协调一致。

(5)易于操作,并具有广泛的应用范围,适用于各行各业以及各种任务。

复习思考题

一、名词解释

1. 计划

2. 目标管理

3. 滚动计划法

4. 关键线路

二、问答题

1. 简述计划的概念及其性质。

2. 简述计划的编制过程。

3. 简述目标管理的含义及其基本思想。

4. 简述目标管理的过程。

5. 简述滚动计划法的基本思想。

三、案例分析题

目标管理的实施

一家制药公司,决定在整个公司内实施目标管理。事实上他们之前在为销售部门制定奖金系统时已经运用了这种方法。公司通过对比实际销售额与目标销售额,支付给销售人员相应的奖金。这样销售人员的实际薪资就包括基本工资和一定比例的个人销售奖金两部分。

销售大幅度提上去了,但是却苦了生产部门,他们很难完成交货计划。销售部抱怨生产部不能按时交货。总经理和高级管理层决定为所有部门经理以及关键员工建立一个目标设定流程。为了实施这个新的方法他们需要用到绩效评估系统。

他们请了一家咨询公司指导管理人员设计新的绩效评估系统,并就现有的薪资结构提出改变的建议。他们付给咨询顾问高昂的费用修改基本薪资结构,包括岗位分析和工作描述。还请咨询顾问参与制定奖金系统,该系统与年度目标的实现程度密切相连。咨询顾问指导经理们如何组织目标设定的讨论和绩效回顾流程。

总经理期待着很快能够提高业绩,然而不幸的是,业绩不但没有上升,反而下滑了。部门间的矛盾加剧,尤其是销售部和生产部。生产部埋怨销售部销售预测准确性太差,而销售部埋怨生产部无法按时交货。每个部门都指责其他部门的问题。客户满意度下降,利润也在下滑。

根据上述材料,回答下列问题:

1. 本案例的问题可能出在哪里?

2. 为什么设定目标(并与工资挂钩)反而导致了矛盾加剧和利润下降?

第七章　战略与战略规划

【学习目标】

通过本章内容的学习，学生将了解和掌握战略与战略管理的概念，战略管理的重要性，战略管理过程，公司层战略、事业层战略和职能层战略的概念、特征及具体的战略类型。

【导入案例】

白猫的创赢战略

至今已有50年历史的上海白猫，在计划经济年代是中国洗化行业的一艘旗舰。在各项市场推广和广告宣传费用均低于同行的情况下，上海白猫在洗洁精市场却保持了长期的领先地位，这不能不令人惊奇。

一、"前有狼后有虎"

白猫眼看着身边的诸多日化业同行，纷纷倒在宝洁、联合利华、花王、德国汉高等世界日化业巨头凌厉的市场广告攻势之下，式微于新近崛起的雕牌、奇强、立白等日化新锐强大的市场宣传促销之中。面对"前有狼后有虎"的局面，白猫在汇集公司主要经营团队的研究结论后，提出要靠三个字去开拓市场——"抢、拼、搏"：抢就是抢市场、份额和时间；拼就是拼实力，表现在资本、网络、人力等方面；搏就是搏智力，"靠脑子做市场"，体现在竞争战略、市场策略上。

二、搭建深度分销机构——经营分公司

白猫推出了当时在中国日化业具有开创意义的省级分公司模式，一方面充分地向农村乡镇市场渗透，进行深度分销，以弥补白猫传统上较为薄弱的市场环节；另一方面利用各省级分公司所在地的优势，在省辖的主要城市充分做好自己的品牌。

三、深度分销继续拓展——经营部

从1998年始，白猫在各地的二、三线城市相继建立紧密结合型的经营部。通过科学有效的考核，在实现经营部、经销商、终端商各方应得利益的情况下,进一步夯实经销渠道,加强对各级终端的控制力,杜绝坏账和窜货现象。目前,白猫的经营坏呆账已为零,并通过具体的考核来防止窜货现象,提高各地县级城市经销商经营白猫品牌的积极性。

四、无法回避的忧虑

令人担忧的是白猫在洗衣粉市场上且战且退,表现不佳,而洗洁精市场又面临着国内外同行的竞争威胁。无论是宝洁、联合利华、花王等这些世界洗涤业巨头,还是本土的洗化新锐们,一觉醒来发现洗衣粉市场利润实在太低了,想到利用洗洁精市场来淘金,还是采用铺天盖地的广告策略和低价的竞争策略来获取高于洗衣粉市场的利润,届时,白猫将何以应对?

第一节 战略管理的性质

随着经济全球化进程的加速和信息技术的广泛采用,企业面临着日益激烈的市场竞争环境。企业产品的生命周期越来越短,顾客需求的多样化与不确定性增加,行业竞争对手不断拓展企业的边界以谋求创新价值,供应商的联合加大了企业的进货成本,功能更好的替代品的出现,等等。这些都要求企业必须制定符合企业自身实际的发展战略,具有敏捷应对市场变化的能力,在不断降低成本的同时,为顾客提供质量更高、更能满足顾客个性化需求的产品和服务。

一、战略与战略管理的概念

1. 战略的概念

"战略"一词源于古代社会频繁的战事,战略的本义是对战争全局的谋划和指导。"战略"的英文单词"strategy",源于希腊文"strategos",其含义是"将军",即将军指挥军队的艺术和科学。辞海把"战略"解释为"对全局性、高层次的重大问题的筹划与指导"。"战略"一词被应用到企业管理理论之中,始见于美国近代组织理论的奠基人巴纳德 1938 年出版的《经理人员的职能》一书。巴纳德提出从企业的各种要素中产生"战略"要素的构想。有关"战略"一词的解释,我们先援引有代表性的中外管理学者所下的定义,然后给出本书的定义。

阿尔弗雷德·钱得勒认为:"战略是长期目的或企业目标的决策,行动过程中的选择,实现目标所需资源的分析。"这一定义把战略作为一项决策看待,强调战略行动过程的把握以及战略成功实施的资源保障问题。

詹姆斯·布莱恩·奎因把战略定义为:"战略就是将一个组织的主要目标、政策和行动过程整合为一个整体的方式或计划。"这一定义是从高度综合性的角度来看待战略的，一个明确的战略有助于组织根据自己的相对优势和劣势、预期的环境变动以及明智的竞争对手的意外举措等来规划和配置资源。

柯尼茨·奥玛指出："战略规划的唯一目的就是使公司尽可能有效地获得竞争优势。公司战略因而就意味着相对于竞争对手的实力以最有效的方式改变公司的优势。"这一定义实质上是从公司事业层给出的，并没有站在公司总体战略的高度考虑问题。

肯尼斯·安德鲁斯认为："战略是目标、意图或目的，以及为达到此目的而制定的方针和计划的一种模式。这种模式界定了公司当前或将来从事的经营业务，并规定了公司当前或将来所属的类型。"这一定义强调战略作为一种模式，这一模式从公司总体的战略高度考虑，涉及经营领域、经营类型、总体计划以及行动方案等。

综合上述定义，本书对"战略"所给出的定义是：战略是指为了实现企业的总目标，对所要采取的行动方针和资源使用方向制定的一种总体规划。首先，战略的核心是确定经营方向；其次，战略是针对竞争对手的优势和劣势及其正在和可能采取的行动而制定的一种总体规划。

2. 战略管理的概念

战略管理则起源于 20 世纪 50 年代，它又称为战略规划。战略管理被广泛应用是在 1965 年美国的经济学家安索夫的《企业战略》一书问世以后。他认为企业战略是贯穿于企业经营与产品和市场之间的一条"共同经营主线"，决定着企业目前所从事的或者计划要从事的经营业务的基本性质。1976 年，安索夫在其出版的《从战略管理到战略规划》一书中指出，战略管理就是指运用战略对整个组织进行的管理。1982 年，斯坦纳在其出版的《企业政策与战略》一书中指出，战略管理就是指对企业战略的制定、实施、控制和评价等进行的管理。2000 年，Wheelen 和 Hunger 提出，战略管理是一组管理决策和行动，它决定了组织的长期绩效。战略管理包括几乎所有的基本管理职能，也就是说组织的战略必须被计划、组织、实施和控制。

基于以上分析，本书认为：战略管理是指组织确定其使命，根据组织外部环境和内部条件设定组织的战略目标，为保证目标的正确落实和实现进行谋划，并依靠组织内部能力将这种谋划和决策付诸实施，以及在实施中进行控制的一个动态的管理过程。

二、战略管理的重要性

1. 战略管理是组织应对未来各种挑战的需要

在当今变革的时代，组织面临着种种挑战。进行战略谋划，制定战略决策,实施战略管理,是组织成功地应对挑战的保障。战略管理把战略的思想和理论应用到组织管理当中,是组织为了适应未来环境的变化,寻求长期生存和稳定发展而制订的总体性和长远性的谋划活动。战略管理的目的在于为明天的经营创造并利用新的和不同于以往的机会,只有致力于对市场营销、财务会计、生产作业、研究与开发及计算机信息系统进行综合管理,才能一步一步地达到每一个预期的战略目标效果,以期最终实现组织的成功。

2. 战略管理是组织管理卓越性最好的检验标准

对于组织来说,一个正确的战略将明确组织的发展方向,展示组织的愿景,提升组织的整体形象,增强组织员工的凝聚力和战斗力。因此,在制定组织战略的过程中,首先,要求组织必须预先积极的规划出自身业务的未来经营之路,否则,组织所制定的战略行动将缺乏一致性,毫无竞争力度。其次,要求组织必须将由各个部门、管理人员和一般员工做出的决策和采取的行动,塑造出一种协调和涉及组织整体的策略规划。如果没有战略,组织将不能把各种不同的行动形成一个有机的整体。因此,一个正确和系统的组织战略,不但是组织取得竞争成功的手段,而且是组织管理卓越性最好的检验标准。

3. 战略管理是组织保持竞争优势的需要

随着经济社会的不断发展,组织所面临的环境越来越复杂,变化速度越来越快。以往的一些战略观点已不能全面适应现代组织发展的需要。在复杂多变的环境下,组织未来的发展的战略规划难以制定。更有甚者,组织精心培育和发展起来的独特的资源和能力可能因为竞争对手的行动、环境的变化以及新技术的出现而在一夜之间失去竞争优势。战略理论与战略管理思想经过了几十年的发展到今天已经呈现出多元化的发展趋势,不同的理论和思想都从不同的角度去研究如何制定战略和如何实施战略的问题。因此,在新的竞争环境下,原有战略管理理论受到极大冲击和挑战,如何有效地制定战略,使组织在复杂多变的环境中保持竞争优势,成为新形势下战略管理研究的主要内容。

第二节　战略管理过程

战略管理过程(strategic management process)包括战略分析(strategic analysis)、战略制定(strategic formulation)与战略实施(strategic implementation)三个环节。一般来说,战略管理过程的分析是按照由战略分析、战略制定到战略实施的顺序进行的。实际上,战略管理过程的各环节之间是互相联系、循环反复、不断完善的一个过程。战略实施环节的反馈信息影响下一阶段的战略分析和战略制定,战略分析也可能是一个持续的过程,这样战略分析就与战略制定和战略实施重叠，所以，战略管理过程的三个环节是相互联系的。

一、战略分析

战略分析是指对影响组织现在和未来生存和发展的一些关键因素进行分析，即通过资料的收集和整理来分析组织的内外环境，找出存在的问题或可利用的机会，并最终确立组织战略目标的过程。战略分析是战略管理的第一步，主要包括外部环境分析和内部条件分析两个方面。

1. 外部环境分析

通常来说，企业的外部环境分析主要包括宏观环境分析、行业分析和竞争对手分析三个方面。

(1) 宏观环境分析。企业宏观环境是指那些来自企业外部对企业战略产生影响、发生作用的所有不可控因素的总和。一般来说，企业的宏观环境可以大体概括为政治法律环境（political and legal environment）、经济环境（economic environment）、社会文化环境（social and cultural environment）和科技环境（technological environment）等四类，简称 PEST。

① 政治法律环境。政治法律环境是指一个国家或地区对企业经营活动具有现实和潜在制约及影响的政局稳定状况、政府政策、政府管制、政治力量和立法等因素。有些政策法规可能会给企业提供一些新的经营机会；有些则会限制企业的战略选择，甚至导致企业效率下降，影响到企业生存。

② 经济环境。经济环境是指构成企业生存和发展的社会经济状况和国家经济政策。社会经济状况包括经济要素的性质、水平、结构、变动趋势等多方面的内容，涉及国家、社会、市场及自然等多个领域。国家经济政策是国家履行经济管理职能，调控国家宏观经济水平、结构，实施国家经济发展战略的指导方针，对企业经济环境有着重要的影响。企业的经济环境主要由社会经济结构、经济发展水平、经济体制和宏观经济政策四个要素构成。

③ 社会文化环境。社会文化环境包括一个国家或地区的社会性质、人们共享的价值观、人口状况、教育程度、风俗习惯、宗教信仰等各个方面。从影响企业战略制订的角度来看，社会文化环境可分解为文化、人口两个方面。

人口因素对企业战略的制订有重大影响。例如，人口总数直接影响着社会生产总规模；人口的地理分布影响着企业的厂址选择；人口的性别比例和年龄结构在一定程度上决定了社会需求结构，进而影响社会供给结构和企业生产；人口的教育文化水平直接影响着企业的人力资源状况；家庭户数及其结构的变化与耐用消费品的需求和变化趋势密切相关，因而也就影响到耐用消费品的生产规模等。对人口因素的分析可以使用以下一些变量:离婚率、出生率和死亡率,人口的平均寿命,人口的年龄和地区分布,人口在民族和性别上的比例变化,人口和地区在教育水平和生活方式上的差异等。

文化环境对企业的影响是间接的、潜在的和持久的,文化的基本要素包括哲学、宗教、语言与文字、文学艺术等,它们共同构筑成文化系统,对企业文化有重大的影响。

④ 科技环境。企业的科技环境指的是企业所处的社会环境中的科技要素及与该要素直接相关的各种社会现象的集合。粗略地划分企业的科技环境,大体包括四个基本要素:社会科技水平、社会科技力量、国家科技体制、国家科技政策和科技立法。

(2)行业环境分析。企业是在一定行业中进行生产经营活动的,研究企业外部环境必须掌握行业特点。行业分析主要包括行业概貌分析和行业竞争结构分析等方面。

行业概貌分析主要掌握该行业所处的发展阶段、行业在社会经济中的地位、行业的产品和技术特征等。

行业竞争结构分析主要掌握该行业的竞争态势。任何企业在本行中,都要面临以下五个方面的竞争压力:潜在进入者、替代品、购买者、供应者、现有竞争者。

① 潜在进入者的威胁。潜在竞争者进入后,将通过与现有企业瓜分原有市场、激发新一轮竞争,对现有企业形成巨大的威胁。这种进入威胁主要取决于行业的吸引力和进入障碍的大小。行业发展快、利润高,进入障碍小,潜在竞争的威胁就大。进入障碍包括:规模经济,即新进入者规模不经济则难以进入;产品差异优势,新进入者与原企业争夺用户,必须花费较大代价去树立企业形象和产品信誉,一旦失败,将丧失全部投资;现有企业对关键资源的控制,一般表现为对资金、专利技术、原材料供应、分销渠道等关键资源的积累与控制,对新进入者形成障碍;现有企业的反击程度等。

② 替代品的威胁。替代品是指与本行产品具有相同或相似功能的其他产品,如洗衣粉可以部分代替肥皂。替代品产生威胁的根本原因往往是它在某些方面具有超过原产品的优势,如价格低、质量高、性能好、功能新等。若替代品的盈利能力强,对现有产品的压力就大,会使本行业的企业在竞争中处于不利地位。

③ 购买者的压力。购买者对本行业的竞争压力表现为购买要求提高,如要求低价、高质、服务优等;还表现为购买者利用现有企业之间的竞争对生产厂家施加压力。影响购买者议价的基本因素有:顾客的购买批量、对产品的依

赖程度、改变厂家时的成本高低以及掌握信息的多少等。

④ 供应者的压力。企业从事生产经营所需各种资源一般都要从供应者处获得,供应者一般都要从价格、质量、服务等方面入手,以谋取更多的盈利,从而给企业带来压力。

⑤ 行业内现有企业之间的竞争。这是通常意义下的竞争,主要竞争方式为价格竞争、广告战、新产品引进等。这种竞争的激烈程度取决于多种因素,如竞争者的多少及其力量的对比、行业发展的快慢、利润率的高低、行业生产能力与需求的对比、行业进入或退出障碍的大小等。当行业发展缓慢、竞争者多、产品同质性高、生产能力过剩、行业进入障碍低而退出障碍高时,竞争就会比较激烈。

(3)竞争对手分析。一个完备的企业战略,必须建立在认真分析竞争对手的基础上。对竞争对手的分析应是全面的。当把竞争对手作为一个战略环境因素对待时,主要分析其对企业在市场份额、财务状况、管理水平、产品质量、员工素质、用户信誉等多方面构成的影响。其中,又以财务状况和产品质量等方面的影响为大,因为这两方面对企业竞争力产生的影响是相对较大的。如果最后评定的综合实力与主要对手接近,则宜于寻找新的增长点,如开发新产品、开拓新市场等,否则难以发挥自身在竞争中的优势。

2. 内部条件分析

企业的内部条件分析,首先是客观、准确地评价现有资源和能力,然后参照企业的发展战略找到它们与未来的竞争目标之间存在的差距,不断充实和提高自身拥有的资源及能力。每一个企业都有自己的长处和不足,战略管理需要充分发挥和不断加强自己的优势之所在,使之符合某一行业成功的关键因素。

(1)企业的资源构成。企业资源是服务于企业生产经营中的各种投入品,根据投入品的形态,可以分为有形态资源和无形资源两种,资源能直接影响企业创造出多于竞争对手的价值能力。企业资源包括有形资源和无形资源两类。有形资源包括财务资源、物质资源、技术资源等;无形资源包括人力资源、创新资源、商誉资源等。

(2)企业的能力。能力是企业若干资源有机组合后的结果和表现,不仅表现在企业各种生产经营环节或各职能领域内,还存在于企业内部各层次上。能帮助企业持久地建立竞争优势的能力,称为核心能力。企业资源和能力是制定战略的基础,也是企业取得优势和获得超额利润的源泉。

① 企业一般能力。企业一般能力是指在市场经济条件下,能够有效利用各种资源,进行生产和经营,为顾客提供满意的产品和服务,在市场竞争中具有一定优势,并得到顾客认可的综合竞争力。企业能力的内在反映是企业的

综合素质,外在反映是提供给顾客的产品和服务质量。企业一般能力由基础竞争力和过程竞争力构成,基础竞争力是指企业能够有效进行生产与经营的基本物质条件;过程竞争力是指将一组资源输入转化为成果输出,并在市场上实现产品形态转化为货币形态和投入产出最大化的能力。

② 企业的核心能力。企业核心能力是一个企业比其他企业做得特别出色的一系列获得,它是能够使企业长期、持续地拥有某种竞争优势的能力,通常表现为企业经营中的累积性常识。核心能力是企业持续拥有某种竞争优势的源泉,是市场竞争的中坚力量,是企业各个业务单位的"黏合剂",更是新事业或业务发展的"根基"。

二、战略制定

战略分析为战略制定提供了坚实的基础。成功的管理者将制定出组织所需要的并且能够使组织具有持久竞争优势的战略。组织战略包括三部分内容,即公司层战略、事业层战略和职能层战略(如图 7-1 所示)。因此,战略制定涉及公司层战略制定、事业层战略制定和职能层战略制定。

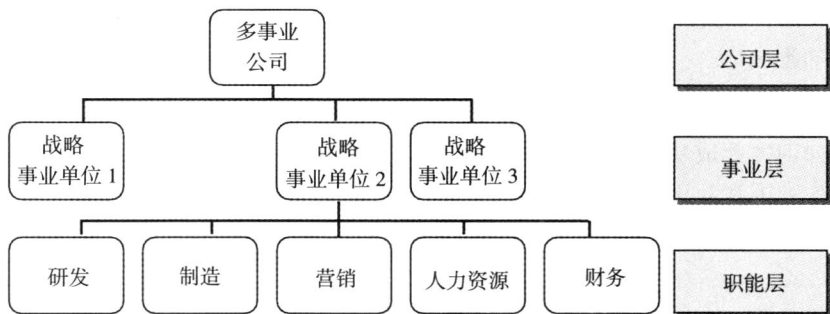

图 7-1　组织战略的层次

战略制定过程实质上就是狭义的战略决策过程,即对战略方案进行设计、评价及选择的过程。通常,对于一个多元化经营的企业来说,它的战略制定应当能够解决三个问题:一是企业的经营范围或战略经营领域,即规定企业从事生产经营活动的行业,明确企业的性质和所从事的产业,确定企业以什么样的产品或服务来满足哪一类顾客的需求;二是企业在某一特定经营领域的竞争优势,即要确定企业提供的产品或服务要在什么基础上取得超过竞争对手的优势;三是如何有效地支撑事业层战略,企业的各个职能部门如研究、开发、市场营销、制造、人力资源与财务部门等,如何发挥各自的职能,如何更加有效的协调与协作,以保持与事业层战略的高度一致。

围绕企业的公司层战略、事业层战略和职能层战略的制定,各自需要设计出多个备选方案,因此,必须对这些备选方案进行评价,以选出适合企业各个层次的满意的方案。目前,已有多种战略决策工具和方法,如波士顿咨询公司的"战略-市场"评估工具、通用公司和麦肯锡公司的"行业吸引力-竞争能力"组合评估工具、查利霍夫的"市场-产品发展"评估工具、SWOT 矩阵等。这些战略决策工具和方法已被西方国家广泛应用于经营多元化的企业,并取得令人满意的效果。

三、战略实施

战略方案一经选定,管理者的工作重心就要转到战略实施上来。战略实施是贯彻执行既定战略规划所必需的各项活动的总称,也是战略管理过程的一个重要部分。显而易见,如果精心选择战略而不付诸实施,或不认真地组织实施,则以前的努力则付诸东流;反之,不但可以保证好的战略取得成功,而且还可以克服原定战略的某些不足,使之趋于完善,同样获得成功。美国管理学者波奈玛(T. V. Bonoma)就战略实施的重要性曾说道:"一个合适的战略如果没有有效的实施,会导致整个战略失败。但是有效的战略实施不仅可以保证一个合适的战略成功,而且还可以挽救一个不合适的战略或者减少它对企业造成的损害。"

1. 成功的战略实施要求——麦金西 7S 模型

如何才能成功地实施一项战略呢? 按照罗伯特·沃特曼的观点,只有当组织的各种因素互相适应和互相匹配时,战略实施才更有可能取得成功。企业的战略匹配包含七个因素,这七个因素又称麦金西 7S 模型(如图 7-2 所示)。

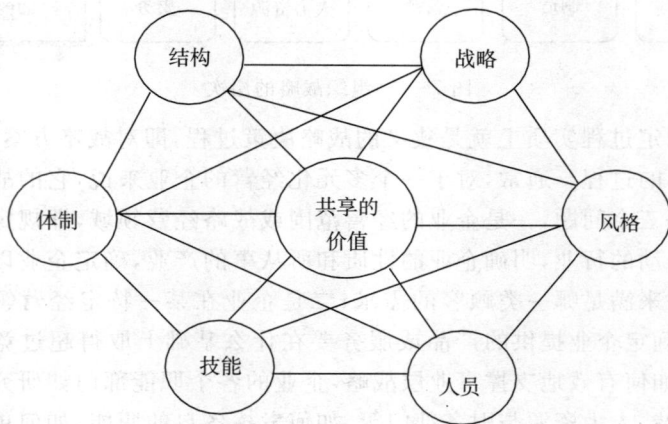

图 7-2 麦金西 7S 模型

在这个模型中：

（1）战略（strategy）——指获得超过竞争对手的持续优势的一组紧密联系的活动。

（2）结构（structure）——指组织结构图及其相应的部分，它表明报告的传递者及接受者、任务的分工及整合。

（3）体制（system）——指使日常工作完成的过程及流程，包括信息系统、资本预算系统、制造过程、质量控制系统、绩效质量系统等。

（4）风格（style）——指集体管理人员所花费时间和精力的方式及他们所采用的代表性的行为方式所表现出的例证。风格不是管理人员所说的重要性的东西，而是其行为活动的方式。

（5）人员（staff）——指组织中的所有人，更重要的是指组织中的人员分布状况。

（6）共享的价值（shared values）——它不是指组织正式宣布的目的或目标，而是指使组织保持团结和一体的那些具有指导性的观念、价值和愿望等，也即组织的哲学或文化。

（7）技能（skills）——指组织作为一个整体所具备的能力。有了这种能力，组织就可将事情做好。这种能力通常也是组织名声所在。

7S模型表明，当这些因素相互适应和匹配时，组织即可实施一项战略；反之，当这七个因素不互相融洽时，战略实施将不可能成功。

2. 战略实施工作

战略实施是一项系统工程，做好从战略发动、战略计划、战略匹配到战略调整等多方面的工作是保证战略实施的关键。任何一个或多个方面工作不到位都会影响战略实施的效果。因此，建议实施战略时要做好以下几个方面的工作：

（1）重视战略实施前的发动工作，提高员工对战略的认同度

一项新战略的出台和实施，做好宣传和发动工作是必不可少的，而这正是不少企业所忽视的。只有让广大员工了解组织战略意图，并认同组织战略目标的前提下，才能调动他们的积极性和主动性，激发出他们的参与热情。因此通过耐心细致地动员，把大家思想和认识统一到组织的价值观和战略目标上显得尤其重要。这需要向员工讲清楚内外部环境给组织带来的机遇和挑战、实施新战略对员工自身的影响以及与员工长远利益关系，依靠战略勾画出的生动而富于创造性的远景来鼓舞员工士气，使企业战略得到员工的充分拥护和支持，从而奠定战略实施和推进的基础。

（2）战略实施前制定具体和可操作的实施计划

战略制定出来以后，往往出于尽早看到战略实施效果的迫切愿望而匆匆

上马，甚至认为制定实施计划是在浪费时间或延误战机，那就大错特错了。其实"磨刀不误砍柴工"，"凡事预则立，不预则废"。

战略计划可以避免实施过程中出现混乱局面，做到有备无患。实施计划主要包括以下内容：一是将组织总目标、总任务作时间上的分解，明确进度规划和分阶段目标，并分析论证既定时间框架下的可行性；二是作空间分解，制定各事业部和职能部门相应的分战略，在分战略和分任务明确之后，进一步制定相应的措施和策略；三是明确组织不同时期、不同部门的战略重点，哪些指标需要确保，哪些指标可以相对灵活对待，以及当指标之间相互冲突时的取舍即战略目标优先权的问题，以便有重点地全面推进组织战略，保证战略目标实现。

（3）战略实施中需要解决的若干匹配问题

战略管理的实质是使组织的内部条件与外部环境所提供的机会和威胁相配合，战略作为使组织内部条件与外部环境相连接的中间环节，决定了匹配是战略管理的关键问题。以下从几个方面对战略实施中的匹配问题给予具体说明。

① 领导风格与战略实施的匹配

在战略实施中，战略与领导的匹配构成战略与组织内部要素配合的一个主要方面。由于不同的战略对战略实施者的知识、价值观、技能及个人品质等方面有不同的要求，因此战略要发挥出最大的功效，需要战略与领导者特点的匹配。例如当企业采取增长战略时，需要具有拓荒精神的经理人员；采取巩固地位的战略时，需要一个管家型的经理人员；等等。一般要从对组织或管理的熟悉程度、产业经验、管理职能的背景情况、冒险性、自主性或被动性、人际关系的能力等六个方面来考察管理者的特征，从而判断领导与战略要求的匹配性。就这一点来讲，我国特殊的国情决定了目前组织很难根据战略选择合适的管理者，这就直接影响到战略和领导之间的匹配性，进而影响战略实施效果。

② 组织结构与战略实施的匹配

"组织"是战略执行中最重要的、最关键的要素。完善而有效的"组织"不仅为"资源"或"要素"的运行提供最为适当的空间，而且可以部分地补足或缓解资源、要素等方面的缺陷。只有战略与组织结构达到最佳配合时，才能有效实现战略目标，但由于战略的前导性和组织结构的滞后性使组织结构的变革往往跟不上战略实施的需要，组织工作的首要任务就是在经营战略的基础上选择适宜的组织结构。当前企业面临更为动态的市场环境，经营战略的调整和变革均比以前大为加快，致使企业组织工作也处在动态之中。我国企业通常是制定了新的战略和目标,而组织结构依然如旧,"脱胎不换骨",战略实施的结果也就可想而知。

③ 组织文化与战略实施的匹配

加强组织文化建设,保证组织文化同组织宗旨、理念、目标的统一,是组织战略实施成功的一个重要环节。通过组织文化的导向、激励和凝聚作用,把员工统一到组织的战略目标上是战略实施的保证。因此,组织文化应适应并服务于新制定的战略。但是由于组织文化的刚性较大,且具有一定的持续性,当新战略要求组织文化与之相配合时,组织原有文化的变革会非常慢,旧的组织文化常常会对新的战略构成障碍。

第三节　公司层战略

公司层战略所要解决的是企业的经营范围或战略经营领域的问题,这些任务主要由企业的高层管理者来完成,并且公司层战略涉及的时间比较长,影响也比较大。

一、公司层战略的概念

公司层战略是指寻求确定公司应该从事什么事业以及希望从事什么事业的战略。公司层战略的对象是整个组织,其主要说明公司存在的逻辑及发展方向,其目的是使公司整体力量大于每个业务单位力量之和。公司层战略决定组织的方向及每一个事业部将在公司战略中扮演的角色。

二、公司层战略的特征

为了更好地理解公司层战略,有必要对公司层战略的特征进行归纳总结。公司层战略的特征可归结为以下六个方面:

1. 公司高层管理者是关键

公司层战略的制定者应当是高层经理人员,这一点已经成为共识。事实上,在企业战略管理还没有正式成为一门学科时,一些大公司高层经理们就开始进行了战略思考。1923～1946 年任通用汽车总裁的阿尔弗雷德·斯隆,就曾根据所掌握的主要竞争对手福特汽车的优势和劣势,设计了一套成功的战略。今天,甚至还有人将首席执行官(CEO)等同于战略家。

2. 与企业的多元化经营密切相关

钱德勒有关公司层战略的开创性研究就是建立在第二次世界大战之后大公司(多业务公司)采用分部化结构和实行分权化管理的基础上的。当分部化大行其道之际,多元化成长战略几乎成了公司层战略的代名词。可见,多元化始终是一条明显的线索,贯穿于公司层战略的发展过程,对公司层战略思想有着深远的影响。事实也证明多元化并未完全退出历史舞台,GE公司多元化战略的成功就是很好的证明。

3. 追求协同作用

按照安索夫的观点,当整体大于各个组成部分之和时,就产生了协同效果,而协同效果是以资源的共享为基础的。波特也将不同业务的相互关联及其管理视为公司层战略的根本所在。他指出:"无论是企业战略的逻辑还是我在过去十年里所研究的公司的经验都表明,当公司战略从业务组合管理转向业务活动共享时,公司才能够通过多元化战略为股东创造越来越大的价值。"

4. 培育公司层的整体优势

尽管从事多元化经营的公司并不直接参与竞争,但是,竞争优势绝不是经营层战略的专利。20世纪90年代,普拉哈拉德和哈默在《公司的核心竞争力》一文中鼓励经理人员将公司看作一系列可应用于不同产品和市场的重要竞争能力的集合,以利于在资源配置和多元化问题上更好的决策。他们把开创新事业作为公司层战略的焦点,并把核心竞争力作为公司可持续竞争优势与新事业发展的源泉。与经营单位层竞争优势的不同之处在于,公司层战略追求的竞争优势是综合性和全方位的。好的公司层战略必须让一个业务在其所在的集团中产生的价值超过它在另一个集团中产生的价值,使集团内所有的经营单位的盈利情况好于以前。

5. 与外部环境的匹配

毋庸置疑,公司的内部和外部环境是公司战略发挥作用的前提条件,也是检验战略成败与否的平台。但是,对环境的认识经历了一个复杂的过程。起初,环境被简单地看作一种经济力量群,代表行业、竞争和市场,而且被假设为静态和可预测的。通用战略及由其衍生的一系列战略分析、设计工具因此一度被奉若圭臬。受利益相关者理论影响颇深的战略家们则把股东之外的消费者、社会公众等也视同外部环境的组成部分,对公司层选择和制定战略的要求便从社会责任的角度提出来了。随后的生态系统论者则主张,动态的公司层战略所追求的竞争优势来源于在成功的公司生态系统中取得领导地位。

6. 推动组织结构的变革

早在1962年,钱德勒曾提出过著名的"结构跟随战略"的论断,由此发展而来的战略——结构——绩效范式一直是战略管理领域的主流。日本学者伊丹敬之提出的"战略上适应组织"就属于典型的钱氏框架。结构与战略都是一些复杂的行为方式或常规的集合,而这些行为方式是在公司对外部环境不断做出反应的过程中逐步演化而来的。

三、公司层战略的制定

公司层战略的制定是在 SWOT 分析基础之上进行的,图 7-3 所示表明了每一种公司层战略与 SWOT 分析的关系。

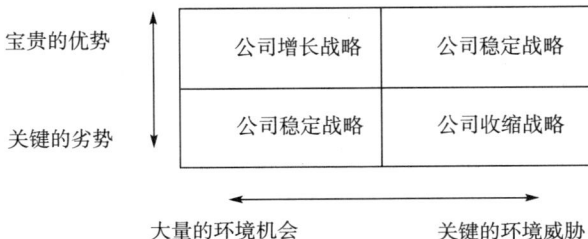

```
宝贵的优势  ↑   ┌──────────────┬──────────────┐
                │  公司增长战略  │  公司稳定战略  │
                ├──────────────┼──────────────┤
关键的劣势  ↓   │  公司稳定战略  │  公司收缩战略  │
                └──────────────┴──────────────┘
                   ←────────────────────────→
                大量的环境机会            关键的环境威胁
```

图 7-3　公司层战略与 SWOT 分析

1. 公司增长战略

当公司拥有宝贵的优势,又面临大量的环境机会时,公司可以采取增长战略。增长战略是指提高公司的经营层次的战略,包括更高的销售额、更多的员工和市场份额等。增长战略包括一体化成长战略、多元化成长战略、加强型战略和外部扩展战略等。

(1)一体化成长战略

一体化成长战略是指以企业当前业务活动为核心,通过新建、合并或兼并等方式,取得规模经济增长的一种战略。一体化成长战略主要包括:

① 前向一体化。企业获得分销商或零售商(产业链下游企业)的所有权或加强对他们的控制。当企业产品或服务的经销商具有很大的利润空间时,或者是企业面临库存积压和生产下降的局面,企业往往采用前向一体化战略。

② 后向一体化。企业获得供应商(产业链上游企业)的所有权或加强对他们的控制。如果企业的供应商能够获得较大利润时,企业通过后向一体化战略可以将成本转化为利润。

③ 横向一体化。企业获得生产同类产品的竞争对手的所有权或加强对他们的控制。如果通过减少竞争对手的方式可以实现规模经济的效果,企业便可以实施横向一体化战略。

(2)多元化成长战略

多元化成长战略是指企业生产更多种类的产品甚至几个行业的产品,又称多角化或多种经营战略。多元化成长战略主要包括:

① 同心多元化。企业增加新的但与原有业务相关的产品或服务。企业通过开展同心多元化战略，进入技术、生产、职能活动或销售渠道能够共享的经营领域，可以实现范围经济所带来的益处而使成本降低。

② 横向多元化。企业向现有顾客提供新的、与原有业务不相关的产品或服务。企业增加与原有业务不相关的新的业务，但是与企业的现有顾客有着直接或间接的联系，企业便可能实施横向多元化战略。

③ 混合多元化。企业增加新的、与原有业务不相关的产品或服务。企业增加与原有业务不相关的新的业务，而且与企业的现有顾客没有直接或间接的联系，企业便可能实施混合多元化战略。

（3）加强型战略

加强型战略是指企业在原有生产领域内充分利用产品或市场方面的潜力，求得成长发展的战略。加强型战略又称密集性成长战略或专业化成长战略。加强型战略主要包括：

① 市场渗透。企业通过加强市场营销，提高现有产品或服务在现有市场上的份额。市场渗透是在市场对本企业的产品或服务的需求日益增大时最常用的，也是最容易成功的一种加强型战略。

② 市场开发。企业将现有产品或服务打入新的区域市场。当老产品在市场上已无进一步渗透余地时，就要设法开辟新市场，以求得企业进一步的成长空间。

③ 产品开发。企业通过改进或改变产品或服务提高销售。当老产品逐步退出市场时，企业要根据消费者的需求变化，及时提供消费效应更大的新的产品。

（4）外部扩展战略

外部扩展战略是指企业立足自身的核心资源，开展与行业内相关企业的合作，拓展其核心能力的战略。外部扩展战略主要包括：

① 战略联盟。企业与其他企业在研究开发、生产运作、市场销售等方面进行合作，以相互利用对方资源。通过契约的方式，将价值链上的多个企业联合起来，共同围绕某一产品或服务开展合作，更有效地利用各自的资源优势，提高行业竞争力。

② 虚拟运作。企业通过合同、股权、优先权、信贷帮助、技术支持等方式同其他企业建立较为稳定的关系，从而将企业价值活动集中于自己优势方面，而将非专长方面外包出去。通过业务外包的方式，将价值链上的多个业务外包给有关企业，共同围绕某一产品或服务开展合作，更有效地利用各自的资源优势，提高本企业在行业中的竞争力。

③ 出售核心产品。企业将价值活动集中于自己少数优势方面,产出产品或服务,并将产品或服务通过市场交易出售给其他生产者进一步生产加工。通过市场运作的方式,将核心产品出售给价值链上的其他生产者,专注于自己少数优势方面,以更有效地发挥企业的特质资源优势。

2. 公司稳定战略

当公司拥有宝贵的优势,却面临关键的环境威胁时,或者当公司处于关键的劣势,却面临大量的环境机会时,公司可以采取稳定战略。稳定性战略的特征是很少发生重大变化,这是指在充分分析企业内部和外部环境的基础上,在一定时期内对企业内部资源配置和经营风格并不做出重大调整的战略。稳定战略包括无变化战略、暂停战略和谨慎战略等。

(1)无变化战略

无变化战略是指在现行战略仍行之有效的情况下,无需加以改变的战略。无变化战略主要是基于不希望承担因较大幅度的改变现行战略而导致可能带来的风险来考虑的。

(2)暂停战略

暂停战略是指对企业过快的发展战略进行调整,以降低其发展速度的战略。实施暂停战略考虑的主要是过快的发展速度可能导致公司的经营超出其可能拥有的规模。

(3)谨慎战略

谨慎战略是指在企业能力跟不上市场的变化情形下追求稳定发展的战略。实施谨慎战略,主要是由于企业的资源总量不足或资源配置模式不合理而又调整不到位。

3. 公司收缩战略

当公司处于关键的劣势,又面临关键的环境威胁时,公司可以采取收缩战略。收缩战略是指减少经营规模或降低多元化经营范围的战略。收缩战略包括收缩、剥离和清算等。

(1)收缩

通过减少成本和资产对企业进行重组,以加强企业基本的独特的竞争能力。当企业需要减少在某一领域的投资或者企图扭转财务状况欠佳的局面,以使企业渡过难关时,往往采用收缩战略。

(2)剥离

企业出售分部、分公司或任一部分,以使企业摆脱那些不盈利、需要太多资金或与公司其他活动不相宜的业务。当收缩战略失效时,企业往往会采用剥离战略。当然,剥离战略对任何一个企业的管理者来说都是一个困难的决策。

（3）清算

企业为实现其有形资产价值而将公司资产全部或分块出售。清算战略是企业不得已而为之的战略，然而，及早地进行清算，对企业来说可能是一次丢下包袱、轻装上阵的机会。

第四节 事业层战略

事业层战略所要解决的问题是企业在某一特定经营领域的竞争优势问题，即在给定的一个业务或者行业内，经营单位如何竞争取胜的问题，亦即在什么基础上取得竞争优势。

一、事业层战略的概念

事业层战略关注的是在既定范围内和既定资源配置条件下，如何实现可持续竞争优势的问题。它对巩固和提升企业的竞争地位及竞争优势起着关键的作用。事业层战略是指一整套相互协调的使命和行动，旨在为客户提供价值，并通过对某一特定产品市场的核心竞争力的利用获得某种竞争优势。顾客是成功的事业层战略的基石，企业越来越强调建立顾客关系并向其提供优质服务。企业的核心问题是如何采取行动巩固现有顾客关系，以及鼓励新的顾客关系的形成，即事业层战略的核心是一种对内（与公司员工）对外（与顾客）建立并维持良好关系以使价值创造最大化的能力。

事业层战略是与公司层战略及职能层战略相对而言的，它是企业内部具有高度自主权的事业层战略单位，在企业总体目标和总体战略的范围内，以顾客为导向，允许发展自己的经营战略。

二、事业层战略的基本特征

为了更好理解事业层战略，有必要对其特点进行归纳总结。事业层战略的基本特征可归结为以下几个方面：

1. 顾客满意度驱动型组织要成功就必须满足顾客的需要

需要是指顾客想要购买产品或服务的好处和特征。所有顾客的一个基本需要就是购买能为其提供有价值的产品或服务。企业必须满足顾客需要的关键原因在于从顾客关系中获得回报，它是任何组织的生命源泉。因此，事业层战略首先是决定所要服务的顾客是谁，其次是决定所要满足的顾客需要，最后就是企业通过核心竞争力来实施其能创造价值的战略。

2. 承上启下

事业层战略是在公司层战略指导下经营管理某一个特定的战略经营单位的战略规划,是公司层战略之下的子战略。事业层战略执行的好坏直接关系到公司战略全局。与此同时,事业层战略可以为生产、财务、研究与开发、营销、人事等职能活动的组织和实施提供直接的指导。从企业内部来看,为了对那些影响企业成败的市场因素的变化,如顾客需求多样化等做出正确反应,需要协调和统筹安排企业经营中的生产、财务、研究与开发、营销、人事等业务活动。因此,事业层战略成败的一个关键因素是应当明确从哪些方面提高企业的竞争能力,从而获得经营的成功。

3. 追求竞争优势与波特的五力模型

事业层战略与企业竞争对手在行业中所处的位置有关。那些在行业内定位准确的企业通常能更好地应付五种竞争力量,即现有竞争对手的竞争、买方的讨价还价能力、供应商的讨价还价能力、潜在进入者和替代产品等。要想找准定位,企业必须决定其准备采取的行动能否使其以不同于竞争对手的方式开展活动或开展完全不同于竞争对手的活动。这样,那些在行业中占据有利地位的企业就可能拥有一种相对于竞争对手的竞争优势。在选择事业层战略时,企业可以通过开展成本领先战略、特色优势战略和目标聚集战略,分别在与五种力量的较量中形成自己的竞争优势。当然,企业在行使这些战略和享受竞争优势的同时也存在一定的风险。

三、事业层战略的制定

事业层战略决定经营者应该提供什么产品和服务,以及向哪些客户提供产品和服务等。事业层战略主要包括成本领先战略、特色优势战略和目标聚集战略。

1. 成本领先战略

成本领先战略的企业强调以低单位成本价格为用户提供标准化产品,其目标是成为其产业中的低成本生产厂商。实施成本领先战略的企业能够通过大规模高效的运作、技术创新、廉价劳动力或低价取得供应商的产品来获得竞争优势。需要指出的是,成本领先战略不同于一般的削价竞争,后者往往以牺牲企业利润为代价,有时甚至是亏本经营。

2. 特色优势战略

特色优势战略又称差别化战略,是企业力求使顾客广泛重视的一些方面在产业内独树一帜,它选择许多客户重视的一种或多种特质,并赋予其独特的地位以满足顾客的要求。特色的选择必须有别于竞争对手,并且由此增加的收益要超过追求特色带来的成本。

3. 目标聚集战略

目标聚集战略又称重点集中战略,企业选择产业内一种或一组细分市场,进行量体裁衣,为它们服务而不是为其他细分市场服务。目标聚集战略可以是低成本的,也可以是追求特色优势的,其成功的关键在于细分市场的规模,以及该细分市场能否弥补追求特色优势的附加成本。

第五节 职能层战略

职能层战略所要解决的是如何有效地支撑事业层战略的问题,即企业的各个职能部门,如研究、开发、市场营销、制造、人力资源与财务部门等,如何发挥各自的职能,如何更加有效的协调与协作,以保持与事业层战略的高度一致。

一、职能层战略的概念

企业职能战略,亦称职能部门战略或职能层战略,是在企业总体战略的指导下由中层管理人员参与制定的战略,是总体战略在专门职能方面的落实和具体化,是为贯彻、实施和保证总体战略和经营单位战略而在企业特定管理领域制定的具体战略。一个企业的职能部门包括市场销售系统、财务管理、供应链管理(包含生产管理)、人力资源管理、质量和研发管理等各部门。职能战略的最终目标是持续提升企业的核心竞争力,具体如图 7-4 所示。

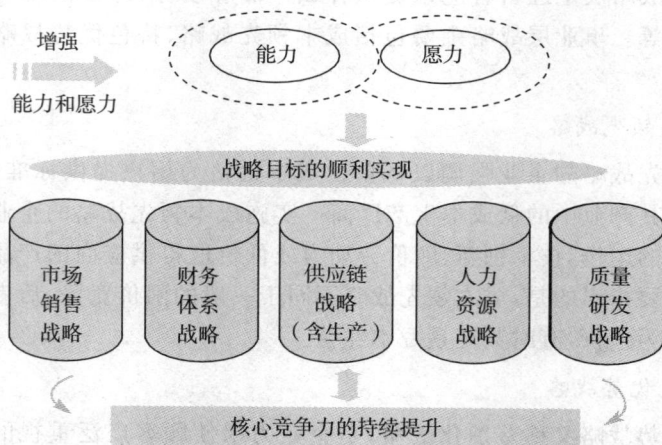

图 7-4 战略实施的基础示意图

二、职能层战略的特征

职能层战略不同于公司层战略和事业层战略，主要有以下四个方面的特征。

1. 期限短

职能部门的战略用于确定和协调短期的经营活动，一般在一年以内。职能部门战略较短的原因：一是职能部门管理人员可以根据总体战略的要求，把注意力集中于当前需要进行的工作上；二是职能部门管理人员可以更好地认识到职能部门当前的经营形势，及时地适应已经变化的条件，相应地做出调整。

2. 具体性

职能部门的战略为负责完成年度目标的管理人员提供具体的指导，使他们知道应如何实现年度目标。企业总体战略是笼统的、欠精确的，职能部门的战略要比总体战略更加具体，更加精确，更加明确。总体战略为企业指出了一般性的战略方向，而职能部门的战略则为负责完成年度目标的管理人员提供了具体的指导，使他们知道应该如何实现年度目标。另外，具体的职能战略还可以增强职能部门管理人员实施战略的能力。

3. 职能部门战略是企业总体战略实施的重要环节

职能部门战略具体而丰富，增加和完善了企业总体战略的实际内容。具体的职能部门战略向企业高层阐明了各职能部门准备如何实施总体战略，增强了高层实施与控制总体战略的信心。具体的职能部门战略说明了职能部门间相互依赖的战略关系，并暴露出潜在的矛盾，有利于促进各职能部门间的协调，进而有利于总体战略的实现。

4. 职能战略的制定需要较低层管理人员的积极参与

事实上，在制定阶段吸收较低层管理人员的意见，对成功地实施职能战略是非常重要的。企业高层管理人员负责制定企业长期经营目标和总体战略，职能部门的管理人员在总部的授权下负责制定年度经营目标和部门策略，这些策略最后要得到总部的核准。职能部门的管理人员参与制定职能战略，可以更加自觉地实现自己的年度经营目标和职能战略所需要进行的工作，从而增强他们实施战略的责任心。

三、职能层战略的制定

职能部门的战略必须在市场营销、财务会计、研究开发、生产作业、人力资源开发等企业主要职能部门中制定,即制定出市场营销战略、财务投资战略、研究开发战略、生产战略以及人力资源开发战略等。由于各职能部门主要任务不同,不可能归纳出一般性战略。各职能部门的关键变量也是不同的,即使在同一部门里,关键变量的重要性也会因为经营条件的不同而不同,因此职能部门的战略必须分别加以制定。

复习思考题

一、名词解释

1. 战略管理
2. 麦金西 7S 模型
3. 公司层战略
4. 事业层战略
5. 职能层战略

二、问答题

1. 战略管理的重要性主要体现在哪些方面?
2. 战略管理过程包括哪几个主要环节?
3. 战略分析的目的何在? 其内容有哪些?
4. 战略制定应当能够解决的三个问题是什么?
5. 实施战略时要做好哪几个方面的工作?
6. 公司层战略、事业层战略和职能层战略各自具有的特征有哪些?
7. 公司层战略的类型有哪些?
8. 成本领先战略、特色优势战略和目标聚集战略各自的内涵是什么?

三、案例分析题

日、美钢铁业的竞争

日本钢铁业从第二次世界大战后到 20 世纪 80 年代,取得了巨大的发展。其钢产量由 1950 年的 500 万吨,增至 1980 年的 15000 万吨。长期以来,美国的钢铁厂家一直以其高劳动生产率闻名于世,随着日本钢铁产业的崛起,美国钢铁业受到了极大的冲击。不过直到 20 世纪 60 年代中期,美国仍领先于日本。当时,美国钢铁企业每万人小时平均产钢 7 吨,而日本只有 5 吨,但是此后 10 年日本钢铁企业的劳动生产率为每万人小时产钢 9 吨,而美国只有 8 吨。

就钢铁企业职工工资增长率而言,日本比美国高出 2.5 倍,但是每吨钢成本的工资含量日本为 45 美元,低于美国的 47 美元。美国的钢铁厂家从 20 世纪 60 年代初期就受到日本方面越来越大的威胁。日本人通过自己的努力使本国钢铁厂家的竞争能力胜过美国,日产钢铁源源不断地出口到美国,对美国钢铁企业产生了巨大的冲击。

日本钢铁企业的竞争优势源自何处? 有人从以下方面进行了分析:

一是低工资优势。日本钢铁企业在第二次世界大战后到 20 世纪 70 年代初一直拥有相对于美国的低工资优势,特别是第二次世界大战后一段时间,日元暴跌,日本职工工资平均为美国的四分之一。日本钢铁企业充分认识到并利用这一优势,注意扩大生产规模降价成本,提高了产品在世界市场上的竞争能力。

二是在全球范围选择进口廉价原材料。日本虽是资源贫乏的国家,但在20世纪70年代初,能源危机之前,原材料价格便宜,日本企业可以在全球范围选择进口优质而价廉的矿石、煤炭、石油等原材料,并建成了世界最大的海底仓库。

以上两个原因是否充分解释了日本钢铁企业的崛起呢?

20世纪70年代以来,日本企业原有的一些优势实际已经丢失或减弱。从1957年到1975年,日本钢铁企业单位劳动时间和工资费用提高了8倍,而同时期美国仅提高了2倍,战后以廉价劳动力为武器而取得竞争优势的日本钢铁企业,原来的"武器"越来越不顶用了。为了维持日本钢铁企业的成长,只要有可以降低成本的机会,日本企业都会尝试。

例如,20世纪50年代末,美国和日本均相继建成了一批容积为2000立方米的高炉。10年以后,日本相继建成了一大批容积超过5000立方米的超大型高炉,而美国新建的高炉没有一座超过4000立方米,且数量也不多。

1982年,日本的高炉60%超过2000立方米,而美国超过2000立方米的高炉不足10%。从1951年到1970年的20年间,日本钢铁界建成了12个从炼铁到炼钢流水作业的钢铁厂,所建成的钢厂在当时均是世界上规模最大的。美国在1951年后仅建成了两个从炼铁到炼钢流水作业的钢铁厂,不仅数量少而且规模也小,这两家新建的连续作业钢铁厂所生产的粗钢,仅占美国全年粗钢总产量的5%。而日本新建的12家连续作业钢铁厂所生产的粗钢,占日本全年粗钢总产量的75%以上。

日本钢铁企业降低成本的另一个途径是尽可能地采用先进技术。如在生产工艺技术方面采用了纯氧顶吹技术、连续浇铸技术,在管理方面则广泛地应用计算机提高工作效率,这两方面的技术都带来了大量的成本节约。

合理的生产布局是日本钢铁企业获得低成本优势的又一源泉。日本考虑到原料进口到产品出口的特点,厂址选择倾向于靠近海港,不少工厂都建在海港内,以降低运输成本。例如,日本钢管公司建设的世界上最大的钢铁厂——扇岛钢铁厂,就是建在人工造的小岛上。该小岛系从1971年开始填海而成。

石油危机之前,日本炼钢投入的主要能源是石油。石油价格成倍上涨后,日本钢铁企业立即着手改变能源技术结构,用煤炭代替石油并与采用新技术实现企业的技术改造相结合,从1974年到1980年,日本国内所有钢铁企业,全部实现用煤炭代替石油。日本企业为此花费了大量投资,但同时却建成了占全国生产能力80%的节能型连续浇铸系统。日本的炼钢能耗比欧美国家都低。

日本的钢铁企业在顺应环境的变化和不断提高企业竞争能力方面,不愧是世界企业的典范。但是,由于全球性钢铁需求的下降及全球经济结构的变化,加上兴起的发展中国家也拥有先进的技术和廉价劳动力的优势,日本的钢铁企业也不可避免地面临了严峻的挑战。为应对此挑战,日本的川崎制铁公司于1986年6月设立了"川崎技术研究"部门,从事新事业开发。该部门的方针为"制敌抢先",只要能抢在其他企业之前上市的商品,都可能成为开发对象。川崎公司时常利用进习、研修方式改变干部的观点,强化其应变能力,如

1984 年的研修论题就是"世界钢铁业的兴衰与公司的应对之策"。

根据上述情况,请回答下列问题:

1. 日本在 20 世纪 50 年代至 70 年代建成的 12 个钢铁厂的生产能力普遍比美国新建的钢铁厂大,说明日本钢铁业在追求(　　)。

 A. 降低钢铁生产的机会成本   B. 降低钢铁生产的运输成本

 C. 钢铁生产的规模经济   D. 钢铁生产的技术进步

2. 以下(　　)对日本钢铁业的发展约束最大。

 A. 自然资源   B. 劳动力资源

 C. 资本资源   D. 企业家才能

3. 钢铁行业属于(　　)产业。

 A. 劳动密集型   B. 资本密集型

 C. 知识密集型   D. 高新技术型

4. 20 世纪 80 年代初以前,日本钢铁业的竞争战略属于(　　)。

 A. 低价格战略   B. 差异化战略

 C. 海外市场集中化战略   D. 新事业开发战略

5. 全球性钢铁需求开始下降,说明世界钢铁业处于寿命周期的(　　)。

 A. 成长期   B. 成熟期

 C. 衰退期   D. 投入期

第三篇 组 织

- 组 织
- 人力资源管理

第八章　组　织

【学习目标】

通过本章内容的学习，学生将了解和掌握组织的概念、职能、原则和理论演进，组织结构与组织结构设计；职权的概念和企业组织的职权结构，授权的概念，责任、职权和职责的关系，授权的好处以及如何授权的问题，分权的含义、好处和缺点；直线部门和参谋部门，职能型组织，事业部制组织，模拟分权型组织，矩阵型组织，横向结构的演化；组织一体化及其路径选择等内容。

【导入案例】

实达集团的重组失败

1998 年 11 月，上市公司实达集团以 300 万元的咨询费，聘请全球知名的麦肯锡咨询公司为其进行管理咨询。由于自 1998 年秋天开始，实达集团的销售业绩开始滑坡，管理层感到企业对多产品营销的管理没有跟上，因此引进了管理咨询顾问。麦肯锡咨询公司提出的组织重组的改革方案是：取消集团公司下属的各个供产销自成体系的子公司，重组为集团统一整合的事业部制。市场营销和销售在集团层面分开，市场营销部制订集团硬件产业发展的战略规划和年度计划，而销售事业部统一地向行业客户和商用、家用客户销售所有的实达集团的产品。但是，这个符合国际性企业管理体制潮流的方案，最终在实达集团遭到了失败。1999 年上半年，实达集团的经营业绩大幅滑坡。1999 年 6 月，管理重组正式宣告失败，最后又取消了事业部制，重新回到原来的母子公司制。

实达集团为这次管理重组的失败付出了昂贵的学费，不仅仅是这 300 万元的咨询费，更多的是由于这次机构重组的流产，给整个集团在管理上、干部的心态上带来的影响和冲击。另外，大量的应收账款、物资、库存的积压，由于机构调整中的交接不清和混乱，形成了一笔笔在子公司和分公司之间说不清的烂账，最后在整体上造成了高达 1.3 亿元的亏损。

组织是保证决策目标和计划有效落实的一种管理职能。管理人员一旦确定了组织的基本目标和方向,并制定了明确的实施计划和步骤之后,就必须通过组织职能为决策和计划的有效实施创造条件。哈罗德·孔茨曾经说过,为了使人们能实现目标而有效的工作,就必须设计和维持一种职务结构,这就是组织管理职能的目的。组织的高效率运行,首要的是设计合理的组织结构。虽然优秀的管理人员能使一个组织充分发挥其作用,但合理的组织结构会提高管理人员成功的机会。

第一节　组织与组织结构

一、组织概述

1. 组织的概念

在现实生活中,组织有两层含义:其一,是指为达到一定目的而协同工作、通过某种规范的关系联结起来的人群共同体,是人类从事社会化大生产的必要条件,工厂、机关、学校、医院、各级政府部门、各个党派和政治团体,这些都是组织;其二,是指确定所要完成的任务、由谁来完成以及如何管理和协调这些任务的过程,是对组织所拥有资源的分配与协调过程。要实现对组织所拥有资源的分配与协调,管理者必须根据组织的战略目标和经营目标来设计组织结构,配备人员和整合组织力量,以提高组织的应变力。

管理学意义上的组织指的是第二层含义,其内涵包括如下:

(1)确定组织各层级的目标和任务

任何组织都有其使命,而使命要依靠一个个具体目标的实现来完成。目标是一个体系,它是由总目标逐层分解而得到的。在目标确立后,需要确立各个层级、不同部门直至每一岗位的任务要求。目标的实现依赖于任务的完成。

(2)分工和协作

组织是一个整体,这就决定了分工与协作的必要性。组织中有不同的部门,每一部门有各自不同的目标和任务,利益冲突在所难免。这就要求组织做好分工与协作,引导各部门站在全局的立场上考虑问题,以利于组织整体的发展。

(3)权责对等

组织分工后,也就赋予了组织各部门乃至个人相应的权力和责任,权责对等是管理的一项重要原则。完成任何一项任务,必须在明确责任的同时,拥有相应的权力。

（4）组织是一个活动过程

组织职能体现在对组织所拥有资源的分配与协调过程之中。组织拥有的资源是有限的，如何把有限的资源分配到不同层级、不同部门乃至每一个岗位，则是一个集科学性、原则性和灵活性于一体的复杂工作。在此过程中，组织领导者需要协调各方关系，维护各方利益。

2. 组织职能

作为管理的一项基本职能，组织职能是指在组织目标已经确定的情况下，将实现组织目标所必须进行的各项活动加以分类组合、进行管理层级和管理部门的划分，并将完成目标所必需的某种职权授予各部门、各层级，从而进行指挥、监督和控制的活动过程。具体来说，组织职能包括以下四方面内容：

（1）围绕组织目标，设计和建立一套组织机构和职位系统；

（2）确立职权关系，把各层次、各部门结合成为一个有机的整体；

（3）与管理的其他职能相结合，以保证所设计和建立的组织结构有效的运转；

（4）根据组织内外部因素的变化，适时调整组织结构。

3. 组织原则

设计和建立合理的组织结构，并根据组织内外因素的变化而适当地调整组织结构，维持组织的正常运转，其目的都是为了更有效地实现组织目标。那么，在组织工作中，为了更有效地实现组织目标，还应遵循以下几项基本原则：

（1）目标需要原则

任何一个组织的存在，都是由它特定的目标所决定的。例如，企业中的管理组织结构，是为实现企业经济效益而设立的，其目的就是为了把各级管理人员与全体员工组织起来，结合为一个有机的整体。所以，在建立组织结构时，一定要明确组织的目标是什么，每个部门的目标是什么，以及每个人的工作是什么，根据目标的需要来设置职位，形成组织。组织中的每一部门、每个成员虽然都有各自的目标，但这些目标是以支持组织总目标的实现为前提的，都是为实现组织总目标。只有做到组织目标的一致性，才能实现组织的整体性、统一性，增强组织对成员的凝聚力。

（2）统一协调原则

统一是指组织上下级之间政令必须统一，不能政出多门，要求组织机构完整严谨，把同类业务划归同一机构管理，以免职责混乱、推诿扯皮。同时，一个行政机构中的下属人员只能由一个上司领导，下级工作人员只能向一个上级主管人员负责。如果下级处于多头领导之中，下属容易无所适从。

协调是指一个组织所有单位和部门要目标一致、和谐相处，分工越细，合作越重要。只有部门的密切配合、上下沟通、左右协调，分工合作才可能实现。

（3）权责一致原则

职权和职责是组织理论中的两个基本概念。职责是指职位的责任和义务；职权则指一定职务范围内，为完成其责任所应具有的权力。在创设组织结构时，既要明确规定每一管理层次和各职能部门的职责范围，又要赋予完成职责所必需的管理权限。只有职责，没有职权或职权太小，管理者积极性和主动性就会受到束缚，实际上也不可能承担起应有的责任；相反，只有职权，没有责任，就会导致滥用权力，瞎指挥，产生官僚主义。所以，设置什么样的机构，配备什么样的人员，规定什么样的职责，就要授予什么样的职权。

一般地讲，组织的任务目标决定组织形式，依据组织形式设置岗位，岗位责任决定职位权力。从这个角度上讲，权力应该是责任的函数，因此在明确了岗位职责之后，便可根据执行职责的需要，赋予相应的权力。

（4）集权与分权相结合原理

集权与分权相结合的领导体制，能确保组织的灵活性和适应性。如果权力过度集中，高层管理者事无巨细都要过问，这不仅会使高层管理者陷于繁杂的事务性工作中，忽视有关组织战略性、方向性重大问题的思考与决策，而且长期如此，必然会助长官僚主义作风的形成，挫伤基层管理者的积极性与创造性。适度的分权则可减轻高层管理者的负担，使其集中精力抓大事，使基层管理者有职、有权、有责，发挥他们的聪明才智，保证组织高效率的运转。在具体组织工作中，究竟哪些权力应该集中、哪些权力应该实行分散，并没有统一的模式，这要根据组织的具体性质，结合一定的经验和组织所处的内外环境等共同确定。

（5）幅度适宜原则

从纵向看，组织管理级次的多少称为管理层次；从横向看，组织管理范围的大小称为幅度。

幅度实际上就是上级主管直接领导的下级人数。现代组织理论研究认为，组织的控制幅度不能作硬性规定，它受多因素的影响，如层次和幅度的关系（在管理人员一定的情况下，管理层次和管理幅度成反比关系），工作性质的异同（同者幅度可宽，反之宜窄），工作的复杂难易（易者可宽，反之宜窄），被管理者素质的高低（高者可宽，反之宜窄），被管理部门远近（近者可宽，反之宜窄）等，要具体问题具体分析。但是，大体上的一般范围还是有的，即领导幅度控制在 5～12 个之间可能比较合适。不过上层、中层、基层又有区别，上层组织的工作以决策为主，中层组织的工作以管理协调为主，基层组织的工作大多是具体执行性的，因此，中上层组织的管理幅度应窄一些，而基层组织的管理幅度可以宽一些。

（6）信息沟通与层次控制原则

组织的运行是否灵活、高效,有赖于信息沟通的优劣。所以组织结构的设置,必须考虑到是否有利于信息沟通,即要求信息在组织的各层次间顺畅传递,在组织的横向部门间互相沟通,而且还要有灵敏的信息反馈通道。从有利于信息沟通的角度,组织结构的设置应注意以下问题:

① 组织的层次应尽可能减少;

② 要加强同一层次不同部门的沟通;

③ 反馈机构和协调机构可设在同一层次上,这样可使问题及时被发现并得到解决。

4. 组织理论

（1）传统组织理论

管理学界一般把在组织的设计过程中以工作需要为中心、以完成工作任务为唯一目标,通过职位权力来维系组织成员之间相互关系的理论称为传统组织理论。该理论产生于 20 世纪初至 30 年代末。被称为科学管理之父的泰罗、管理过程之父的法约尔和组织理论之父的韦伯是传统组织理论的代表人物,他们有以下共同的观点:

① 管理工作的中心是提高效率,是为了高效率地完成工作任务;

② 权力是绝对的,使下属服从权力才是推动组织发展的动力;

③ 应该把计划职能同执行职能相分离;

④ 决策必须高度集中,组织的最高领导者才能行使组织的决策权;

⑤ 宝塔式的组织结构是最理想的组织结构;

⑥ 组织中每个成员只能被上级管理者所支配,他们就好像一部机器上的零件,根据需要而服从命令。

传统组织理论的创造者提出了加强组织内部管理的一些基本原则和管理方法,今天看来,这些原则和方法虽然存在着不少弊端,还需要在具体运用中加以修正、补充和完善,但现在仍然应用于许多组织管理活动之中,如分工原则、专业化原则、统一指挥原则、控制管理幅度原则、严格规章制度、标准化和差别工资制度等,仍然显示出强大的生命力。

（2）行为组织理论

大量的试验表明,人既不是纯粹意义上的经济人,也不是纯粹意义上的社会人。因此,组织结构的设计与建立,既要考虑组织目标任务的完成,也要考虑组织成员的社会心理要求。人们通常把包含上述观念的理论称为行为组织理论。行为组织理论形成于 20 世纪 30 年代至 60 年代。主持完成霍桑实验

的行为学家梅奥、心理学家马斯洛,还有麦格雷戈、赫茨伯格、弗鲁姆等都是这种理论的代表人物,他们有以下共同的观点:

① 人是组织的主宰;

② 领导者要根据人的兴趣和爱好分配工作,因事择人、量才而用;

③ 在组织设计、建立和运作过程中,要重视非正式组织的作用;

④ 在组织内部建立融洽的工作关系、公平的报酬机制、适宜的激励机制和良好的人际关系是组织成员在工作中追求的目标之一;

⑤ 新型领导者的任务就在于不断提高组织成员的工作满足度。通过工作满足度的增加,提高组织成员的士气,从而达到提高效率的目的;

⑥ 随着社会的发展、客观环境的变化,人的需要是不断变化的,而且在组织中居于主导地位。因此,只有不断满足人的需要,才能从根本上发挥人的主导作用。

行为组织理论的倡导者发现了人的社会性一面,看到了人在组织中的主导地位及作用。因此,他们强调工作中应该发挥人的主动性,但是不能忽视专业化、分工、统一指挥和规章制度的作用。只有在坚持专业化和分工等一些基本管理原则、恰当地应用适宜的管理方法的前提下,充分地注意到组织人员的社会性,才能使生产效率得以真正的提高。

(3)现代组织理论

现代组织理论是 20 世纪 60 年代以后才逐渐形成和发展起来的。它是随着知识经济的迅速发展,组织管理实践的不断深入,在传统组织理论和行为组织理论的基础上,为适应各种情况的巨大变化而发展起来的。美国管理学家巴纳德、西蒙、彼得·圣吉等人是现代组织理论的代表人物。他们有以下共同的观点:

① 组织是一个人们有意识地加以协调的各种活动的社会系统。每个成员在克服其心理、生理、物质和社会的限制时,必须自觉地进行协作,同时也能够自觉地协作。组织最关键的人物是经理人员。

② 组织是一个开放的理想模式,组织的外部环境对组织内部结构和组织的管理起着重要的作用,环境变量和管理变量存在一定的函数关系。环境变量既包括组织的外部环境也包括组织的内部环境;而管理变量则指组织中管理者所选择的管理模式、管理理念和管理技术。

③ 组织是社会大系统中的一个子系统,组织有其特有的生存价值、社会作用和性质特征。人是组织的中心,随着社会的进步,人在管理中的作用越来越重要,因此,应该树立把人作为管理的核心、把人的管理作为整个管理工作的重心的人本管理思想。

④ 未来真正出色的充满活力的组织是一种学习型组织。传统的组织类型已越来越不适应环境变化的要求，真正健康发展的组织，将是能够使组织成员全心投入工作并有能力不断学习的组织。组织有崇高正确的核心价值、信念和使命，具有强大的生命力和实现组织共同目标的动力。

⑤ 组织经营的好坏不能单纯用利润指标来衡量。既要考虑组织成员的需求能否得到满足，特别是人的情感上的满足，还要看组织的目标及任务与其使命是否一致，即组织的目标与其社会要求的目标是否一致，在此基础上考虑经营的效果。使组织成员都感到自己存在的价值，受到组织的尊重与信任。

现代组织理论坚持的是系统观、权变观和人本观。组织是一个复杂的系统，是一个开放系统，组织与其环境、组织内各子系统之间都存在着有机联系。社会的发展也要求组织的多样性，管理的目的就是要根据具体情况进行组织设计和管理模式的选择，充分考虑工作性质及人员的特殊要求。

二、组织结构

1. 组织结构的定义

组织结构是组织中正式确定的使工作任务得以分解、组合和协调的框架体系。组织结构是分工与协作关系的具体体现，是组织自上而下的结构体系，该体系包括以下四方面内容：

（1）职能结构，即完成组织目标所需的各项工作及其比例关系；

（2）层次结构，即各管理层次的构成，又称组织的纵向结构；

（3）部门结构，即每一管理层级上各管理部门的构成，又称组织的横向结构；

（4）职权结构，即各层次、各部门在权力和责任方面的分工及相互关系。

2. 典型的组织结构图

对组织结构的研究通常是从组织结构图开始的，组织结构图标明了组织中的职位以及职位的排列顺序。组织结构图给我们展示了组织的汇报结构（即谁向谁汇报）以及不同个体的不同任务。图 8-1 所示为典型的组织结构图。

该典型的组织结构图蕴含的信息有：

（1）方框代表不同的工作；

（2）方框中的名称表明每个单位负责的工作；

（3）实线注明了汇报与职权关系；

（4）水平排列的方框代表着管理层次。所有同一级别并向同一人汇报的个人或部门都在同一个等级水平上。

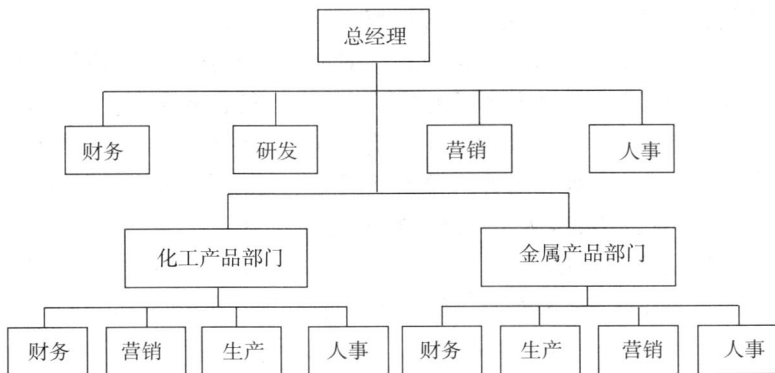

图 8 - 1　典型的组织结构图

3. 管理幅度、管理层次及组织结构的基本形态

(1)管理幅度

在组织中,任何主管能够直接有效地指挥和监督的下属数量总是有限的,这个有限的直接领导的下属数量被称作管理幅度。从形式上看,管理幅度表现为上级主管直接管理下属人员的多少,但是由于这些下属人员分担了上级主管某些管理工作,因此,管理幅度的大小从一个侧面反映该主管直接控制和协调业务量的多少。在组织内,管理幅度不宜过宽。

(2)管理层次

在组织中,最高主管委托一定数量的人分担其管理工作,最高主管的委托人也需要将受托担任的部分管理工作再委托给另一些人来协助进行,依此类推,直至受托人能直接安排和协调组织成员的具体业务活动,由此形成组织中最高主管到具体人员之间的不同的管理层次。所以说,管理层次实质就是组织纵向管理的等级层次。

(3)管理层次与管理幅度的关系

在组织规模已定的条件下,管理层次与管理幅度成反比例关系:主管直接控制的下属越多,管理层次越少;相反,管理幅度减小,则管理层次增加。在管理层次与管理幅度的关系中,管理幅度起主导作用,即管理幅度决定管理层次。这是由管理幅度的有限性所决定的,因为任何主管的知识、经验和精力都是有限的,所以管理幅度总是有限的;同时,管理层次对管理幅度也存在一定的制约作用,因为管理层次过多,沟通难度加大,效率就会下降。

(4)两种基本的组织结构形态

管理幅度与管理层次间的互动关系决定了组织管理结构的基本形态。通常,组织结构形态可分为两大类,即扁平结构和锥型结构。

扁平结构是指组织规模已定,管理幅度较大,管理层次较少的一种组织结构形态。扁平结构的优点有:①信息传递速度快,便于高层尽快发现问题,采取纠偏措施;②传递的信息失真可能性较小;③有利于下属主动性和首创精神的发挥。扁平结构也有其局限性,主要有:①主管不能对每位下属进行充分、有效的指导和监督;②每位主管从较多下属处取得信息,众多的信息可能淹没其中最重要、最有价值者,从而可能影响信息的利用。

锥型结构是管理幅度较小,从而管理层次较多的高、尖、细的金字塔形态。锥型结构的优点主要有:①便于主管对下属进行详尽的指导;②便于主管仔细研究从每个下属那儿得到的有限信息。锥型结构也有其局限性,主要有:①影响信息的传递速度;②造成信息在传递过程中失真;③过多的管理层次,可能使下层主管感到自己在组织中的地位相对渺小,从而影响积极性的发挥;④过多的管理层次,往往容易使计划的控制工作复杂化。

4. 影响管理幅度的因素

尽管不同的组织拥有各具特色的管理幅度,努力确定一种适用于任何组织的管理幅度是没有意义的,也是不可能有结果的,但是对有关管理幅度影响因素的探讨,将有助于判断管理幅度的有效性问题。

(1)工作能力

主管和下属的工作能力强(主要包括综合能力、理解能力、表达能力、实践能力等),管理幅度便可适当放宽。主管的工作能力强,他可以从更多的下属那儿接受信息;下属的工作能力强,可以独当一面,无需主管事必躬亲,则主管可以有更多的时间和精力处理一些复杂工作,下属多一些也无妨。

(2)工作内容和性质

工作内容和性质的不同,影响管理幅度的表现主要有以下几个方面:

① 主管所处的管理层次

主管所处的管理层次越接近组织的高层,主管人员的决策职能越重要,其管理幅度往往较小;主管所处的管理层次越接近组织的中下层,主管人员的操作职能越重要,其管理幅度往往较大。

② 下属工作的相似性

下属从事的工作内容和性质相近,则对每个人工作的指导和建议也大体相同,管理幅度可适当放宽;反之,管理幅度需适当控制。

③ 计划的完善程度

制订的计划详尽周到,下属对计划的目的和要求明确,主管对下属指导所需的时间就不多,便可增加管理幅度;反之,下属会就计划本身向主管进行咨询,主管便没有更多的精力去指导下属,管理幅度就要减少。

④ 非管理事务的多少

主管的非管理事务越多,将耗费主管较多的精力,主管便没有更多的时间和精力去考虑下属,对管理幅度也会产生消极的影响。

(3)工作条件

工作条件的好坏,也会影响管理幅度的大小。主要表现为以下四个方面:

① 助手的配备情况

如果给主管配备了必要的助手,由助手和下属进行一般的联络,并直接处理一些明显次要的问题,则可以大大减少主管的工作量,增加其管理幅度。

② 信息手段的配备情况

利用先进的信息手段来收集、处理、传输信息,可以大大提高主管的工作效率,有利于扩大主管的管理幅度。

③ 工作地点的相近性

下属的工作岗位在地理上的分散,会增加下属与主管以及下属间的沟通困难,从而影响主管下属的数量。

④ 工作环境

组织环境越稳定,各层主管人员的管理幅度就可以适当增加些;组织环境越不稳定,各层主管人员的管理幅度越受到限制。这是因为环境变化快时,下级向上级的请示就越有必要,越经常。同时,上级能用于指导下属工作的时间和精力就越少,因为他要花更多时间来关注环境的变化。

三、组织结构设计

1. 组织结构设计的内容

组织结构设计不仅仅是描绘一张正式的组织结构图,或根据组织的人员配备和职能管理需要增设或减少几个职能部门,它的目的是帮助组织围绕其核心业务建立起强有力的组织管理体系。这种组织管理体系是组织核心能力的一个重要组成部分。

组织结构设计是指为了有效地实现组织目标而形成工作分工与协作关系的策划和安排过程,即用以帮助达到组织目标的有关角色、职务、权力、责任、流程、信息沟通、利益等的正式安排。

组织结构设计的主要任务是在分析确立组织的基本目标和宗旨的基础上,明确组织的基本战略和核心能力,设计组织架构,明确部门使命与职责、岗位设置和职责及人员编制,建立清晰的权力体系,明确组织决策和冲突解决的规则或制度,建立各部门、各关键责任人的考核与激励机制,梳理基本业务流程和管理流程,并建立组织的内部协调和控制体系。

广义的组织结构设计包括三项工作：一是设计能够有效控制和协调组织内部权力、责任、资源分配和各种职能活动的正式组织结构；二是为组织构造作为组织管理和决策过程基础的正式信息交流渠道和非正式信息交流渠道；三是为组织建立组织文化和组织管理规则。在实践中，第一项工作的重点是通过简化正式组织结构，降低组织管理成本，增强组织结构应付外部环境变化的灵活性，从而达到提高组织管理效率的目的。组织决策过程的运行依赖于管理人员控制和影响信息流量、内容和方向的能力，信息交流渠道是管理人员信息交流能力的关键性决定因素。传统的组织管理并不重视由人际关系构成的非正式信息交流渠道，现在这种观点已被认为是一种偏见。组织文化和组织管理思想的作用是在组织管理过程中形成一种具有很强凝聚力的共同价值观念或信念，可见，第三项工作是组织结构设计中不可缺少的。

组织结构设计是一项复杂的系统工程，需要很强的专业技能、协调人际关系的技巧及同行和其他行业最好的实践经验，企业通常很少具备这些条件。借助外脑完成组织结构设计，既可以获得需要的技能、经验和知识，又能够避免因内部权力纠缠引起的矛盾，保证它的客观性和公正性，还能避免公司内部各层级人员"当局者迷"的问题。

需要指出的是，一个时期设计出来的组织结构，可能要在运行一段时间后进行再设计或重组变革，并采取有效的变革管理措施使之顺利地过渡到一种新的状态，这就是"组织再造"。

2. 组织结构设计的作用

搞好组织结构设计与组织再造工作意义非同一般。从现代管理研究的最新成果看，决定一个企业是否优秀，能否持续经营，不是看组织的领导人多么伟大，重要的是看组织结构是否能让平凡的员工通过不平凡的努力，创造伟大的业绩；反之则会让优秀的员工仅仅做出平凡的业绩。那么，是什么导致了这两种截然不同的组合效果呢？或者说，为什么"整体可能大于各部分的总和"，也可能相反呢？其根本的原因就在于组织结构不同，要素组合在一起的方式不同，从而造成了要素间配合或协同关系的差异。

组织结构设计得好，可以形成整体力量的汇聚和放大效应。否则，就容易出现"一盘散沙"，甚至造成力量相互抵消的"窝里斗"局面。也许正是基于这种效果，人们常将"组织"誉为与人、财、物三大生产要素并重的"第四大要素"。也正是在这一意义上，美国钢铁大王卡内基这样说道："将我所有的工厂、设备、市场、资金夺去，但只要公司的人还在，组织还在，那么，四年之后我仍会是个钢铁大王。"由此，不难看出组织及组织工作的重要性。

近几年来,对于企业竞争优势的关注开始集中于组织内部结构和组织行为。有学者提出企业竞争力和竞争优势的核心不是依赖于拥有特定的组织资源或能力,这些通常可能被其他公司模仿或购买。更准确的表述是,竞争优势来源于组织内部运行机制,它确保企业经营的不同方面得以协调,如它的市场范围和它的技能、资源和程序。企业可以被视为其构成要素相互依赖的系统,所有的要素都必须在市场中保持协调一致,正是这些要素复杂而模糊的互补关系及组织协调战略目标的能力和执行的程度,给了企业一些特殊的、难以完全模仿的能力,形成了组织竞争优势的来源。

3. 组织结构设计的原则

在组织结构设计过程中,要遵循以下原则:

(1)任务与目标原则。企业组织设计的根本目的,是为实现企业的战略任务和经营目标服务的,这是一条最基本的原则。

(2)专业分工和协作的原则。在合理分工的基础上,各专业部门只有加强协作与配合,才能保证各项专业管理的顺利开展,以达到组织的整体目标。

(3)有效管理幅度原则。由于受个人精力、知识、经验条件的限制,一名领导人能够有效领导的直属下级人数是有一定限度的。

(4)集权与分权相结合的原则。集权是大生产的客观要求,它有利于保证企业的统一领导和指挥,有利于人力、物力、财力的合理分配和使用。而分权是调动下级积极性、主动性的必要组织条件。合理分权有利于基层根据实际情况迅速而正确地做出决策,也有利于上层领导摆脱日常事务,集中精力抓重大问题。因此,集权与分权是相辅相成的,是矛盾的统一。

(5)稳定性和适应性相结合的原则。在组织设计时,既要保证组织在外部环境和企业任务发生变化时,能够继续有序地正常运转;同时又要保证组织在运转过程中,能够根据变化了的情况做出相应的变更,组织应具有一定的弹性的适应性。为此,需要在组织中建立明确的指挥系统、责权关系及规章制度;同时又要求选用一些具有较好适应性的组织形式和措施,使组织在变动的环境中,具有一种内在的自动调节机制。

4. 组织结构设计的程序

(1)分析组织结构的影响因素,选择最佳的组织结构模式。组织结构的主要影响因素涉及以下四个方面:

① 企业环境。企业面临的环境特点,对组织结构中职权的划分和组织结构的稳定有较大的影响。如果企业面临的环境复杂多变,有较大的不确定性,就要求在划分权力时给中下层管理人员较多的经营决策权和随机处理权,以增强企业对环境变动的适应能力。如果企业面临的环境是稳定的、可把握的,

对生产经营的影响不太显著,则可以把管理权较多地集中在企业领导手里,设计比较稳定的组织结构,实行程序化、规模化管理。

② 企业规模。一般而言,企业规模小,管理工作量小,为管理服务的组织结构也就相应简单;企业规模大,管理工作量大,需要设置的管理机构多,各机构间的关系也相对复杂。可以说,组织结构的规模和复杂性是随着企业规模的扩大而相应增长的。

③ 企业战略目标。企业战略目标与组织结构之间是作用与反作用的关系,有什么样的企业战略目标就有什么样的组织结构,同时企业的组织结构又在很大程度上,对企业的战略目标和政策产生很大的影响。企业在进行组织结构设计和调整时,只有对本企业的战略目标及其特点,进行深入的了解和分析,才能正确选择企业组织结构的类型和特征。

④ 信息沟通。信息沟通贯穿于管理活动的全过程,组织结构功能的大小,在很大程度上取决于它能否获得信息、能否获得足够的信息以及能否及时地利用信息。

(2)根据所选的组织结构模式,将企业划分为不同的、相对独立的部门。

(3)为各个部门选择合适的部门结构,进行组织机构设置。

(4)将各个部门组合起来,形成特定的组织结构。

(5)根据环境的变化不断调整组织结构。

第二节　纵向结构

为理解组织中上下级关系、职权、职责等概念,有必要从组织结构的纵向层面开始讲起。

一、组织中的职权

1. 职权的含义

职权是法定的制定决策和告诉其他人做什么的权力。如上级拥有向下属发号施令的职权。关于职权有三点需要说明:

(1)职权是每个组织的职能基础,没有职权则无法行使职能;

(2)职权与职位是紧密相连的,与个人特质无关;

(3)传统的职权是经营企业的基本方式,如主管给下属命令,下属遵照命令行事,完成主管交给的任务,从而推进组织向目标不断前进。

2. 职权的种类

职权分为三种形式,即直线职权、参谋职权和职能职权。

（1）直线职权

直线职权是指管理者直接指挥下属工作的职权。该职权自组织的高层开始，直至组织的最低层，形成所谓的权力线。直线职权来源于层级组织中担当某一职位而拥有的命令指挥权。

（2）参谋职权

参谋职权是指管理者拥有某种特定的建议权或审核权，可以评价直线人员的活动情况，进而提出建议或提供服务。该职权主要是支持和弥补直线人员能力方面的缺陷和障碍。参谋职权源于个人具有的专长和专业技术知识而拥有的技术能力职权。

（3）职能职权

职能职权是指一种权益职权，是由直线管理者向自己辖属以外的个人或职能部门授权，允许他们按照一定的程序和制度，在一定的职能范围内行使的某种职权。职能职权的设立，主要是为了能发挥专家的核心作用，减轻直线主管的工作负荷，提高管理工作的效率。职能职权是由于个人能够有效地激励、领导和影响他人而拥有的管理能力职权。

二、授 权

1. 授权的含义

授权是将职权和责任分配给更低一级下属的行为。关于授权的几点说明：

（1）授权涉及职权在不同管理层次和管理幅度上的被分配；

（2）授权要求下属及时报告任务完成情况；

（3）授权或许是管理最基本的特征之一，因为它使工作由他人完成；

（4）授权在所有层次都是重要的。

2. 责任、职权和职责

当授权发生时，涉及三个重要的概念，即责任、职权和职责。

（1）责任

责任是指一个人被分配了一项他或她应该完成的任务。

在分配责任时，管理者也应该授予下属一定的职权来完成这项任务。

（2）职权

如前所述，职权指法定的制定决策和告诉其他人做什么的权力。它表明一个人有能力和权力做出决策、下达命令，利用资源和做任何必要的工作来完成责任。

有趣的是，人们通常要负担比职权更多的责任，他们通常必须通过非正式的影响策略而不是纯粹依靠职权尽力工作。

（3）职责

当管理者授权时，下属要对达到的成果负有职责。

职责指下属的管理者有权期待下属完成工作，并在没有完成时采取补救措施；下属必须向上级报告他或她任务的完成情况和完成质量。

需要特别指出的是：最终的责任——对更高上级的职责——还由管理者来负担。管理者不但对他们自己的行动而且对他们下属的行为也负有职责、承担责任。因此，管理者不能把授权给他人当作逃避自己责任的借口。

3. 授权的好处

授权的好处大体归纳为两方面：

一方面，管理者通过把他或她自己的责任分给其他人而节省时间，可以把精力抽出来从事像计划、设定目标和监控业绩等更重要、更高级的工作；另一方面，授权使下属有机会执行一项更重要的任务，使下属有机会发展新技能，为日后承担更大的责任或晋升积累资本。

4. 有效授权的原则

（1）信任原则

疑人不用，用人不疑。一方面，授权需要信任，没有信任，不能授权，可以说授权是信任的结果；另一方面，一旦授权就要信任他，所以，信任又是授权的开始。这就要求授权后，授权人一不要包办代替，过多干预，要放手让下属在授权范围内大胆工作、努力创新，以发挥他们的工作积极性；二不要疑心太重，甚至听信流言谗言，要"既授之则安之"；三不要大惊小怪，要有宽容心态，允许下属一定的失误，并帮助其总结经验教训，改进工作。当然，在出现需要削弱乃至完全收回授出权力的特殊情况时，领导者必须削弱或收回其权力，这与信任不疑并不冲突。

（2）慎选原则

授权既是一门艺术，也是一项政策性、原则性很强的严肃性工作，必须慎重行事。除慎重地确定授权范围和大小外，特别要注意选好被授权者。如果被授权者选择不好，不仅难以取得预期的授权效果，反而会给授权者带来麻烦。

（3）层级原则

一个组织从最高主管到每一层级下属人员的职权系统越明确则决策和信息沟通工作就越有效。下级人员必须知道是谁授予自己的职权，当遇到超出职权范围内的问题，应该向谁请示。

（4）适度原则

各级管理者授权要掌握"度"，既不能过小，也不能过大。过小，就可能压抑了下属的积极性,不利于他们尽职尽责;过大,就会大权旁落,造成授权者不好控制,命令指挥就难以执行。

(5)权责对等原则

授权时必须保证被授权者的职权与职责相一致,即有多大的权力就应担负多大的责任,做到权责统一。授权有个误区,就是在授权时只给下属相应的责任而没有给下属充分的权力,这种授责不授权的做法是大错特错的。下属履行其职责,必须要有相应的权力。只有责任而没有权力,则不利于激发下属的工作热情,即使处理职责范围内的问题也需不断请示管理者,这势必造成下属的压抑、工作效率的低下甚至错过组织发展的机遇。同样,只有权力而没有责任,又可能会使下属不恰当地滥用权力,最终会增加管理者的过程控制难度。

(6)可控原则

授权绝对不是弃权,没有可控制的授权就是弃权。授权者应该经常综合观察全局的计划进程,对可能出现的偏离目标的局部现象要进行协调,对被授权者实行必要的监督。因此,授权需指导、反馈、评价、监督,即领导者在授出权力后,既有指导帮助的义务,也有监督检查的权利。科学的指导与合理的监督是相辅相成的,提倡在指导中监督,在监督中指导,二者都是保证有效授权的手段。指导主要包括以下三点:第一,领导者要帮助下属制定大政方针、工作规划、工作程序等;第二,领导者要同下属一起分析工作中可能遇到的问题与障碍,提出预防应急预案;第三,领导者要及时了解下属工作进程,判断"权"、"事"是否相当,并给予必要的协调、引导与协助,必要时还要追加授权。监督主要包括以下三点:第一,有效追踪,领导者亲自考察考核或下属定期不定期的汇报,或两者兼备,授权双方都要有沟通的积极性和主动性;第二,上下互通,互相补充,特别是授权人要对下属的工作给予及时的反馈,特别是对事不对人的具体的反馈既是对下属的指导,也是监督;第三,适度控制,既要监督工作情况,又不干涉下属具体工作,既要提出意见建议,又要避免影响信任,既要该奖则奖,又要当罚则罚。

5. 管理者如何授权

授权是一项程序性很强的工作,更是对管理者管理水平的一次很好的检验。有效的授权要求管理者按以下步骤进行:

(1)简洁地确定目标

确定目标是有效授权的前提。要想成功,首先要有一个明确的、现实的且富有挑战性的目标。当一个人不知道他驶向哪个港口时,所有的风向都是错误的。要想通过授权取得良好的业绩,一定要使员工能够看到组织期待他实现的最终目标,只有清晰的目标导向才能把成功的欲望深深植于员工的意识中,使员工积极向目标奋进,更快、更好、更有动力地完成工作,到达目的地。目标不明确,不但起不到激励的作用,还会使被授权者茫然,无所适从。

（2）选择完成任务的人选

正如不是所有的工作都授予他人一样,也不是所有的下属都可能成为被授权人。拟授予的权力一定要与被授权人的职业道德、责任意识、胆识魄力、专业技能、合作精神、个性特点等诸多因素协调匹配。为此,首先,领导者可找出有可能成为被授权者的下属,根据他们的德、能、勤、绩表现,对员工进行评价,找出德才兼备之人;其次,领导者在挑选员工时,要用发展的眼光看待下属,不可求全责备,既要看员工目前的表现,更要看到员工未来的发展潜力。

（3）就建议方案了解下属的意见

授权过程中,不可忽视员工的参与作用。只有当员工了解到组织对他们的期待,以及组织要求他们为什么这么做的原因时,他们才会全身心的投入。特别是当建议方案有员工的参与时,一方面,他们会觉得这是组织对他们的信任,他们的人生价值得到体现;另一方面,他们会把有自己参与的方案的完成视作一种责任,他们有义务完成它。

（4）给予下属完成指定工作的职权

授权意味着企业内或部门内权力结构和权力分布的改变以及组织资源的重新整合。因此,授权绝不仅仅是授权者与被授权者两者的事,必然要涉及其他的岗位或部门,需要他们的大力配合和支持。因此,有必要在授权时重新做一下与授权相关的那些岗位的工作分析,明确下属完成指定工作的职权。根据授权后权力结构的改变,对相关岗位的"岗位关系"、"岗位责任"、"岗位权限"等做出相应的调整,以最大限度地配合被授权者的工作。

（5）为检查进度规划好不同的时间点

授权后,组织管理者应将工作的重点转移到对工作进程的把握和员工绩效的考核上。组织管理者应就工作进程确定不同的观测点,明确每一个观测点考核的标准、内容、方式、参加人员等,对考核中出现的问题,要有应对机制,做到未雨绸缪。在如何考核员工的绩效问题上,既要重视结果的考核,亦不能忽视过程的把握,对员工工作要有一个全面的评价。

（6）按计划执行,在合适的时段讨论进展情况

授权后,员工按照计划要求履行职责。在此过程中,组织管理者应最小化与过程相关的管理,放手让员工在自己的职权范围内配置资源,实现岗位的目标。当然,管理者要明白,授权不是弃权,应在合适的时段与员工讨论工作的进展情况,帮助员工发现问题,找出差距,以便及时进行整改。

三、分 权

1. 分权的含义

所谓分权,就是指决策权在很大程度上分散到处于较低管理层次的职位上,组织较低层级有权做出更多的决策。

从本质上来说,分权是由于职权和责任的授予使决策分散。外部环境的快速变化,使得组织的分散决策变得尤为重要。组织的较低层级由于直接面对市场,了解环境的变化,对环境中的机遇与威胁有更切身的感受,更有可能做出正确的决策。

2. 分权的好处

(1)通过决策权的划分,使最高层管理人员能够将有限的时间和精力集中于组织最重要的战略决策问题上,避免烦琐事务对组织最高管理层决策的影响。

(2)直接与问题或机遇接触的层级拥有最相关信息,能够最好地预测到决策的结果。分权可以使各层次的管理人员都能在授权范围内,根据不断变化的市场环境迅速做出应变决策,避免因层层汇报、延误决策时间而可能造成的损失。

(3)能够推动人们更及时地行动起来。通过决策授权,有效地调动各管理人员的积极性和创造性,使全体管理人员既能为提高企业经济效益做出贡献,又能体现其自身价值。

3. 分权的缺点

在看到分权好处的同时,也应看到分权具有的难以回避的缺点。分权的缺点主要有以下三方面:

(1)容易产生偏离组织目标的本位主义倾向。分权使得较低管理层级上的管理者责任更加明确,这样会促使他们更加注重本单位、本部门任务的完成,有可能忽视全局的利益,形成本位主义倾向。

(2)容易产生各部门之间协调难的问题。本位主义倾向带来的直接结果便是部门和部门之间、单位与单位之间对有限资源的争夺。各部门、单位均强调自身的重要性,希望他人为自己让路,不愿意站在别人的立场上考虑问题,结果造成各部门之间协调难的问题。

(3)不利于组织整体利益的实现。一个浅显的道理是,组织是由各部门组成的一个整体,只有组织整体发展了,各部门才能得到持续、健康的发展。但是,本位主义倾向往往使得人们只见树木,不见森林,甚至为了本部门的短期利益而去损害组织整体的长期利益。

第三节　横向结构

当组织的任务变得越来越复杂的时候，不可避免地，组织必然会进一步细分——也就是部门化，变成更小的单位或部门。部门是指组织中主管人员为完成规定的任务有权管辖的一个特定的领域。部门的划分反映了对组织活动的分工和安排，其目的是为了通过这些活动而高效地实现组织的目标。

一、直线部门和参谋部门

1. 直线部门

直线部门是那些对公司的主要活动负有责任的部门，如产品设计、制造、装配、分销等。直线部门直接和公司主要的产品或服务打交道，它们负责制造、销售或提供顾客服务。直线管理人员通常在公司里享有较大的权力。他们拥有重大经营活动的最终决策权，同时也为他们所作决策的最终结果负责。

2. 参谋部门

参谋部门是为支持直线部门而提供专业化或职业技能的部门，如研究、法律、会计、公关和人力资源部门。参谋部门的职能以前主要致力于监督和控制业绩，而今天大多数参谋部门转向致力于战略支持和专家建议。

需要指出的是，当组织将工作划分给不同的单位时，就涉及不同的部门分类组合的方式，从而形成不同类型的组织结构。

二、职能型组织

职能型组织是一种传统而基本的组织形式。职能型组织是按生产、财务管理、营销、人事、研发等基本活动相似或技能相似的要求，分类设立专门的职能部门。

1. 职能型组织结构

职能型组织结构是一种以职能为基础的组织结构形式，技能相近的专业人员集中在各自专门的职能部门，并在各自的业务范围内分工合作，组织任务集中明确。图 8-2 所示为典型的职能型组织模式图。

2. 职能型组织的优点

（1）职能型组织设计的最大优点是具有明确性和高度的稳定性。每一个组织成员都清楚自己所依属的职能部门，每一个组织成员都了解自己担当的工作职责。

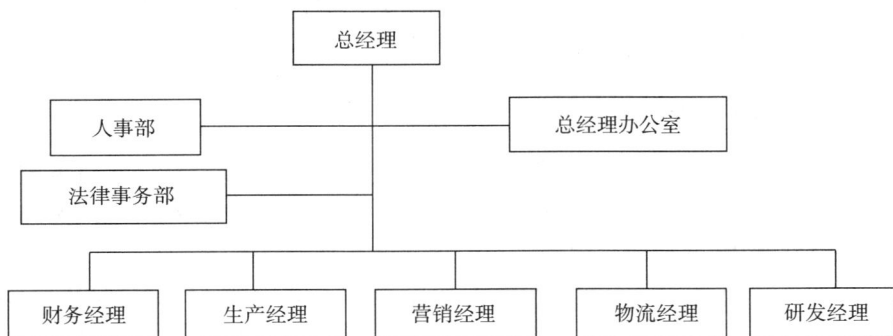

图 8-2 典型的职能型组织模式图

(2)能突出业务活动的重点,确保高层主管的权威性并使之能有效地管理组织的基本活动。在理想的工作情况下,只需很少的高层管理人员就可以使组织运转起来。

(3)符合活动专业化的分工要求,能充分有效地发挥员工的才能,调动员工学习的积极性,并且简化了培训,强化了控制,避免了重叠,最终有利于管理目标的实现。

3. 职能型组织的缺点

(1)由于资源过分集中,不利于开拓远区市场或按目标顾客的需求组织分工。在规模较小的职能型组织中,信息能够很好地交流。但是随着组织规模的扩大,信息交流就变得缓慢而困难,员工开始专注于自己熟悉的市场或目标顾客,没有热情去考虑开拓远区市场或按目标顾客的需求组织分工,从而影响组织的进一步发展。

(2)可能助长部门主义风气,使得部门间难以协调配合。职能型组织结构设计在面对较复杂的局面时,会使员工情感上造成紧张、对立和不安,员工感到自己及所在部门的危机。在这种情况下,他们会捍卫自己的职能部门免受侵犯。

(3)不利于员工,包括高级主管人员的全面培养和提高。职能型组织结构使得每一个人,包括高级主管人员,很难理解组织的整体任务,很难把自己的工作同它联系起来。因此,这种结构虽然稳定,但是过于僵硬,不适合为未来培养人才。

4. 职能型组织的适应范围

在相对稳定的环境下,品种单一、规模较小的企业较适合职能型组织的形式。需要提醒的是,即使在职能型组织适用的场合,其范围也只限于作业工作。对于创新工作来说,职能型组织更加不能适应,这是因为创新需要多部门的密切配合,而职能型组织无法保证这一点。

三、事业部制组织

当组织发展并变得日益多样化的时候,职能型组织已不足以应付多种多样的产品、顾客和地理区域。这时,组织会重新构造,将所有职能部门容纳到单独的事业部中,并在每一个事业部中重复设置所有的职能部门。

事业部制(Multidivisional Structure)组织形式起源于 20 世纪 20 年代,是由通用电气公司当时的副总经理斯隆在公司多元化经营背景下,为解决内部管理矛盾而建立起来的。事业部制是指企业按照所经营的事业,包括按产品、地区和顾客(市场)等要素来划分部门,设立若干事业部,各事业部之间独立核算,并在内部的经营管理上拥有自主性的一种组织形式。事业部是组织中从事一项或多项相关业务活动的经营单位。各事业部既是受总公司控制的利润中心,又是产品责任单位和市场责任单位,每一个事业部就是一个利润点。这种组织结构形式最突出的特点就是"集中决策、分散经营",即公司集团决策,事业部独立经营。

1. 事业部制组织结构

通常的事业部有产品事业部(从产品角度划分)和区域型事业部(从地域角度划分)。

(1)产品事业部(从产品角度划分)模式图如图 8-3 所示。

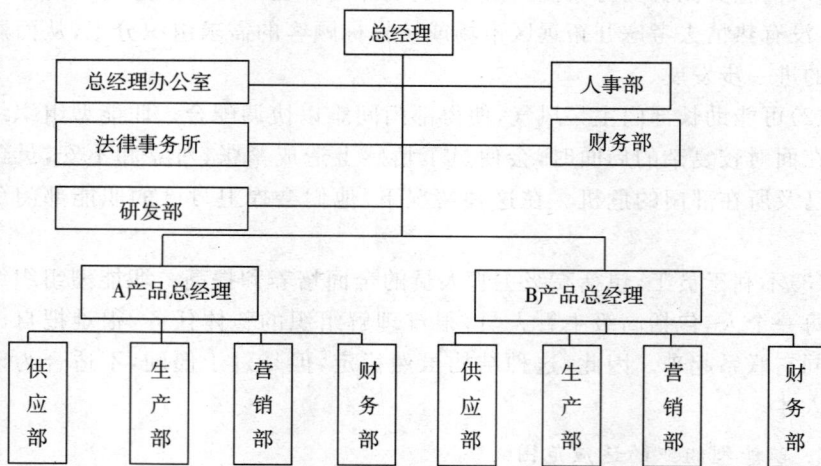

图 8-3 产品事业部(从产品角度划分)模式图

（2）区域型事业部（从地域角度划分）模式图如图 8-4 所示。

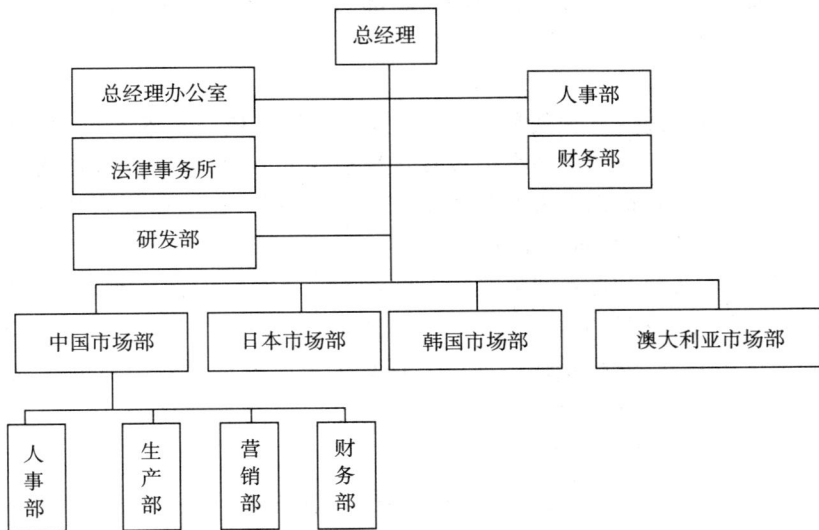

图 8-4　区域型事业部（从地域角度划分）模式图

2. 事业部制组织的优点

（1）高度的稳定性和良好的适应性。各事业部都有自己的产品和市场，能够规划其未来发展，也能灵活适应市场出现的新情况。

（2）组织最高管理层摆脱了具体的日常管理事务，真正成为决策机构，既有利于最高管理层集中精力做好战略和长远规划，提高决策效率及管理的灵活性和适应性，又能使各事业部发挥经营管理的积极性和创造性。

（3）由于各事业部自成系统、独立经营，有利于培养和训练管理人才，为组织未来发展储备干部。

（4）有利于调动各事业部的积极性，发挥它们的能动性。事业部作为利润中心，既便于建立衡量事业部及其经理工作效率的标准，也使得组织高层领导易于评价各事业部对组织利润的贡献，从而极大地调动各事业部的积极性，发挥它们的能动性。

3. 事业部制组织的缺点

从传统意义上来说，事业部制具有机构重复，造成管理人员的浪费；各事业部主管考虑问题往往从本部门出发，忽视组织利益；以及各事业部独立经营，相互支援较差等三方面的缺点。

从企业核心能力管理的角度出发，事业部制存在如下一些缺陷：

（1）导致企业在发展核心能力和核心产品上投资不足。由于企业被分割成若干事业部，各个事业部所关注的是本部门的利润与销售额等财务指标，而对维持核心产品的竞争地位不负有相应的职责，因此导致在核心能力上投资不足。

（2）使创新资源的合理使用受到限制，尤其是在核心技术人员的使用上。事业部在其发展过程中，往往会形成其自身独特的能力，而作为这种核心能力载体的关键人员，则被视为事业部的专有资产。因此，在事业部体制下这些人才往往难以在不同事业部间流动。

（3）使创新活动本身受到束缚。如果企业没有明确的核心能力发展战略，事业部将只注意那些很容易获得的创新机会，例如产品线的扩展或者延伸。尤其必须指出的是，事业部制的过度分权状况将严重地阻碍企业的长期性技术积累和事业部之间技术流动的有效性和效率。

4. 事业部制组织的适应范围

从事业部制产生和发展的历程不难看出，事业部制是企业的规模和业务多样化程度发展到一定阶段的产物。因此，对不同的企业而言，事业部制既不是唯一可选的组织结构模式，也未必是最优的或任何组织结构模式都有其优点和缺点，最优的、普遍适用的模式根本就不存在。

事业部制主要适用于多元化经营的大企业，适应于规模较大、品种较多、市场广泛的公司，但企业规模的大小并不是采取事业部制最重要的理由。对于产品相对单一的大企业而言，或许职能型组织结构具有更大的适应性和更高的效率；而对于目前经营多元化却希望逐步走向专业化的企业而言，事业部制也不是一个最佳的选择。只有采取多元化经营战略的大企业，在某一发展阶段，事业部制才具有更好的适应性。

四、模拟分权型组织

模拟分权型组织是模拟事业部制组织的独立经营、单独核算，而不是真正的事业部。实际上，模拟分权型组织是按照工作或业务流程来组织业务活动的。

1. 模拟分权型组织结构

模拟分权型组织结构旨在模拟事业部制组织结构。在连续作业的大型组织中，为了加强对作业流程上各部门的管理，提高管理效率，将各部门按事业部制组织结构进行设置，赋予各部门相应的职权，明确各自的职责，以提高组织管理的绩效。图 8-5 所示为典型的分权型组织的模式图。

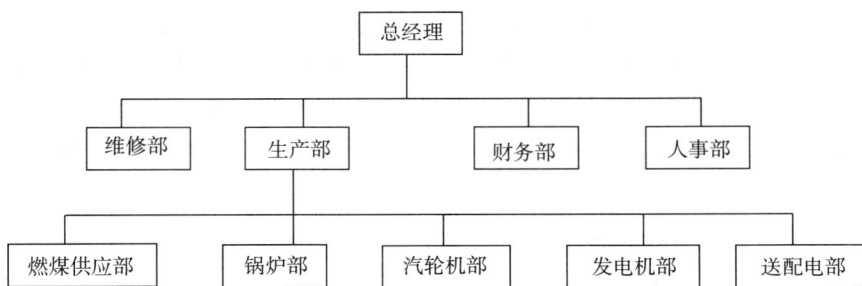

图 8-5 典型的分权型组织(如热电厂)的模式图

2. 模拟分权型组织的优点

(1)有利于调动各生产单位的积极性,促进组织目标的实现;

(2)易于协调管理,对市场需求的变动也能够快速敏捷的反应,容易取得较为明显的集合优势;

(3)简化了培训,容易在组织内部形成相互学习的氛围。

3. 模拟分权型组织的缺点

(1)部门之间的协作有可能得不到贯彻,也会产生部门间的利益冲突;

(2)不利于培养全面的管理人才。

4. 模拟分权型组织的适用范围

模拟分权型组织适合连续生产的大型钢铁、化工企业。在这些企业中,各部门负责连续作业流程的某个部分,它们之间具有密切的联系,协作是取得成功的关键因素。模拟分权型组织结构的设计意在通过权力的下放,完善职责体系,以达到提高组织整体协作的水平。

五、矩阵型组织

矩阵型组织结构在 20 世纪 70 年代和 80 年代很流行。虽然这种组织形式主要应用在项目工作中,但由于它的灵活性和应付复杂组织需求的能力,还经常被广泛地应用于组织管理中。

矩阵型组织是职能型和事业部制重合部分的混合组织形式。矩阵型组织是双重指挥而非单线指挥。如果管理者不能适应矩阵结构所要求的资源、信息与权力共享,尤其是职位权力,这种结构系统将变得无效,采用这种组织结构将很难实现组织的目标。

1. 矩阵型组织结构

矩阵型组织结构是由纵横两套管理体系组成的矩形组织结构:一套是纵

向的职能管理体系,它是由各个职能单位根据自身的业务专长抽调人员参与不同的项目攻关,被抽调人员依然隶属于各自职能部门;一套是横向的项目管理体系,它是由项目负责人负责该项目的具体运作,项目负责人与各个职能单位抽调的人员组成一个项目团队。矩阵型组织结构具有纵向与横向职权的平等对称性。图8-6所示为典型的矩阵型组织模式图。

2. 矩阵型组织的优点

矩阵型组织具有灵活、适应性强、可随项目的实施与结束进行组织或解散的优点。当需要进行项目攻关时,组建相应的项目部,任命项目经理,从各职能部门抽调人员,开展项目活动;当项目结束时,相应的项目部就要撤销,项目经理根据项目完成情况另作职位安排,而原先从各职能部门抽调人员一般回到原职能部门中去。这种机制保证了组织的灵活性和对变化环境的适应性。

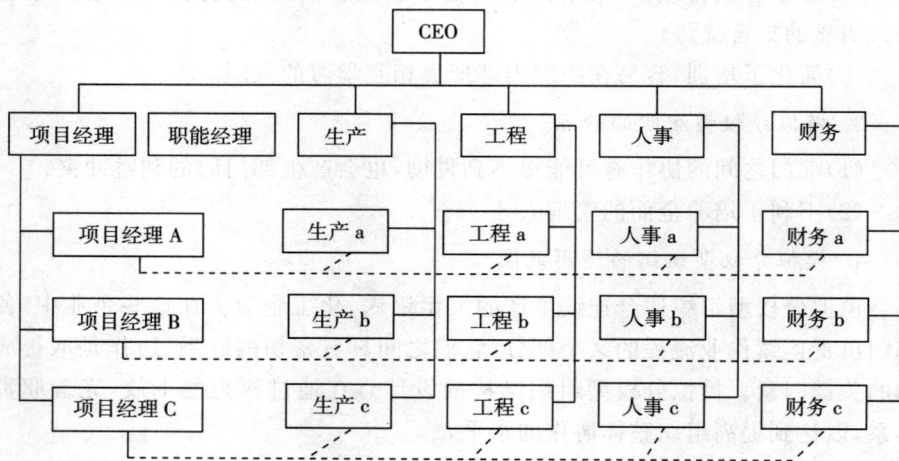

图8-6 典型的矩阵型组织模式图

3. 矩阵型组织的缺点

首先,矩阵型结构创造了双重指挥链,这明显地是对古典管理理论的统一指挥原则的违背。双重隶属关系的存在,会导致忠诚的分裂和冲突的产生。项目经理希望在项目上工作的每个人都对项目和项目的目标忠诚、对项目团队忠诚,而反对下属对职能部门的忠诚以及职能经理的"干涉"。职能经理则对自己的权利和对下属控制的丧失以及项目经理所施加的压力感到愤恨,双重隶属将引起争夺下属控制权的斗争,从而导致冲突。其次,权力和责任的分离。项目经理的管理必须跨越职能部门界线,整合项目的各参与方,以便达到项目的目标。项目经理对项目的成功负责,但是一般对来自他们自己公司职能部门的员工,项目经理只有有限的权力。项目经理所拥有的权力与其所承担的责任的不对等会促使项目经理采用政治手段去取得权力,一旦确实拥有了职能经理所涉及的正式权力或职权,那么相关的职能经理,也许还包括他们的下属都可能对这种权力不满,产生冲突。再者,项目工作中存在的一个特殊问题是项目组织只是临时的组织。项目本身是个临时的实体,它的生命周期是从项目筹建到项目终止。项目组织和参与项目的团体的临时性特征意味着那些团体的成员仅仅在一起工作有限的一段时间,没有足够的时间去发展直线管理中的那种静止状态,也不会有很多的时间去解决人与人之间以及团体之间的问题和冲突。

4. 矩阵型组织的适用范围

矩阵型组织适用于一些重大攻关项目,可灵活抽调各职能部门人员组成攻关组,围绕项目开展活动。

六、横向结构的演化

在人类文明由工业经济时代向知识经济时代转型时期,组织结构也正在发生悄然的变化。组织中,委托人应该根据具体的组织结构赋予各个层次的代理人更大的自主权,以适应外部环境迅速变化的要求。在委托人对代理人的监督上,应该更多地运用自我引导和团队协作的理念,给予代理人比较宽松的环境,以利于代理人进行创造性的思考,灵敏地面对迅速变化的外部环境。在激励机制方面,应给予代理人更多的不断学习和培训的机会,使其所拥有的知识不断更新,以此来迎接知识经济时代带来的挑战。

面对知识经济时代的来临,为了适应市场环境迅速变化的需要,新的组织结构不断涌现,如团队型组织、学习型组织、网络型组织、虚拟型组织、战略联盟型组织、边界模糊型组织、交响乐队型组织、自我设计型组织等。知识经济时代的组织结构虽然各自具有自己的特点,但在三个核心方面都具有共同点,并同以往的企业组织结构相比发生了根本性的变革:一是决策的集中化让位于分权化;二是规范化让位于创造性;三是纵向结构向横向结构的转变,即内部管理的"扁平化",合理的压缩管理层级,将原来仅在垂直通道里流动的信息与知识尽可能地扩散到水平层次,通过内部网络实现信息与知识的迅速传播。

第四节 组织一体化

前面我们讨论了纵向组织和横向组织,我们关注的是结构差异。由于专业化和劳动分工,不同的管理者和雇员有不同的定位,从而也决定了他们各自不同的思维和行动方式,造成在不同职能部门、事业部和单位工作的人往往会忘记彼此的存在。这样就使管理者难以将所有的工作纳入到一个整体中来。

一、组织一体化的内涵

按照传统的市场/企业两分法,企业是一种纯粹的一体化组织,资源配置在企业内部主要通过指令来完成,企业之间在市场中是完全的交易和竞争关系。那么,企业如何确定一项经济活动是在内部完成,还是通过市场进行呢?企业的契约理论认为,可以通过衡量交易成本来解决这个问题。但是,现实情况并非那么简单,例如,企业网络是介于市场和企业之间的一种组织形式,而契约理论对此无法做出充分解释。因此,在组织形态和组织间关系已发生了巨大变化的情况下,传统的两分法已不再适用,有必要对组织一体化进行全新的界定和阐释。

组织管理学文献中长期以来的观点认为,在稳定和可预测的环境中,需要一种机械式的官僚组织结构(即科层式组织),而动荡和不可预测的环境则需要松散的、类似有机体的组织。这两种类型的组织就可以看作一体化组织和非一体化组织。一体化组织指的是机械式的紧密型组织结构,非一体化组织则指松散的、较灵活的组织结构。在一体化组织中,中心控制机构对各子单位有较强的控制力,子单位独立自主程度和灵活性不高。在非一体化组织中,几乎不存在中心控制机构,子单位的独立性和灵活性较高。组织一体化与企业规模没有必然联系,大型企业或企业集团不一定就是一体化组织,小企业也不一定非要采用非一体化形式进行经济活动。这样界定组织一体化和非一体化概念,不仅是为了分析网络组织问题,还针对着企业的其他多种变化,如由独立性很强的子公司组成的跨国公司就属于非一体化组织,而产业区内紧密联系的小企业集群更类似于一体化组织。当然,组织的一体化和非一体化处于不断变化中,通过子单位的交互作用和重新结合,两者可实现相互转化。

二、组织一体化的路径选择

组织目标,即使是创新性的目标,也必须借助组织的维持职能来实现。因此,有必要探讨如何使独立的单位和个人一起工作来实现共同的目标。协调的办法包括标准化、计划和相互调整。

1. 通过标准化协调

当组织通过建立规范和标准的操作程序来协调行为,而且这些规范和标准的操作程序会长久地保持下来,我们就说工作被标准化了。

标准化可以限制行为并通过规定员工该做什么来整合不同的单位。

组织也能依靠规章制度来管理员工的相互作用,即规范化。

通过标准化来协调的方法最适合于那些相当稳定、很少变化的情况,当工作环境需要柔性时,依靠标准化协调也许就不是十分有效。

2. 通过计划协调

组织可以给相互依赖的工作单位建立目标和计划,给予他们更大的自由。相互依赖的工作单位可以自由确定自己的行动,只要能满足与对方合作所需的期限和目标就行。用计划去引导不同的工作单位,可以减轻上级主管日常的工作负荷,也可以调动员工的工作积极性和主动性。

3. 通过相互调整协调

让需要合作的工作单位彼此交谈,通过相互调整涉及反馈和讨论,共同找出问题并得出每个人都赞同的答案。相互调整协调的过程事实上是利益的相互调整协调的过程,当需要合作的工作单位了解到合作的利益大于彼此独立工作的利益获得时,彼此才会真诚的合作。

复习思考题

一、名词解释

1. 组织

2. 管理幅度与管理层次

3. 组织结构

4. 职权、授权与分权

5. 事业部

6. 组织一体化

二、问答题

1. 组织职能有哪些?

2. 简述组织理论的演进过程。

3. 组织结构设计的原则有哪些?

4. 简述责任、职权和职责的关系。

5. 简述管理者如何做到有效授权。

6. 什么是分权?分权的好处和缺点分别有哪些?

7. 阐述职能型组织、事业部制组织、模拟分权型组织及矩阵型组织的模式图、优缺点以及适应范围。

8. 简述横向结构的演化趋势。

9. 简述组织一体化的路径选择。

三、案例分析题

BT 公司经营业务的发展与组织

BT 集团股份有限公司正式成立于 1992 年 8 月，注册资本 6800 万元。公司主要从事家用电器的制造和销售，兼营房地产开发、科技开发与咨询、商业贸易、进出口业务等。

BT 公司的前身是创办于 1968 年的一家集体企业，在 1980 年前生产过塑料瓶盖、汽车刹车阀、柴油发电机等产品。1980 年开始生产金属风扇，产品曾获农业部优质产品称号。1987 年，该企业被批准为国家机电产品出口基地企业，次年被省政府授予自营进出口权，可直接面向国际市场销售产品以及进口生产所需设备、原材料等。1988 年，其工业总产值、销售收入均突破 1 亿元人民币，出口创汇超过 400 万美元。直接附属于该企业的 BT 风扇厂，在 1989 年及 1990 年先后被评为省级先进企业和国家二级企业。

为开拓国内庞大的家电市场，这家经营取得令人瞩目成绩的乡镇企业，在 1990 年与外商合资兴办了 BT 冷气机制造有限公司。1992 年 3 月，经省人民政府批准，以该企业为核心组建了 BT 电器企业集团。同年 5 月，BT 集团核心企业改组为一家股份公司，三个月后递更名为"BT 集团股份有限公司"（以下简称 BT 公司）。

BT 公司法人治理结构系由股东大会、董事会、监事会，以及总经理、副总经理、总工程师、总会计师组成。公司总部设有总经理办公室、行政人事部、财务部、经营部、销售部、进出口部、证券部、法律宣传科、广告科、研究所、技术委员会等机构。BT 公司下设风扇厂、空调设备厂、家电厂、房产公司、贸易发展公司和节能工程研究开发中心。BT 公司还拥有控股和持股的企业，如 BT 冷气机制造有限公司、WL 电机制造有限公司、WL 钢铁开发有限公司等。

BT 公司的主要产品包括空调器、电风扇、微电机、小家电等。BT 公司认为，空调器、小家电在国内外拥有广阔的市场潜力。尤其是国内空调器市场从 20 世纪 80 年代中期开始缓慢启动，20 世纪 90 年代后年需求量迅速增加。空调器的主要消费者为社会团体和城镇居民，这块市场 1991 年底的普及率为 1‰ 左右。至于广大农村地区，随着家庭收入的提高和供电问题的解决，也将会对空调器构成需求。因此，BT 公司预计今后十年将是空调器的高需求期。

BT 公司同时看到，与强劲的市场需求相对应，国内空调器行业也迅速成长，生产能力呈急剧扩大之势。1992 年底全国空调器的生产能力已达 300 万台，开始出现供过于求的迹象。国内当时有 80 余家空调器主要生产厂家，不过没有任何一家的规模超过 40 万台。

BT 公司从 1986 年开始生产空调器，到 1991 年底已有窗式、分体式、柜式三个系列共 27 个型号。公司拥有世界先进的生产技术和检测设备，在 20 世纪 90 年代初就形成了年产 30 万台空调器的生产能力。1992 年，BT 空调器产销量达到 11.4 万台，销售额为 2.2 亿元，在全国市场的占有率为 8%。次年，公司又利用新股发行收回的股金扩大生产能力，使空调器生产规模从 30 万台提高到 50 万台。最近几年，BT 公司的空调器生产规模进一步扩大，到 1998 年时产销量已达 100 多万台，并一举夺得本行业全国三个第一。空调器出口也取得了显著成绩。

BT 小家电产品最初是利用风扇生产富余的设备和场地开始的，20 世纪 90 年代初生产能力仅 10 万台，主要产品为暖气机、加湿器、冰箱蒸发器，1992 年实际产销量为 17.1 万台。1993 年，BT 公司着眼未来发展，将这些小家电从风扇生产体系中独立出来，成立了家电厂,并投资 1600 万元将其生产能力扩大到 50 万台。后来又经发展,到目前 BT 小家电产品已跃居行业前列。据统计,1998 年 BT 风扇产销 1000 多万台,高居全球销量冠军宝座;电饭煲产销 150 万台,稳坐国内行业头把交椅。另外,BT 集团已在近日公开宣布准备建造中国最大的小家电制造基地,预计包括风扇、电饭煲、电磁炉、饮水机、电火锅以及即将推出的微波炉等在内的小家电产品年产值将达到 50 亿元。

随着各项经营业务的发展,BT 集团在 1997 年开始推行事业部制改革,按照产品类别将原有经营单位分为五个事业部,即空调事业部、风扇事业部、电饭煲事业部、电机和小家电事业部。改革激发了各经营单位的积极性。与此同时,组织运行中也发现,风扇与电饭煲这两类产品的销售和服务网络具有很强的兼容性和互补性。为优化资源配置,BT 公司在 1999 年下半年又将风扇事业部和电饭煲事业部重组为 BT 小家电事业一部(原来的小家电事业部相应更名为小家电事业二部)。小家电事业一部由国内营销公司、国外营销公司和六个生产厂组成。营销公司与生产厂之间的关系由单纯的产销关系转变成买卖关系,营销公司是生产厂的顾客,营销环节的问题由两大营销公司全权负责,制造质量和设备质量造成的损失则由生产厂承担。BT 公司认为,新体制的推行将使该事业部全面进入"市场经营"和"顾客服务"状态中。

根据上述材料,完成下列选择题:

1. 同属于 BT 集团的各生产经营单位,如:①风扇厂、空调设备厂、家电厂,②房产公司、贸易发展公司,③BT 冷气机制造有限公司、WL 电机制造有限公司、WL 钢铁开发有限公司,它们各自与 BT 集团股份有限公司的关系是(   )。

   A. 均为子公司与母公司的关系

   B. 均为企业内部指挥链上的行政管理关系

   C. 均为具有独立法人地位的企业间的产权联结关系

   D. ①②类为分厂、分公司与总公司的关系,③类为子公司与母公司的关系

2. 根据案例材料,1992 年时,国内市场空调器产销量的总规模达到(   )。

   A. 2.2 亿元   B. 30 万台

   C. 约 142.5 万台   D. 约 300 万台

3. BT 公司在 1997 年开始推行事业部制,这种改革的性质是(   )。

   A. 经营权力的下放   B. 部门划分方式的转变

   C. 部门化方式和经营权力的同时调整   D. 无法从案例材料中得知

4. 在 1997 年开始推行"五大事业部"的改革至 1999 年下半年重组设立"小家电事业一部"前这段时间内,原设于 BT 公司总部的一些机构,最可能在此次改革中被调整或撤销的是(   )。

   A. 经营部、销售部   B. 进出口部、广告科

   C. 证券部、法律室   D. 研究所、技术委员会

5. BT 公司先是设立进出口部,后又设国外营销公司,这说明其国际化经营进入了(   )阶段。

   A. 商品贸易   B. 跨国投资

   C. 在海外设立子公司   D. 已经成为一家跨国公司

第九章 人力资源管理

【学习目标】

通过本章内容的学习，学生将了解和掌握人力资源计划的过程、任务、人员配备原则，员工招聘的标准、来源与方法，员工的解聘方案，人员培训的目标与方法，绩效评估的定义、作用、程序、方法，以及职业计划与发展的内容。

【导入案例】

H公司的人力资源管理有什么问题？

某私营企业H公司是某著名品牌的新产品在中国区的总经销商。由于管理人才的缺乏，公司成立之初，市场业绩一直不理想。后经公司内部员工推荐，老板未经过人力资源部履行必要的人事手续，引进了一位高层管理人员作为主管销售和市场工作的副总裁。

副总裁来公司两周后，公司委派其带领公司一部门几名员工去参加外地一个展会。员工A和该副总裁分别向财务借了部分费用。在参展期间，员工A预支的费用不够支出，以致后来无钱买回程的车票，于是请求副总裁支援。但副总裁怀疑员工A与展会主办单位有黑幕交易，拒绝支援并于展会结束后自己直接乘飞机回总部，并说服老板不安排汇款。参展的另外几名员工滞留当地一日，自行凑钱买了火车票回公司。员工A由于尚未结清参展费用，又无钱买火车票，被滞留当地三日，才辗转回到总部。

此事发生后，在一段时期内给公司造成了消极影响。老板征求公司人力资源部的意见，希望能采取合适的措施消除该事件的消极影响。

第一节　人力资源管理过程

一、人力资源管理的含义及特点

人力资源管理是指运用现代科学方法,对与一定物力相结合的人力进行合理的培训、组织与调配,使人力物力经常保持最佳比例,同时对人的思想、心理和行为进行恰当的诱导、控制和协调,充分发挥人的潜能,使人尽其才,事得其人,人事相宜。

人力资源管理与以往人事管理比较,主要有以下区别:

(1)人力资源管理把人看作是资源,甚至看作是最重要的和最宝贵的"第一资源"。把人力资源作为资源进行管理,即资源管理。而传统人事管理则把人看作是成本,把人事工作、人事管理看作是行政工作,属于日常行政事务。

(2)人力资源管理把人力投资作为谋求组织发展最有前途的投资,其管理部门被看作是最具有战略性的决策部门和能直接带来效益与效率的部门。而传统人事管理则把人事管理部门视为非生产、非效益部门,是无足轻重的职能部门,属于执行层部门。

(3)人力资源管理是以人为中心的管理,它设计出一套调动人的积极性和创造性的管理模式,把人力资源利用到相当高的水平。而传统人事管理则以事为中心,恪守"进"、"管"、"出"的管理模式。

(4)人力资源管理将组织现有的全部人员甚至包括有可能利用的组织外部的人力资源系统加以规划,制定恰当的选拔、培养、任用、调配、激励等政策,以达到尽可能利用人力资源为组织为社会增创财富的目的。而传统的人事管理则使选拔、培养、任用、调配、激励等自成体系,互不干涉,未形成系统且未加以规划,使人力资源得不到合理使用。

(5)人力资源管理更着眼于未来,将重点放在人才的使用、潜能的开发和创造力的发挥上,更多地注意在吸引人才、培养人才及激励士气方面的投入。而传统人事管理则着眼于人才的选拔和吸引,缺乏对人才使用的全面管理。

(6)人力资源管理重视人与事、人与环境、物质与精神的协调和科学配合,注重人力资源与组织文化等关系的协调。而传统人事管理则忽视人与外部环境的协调配合。

二、人力资源管理过程

1. 人力资源规划

编制人力资源计划是程序中的第一步。这一步又可以细分为三个具体的步骤：评估现有的人力资源，评估未来所需的人力资源，制定一套相适应的方案计划，以确保未来的人力资源供需的匹配。

（1）评估现有的人力资源状况

这一步是通过工作分析法检查现有人力资源状况并做出工作说明书和工作规范。前者说明了员工应做哪些工作、如何做、为什么这样做，反映出工作的内容、工作环境以及工作条件等；后者说明了某种特定工作最低需要具备哪些知识和技能。

（2）评估未来人力资源状况

组织的目标与战略决定了对人力资源的未来需求。要使战略规划转化成具体的、操作性较强的人力资源计划，组织就必须根据组织内外资源的情况对未来人力资源状况进行预测，找出各时期各类人员的余缺分布。

（3）制定一套相适应的人力资源计划

对现状和未来人力资源需求预测做出评估之后，管理者就可以找出人员的数量和种类，制定出一套与组织战略目标及其环境相适应的人力资源计划。当然，组织还必须对此计划进行跟踪、监督和调整，以正确引导当前和未来的人才需求，另外，这种计划还需要与组织中的其他计划相互衔接。

2．招聘与解聘

招聘是指组织及时寻找、吸引并鼓励符合要求的人到本组织中任职和工作的过程。组织应根据职务分析得来的信息指导招聘工作。

解聘是指由于竞争、市场环境变化、组织结构调整、企业经营不景气、企业合并兼并等，需要裁减人员。解聘方式主要有解雇、暂时解雇、自然减员、调换岗位、缩短工作时间、提前退休等。

3．甄选

对申请的候选人进行甄别，以确保最合适的候选人得到相应的职位。

4．定向将选聘的新员工介绍到工作岗位和组织中

将通过甄选的人员，尽快介绍到工作岗位和组织中，使新员工顺利地融入组织。

5．员工培训

员工培训是指组织通过对员工有计划、有针对性地教育和训练，使得其能够改进其知识和能力的一项连续而有效的工作。员工培训主要涉及传授技术技能、传授工作过程或程序、传授专业和人际交往技能。

6．绩效评估与薪酬设计

绩效评估是指组织定期对个人或群体小组的工作行为及业绩进行考察、

评估和测度的一种正式制度。通过绩效评估，了解工作质量和效果、提供工作报酬的依据、为选拔和培训提供依据。

7. 职业发展

职业发展是一个计划、一个方案、一个过程。它能使员工有机会评估自己的技能、性格潜力和事业发展，从而为个人事业目标的推进拟定具体的步骤。职业发展的事实形式包括顾问性的辅导、正式的座谈和研讨、评鉴技术的运用和诊断、仪器的配合等。

上述人力资源管理过程可以用图9-1来加以概括。图9-1介绍了一个组织人力资源管理过程的重点步骤。它所反映的九项活动或步骤，如果得到妥当实施，可以使组织配备到高绩效员工，这些人将在一段较长时间内保持良好的绩效水平。

前四个步骤分别是人力资源规划、通过招聘增补员工、通过解聘减少员工，以及进行人员甄选。经过这四个步骤，就可以确定和选聘到有能力的员工。一旦你选聘了能胜任的员工，你还要帮助他们适应组织并确保他们的技能和知识不断得到更新，这些均需要通过定向和培训来达到。人力资源管理过程的最后步骤用来识别绩效问题并予以改正，以及帮助员工在整个职业历程中保持较高的绩效水平，包括的活动就是绩效考评和职业发展。另外，还要考虑劳资关系。

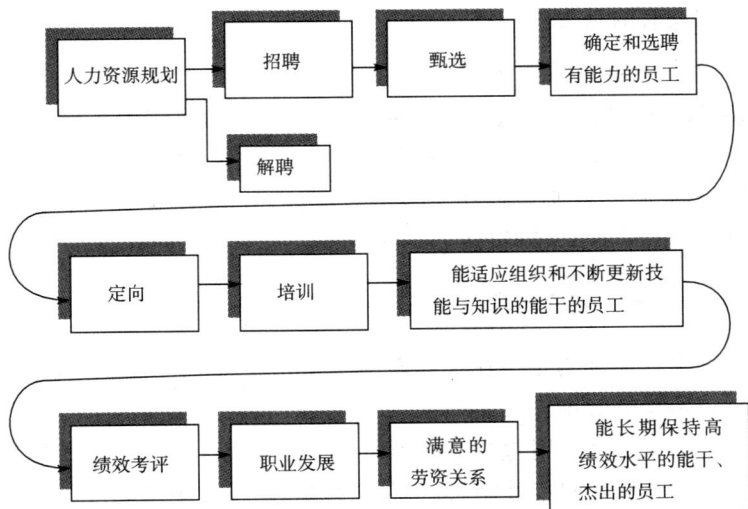

图9-1　人力资源管理过程

第二节 人力资源计划

一、人力资源计划的任务

编制和实施人力资源计划的目标,就是要通过规划人力资源管理的各项活动,使组织的需求与人力资源的基本状况相匹配,确保组织总目标的实现。

人力资源计划的任务包括以下几个部分:

1. 系统评价组织中人力资源的需求量

人力资源计划就是要使组织内外人员的供给与一定时期组织内部预计的需求相一致。人力资源的需求量主要是根据组织中职务的数量和类型来确定的。职务数量指出了每种类型的职务需要多少人,职务类型指出了组织需要什么技能的人。一个组织在进行了组织设计之后,需要把组织的需求与组织内部现有人力资源状况进行动态对比并找出预计的缺额。

2. 选配合适的人员

组织中的员工总是随着内外环境的不断变化而变动的。为了确保担任职务的人员具备职务所要求的基本知识和技能,必须对组织内外的候选人进行筛选。这就必须研究和使用科学的人力资源管理方法,使组织中所需要的各类人才得到及时的补充。

3. 制定和实施人员培训计划

培训既是为了适应组织内部变革和发展的要求,也是为了提高员工素质,实现员工个人生涯发展的要求。要使组织中的成员、技术、活动、环境等要素更具环境的适应性,就必须运用科学的方法,有计划、有组织、有重点、有针对性地对员工进行全面培训,以培养和储备适应未来要求的各级人才。

二、人力资源计划的内容

人力资源总体规划是指在计划期内对人力资源管理的总目标、总政策、实施步骤和总预算的安排。

人力资源业务计划则包括人员补充计划、分配计划、提升计划、教育培训计划、工资计划、保险福利计划、劳动关系计划、退休计划等。

这些业务计划是总体规划的展开和具体化,每一项业务计划都由目标、政策、步骤及预算等部分构成。这些业务计划的结果应能保证人力资源总体规划目标的实现。

三、人力资源计划中的人员配备原则

合理用人、用好人才是组织生存和发展的重要环节之一,也是衡量人力资源计划是否有效的一个重要标准,因此,在编制和实施人力资源计划过程中必须坚持以下几个重要的人员配备原则。

1. 因事择人原则

所谓因事择人,是指应以所空职位和工作的实际要求为标准来选拔符合标准的各类人员。选取人的目的在于使其担当一定的职务,并能按照要求从事与该职务相对应的工作。要使工作圆满完成并卓有成效,首先要求在保证工作效率的前提条件下安排和设置职位,其次要求占据职位的人应具备相应的知识和工作能力。因此,因事择人是实现人事匹配的基本要求,也是组织中人员配备的首要原则。

2. 因材器用原则

所谓因材器用,是指根据人的能力和素质的不同,去安排不同要求的工作。从组织中人的角度来考虑,只有根据人的特点来安排工作,才能使人的潜能得到最充分的发挥,使人的工作热情得到最大限度的激发。如果学非所用、大材小用或小材大用,不仅会严重影响组织效率,也会造成人力资源计划的失效。

3. 用人所长原则

所谓用人所长是指在用人时不能够求全责备,管理者应注重发挥人的长处。在现实中,由于人的知识、能力、个性发展是不平衡的,组织中的工作任务要求又具有多样性,因此,完全意义上的"通才"是不存在的,即使存在,组织也不一定非要选用这种"通才",而应该选择最适合空缺职位要求的候选人。有效的管理就是要能够发挥人的长处,并使其弱点减少到最小。

4. 人事动态平衡原则

处在动态环境中的组织是在不断变革和发展的,组织对其成员的要求也是在不断变动的,当然,工作中人的能力和知识也是在不断地提高和丰富的,因此,人与事的配合需要进行不断地协调平衡。所谓人事动态平衡,就是要使那些能力发展充分的人去从事组织中更为重要的工作,同时也要使能力平平、不符合职务需要的人得到识别及合理的调整,最终实现人与工作的动态平衡。

第三节　招聘与解聘

一、员工招聘的标准

员工招聘是指组织及时寻找、吸引并鼓励符合要求的人到本组织中任职和工作的过程。组织需要招聘员工可能基于以下几种情况：新设立一个组织；组织扩张；调整不合理的人员结构；员工因故离职而出现的职位空缺等。

员工招聘是落实人力资源计划的一个重要的步骤，必须依据一定的标准慎重决策，因为员工一旦被聘用，即使能力和业绩平平，组织也很难迅速予以解聘。因此，在员工招聘初始，就应在对不同层次上不同员工的具体要求中总结出一些基本的相同点，以供决策时参考。比如招聘管理人员可以参照以下标准：

1. 管理的愿望

强烈的管理愿望是有效开展工作的基本前提。对某些管理人员来说，担任管理工作，意味着在组织中将取得较高的地位、名誉以及与之相对应的报酬，这将产生很强的激励效用；但对大多数员工来说，管理意味着可以利用制度赋予的权力来组织劳动，意味着可以通过自己的知识和技能以及与他人的合作来实现自我，这将获得心理上的极大满足感。毋庸讳言，管理意味着对种种权力的运用。管理能力低下、自信心不足或对权力不感兴趣的人，自然也就不会负责任地有效地使用权力，这就难以达到理想而积极的工作效果。

2. 良好的品德

良好的品德是每个组织成员都应具备的基本素质。对于管理人员来说，担任管理职务意味着拥有一定的职权，而组织对权力的运用不可能随时进行严密、细致、有效的监督，所以权力能否正确运用在很大程度上只能取决于管理人员的自觉、自律行为。因此，管理人员必须是值得信赖的，并且要具有正直而高尚的道德品质。对于一般员工来说，良好的品德，意味着对上不曲意逢迎、阳奉阴违，敢于坚持真理，修正错误，对下则一视同仁，不以个人的好恶和偏见论是非，不拉帮结派、亲此疏彼。品行优良意味着脚踏实地的工作，而不是为了哗众取宠做表面文章。总之，良好的品德应该成为员工的基本要求，特别是在一个学习型的团队组织中，如若员工缺乏这种品质就可能会人心涣散而使团队合作无法进行。当然，只有正直的品质而无工作能力之人也不能成为一名合格的技术或管理人才，组织必须予以充分的考察，慎重取舍。

3. 勇于创新的精神

对于一个现代组织来说,管理的任务绝不仅仅是执行上级的命令,维持系统的运转,而是要能在组织系统或部门的工作中不断创新。只有不断创新,组织才能充满生机和活力,才能不断发展。创新意味着要打破传统机制的束缚,做以前没有做过的事,而这一切都没有现成的程序或规律可循。因此,创新需要冒很大的风险,且往往是,希望取得的成功越大,需要冒的风险也越多。要使组织更具创新活力,组织就必须努力创造敢于冒风险、鼓励创新的良好氛围。

4. 较高的决策能力

随着组织权力的日趋下移,组织中员工的决策能力要求有不断提高的趋势。为了更好地完成组织的任务,对管理人员来说,不仅要计划和安排好自己的工作,而且更重要的是要通过一系列的决策,组织和协调好部属的工作。如本部门在未来一段时期内要从事何种活动,这种活动需达到怎样的工作效果,谁去从事这些活动,如何授权,利用何种条件,在何时完成这些活动,等等。对一般人员来说,要通过建立广泛的合作尽可能使工作中的决策得到各方的支持与拥护。

5. 相应的业务知识和水平

管理者未必是专家,但了解一定的专业知识、具备一定的技术水平和能力仍是管理者不可缺少的条件。

6. 较强的组织协调能力

管理者要能够根据工作任务,对资源进行分配,同时控制、激励和协调群体活动过程,使之相互融合,从而实现组织目标的能力。一般认为组织协调能力要包括组织能力、授权能力、冲突处理能力和激励下属能力。

二、员工招聘的来源与方法

1. 员工招聘的来源

员工招聘的来源可以是多方面的,如学校、人才市场、部队转业军人等,但招聘工作的有效性更多地要依赖于劳动力市场的状况、组织内部空缺职位的高低、组织规模大小、组织形象等因素。显然,劳动力市场越大,人员就容易招聘,而职位越高或要求的技能越多,招聘的范围就可能越宽泛。一般而言,组织规模越大,可选机会也就越多;组织形象越好,社会地位也就越高。显然,一个组织中,发展的机会越多,应聘者就会越多。

一般来讲,组织可以通过以下几种渠道来获取必要的人力资源:

① 广告应聘者。通过广播、报纸、电视等传媒渠道发布用人信息广告是最常用的招聘方式。应聘者可以根据自己的情况选择自己适合的职业,减少盲目应聘,组织也可以通过此办法集中挑选需要的人员。一般而言,组织中空缺职位越高或者所需人员具备的技能越强,广告的辐射范围就应该越广。

② 员工或关联人员推荐。研究表明,经内部员工或关联人员推荐的人员要比广告等其他形式招募来的满意度高,因为做这样的推荐事关推荐人的名声,并且本人对组织也比较了解,容易形成凝聚力,还可以省去部分招聘成本。

③ 职业介绍机构推荐。对于规模小而且没有正式人事机构的组织而言,职业介绍机构能使组织以较低的成本找到职位应聘者,当然,大规模组织也可以求助于此类机构,因为这类机构拥有的专业技术可能会比组织的人事部门强。职业介绍机构有三种类型:一种是公营的机构,该类机构所雇用的职员不必具备太强的技术或太多的培训,因此收费较低;另一种是私营机构,这类机构介绍的职位较高,提供的服务也较为完整,因此收费较高;第三种是管理顾问公司,也称"猎头公司",这种公司收费最为昂贵,主要推荐的是中层至高层管理人员,它比上述两类机构服务更周全、信息更完整,因此成功率也更高。

④ 其他来源。除了上述渠道之外,许多大中专院校都有职业介绍的服务,用人单位可以向这些学校征求所需人才。同时还有很多专业组织也能够提供职业介绍的服务。

人力资源计划中最为关键的一项任务是能够招到并留住有才能的员工,因此,组织提升制度对招聘工作有着非常重要的影响。依据招聘的内外环境不同,组织大致可通过外部招聘和内部提升两种方式来选择和填补员工的空缺。

(1)外部招聘

外部招聘就是根据组织制定的标准和程序从组织外部选拔符合空缺职位要求的员工。选择员工具有动态性,特别是一些高级员工和专业岗位,组织常常需要将选择的范围扩展到全国甚至全球劳动力市场。

外部招聘具有以下的优势:

① 具备难得的"外部竞争优势"。所谓"外部竞争优势"是指被聘者没有太多顾虑,可以放手工作,具有"外来和尚会念经"的外来优势。组织内部成员往往只知外聘员工目前的工作能力和实绩,而对其历史、特别是职业生涯中的负面信息知之甚少。因此,如果他确有工作能力,那么就有可能迅速地打开局面。相反,如果从内部提升,部下可能对新上司在成长过程中的失败教训有着非常深刻的印象,这反而会影响后者的权威性和指挥力。

② 有利于平息并缓和内部竞争者之间的紧张关系。组织中某些管理职

位的空缺可能会引发若干内部竞争者的较量,事实上,组织中的每个人都希望获取晋升的机会。如果员工发现处在同一层级上、能力相差无几的同事得到提升而自己未果时,就可能产生不满情绪,这种情绪可能会带到工作上,从而影响组织任务的完成,这反而会给组织造成负面的影响。而从外部选聘则可能会使这些竞争者得到某种心理上的平衡,有利于缓和他们之间的紧张关系。

③ 能够为组织输送新鲜血液。来自外部的候选人可以为组织带来新的管理方法与经验。他们没有太多的框框程序束缚,工作起来可以放开手脚,从而给组织带来更多的创新机会。此外,由于他们新近加入组织,没有与上级或下属历史上的个人恩怨关系,从而在工作中可以很少顾忌复杂的人情网络。

外部招聘也有许多局限性,主要表现在:

① 外聘者对组织缺乏深入了解。外聘者一般不熟悉组织内部复杂的情况,同时也缺乏一定的人事基础,很难一下进入工作角色。因此,外聘者需要相当一段时期的磨合才能与组织现有的文化相适应,也才能真正开展有效的工作。

② 组织对外聘者缺乏深入了解。在选聘时虽然可以借鉴一定的测试和评估方法,但一个人的能力是很难通过几次短暂的会晤或测试就得到确认的。被聘者的实际工作能力与选聘时的评估能力可能存在很大差距,因此组织可能会聘用到一些不符合要求的员工。这种错误的选聘可能会给组织造成一定的危害。

③ 外聘行为对内部员工积极性造成打击。大多数员工都希望在组织中能有不断升迁和发展的机会,都希望能够担任越来越重要的工作。如果组织过于注重从外部招聘管理人员,就会挫伤他们的工作积极性,影响他们的士气。同时,有才华、有发展潜力的外部人才在了解到这种情况后也不敢轻易应聘,因为一旦定位,虽然在组织中已有很高的起点,但今后升迁和发展的路径却很狭小。

(2)内部提升

内部提升是指组织内部成员的能力和素质得到充分确认之后,被委以比原来责任更大、职位更高的职务,以填补组织中由于发展或其他原因而空缺了的管理职务。

内部提升制度具有以下优点:

① 有利于调动员工的工作积极性。内部提升制度给每个人带来希望和机会,且会带来示范效应。如果每个组织成员都知道,只要在工作实践中不断学习,努力提高业务能力,就有可能被分配担任更重要的工作,这常常可以鼓舞士气、提高员工的工作热情。当然,职务提升的前提是要有空缺的管理岗

位，而空缺管理岗位的产生主要取决于组织的发展，只有组织发展了，个人才可能有更多的提升机会。因此，内部提升制度还能更好地维持成员对组织的忠诚，鼓励那些有发展潜力的员工更加自觉和积极地工作，以促进组织的发展，也为自己创造更多的职务提升机会。

② 有利于吸引外部人才。内部提升制度表面上看是排斥外部人才、不利于吸收外部优秀人才的，其实不然。真正有能力和发展潜力的人知道，加入到这种组织中，尽管担任管理或技术职务的起点比较低，可能有时还会从头做起，但是凭借自己的知识和能力，可以在较短的时间内熟悉基层的业务，从而能有条件提升到较高的管理或技术层次上。由于内部提升制度也为新来者提供了美好的发展前景，因此外部的人才也会乐意应聘到这样的组织中工作。

③ 有利于保证选聘工作的正确性。已经在组织中工作若干时间的候选人，组织对其了解程度必然要高于外聘者。候选人在组织中工作的经历越长，组织越有可能对其工作能力、业绩以及基本素质作全面深入地考察、跟踪和评估，从而保障选聘工作的正确性。

④ 有利于被聘者迅速展开工作。被聘者能力的有效发挥要取决于他们对组织文化的融合程度以及对组织本身及其运行特点的了解。从组织内部提升上来的被聘者，由于熟悉组织中错综复杂的机构、组织政策和人事关系，了解组织运行的特点，所以可以迅速地适应新的工作，工作起来要比外聘者显得更加得心应手，从而能迅速打开局面。

内部提升制度也可能会带来如下一些弊端：

① 可能会导致组织内部"近亲繁殖"现象的发生。从内部提升的人员往往喜欢模仿上级的管理方法。这虽然可使过去的经验和优良作风得到继承，但也有可能使不良作风得以发展，这极不利于组织的管理创新和管理水平的提高。

② 可能会引起同事之间的矛盾。在若干个候选人中提升其中一名员工时，虽可能提高员工的士气，但也可能使其他落选者产生不满情绪。这种情绪可能出于嫉妒，也可能出于"欠公平感觉"，无论哪一种情况都不利于被提拔者展开工作，不利于组织中人员的团结与合作。

2. 员工招聘的程序与方法

为了保证员工选聘工作的有效性和可行性，应当按照一定的程序并通过竞争来组织选聘工作。具体的步骤是：

(1)制定并落实招聘计划

当组织中出现需要填补的工作职位时，有必要根据职位的类型、数量、时间等要求确定招聘计划，同时成立相应的选聘工作委员会或小组。选聘工作机构既可以是组织中现有的人事部门,也可以是代表所有者利益的董事会,或由各方利益代表组成的专门或临时性机构。选聘工作机构要以相应的方式或通过适当的媒介,公布待聘职务的数量、类型以及对候选人的具体要求等信息,向组织内外公开招聘,鼓励那些符合条件的候选人积极应聘。

（2）对应聘者进行初选

当应聘者数量很多时,选聘小组需要对每一位应聘者进行初步筛选。内部候选人的初选可以根据以往的人事考评记录来进行;对外部应聘者则需要通过简短的初步面谈,尽可能多地了解每个申请人的工作经历及其他情况,观察他们的兴趣、观点、见解、独创性等,及时排除那些明显不符合基本要求的人。

（3）对初选合格者进行知识与能力的考核

在初选的基础上,需要对余下的应聘者进行材料审查和背景调查,并在确认之后进行细致的测试与评估,其主要内容如下所示。

① 智力与知识测试。该测试是通过考试的方法测评候选人的基本素质,它包括智力测试和知识测试两种基本形式。智力测试的目的是通过候选人对某些问题的回答,测试他的思维能力、记忆能力、应变能力和观察分析复杂事物的能力等。知识测试是要了解候选人是否具备待聘职务所要求的基本技术知识和管理知识,缺乏这些基本知识,候选人将无法进行正常工作。

② 竞聘演讲与答辩。这是对知识与智力测试的一种补充。测试可能不足以完全反映一个人的素质全貌,不能完全表明一个人运用知识和智力的综合能力。而发表竞聘演讲,介绍自己任职后的计划和远景,并就选聘工作人员或与会人员的提问进行答辩,可以为候选人提供充分展示才华、自我表现的机会。

③ 案例分析与候选人实际能力考核。在竞聘演说与答辩以后,还需对每个候选人的实际操作能力进行分析。测试和评估候选人分析问题和解决问题的能力,可借助"情景模拟"或称"案例分析"的方法,将候选人置于一个模拟的工作情景中,运用各种评价技术来观测考察他的工作能力和应变能力,以判断他是否符合某项工作的要求。

（4）选定录用员工

在上述各项工作完成的基础上,需要利用加权的方法,计算出每个候选人知识、智力和能力的综合得分,并根据待聘职务的类型和具体要求决定取舍。对于决定录用的人员,应考虑由主管再一次进行亲自面试,并根据工作的实际与聘用者再做一次双向选择,最后决定选用与否。

（5）评价和反馈招聘效果

最后要对整个选聘工作的程序进行全面的检查和评价,并且要对录用的员工进行追踪分析,通过对他们的评价检查原有招聘工作的成效,总结招聘过程中的成功与过失,及时反馈到招聘部门,以便改进和修正。

3. 选聘工作的有效性分析

员工的选聘必须坚持慎重的原则,必须将错误发生的可能性减至最低,增加正确决策的概率,这是开展组织工作的基本前提。选聘工作的基础是有效性。

所谓有效性是指员工选聘时所选用的各种凭证,诸如招聘表、测验、面谈或背景考察必须有效,并且这些凭证和员工实际绩效之间要有某种相关性。

选聘工作的有效性要求被选用的凭证具有规范性、客观性和可靠性。选用凭证的内容包括:

(1)招聘表

这种表格包括应聘者的姓名、地址、电话、学历、履历、技术类型以及过去的工作经验或成就等。由于表格中的各个项目的重要性权数会随着各个特定的工作发生变化,所以随着时间的推移必须不断地加以调整。

(2)书面测试

书面测试包括智力测验、性格测验、能力测验等。对于组织而言这些测验可以适度地预测出应聘者是否能够胜任相应的职位,当然,主管人员应更加注意工作绩效的模拟测验。

(3)绩效模拟测验

这种测验以工作分析的资料为依据,由实际的工作行为组成,因此比传统式的任何书面测试都更能证实与工作的相关性。工作抽样法和评估中心法是两种典型的绩效模拟测验,前者适用于一般工作职位,后者适用于管理阶层。

工作抽样法的设计思想是先设计出一种小型的工作样本,然后让应聘者实际去做,看其是否具备必需的才能。工作样本是根据工作分析的资料琢磨出来的,里边含有各个工作所必备的知识、技术与能力。工作样本中的各项要素必须与工作绩效要素相搭配。

评估中心法是由直线主管、监督人和受过培训的心理学者用 2～4 天的时间,让应聘者去模拟处理他们将遇到的实际问题,然后由评估的中心人员考核评分。评估中心法所进行的活动包括面谈、模拟解决问题、群体讨论、企业决策竞赛等。

(4)面谈记录

面谈可以对应聘者有一个初步的印象。不过,这种方式和往后的工作绩效并无多大的关系,其有效性比较低,需要克服的缺点是:面试者在初评时容易产生印象偏差,因为固有的模式往往使面试者倾向于喜欢和他有同样态度的应聘者,这样,面试者所下的权数比重可能会有偏差。尽管如此,面试对于决定应聘者的智力、勤奋程度以及人际沟通方面的能力还是有一定预测效度的。

（5）背景调查

背景调查有两种类型:审评应聘材料和调查一些参考附件。前者提供的信息很有价值,而后者通常只是一种参考。审核的原因是一些应聘者往往会夸大他以前的经历、成就或隐瞒某些离职的原因,因此向以前的用人单位了解过去的工作情况颇有必要。当然,还可以通过他的朋友等其他渠道来了解他过去的情况。

（6）体检

体检的目的是确定应聘者的一般健康状况,检查其是否有工作职务所不允许的疾病或生理缺陷,以减少员工因生病所增加的费用支出以及由于员工存在生理缺陷或体能不支,对今后工作带来的负面影响。

三、员工的解聘

如果人力资源规划过程中存在冗员,组织面临结构性收缩要求或者员工存在违反组织政策的行为时,组织应当裁减一定的员工,这种变动叫作解聘。解聘的方式有多种,表9-1所示为几种主要的解聘方案。

表9-1　几种主要解聘方案

方　案	说　　明
解雇	永久性、非自愿地终止合同
临时解雇	临时性、非自愿地终止合同;可能持续若干天时间,也可能延续几年
自然减员	对自愿辞职或正常退休腾出的职位空缺不予填补
调换岗位	横向或向下调换员工岗位,通常不会降低成本,但可减缓组织的劳动力供求不平衡
缩短工作周	员工每周少工作一些时间,或者进行工作分担,或以临时工身份做这些工作
提前退休	为年龄大、资历深的员工提供激励,使其在正常退休期限前提前离位

第四节　员工培训

英明的企业主管人员善于未雨绸缪，着眼于未来。他们所采用的一种重要方法是对员工特别是管理人员进行开发和培训，使他们能够应付新的需求、新的问题和新的挑战。事实上，企业主管人员有责任向其下属提供训练和发展的机会，这样，后者才能充分发挥其潜力。

一、人员培训的目标

培训是指组织通过对员工有计划、有针对性的教育和训练，使其能够改进目前知识和能力的一项连续而有效的工作。培训旨在提高员工队伍的素质，促进组织的发展，实现以下四个方面的具体目标。

1. 补充新知识，提炼新技能

随着科学技术进步速度的加快，人们原先拥有的知识与技能在不断老化。为了防止组织中各层级人员工作技能的衰退，组织必须对员工进行不断地培训，使他们掌握与工作有关的最新知识和技能。这些知识和技能，有的也许是在工作前的学校教育中获取的，但更应该在工作中根据实际情况不断地加以补充和更新，因为它们可以在实践中不断地得到锤炼和提升。

2. 全面发展能力，提高竞争力

员工培训的一个主要目的，便是根据工作的要求，努力提高他们在决策、激励、沟通、创新等各方面的综合能力，特别是随着工作的日益复杂化和非个人行为化，组织内部改进人际关系的能力要求不断提高，这使得组织对合作的培训要求变得愈发重要，这也是衡量组织竞争力的重要体现。

3. 转变观念，提高素质

每个组织都有自己的文化、价值观念、基本行为准则。员工培训的重要目标就是要通过对组织中各个成员，特别是对新聘管理人员的培训，使他们能够根据环境和组织的要求转变观念，逐步了解组织文化并能够融于组织文化之中，形成统一的价值观念，按照组织中普遍的行动准则来从事管理工作，与组织目标同步。

4. 交流信息，加强协作

组织培训员工的基本要求是要通过培训，加强员工之间的信息交流，特别是使新员工能够及时了解组织在一定时期内的政策变化、技术发展、经营环境、绩效水平、市场状况等方面的情况，熟悉未来的合作伙伴，准确而及时地定位。

二、人员培训的方法

一个组织中的培训对象主要有新来员工、基层员工、一般技术或管理人员、高级技术或管理人员。员工培训的方法有多种，依据所在职位的不同，可以分为新来员工的培训、在职培训和离职培训等。

1. 新来员工的培训

应聘者一旦决定被录用之后，组织中的人事部门应该对他将要从事的工作和组织的情况给予必要的介绍和引导，西方国家称之为职前引导。

职前引导的目的在于减少新来人员在新的工作开始之前的担忧和焦虑，使他们能够尽快地熟悉所从事的本职工作以及组织的基本情况，如组织的历史、现状、未来目标、使命、理念、工作程序及其相关规定等，并充分了解他应尽的义务和职责以及绩效评估制度和奖惩制度等，例如有关的人事政策、福利以及工作时数、加班规定、工资状况等。这一方面可以消除新员工中那些不切实际的期望，充分预计到今后工作中可能遇到的各种困难和问题，了解克服和解决这些困难和问题的渠道，另一方面可以引导新员工了解工作单位的远景目标、工作中的同事以及如何进行合作等。组织有义务使新员工的不适应降至最低，并应使其尽快地调整自我，尽早地适应工作环境。

2. 在职培训

对员工进行在职培训是为了使员工通过不断学习掌握新技术和新方法，从而达到新的工作目标要求所进行的不脱产培训。工作轮换和实习是两种最常见的在职培训。所谓工作轮换是指让员工在横向层级上进行工作调整，其目的是让员工学习多种工作技术，使他们对于各种工作之间的依存性和整个组织的活动有更深刻的体验和更加开阔的视野。所谓实习是让新来人员向优秀的老员工学习以提升自己知识与技能的一种培训方式。在生产和技术领域，这种培训方式通常称为学徒制度；而在商务领域，则称为实习制度。实习生的工作必须在优秀的老员工带领和监督之下进行，老员工有责任和义务帮助实习生克服困难，顺利成长进步。

3. 离职培训

离职培训是指为使员工能够适应新的工作岗位要求而让员工离开工作岗位一段时间，专心于一些职外培训。最常见的离职培训方式包括教室教学、影片教学以及模拟演练等。教室教学比较适合于给员工们集中灌输一些特殊的信息、知识，可以有效地增进员工在管理和技术方面的认知。影片教学的优点在于它的直观示范性,可以弥补其他教学方式在示范效果方面的不足。而如何在实践中处理好人际关系问题,如何提高解决具体问题的技能,则最适于在模拟演练中学习,这包括案例分析、经验交流、角色模拟以及召开小群体行动会议等。有效利用现代高科技及电脑的模式也属于模拟演练的一种,如航空公司用此方法来培训驾驶员等。另外还有辅导培训,也是模拟演练的一种有效方式。员工在实际上岗前先在同样的设施内模仿他们日后的工作,为日后开展的实际工作打下基础。如大型的连锁零售商可以在一个模拟营业情形的实验里教导收款员如何操作电脑记账机,这样可以让错误在学习过程中及早暴露和解决,就能大大提高以后的营业效率。

4. 专业知识与技能培训

专业知识与技能培训有助于员工深入了解相关专业的基本知识及其发展动态,有助于提高人员的实际操作技能。专业知识与技能培训可以采取脱产、半脱产或业余等形式,如各种短期培训班、专题讨论会、函授、业余学校等。

5. 职务轮换培训

它是指人员在不同部门的各种职位上轮流工作。职务轮换有助于受训人全面了解整个组织的不同工作情况,积累和掌握各种不同的工作经验,从而提高他们的组织和管理协调能力,为其今后的发展和升迁打好基础。

6. 提升培训

提升是指将人员从较低的管理层级暂时提拔到较高的管理层级上,并给予一定的试用期。这种方法可以使有潜力的管理人员获得宝贵的锻炼机会,既有助于管理人员扩大工作范围,把握机会展示其能力和才干,又能使组织全面考察其是否具备领导岗位上的能力,并为今后的发展奠定良好的基础。

7. 设置助理职务培训

在一些较高的管理层级上设立助理职务,不仅可以减轻主要负责人的负担,而且有助于培训一些后备管理人员。这种方式可以使助理接触到较高层次上的管理实务,使他们不断吸收其直接主管处理问题的方法和经验,在特殊环境中积累特殊经验,从而促进助理的成长。

8. 设置临时职务培训

设置临时性职务可以使受训者体验和锻炼在空缺职位上的工作情景,充分展示其个人能力,避免"彼得现象"的发生。劳伦斯·彼得曾经发现,"在实行等级制度的组织里,每个人都崇尚爬到能力所不逮的层次"。他把这种由于组织中有些管理人员被提升之后不能保持原来的成绩,反而可能给组织效率带来大滑坡的现象归结为"彼得原理"。

第五节　绩效评估

一、绩效评估的定义

1. 绩效的含义

绩效的含义非常丰富，在不同的情况下，绩效有它不同的含义。从字面上看，"绩"是指业绩，即员工的工作结果；"效"是指效率，即员工的工作过程（行为和素质）。通俗地说，绩效＝结果＋过程（即行为和素质）。

这一定义告诉我们，当对个体的绩效进行管理时，既要考虑投入（行为），也要考虑产出（结果）。绩效是指组织和其子系统（部门、流程、工作团队和员工个人）的工作表现和业务成果。员工的工作绩效，是指他们那些经过考评的工作行为、表现及其结果。

2. 绩效评估的含义

所谓绩效评估是指组织定期对个人或群体小组的工作行为及业绩进行考察、评估和测度的一种正式制度。用过去制定的标准来比较员工的工作绩效记录并及时将绩效评估结果反馈给员工，可以起到有效的检测及控制作用。

3. 绩效评估的性质

绩效的多因性是指绩效的优劣不是取决于单一的因素，而是受制于主观、客观的多种因素影响，如激励、技能、环境与机会。

绩效的多维性需从多种维度或方面去分析与考评，如一个工人的绩效除了产量指标外，质量、原材消耗、能耗、出勤以及团结、服从、纪律等都需要综合考虑，逐一评估。

绩效的动态性是指员工的绩效是变化的。随时间推移，绩效差的可能转好，绩效好的也可能变差，因此管理者不能只凭一时印象，以僵化的观点看待下属的绩效。

绩效评估是组织与员工之间的一种互动关系，在实际工作中，绩效评估因为在制度设计、评估的标准及方法、执行程序等诸多方面很难真正做到客观和准确，所以，管理人员与员工之间往往会发生一些矛盾和冲突。也由于绩效评估给人力资源的各个方面提供了反馈信息，并与组织中的各个部分紧密联系在一起，因此，实施绩效评估一直被认为是组织内人力资源管理中最棘手也是最强有力的方法之一。

二、绩效评估的作用

在人力资源管理中,绩效评估的作用体现在以下几个方面:

(1)绩效评估为最佳决策提供了重要的参考依据

绩效评估的首要目标是为组织目标的实现提供支持,特别是在制定重要的决策时,绩效评估可以使管理者及其下属在制定初始计划过程中及时纠偏,减少工作失误,为最佳决策提供重要的行动支持。

(2)绩效评估为组织发展提供了重要的支持

绩效评估的另一个重要目标是提高员工的业绩,引导员工努力的方向,使其能够跟上组织的变化和发展。绩效评估可以提供相关的信息资料作为激励或处分员工、提升或降级、职务调动以及进一步培训的依据,这是绩效评估最主要的作用。

(3)绩效评估为员工提供了一面有益的"镜子"

绩效评估使员工有机会了解自己的优点和缺点以及其他人对自己工作情况的评价,起到了有益的"镜子"作用。特别是当这种评价比较客观时,员工可以在上级的帮助下有效发挥自己的潜能,顺利执行自己的职业生涯计划。

(4)绩效评估为确定员工的工作报酬提供依据

绩效评估的结果为确定员工的实际工作报酬提供了决策依据。实际工作报酬必须与员工的实际能力和贡献相结合,这是组织分配制度的一条基本原则。为了鼓励员工出成绩,组织必须设计和执行一个公正合理的绩效评估系统,对那些最富有成效的员工和小组给予明确的加薪奖励。

(5)绩效评估为员工潜能的评价以及相关人事调整提供了依据

绩效评估中对能力的考评是指通过考察员工在一定时间内的工作业绩,评估他们的现实能力和发展潜力,看其是否符合现任职务所具备的素质和能力要求,是否具有担负更重要工作的潜能。组织必须根据管理人员在工作中的实际表现,对组织的人事安排进行必要的调整。对能力不足的员工应安排到力所能及的岗位上,而对潜能较强的员工应提供更多的晋升机会,对另一些能力较为平衡的员工则可保持其现在的职位。当然,反映员工过去业绩的评价要与描述将来潜力的评价区分开来,为此,组织需要创设更为科学的绩效评估体系,为组织制定包括降职、提升或维持现状等内容的人事调整计划提供科学的依据。

三、绩效管理的定义

广义绩效管理是指明确企业战略,对企业战略目标的分解、细化,使企业战略目标落实到部门和个人,从而通过推动战略执行而提高企业经营业绩的过程。

狭义绩效管理是指为员工设定工作目标,对目标的实现程度进行考核并根据考核结果制定奖惩决策的过程。狭义绩效管理的流程如图 9-2 所示。

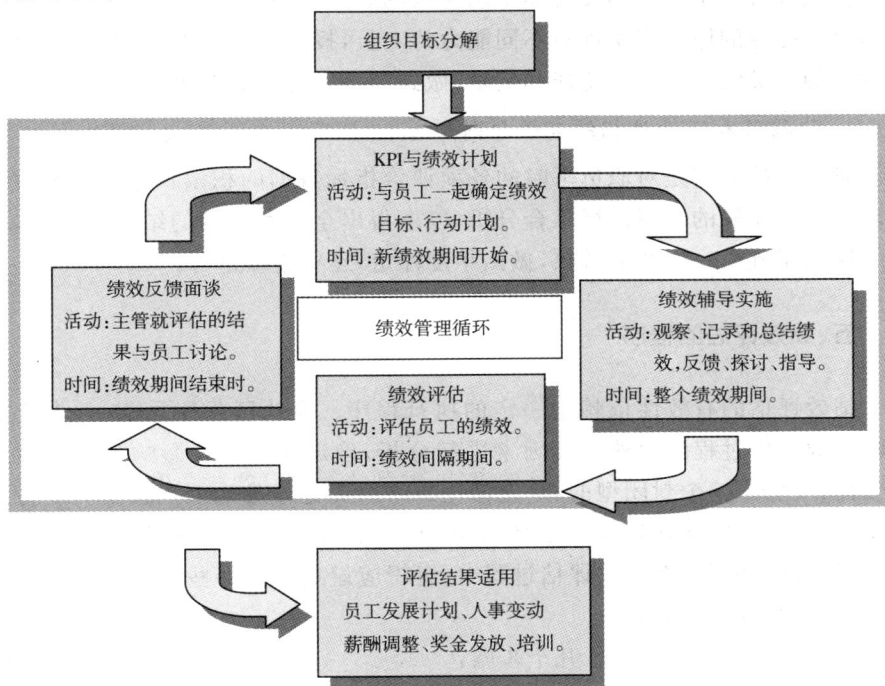

图 9-2　绩效管理的流程

四、绩效考核的原则

1. 客观、公正、科学、简便的原则

客观即实事求是,做到考核标准客观、组织评价客观、自我评价客观。

公正即不偏不倚,无论对上司还是部下,都要按照规定的考核标准,一视同仁地进行考核。

科学、简便即要求考核过程设计要符合客观规律,正确运用现代化科技手段进行正确评价,同时具体操作要简便,以尽可能减少投入。

2. 注重实绩的原则

即要求在对职工做考核结论和决定升降奖励时,以其工作实绩为根本依据。坚持注重实绩的原则,要把考核的着眼点、着力点放在实际贡献上,要着重研究绩的数量关系和构成绩的数量因素，还要认真处理好考绩与其他方面尤其是考德方面的关系。

3. 多途径分能级的原则

在绩效考核中对不同类型和不同能级的人员应有不同的考核标准。坚持多途径分能级的原则能实现对不同能力的人员，授予不同的职称和职权，对不同贡献的人员给予不同的待遇和奖励，做到"职以能授，勋以功授"。

4. 阶段性和连续性相结合的原则

阶段性的考核是对职员平时的各项评价指标数据的积累。考核的连续性要求对历次积累的数据进行综合分析，以求得出全面和准确的结论。因此，对职工应每年进行一次全面考核，做出年度评定，逐年连续进行。

五、绩效评估的程序

绩效评估的有效性依赖于一定的执行程序。在执行程序之前，首先要对影响绩效评估过程的内外环境因素进行分析，确定哪些因素影响到了评估的有效性。例如，一个封闭型的、缺乏信任的组织文化很难为个人或团队的努力提供需要的环境，而在这样一个环境中，即使个人付出很大的努力，业绩也往往难以实现。因此，在绩效评估过程中，组织应避免使用那些不能动态反映内外环境变化的执行程序。

绩效评估可以分为以下几个步骤：

1. 确定特定的绩效评估目标

在不同的管理层级和工作岗位上，每一个员工所具备的能力和提供的贡献是不同的，而一种绩效评价制度不可能适用于所有的评估目标。例如，有些组织想要确定中层员工的潜能，而另一些组织想对一般员工进行工资的调整，显然，两者的侧重点不同，选用的评估制度也不同。所以，在考评员工时，首先要有针对性地选择并确定特定的绩效评估目标，然后根据不同岗位的工作性质，设计和选择合理的考评制度。

2. 确定考评责任者

考评工作往往被视为人事管理部门的任务。实际上，人事部门的主要职责是组织、协调和执行考评方案，要使考评方案取得成效，还必须使那些受过专门评估培训的直线管理人员直接参与到方案实施中来，因为直线领导可以更为直观地识别员工的能力和业绩，并负有直接的领导责任。当然，下属和同事的评价也可以列为一种参考。

3. 评价业绩

在确定了特定的绩效评估目标和考评责任者之后,应当通过绩效评价系统对员工特定的目标评估内容进行正确的考评。考评应当客观、公正,杜绝平均主义和个人偏见。在综合各考评表得分的基础上,得出考评结论,并对考评结论的主要内容进行分析,特别是要检查考评中有无不符合事实以及不负责任的评价,检验考评结论的有效程度。

4. 公布考评结果,交流考评意见

考评人应及时将考评结果通知本人。上级主管可以与被考评对象直接单独面谈,共同讨论绩效评价的结果。这种面谈应该被看作是一次解决问题而不仅仅是发现错误的良机。及时通报考评结论,可以使本人知道组织对自己能力的评价以及对所做贡献的承认程度,认识到组织的期望目标和自己的不足之处,从而确定今后需要改进的方向。如果认为考评有不公正或不全面之处,也可在认真反思和考虑之后进行充分申辩或补充,这有利于本人的事业发展,也有利于组织对本人工作要求的重新建立。

5. 根据考评结论,将绩效评估的结论备案

根据最终的考评结论,可以使组织识别那些具有较高发展潜力的员工,并根据员工成长的特点,确定其发展方向。同时还需要将绩效评估的结果进行备案,为员工今后的培训和人事调整提供充分的依据。

上述对绩效评估程序的讨论通常是在一种文化背景下进行的,而在跨文化背景之下则必须考虑评价系统的可转换性问题,在动荡的环境之下,评价系统必须具有灵活性和可行性。

六、绩效评估的方法

组织确定使用某种绩效评估方法就是为了达到理想的考核目标。尽管绩效评估的方法有很多,但是还没有一种适合一切评估目标和适用于一切组织的一切目的的通用方法。因此,管理者必须根据实际的需求对绩效评估的各种方法进行选择,使评估结果既能达到评估目的,又能适合组织的具体特点。

组织所采取的传统绩效评估方法主要有:个人自我评价法、小组评议法、工作标准法、业绩表评估法、排列评估法、平行对比评估法等。现代绩效评估更多采用目标管理法。

在传统的绩效评估方法中,组织往往更多地把员工的个人品质作为主要的业绩评判标准,同时也过多地掺杂了考评者的个人偏好和主观意见。而目标管理法则把评估的重点放在员工的贡献上,通过管理者与员工共同建立目

标的方式,实现了双方工作态度的彻底转变。共同的目标使管理者由评判人转化为工作顾问,而员工也由消极的旁观者变为过程的积极参与者,双方将始终保持密切的合作和联系。这样,在绩效评估的每一个阶段,双方都会努力解决存在的问题,并为下一个评价期建立更为积极的目标。

第六节 职业生涯发展

一、职业生涯的含义

职业生涯指一个人在其一生中所承担职务的相继历程。

职业生涯包含以下含义:

(1)职业生涯是个体的行为经历,而非群体或组织的行为经历。

(2)职业生涯是一个时间概念,意指职业生涯期,有广义和狭义之分。狭义的职业生涯期始于工作之前的专门的职业学习和训练,终止于完全结束或退出职业工作;就广义而言,由出生之始到完全结束职业工作为止,其上限从0岁人生起点开始。

(3)职业生涯实质是指一个人一生中的工作任职经历或历程。就此意义讲,狭义的职业生涯更适宜。

(4)职业生涯不仅表示职业工作时间的长短,还包含了转换的意思,内含着职业发展及变更的经历和过程,如从非熟练工人转变为工程师。很明显,我们所有的人都有或都将有自己的职业生涯。

实际上,现代社会的每个人,无论是刚毕业的学生还是在职人员,无论是拥有高等学历还是仅高中毕业,人人都想在事业上获得成功。上进之心,人人皆有,这是人的本性。然而,事业的成功,并非人人如愿,问题何在呢? 如何做才能使事业获得成功呢? 这就要求每一个人必须好好地规划自己的职业生涯。

二、职业计划与发展的路径和意义

1. 职业计划与发展

所谓职业计划是指员工根据自己的能力和兴趣,通过规划职业目标以及实现目标的手段,使自己在人生的各个不同阶段得到不断发展。

现实中,每个人都有自己不同的志趣、经历和背景,因此,每个人都会产生不同的职业偏好,特别是组织结构日趋扁平阻碍了人们的纵向流动,这使员工的职业计划不能单单偏重于组织层级职位上的不断升迁,而更多地应体现在员工的技术和管理能力、工资、成就感、安全感、业务能力扩展等各个方面的心理满足感上。

所谓职业生涯发展是指组织在发展过程中要根据内外环境变化的要求对员工进行动态调整,以使每个员工的能力和志趣都能与组织的需求相吻合。

职业生涯发展体现了一个人在机遇面前所选择的不同发展路径。这些路径类型包括:

(1)传统路径

传统路径是指员工在一个层级组织中经过不断努力,从下向上纵向发展的一条路径。必须看到,由于兼并、重组、收缩、组织再造等行为的日趋增多,管理层的数目正在大量地减少,这使纵向发展的机会大大减少。

(2)网络路径

网络路径是指员工在纵向层级和横向岗位上都具有发展机会。在这条路径上发展的人或组织认为,一个人如果在纵向晋升的过程中能够多一些横向上的工作经历,将有助于员工的成长。由于比传统路径有更多的发展机会,因此也减少了路径堵塞的可能性和由此所带来的失落感。

(3)横向技术路径

横向技术路径是指员工通过努力不断地拓宽专业技术知识。组织开辟这样的路径可以促使员工在不同的工作领域经受锻炼,可以调动员工不断创新的积极性,最终提升自己在组织中的价值。

(4)双重职业路径

双重职业路径是指组织通过设计技术发展路径让那些有一技之长的技术专家能够专心于技术贡献,而让那些有管理能力的人沿传统的路径升迁和发展。双重职业路径的优点在于避免了从合格的技术专家中选拔出不合格的管理者,使那些具有高技能的技术人员和管理者都能沿着各自不同的路径发展。

2. 职业生涯发展的意义

组织要想在激烈的竞争环境条件下生存并发展,人才是最为关键的组织要素,杰出的人才更是一种稀缺资源。一般来讲,组织总希望能够通过各种方法留住人才。然而,人才并不都是在职业生涯的每一时刻都能表现出卓越才华的,实践证明,他们的精力、兴趣和能力都会随着新的工作环境及其工作内容的改变而发生变化,这种变化势必会影响到他们的职业生涯。因此,组织应当能够充分认识到这样一种事实,及时帮助员工设计一条切实可行的未来职业生涯发展路径,通过各种有效的方式使得组织中的人力资源得到充分利用。

设计并管理职业生涯的意义表现为以下几个方面:

（1）确保组织获得需要的人才

职业生涯发展计划与人力资源计划具有目标上的一致性，并且是对后者的必要补充。人力资源计划指出了组织在未来需要哪些人力资源，而职业生涯发展计划指出了员工的需求与理想怎样才能与组织相吻合。

（2）增加组织的吸引力以留住人才

每个组织都希望招到并留住最优秀的人才，而这种人才往往会考虑到他们自己的发展道路，期望能够在更好的组织环境中发挥他们的才能。如果组织对他们的职业生涯有所安排和建议的话，他们的忠诚度就会比较高。

（3）使组织中的成员都有成长和发展的机会

组织不仅要考虑特殊人才的生涯发展道路，同时也要使组织中的每一个成员都有成长和发展的机会。职业生涯发展计划应该包括增加培训、横向调动等增加员工价值的方法，使员工相信组织并不歧视任何员工。

（4）减低员工的不平衡感和挫折感

员工受教育的程度越高，他们对工作的期望目标也就越高。然而，由于经济周期波动以及组织不断变革的影响，每个组织都不可能有太多的升迁机会。当两者无法匹配时，员工便会产生强烈的心理不平衡和挫折感。职业生涯能够切实地增加员工的信心。

三、职业生涯发展的阶段及其特点

一个人的职业生涯将经历探索期、建立期、职业中期、职业后期和衰退期五个阶段，每一个阶段都有其特点。

1. 探索期

探索期为 0～25 岁，在人们 20 多岁从学校步入工作岗位时结束。人们往往在开始就业前就对其职业做出了关键的决策。亲朋好友、老师、社会媒体以及周围环境的影响，使人们形成了对职业生涯的一种预期，其中有很多是颇有抱负的理想，甚至是不切实际的幻想。这些预期在工作一开始可能会潜藏不露，到后来会逐渐地暴露出来。如果这些预期能够实现，员工将会产生极大的成就感；反之，如果个人愿望不能跟组织的实际安排相吻合，将遭受不应有的挫折和损失。

美国著名职业指导专家金斯伯格把这一阶段进一步细分为幻想期、尝试期和现实期。

（1）幻想期：0～11 岁。儿童们对大千世界，特别是对于他们所看到或接触到的各类职业工作者，充满了新奇、好玩的感觉。此时期在职业需求上的特点是：单纯凭自己的兴趣爱好，不考虑自身的条件、能力水平和社会需要与机遇，完全处于幻想之中。

(2)尝试期:11~17岁,这是由少年儿童向青年过渡的时期。此时起,人的心理和生理在迅速成长发育和变化,有独立的意识,价值观念开始形成,知识和能力显著增长和增强,初步懂得社会生产和生活的经验。此时期在职业需求上呈现出的特点是:有职业兴趣,但不仅限于此,更多地、客观地审视自身各方面的条件和能力;开始注意职业角色的社会地位、社会意义,以及社会对该职业的需要。

(3)现实期:17岁以后的青年年龄段。即将步入社会劳动,能够客观地把自己的职业愿望或要求同自己的主观条件、能力,以及社会现实的职业需要紧密联系和协调起来,寻找适合于自己的职业角色。这一时期所希求的职业不再模糊不清,已有具体的、现实的职业目标,表现出的最大特点是客观性、现实性、讲求实际。

金斯伯格的职业发展论,事实上是前期职业生涯发展的不同阶段,也就是说是就业前人们职业意识或职业追求的变化发展过程。

2. 建立期

建立期是从寻找工作或找到第一份工作开始到三十多岁,即25~35岁这一年龄段上,它是大多数人职业周期中的核心部分。在这一阶段,需要经历如何与同事相处并为同事所接受、学会如何做工作并做好本职工作、处理好个人生活问题、经受现实中成功或失败的第一次真实体验等过程。这一阶段的特征是员工需要通过个人的思考和努力,调整自己的行为并与组织合拍,在磨合中不断改进自己的工作。当然也会不断发生错误,并要不断从错误中汲取教训。在这一时期虽然输得起,且有大好的青春年华,但一旦发生错误,要有勇气承认并加以改正,否则进步不可能快。

3. 职业中期

职业中期为35~50岁这一年龄段。在这一时期,人们往往已经定下了较为坚定的职业目标,个人的绩效水平可能会继续改进提高,也可能保持稳定,或者开始下降。这一阶段的重要特征是,处于职业中期的人已经不再是一个"学习者",不会再有更多的犯错误的机会,如果犯错误将会付出巨大的代价,处于"输不起"的阶段,上有老下有小,怎么能输得起? 特别是在一层级组织中,如果能够经受住考验就可能获得更大的发展机会;反之,则可能要面临调整和变换工作等。

4. 职业后期

从50岁到接近退休这一年龄段上,许多人很简单地进入了职业后期。这时,人们一般都已经在自己的工作领域中为自己创立了一席之地,因而他们的大部分精力主要就放在保住这一位置上。

对于那些通过了职业中期阶段继续发展的人们来说,这一时期意味着收获季节的到来,事业成功,工作轻车熟路,他们可以凭借自己多年的经验、判断力以及非凡的能力向组织证明其存在的价值,扮演一种元老的角色。

而对于那些在前一阶段工作绩效水平已经停滞或有所下降的人来说,这一时期可能会遭遇来自各个方面的压力,会感受到过去曾经拥有的那种理想很遥远,意识到要减少工作的流动性,安心于现有的工作。

5. 衰退期

衰退期是指退休之后的人生经历。这一段时期,对于成功的人士来讲,意味着几十年的成就和绩效表现就要停止,容易使人感到有一种失落感,而对于那些人生经历和绩效表现一般的人来讲则可能会有一个令人舒心的时期,因为此时他们可以把工作中的烦恼都抛在脑后。

四、有效管理职业生涯的方法

职业生涯的阶段模型提示我们,处在不同时期的员工其特点是不一样的,有效管理职业生涯必须针对员工的具体特点分别对待。

对于摸索期的新员工来说,他们常常对自己的职务抱有不切实际的预期。因此,组织应该加强职前引导,及时而客观地告知有关工作职务和组织的正面和负面信息,避免由于目标的不匹配给组织和个人造成的震荡。

对于建立期阶段的员工来讲,必须给他们必要的培训和指导,以确保他们知识和技能的及时更新,使其能更好地开展组织工作,并及时对他们提供指导和鼓励。

对于职业中期阶段的员工,组织要及时提醒他们失误可能招致的代价,管理者应该做好必要的准备,帮助员工克服各种不稳定因素并使工作变得更富有弹性。

职业后期的员工希望有更多的时间或从事压力更轻一些的工作。组织应该通过不断地调整及时开发利用这些员工的才能,保证组织在人才年龄结构上的合理一致性。

最后,组织应当认识到处于衰退期的每个人或许都会遇到情绪低落的时候,如若处理不好就会发生矛盾,甚至于发生敌视或攻击挑衅行为,组织应当对其有所防范,特别是要做好这些人的思想工作,防止不必要的冲突和难堪。

总的来讲,成功管理职业生涯需要注意以下几个方面:

1. 慎重选择第一项职务

员工在组织中的起点,对于其今后的职业生涯发展具有重大的影响。实践证明,如果机会适宜,一个人应当选择一个最有权力的部门作为自己管理生涯的开始。因为一开始就在组织中权力影响大的部门工作,那么就有可能在今后的职业生涯中得到快速的提升。另外,在第一项管理职务中不应停留太久,除非能预期做出更大成绩来。如果能够很快地转换到不同的工作岗位上,一方面可以锻炼自己找到更好的升迁路径,另一方面,会产生一种快速升迁的感觉,增加自我成就实现感。

2. 努力掌握工作中的平衡

良好的工作绩效是职业生涯成功的一个必要条件但却不是充分条件。成功固然令人欣喜,会给以后的提升带来有益的帮助,但失败也是常常发生的,这对未来的发展会造成不利的影响,员工应当通过努力减少这样的失败。员工也应该熟悉组织的权力结构,了解并努力争取对组织中那些稀缺而又十分重要的资源加以控制,如知识、技术、经验等,以提高自己在组织中的价值。

3. 适时表现自我

由于员工绩效的评估具有相当的主观性,因此,通过自己的努力并让主管和组织中的权力人认识到自己的贡献是非常重要的。特别是应当明确组织对个人的要求和期望,了解组织文化的特点以及如何与组织中的关键人员协调关系等。如果自己的工作可表现性很差或自己的特定贡献难以与别人区分,就必须采取一些手段,如及时向上级或其他人汇报自己的工作进展情况,出席各种社交集会,与正面评价你的人结成有力的同盟,当然,不要给人一种不踏实的印象。

4. 要善于同上级处好关系

自己的未来往往掌握在上级的手中,如本身缺乏足够的实力对上级提出挑战,那么明智的办法是努力帮助你的上级取得成功,特别是在上级处于被动时应当给予大力配合和支持,不能拆台、挖墙脚。经验表明,为了实现个人的目标,还应该努力找到组织中居于权力核心的某个人作为自己的推荐人,如果上司很有才干并拥有权力基础,那么自己升迁的速度将会很快,自己的才能会得到快速的认可。否则,即使自己工作绩效再明显也不会及时得到认可,这就必须借助于推荐人的帮助及时进行工作轮换,寻找其他发展路径。

5. 保持一定的流动性

随着现代管理组织扁平化趋势以及购并、重组的不断发生,工作环境也变得相对动荡不定。显然,如长期陷于那些成长缓慢、不景气或衰退中的组织,自己的职业发展进程可能得不到更好地促进，进而会扼杀自己的进取心，成为"烫锅中的青蛙"，并失去发展的能力。因此，适时跳出这样的组织，保证一定的工作流动性，可以给人提供更广泛的工作经历和背景，同时激发人的工作积极性，使工作变得更富有挑战意义。

五、职业生涯的成功

1. 职业生涯成功标准的模糊性

在现代社会观念中，所谓职业成功的定义往往只限于地位和财富的满足。于是，许多人为了达到社会观念中有关成功的标准而拼命工作。如果达不到这个标准，或者没有一下子达到这一标准，甚至因为没有能够在所期望的时间以前达到这一目标，便灰心的自认为是失败者。事实上，处于此情景中的人已经沦落为观念的奴隶，这种成功观是一种偏见。职业成功的定义不止一个，对不同的人来说，职业需求不同，职业目标各异，成功标准不一样。有的人以获得高社会地位和社会声望的职业称为成功；有的人以有一个薪资不低、安稳轻松的职业算是成功；有的人获得了很多金钱，于是有一种财富的满足感和职业成功感；还有的人把勤奋努力工作，取得成绩，看作成功；有的人事业辉煌，充满了工作成就感，也视为成功；还有的人以由于自我的存在能帮助许多人，使他们高兴和感到满足，同时也实现了自我的价值，作为成功的表现。

2. 职业生涯设计的黄金准则

任何设计都是对未来事物的规划，都必须遵循一定的规律，符合特定的原则，否则，设计就会流于荒谬，理想只能成为空想。职业生涯设计作为人生的总体规划，更要遵循特定的准则，体现其本身的特点。人生之旅只发行单程车票，如果你闭门造车，很可能从此阴云密布，坎坎坷坷。相反，如果你遵循职业设计的基本准则，运筹帷幄，相信从此便会风和日丽，道路坦荡，你也将由此走向辉煌。

（1）准则一：择己所爱

从事一项你喜欢的工作，工作本身就能给你一种满足感，你的职业生涯也将从此变得妙趣横生。

兴趣是最好的老师，是最初的动力，兴趣是成功之母。调查一再表明，兴趣与成功概率有着明显的正相关性。

你在设计职业生涯时，务必要注意考虑自己的特点，珍惜自己的兴趣，择己所爱，选择自己喜欢的职业。

（2）准则二：择己所长

任何职业都要求从业者掌握一定的技能，具备一定的条件。职业不同，对技能的要求也不一样。任何一种技能都是经过一定时间的训练后才被劳动者所掌握,而每个人的一生都很短暂,任何人都不可能在一生中掌握所有的技能。

尺有所短,寸有所长。你也许兴趣广泛,掌握多种技能,但所有技能中,总有你的强项。有些人善于与人打交道,有些人则更适于管理机器物品。你在设计自己的职业生涯时,千万要注意选择最有利于发挥自己优势的职业,即择己所长。

(3)准则三:择世所需

社会的需求不断演化着,旧的需求不断消灭,同时新的需求不断产生。昨天的抢手货今天会变得无人问津,生活处于不断地变异之中。你在设计自己的职业生涯时,一定要分析社会需求,择世之所需,否则,只会自食苦果。

(4)准则四:择己所利

一个不得不承认的事实是,职业对你而言,依然是一种谋生手段,是谋取人生幸福的途径。你通过职业劳动,在谋取个人福利的同时,也为社会做出了贡献,创造了社会财富。但你谋取职业的第一动机却很简单,你的首要目标在于你个人生活的幸福。谁都期望职业生涯能带给自己幸福,利益倾向支配着你的职业选择。

复习思考题

一、名词解释

1. 外部招聘

2. 内部提升

3. 培训

4. 绩效评估

二、问答题

1. 你认为现代人力资源管理与传统的人事管理有什么不同?

2. 员工招聘从内部提升好还是从外部招聘好?试分析其原因。

3. 员工培训的目标是什么?

4. 绩效考评的方法有哪些?你认为哪一种方法比较客观准确?

5. 结合职业生涯理论,谈谈一个人应该如何设计自己的职业道路。

三、案例分析题

红桃 K 给员工补血

(1)三个萝卜一个坑

红桃 K 集团有一个"猎头班子",常年四处搜索人才,形成红桃 K 的"人才银行"。公司长年拿出一笔"人才风险基金"，在大范围内搜索与企业现在骨干岗位上的业务主管能力相当甚至更高一等的各类人才（复制版本）。对这些"复制版本"，或暂时聘为企业骨干岗位的副手，或暂时安插到企业内其他岗位，形成企业内部整体骨干岗位"三个萝卜一个坑"的人才分布格局。

（2）签订留住人才责任状

红桃K的每个部门负责人都必须与人力资源委员会和奖惩部门签订一份"留住人才责任状"后方可上岗行使职权。若因本部门负责人的原因导致人才流失，人力资源委员会和奖惩部将严加追究部门负责人的责任，给予较重的经济处罚。

（3）二不准、五要靠

"不准武大郎开店，怕用能力超过自己的人才"；"不准怕把钱分给别人"。"靠企业目标和理想留住人，靠各部门领导做人做事的能力留住人，靠现代企业的科学制度和管理留住人，靠各部门领导做人做事的能力留住人，靠优厚的待遇留住人"。

（4）内部跳槽制度

红桃K每月都有企业内部人才招聘活动，招聘广告就张贴在公司总部。员工们可以自由地前去应聘。内部招聘由总裁直接领导下的人力资源委员会进行，对所有应聘者保密。员工只需私下填好招聘登记表，用信封密封起来亲自（或委托专门的督办人员）送交招聘小组，即可进入初试和复试。复试时，员工可以放心大胆地畅谈"跳槽"的理由。一旦被聘上，即可跳到新的部门或新的岗位。即使未被聘上，也无关紧要。

（5）毛遂自荐

红桃K每周都要搞一个叫"毛遂自荐"的活动。员工可以上台演说，大胆陈述自己的才干和对某某岗位的追求，甚至指陈任何部门、任何工作存在的弊端，阐述自己的改进方案。如果他说得有理，人力资源委员会将对自荐者进行追踪考核，只要认定他解决问题很出色，就让他取代那个有问题部门的负责人。

毛遂自荐是公开进行的。敢在大庭广众之下公开演说尤其是指陈别人的"短处"，这本身就需要一定的勇气和胆识，这种人才，在红桃K往往提升较快。

（6）重视员工自我评价

红桃K实行员工业绩的"跨级考核"和年终"总裁面谈制"。在红桃K，员工干得如何，奖金如何分配，部门负责人一个人说了不算数。尽管部门负责人也要参与员工考核，但他对下属的考核评分只是作为人力资源委员会和奖惩部门的一个重要参考项目。红桃K重视员工对自己业绩的评价。如果部门负责人对员工的评价与员工的自我评价反差较大，人力资源委员会和奖惩部门将进行调查。年终，由于奖金数额较大，红桃K的总裁、副总裁都要抽出大量时间亲自单独与员工一一面谈，询问分配是否公平。

根据上述材料，回答下列问题：

1. 试对红桃K的人力资源管理的优点、缺点做出评价。

2. 结合案例谈谈怎样使人员的稳定与流动合理的组合。

第四篇 领 导

- ● 领　导
- ● 激　励
- ● 沟　通

第十章 领 导

【学习目标】

　　通过本章内容的学习,学生将了解和掌握领导和领导者的概念,领导者和管理者的区分,领导的权力和影响力,领导的作用,领导特质理论、领导行为理论和领导权变理论,领导理论的新趋向。

【导入案例】

谁能胜任

　　谢丁是北京中关村电子一条街的一家电脑公司中分管人事工作的副总经理。公司董事会日前做出了"第二次创业"的战略决策,并据此将公司经营业务的重点从组装"杂牌"电脑转到创立自己"品牌"的方向上来。谢丁必须在这周内做出一项人事决定,挑选一个人担任公司新设业务部门的领导。他有三个候选人,他们都在公司里工作了一段时间。其中一位是李非,这小伙子年纪不大,但领导手下人挺有一套办法,所以谢丁平时就比较注意他。另一个原因是,李非的领导风格很像谢丁自己。谢丁曾在部队从事过通信系统维护工作的退役军人,多年军队生活的训练使他养成了目前这种因为习惯了而很难改变的领导方式。但谢丁心里也明白,公司新设立的业务部门更需要能激发创造性的人。李非是从外埠某大专院校电子计算机专业毕业的专科毕业生,四年前独自到北京"闯世界",经过面试来到了本公司,工作中坚持自己的主意,说一不二,敢作敢为。秦雯则是另一种性格的人,她通过自学获得了文科学士文凭,她为人友善,喜欢听取下属的意见,并通过前一段时间参加工商管理短训班的学习以及自己在实践中的总结和提高,形成了一种独特的领导风格。对于第三个候选人彭英,谢丁没有给予多少考虑,因为彭英似乎总是让他的下属做出所有决策,自己从没有勇气说出自己的主张。

第一节　领导与领导者

在整个管理过程中,领导工作这一职能,是计划工作、组织工作、人员配备以及控制工作等各个管理职能的纽带,是实现组织目标的关键。领导职能的功效就是对组织中的全体成员辅以指导和领导,进行沟通联络,运用恰当的激励手段,对下属施加影响力,以统一组织成员的意志,从而保证组织目标的实现。

一、领　导

1. 领导的含义

领导的含义是率领、引导,所谓"领导"即带领前进,泛指这一类的社会活动和社会角色。作为专业术语,又有各种定义,可谓众说纷纭:

孔茨认为领导是促使下属充满信心,满怀热情地完成他们任务的艺术。

斯多基尔强调领导是对组织内团体和个人施加影响的活动过程。

泰瑞指出领导是影响人们自动地为组织目标努力的一种行为。

戴维斯则认为领导是一种说服他人专心于一定目标的能力。

综合上述有关领导的定义,本书认为,领导就是指挥、带领、引导、鼓励和影响组织中每个成员(个体)和全体成员(群体)的行为活动过程,其目的在于使个体和群体能够自觉自愿而有信心地为实现群体或组织的既定目标而努力。关于这个定义,其内涵包括下列四个方面:

(1)领导是一种过程,而不是某一个体;

(2)领导的本质是人际影响,即领导者拥有影响追随者的能力或力量;

(3)领导的目的是群体或组织目标的实现;

(4)领导职能的过程主要包括领导者的协调、激励和控制等内容。

2. 领导和领导者

领导是一种社会活动(职能),特指领导者的角色行为,即对他人施加影响力,使之致力于实现群体或组织预期目标的活动过程。

领导者是一种社会角色,特指领导活动的行为主体,即能实现领导过程的人。

3. 领导与管理

通常人们把管理和领导当作同义语来使用,似乎管理者就是领导者,领导过程就是管理过程。实际上管理和领导是两个不同的概念,两者既有联系,又有区别（如图 10-1 所示）。一般而论，领导是管理的四大活动（四个基本职能）之一。但是，如果一个管理者仅仅精于计划、组织与控制，他可能是一个无效的领导者。另一方面，领导与管理在类似活动上的侧重点各不相同。例如，管理意味着操纵事情、维持秩序、控制偏差，领导意味着前进、指引、带领跟随者探索新领域。

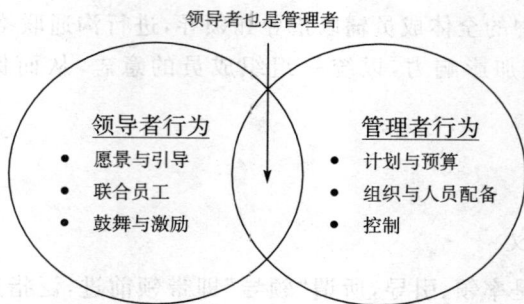

领导者也是管理者

领导者行为
- 愿景与引导
- 联合员工
- 鼓舞与激励

管理者行为
- 计划与预算
- 组织与人员配备
- 控制

图 10-1　领导者与管理者

有效领导者通过组织与人员配备去完成目标，他们创造组织结构、设计工作职位、配备合格员工、沟通相关信息以保证目标实现。领导者招聘、留住那些认同组织愿景的员工，让员工组成工作团队，自主决定如何达成组织愿景。

此外，管理者通过控制员工行为来保证员工完成目标。他们运用各种形式的报告和会议监控员工的工作绩效，时刻注意工作偏差。有效领导需要激励和鼓舞员工团队，帮助他们克服各种困难，支持他们出色地完成各项任务。管理者唯有懂得并施行领导，才是领导者，而为了有效的管理，必须有效的领导。

总之，随着社会发展，领导工作与管理工作越来越分离了。一方面，管理越来越具体，即为了达到组织的目标而采用合适的方法和手段，对有关的人、财、物、时间和信息进行计划、组织、指挥、协调和控制等一系列活动。管理也越来越受重视，并作为一门独立的学科而得到深入的研究。另一方面，领导工作更需要超脱于具体的管理，以便从全局出发，用战略的眼光和头脑进行运筹谋划，致力于战略方针的决策和经营政策的制定。

二、领导者的权力与影响力

领导者重要的任务是"影响"个体或群体的行为。他影响的基础是权力，即指挥下级的权和促使下级服从的力。领导者的影响力主要来自两个方面（见表 10-1 所列）：一是来自于职位权力，这种权力是由于领导者在组织中所处的位置由上级和组织赋予的，这样的权力随职务的变动而变动，在职时就有权,不在职时就无权,一般出于压力和习惯,人们不得不服从这种职位权力;二是来自于非职位权力,这种权力不是由于领导者在组织中的位置,而是由于自身的某些特殊条件才具有的。

表 10 - 1　领导影响力的来源

领导的影响力	
职位权力	非职位权力
合法权力 奖赏权 强制权	专长权 个人魅力 背景权 感情权

1. 职位权力

职位权力(位置力量)是指由于工作职位带来的权力。包括三类:

(1)合法权力。它是根据个人在组织中所处职位而被正式授予的权力,其内容包括任命、罢免等诸多权力,其形式则具有非人格性、制度性的特征。合法权力通常具有明确的垂直隶属关系,从而形成组织内部的权力等级体制。

(2)奖赏权。指对依照其命令行事的作用对象拥有分配有价值资源的能力。奖赏权的实施方式包括物质性的和非物质性的,主要有鼓励、表扬、发奖、提薪和晋级等。奖赏权是巩固和维系权力关系的重要手段之一。

(3)强制权。这是建立在惧怕基础上的,对不服从要求或命令的人进行惩罚的能力。组织中强制权的实施手段主要有批评、训斥、分配不称心工作、降薪、解雇等。

2. 非职位权力

非职位权力是指与组织的职位无关的权力,主要有专长权、个人魅力、背景权和感情权等。

(1)专长权。知识就是力量,从某种程度上讲,知识也是权力。谁掌握了知识,具有专长,就是有了影响别人的专长权。这种权力源于信息和专业特长,人们往往会听从某一领域专家的忠告,接受他们的影响。专长权与职位没有直接的联系,许多专家、学者,虽然没有什么行政职位,但是在组织和群体中具有很大的影响力,其基础就是专长权。

(2)个人魅力。这一权力与其他权力不同,是一种无形的,很难用语言来描述或概括的权力。它是建立在异常感人的个人素质之上的,这种素质吸引了欣赏它、希望拥有它的追随者,从而激起人们的忠诚和极大的热忱。一些体育、文艺明星、传奇的政治领袖都具有这种魅力，有着巨大而神奇的影响。

（3）背景权。背景权是指个体由于以往的经历而获得的权力。例如某人是战斗英雄、劳动模范等，只要人们知悉他的特殊背景和荣誉，在初次见到他的时候，就倾向于听从他的意见，接受他的影响。

（4）感情权。感情权是指个体由于和被影响者感情较融洽而获得的权力。如果多年的老朋友提出要求，请求一些帮助，无论在工作上有没有关系，人们都会感到难以拒绝，从而接受他的影响。

三、领导的作用

领导是指挥、带领、引导、鼓励和影响组织中每个成员（个体）和全体成员（群体）为实现组织的目标而努力的过程，在这个过程中，领导者要具体发挥指挥、协调、沟通、激励等方面的作用。

1. 指挥

企业的生产经营活动，各种生产要素的合理使用，需要有企业领导者的正确指挥。一个精明的企业领导者的有效指挥，在于他胸怀全局、高瞻远瞩、运筹帷幄，认清企业所处的环境和形势，根据企业条件适时地提出企业的经营方针和经营目标，并合理地把企业的人、财、物和供、产、销进行有机结合，使企业的生产不断发展，经济效益不断提高。可见，指挥在某种意义上说，它既是企业管理中领导者的一项基本工作，又是企业领导者的一门艺术。

为了保证企业的生产经营机构按计划、有组织、高效、高速地运转起来，企业领导者必须善于使用自己的指挥权力，遵循有效指挥的基本原则，进行正确的指挥。为此要做到指挥要有权威，指挥要有魄力，指挥要正确。

2. 协调

协调是把组织内人员相互间冲突的利益融合在一起，并且引导这些人员达到共同目标的一种技巧。在一个组织内，经常会有不同的工作小组或工作单位执行任务，各单位自有其"本位观念"和"团体意识"，因而免不了会与其他单位发生竞争；另外，还有意见的不同和观念的差异，产生冲突也在所难免。这种现象对整个组织来讲，显然是非常不利的。为消除这种冲突，协调工作十分重要。协调是领导和管理者重要的管理技能，搞好这项工作，有助于妥善处理企业内外、企业上下、部门之间、各经营环节之间的人与人、组织与组织、人与物、人与事、物与物、事与事、时间和空间等方面的各种问题和矛盾。一个善于协调的领导者，总能让自己的工作顺畅有序地进行，同时上级乐于支持、同级乐于配合、下级乐于拥护，也为自己的工作顺利展开营造了良好环境。

3. 沟通

计划决定后,就应该贯彻执行,而要考核执行的结果,必须有组织内的有效沟通。如果没有恰当的配合和有效的沟通,使员工按照计划的要求去实行,计划再完美也是空中楼阁,没有任何实效。企业内各部门都有自己的团体意识,容易造成部门内的"本位主义",这对整个组织目标的实现有百害而无一利。沟通的潜在目的是要各关系人对共同问题有彼此了解。可见,协调是为了使大家在行动上趋于一致,而沟通则是为了使大家在思想上互相了解,两者有同等重要的作用。

有效的领导可以使企业内员工的分歧趋于一致,并进行交流,建立意见沟通的渠道,消除一切有碍沟通的障碍,使全体员工互相信赖,互相了解,最终提高整个企业的效率。

4. 激励

激励员工是领导者的有效法宝之一,同时也是领导的功能。在现实的企业里,尽管大多数人都具有积极工作的愿望和热情,但是这种愿望并不能自然地变成现实的行动,这种热情也未必自动地长久保持下去。在复杂环境中,企业的每个员工都有各自不同的经历和遭遇,怎样才能使每一个员工都保持旺盛的工作热情和最大限度地调动他们的工作积极性呢?这就需要有通情达理、关心群众的领导者来为员工排忧解难,激发和鼓舞他们的斗志,发掘、充实和加强他们积极进取的动力。

领导者应该使部属提高工作兴趣,以增加工作效率。激发员工的工作热情,引导不同员工朝同一个目标努力,协调员工在不同的环境中做贡献,使他们在企业经营活动中保持高昂的积极性,这便是领导者在组织和率领员工为实现企业目标而努力工作的过程中必须发挥的作用。

第二节 领导特质理论

早期的管理学研究者认为,成功的领导人员须具有一些与一般人不同的特性,才能鹤立鸡群,成为领导者。他们利用统计与观察,找出成功领导者的相同特性。掌握了这些特性,在管理训练时就可以定下受训目标。建立这些特性,便能培养更多优秀的管理人员。

领导特质理论按其对领导特质来源所作的不同解释,可分为传统领导特质理论和现代领导特质理论。传统领导特质理论认为,领导者所具有的特质是天生的,是由遗传因素决定的;而现代领导特质理论则认为领导者的特质是一种动态的过程,是在领导实践中形成的,是可以通过教育、训练等方式在社会实践中培养的。

人们对各种各样的特质如体型、外貌、社会阶层、情绪稳定性、说话流畅性和社会交往能力等进行研究，因为角度不同，得出的研究结果包罗万象，各有特色，甚至相互矛盾。下面简单介绍几种研究结果。

一、六类特质论

斯托格第(R. M. Stogdill)通过调查，总结出领导者的特质包括以下几个方面的内容：

(1)五种身体特征，如精力、外貌、身高、年龄和体重等；

(2)两种社会性特征，如社会经济地位、学历等；

(3)四种智力特征，如果断性、说话流利、知识广博、判断分析能力等；

(4)十六种个性特征，如适应性、进取心、热心、自信、独立性、外向、机警、支配、有主见、急性、慢性、见解独到、情绪稳定、作风民主、不随波逐流、智慧等；

(5)六种与工作有关的特征，如责任感、事业心、毅力、首创性、坚持、对人的关心等；

(6)九种社交特征，如能力、合作、声誉、人际关系、老练程度、正直、诚实、权力的需要、与人共事的技巧等。

二、十项品德和十项能力

日本企业界要求领导者应该具有十项品德和十项能力（见表 10 - 2 所列）。

表 10 - 2　日本企业界归纳的领导者的品质

十项品德	十项能力
使命感	思维决策能力
责任感	规划能力
信赖性	判断能力
积极性	创造能力
忠诚老实	洞察能力
进取心	劝说能力
忍耐性	对人理解能力
公平	解决问题能力
热情	培养下级能力
勇气	调动积极性能力

三、十三种特性论

埃德温·吉赛利(Edwim E. Ghiselli)在调查了 90 个企业的 300 多名经理人员之后,在其《管理才能探索》(1971)一书中提出了八种个性素质和五种激励素质,并根据这些素质对有效领导的重要性,将它们分为三类(见表 10-3 所列)。

表 10-3　吉赛利归纳的领导者的品质

重要程度	重要性价值	个性特征
非常重要	100	督察能力(A)
	76	事业心、成就欲(M)
	64	才智(A)
	63	自我实现欲(M)
	62	自信(P)
	61	决断能力(P)
中等重要	54	对安全保障的需要少(M)
	47	与下属关系亲近(P)
	34	首创精神(A)
	20	不要高额金钱报酬(M)
	10	权力需求高(M)
	5	成熟程度(P)
最不重要	0	性别(男性或女性)(P)

注:"个性特征"中 A 表示能力特征,P 表示个性特征,M 表示激励特征。
　　"重要性价值"中,100＝最重要,0＝没有作用。

四、十大条件论

这是美国普林斯顿大学教授鲍莫尔(W. J. Baumol)提出的,他认为企业领导者应具有下列十大条件。

(1)合作精神。愿意与他人共事,能赢得别人的合作,对人不用压服,而用说服和感服。

(2)决策才能。能根据客观实际情况而不凭主观想象做出决策,具有高瞻远瞩的能力。

(3)组织能力。善于发现下级才智,善于组织人力、物力和财力。

(4)精于授权。能把握方向,抓住大事,而把小事分散给下级去处理。

(5)善于应变。能随机应变,不墨守成规。

（6）勇于负责。对国家、职工、消费者以及整个社会，都有高度的责任心。

（7）敢于创新。对新事物、新环境、新技术、新观念，都有敏锐的感受力。

（8）敢担风险。有雄心，对企业发展不利的风险敢于承担，能开创新局面。

（9）尊重他人。能听取别人的意见，并能汲取合理的意见，不狂妄自大，能器重下级。

（10）品德高尚。品德为社会和企业内的人们所敬仰。

综上所述，领导特质研究表明，领导者的才智、自信心、广泛的社会兴趣、强烈的成就欲、对员工的关心和尊重，的确与领导活动的有效性有很大的关系。此外，领导特质理论还从不同的角度系统分析了领导者应具备的特质，对领导者提出了一个高标准，这对于激励、培养、选拔和考核领导者都是有帮助的。

虽然对领导特质的研究取得了一定的效果，但总的说来，领导特质理论并没有取得太大的成功，甚至有人否定了领导特质研究这种方法。因为人上一百，形形色色。领导特质理论的研究者的研究对象本身差异很大，所以得出的领导者的特质也不尽相同。在得出的领导者特质中，并非所有的领导者都具备所有的领导特质，而许多非领导者也可能具备大部分这样的特质。同时，领导特质理论的研究者也没有界定领导者应在多大程度上具备某些领导特质，并且大多数所谓的特质实际上是行为方式。同时，一个领导者能否发挥作用，会随被领导者的不同而不同，也会随环境的改变而改变。把领导活动割裂在被领导者因素和环境因素之外，仅从领导者自身一个方面进行研究，就会产生相互重叠，甚至相互矛盾的情况，而且趋向提出更纷繁复杂的特性，无法形成一致认同的稳定特性。

领导者特性理论虽然存在缺陷，但在实践中它仍然具有一定的指导意义。现代管理学证明，领导才能是一种成就，是通过努力达到的，而不是与生俱来的。每一位渴望成为领导者的有志者和每一位希望提高自身领导水平的领导者，都可以结合自己的下属情况与环境态势，在上述的各种领导者特性理论中找到最有同感的那几条，把它们作为目标，引导自身素质的不断完善。虽然改变自身的身体、智力、个性和社会等特性非常困难，但是你迈出一步，就会离理想的领导境界近一步。

第三节　领导行为理论

领导行为理论也称领导风格理论，着重分析领导者的领导行为和领导风格对其组织成员的影响，目的是找出所谓最佳的领导行为和风格。这方面的研究包括两个方面:一方面按照领导行为与下属人员的表现,找到描述领导行为的一般模式;另一方面,研究领导的各种模式的行为与下属人员的表现、满足度之间的关系。研究显示,高效率的领导行为与低效率的领导行为有很大的不同。

一、勒温理论

关于领导作风的研究最早是由美国心理学家勒温(P. Lewin)进行的,它以权力定位为基本变量,通过各种试验,把领导者在领导过程中表现出来的工作作风分为三种基本类型:专制作风、民主作风、放任自流作风。

1. 专制作风

专制作风是指依靠权力和强制命令让人服从的领导作风,它把权力定位于领导者个人。专制领导作风的主要特点为:

(1)独断专行,从不考虑别人意见,所有的决定都由领导者自己决定;

(2)领导者自己设计工作计划,指定工作内容和实行人员的安排,从不把任何消息告诉下属,下属没有参与决定的机会,而只能察言观色,奉命行事;

(3)主要依靠行政命令、纪律约束、训斥和惩罚,只有偶尔的奖励,有人统计具有专制作风的领导人与别人谈话时,有 60% 左右采取命令和指示的口吻;

(4)领导者很少参加群众活动,与下属保持一定的心理距离,没有感情交流。

2. 民主作风

民主作风是指以理服人,以身作则的领导作风,它把权力定位于群体。具体特点是:

(1)所有的政策是在领导者的鼓励下由群众讨论决定的,是领导者和其下属共同智慧的结晶;

(2)分配工作时,尽量照顾到个人的能力、兴趣和爱好,对下属的工作不安排得太具体,下属具有较大的工作自由,较多的选择性和灵活性;

(3)主要应用个人权力的威信,而不是靠职位权力和命令使人服从,谈话时多使用商量、建议和请求的口气,下命令仅占 5% 左右;

(4)领导者积极参与团体活动,与下属无任何心理上的距离。

3. 放任自流作风

这是将权力定位于组织中的每一个成员,靠一切悉听尊便进行领导的领导作风。其主要特点是:极少运用权力,给下属高度的独立性,工作事先无布置,事后无检查,无可循的规章制度,整个企业处在一种无政府主义状态。

勒温发现,在专制型领导的团体和在民主型领导的团体中,成员间的关系与成员行为存在着巨大的差别。在专制型领导的团体中,各成员之间攻击性言论显著;成员对领导服从,但表现自我或引人注目的行为较多,成员多以"我"为中心,当受到挫折时,常彼此推卸责任或进行人身攻击;当领导不在场时,工作热情大为下降,也无人出来组织工作。在民主型领导的团体中,成员间彼此比较友好,很少使用"我"字,而具有与团体融为一体的感觉;遇到挫折时,成员们团结一致努力解决问题;当领导不在场时,就像领导在场一样继续努力工作;成员对团体活动有较高的满足感。

根据试验结果,勒温认为:放任自流的领导作风工作效率最低,只能达到组织成员的社交目标,但完不成工作目标;专制的领导作风虽然通过严格管理能达到工作目标,但群体成员没有责任感,情绪消极,士气低落,争吵较多;民主的领导作风工作效率最高,完成工作目标,而且组织成员之间关系融洽,工作积极主动,富于创造性。

二、管理系统理论

这是美国密歇根大学的伦西斯·利克特(Rensis Likert)与同事们对领导者行为进行长达三十年的调查研究的成果。他们根据美国企业领导者在运用自身权力过程中所表现出来的专制独裁程度的高低,以及民主参与程度的强弱,提出四种领导形态。

1. 专制式的集权领导

决策权集中在主管人员的手中,领导者极为专制,对下属人员很少信任,习惯于自上而下地传达信息,主要是运用命令和处罚手段来执行领导职能。不过,偶尔也用奖赏措施去激励下属。

2. 仁慈式的集权领导

决策权较为集中,也授予下属部分权力,但实行严格的政策控制。主管人员表示对下属的信任和信赖,并征求下属的看法和意见,允许由下而上传递信息。使用奖惩办法来执行领导职能。

3. 协商式的民主领导

主管人员对下属有相当的但又不完全的信任,通常试图酌情采纳下属的看法和意见。信息传递是下情上达和上情下传。运用奖赏(偶尔用处罚方法)和职工参与管理的办法来激励下属。主要问题和政策由领导者做决策,具体问题由下属决定或决策。上下级之间通过协商共同解决问题。

4. 参与式的民主领导

这种领导方式有如下明显特征:

（1）各组织单位采取集体决策方式，即让下属参与决策，鼓励集体参与目标的设定；

（2）在领导过程中，主管人员和下属持完全信赖的态度，总是倾听和酌情采纳下属的意见，在上下级之间灌输相互信赖精神，可以随便交换意见和讨论问题；

（3）信息在上下级人员之间传递通畅；

（4）控制渗透到组织的各个角落，并强调实施共同监督和自我控制。

在上述四种方式中，第四种领导方式更富有参与性的特点。利克特大力提倡这种领导方式。他的研究结果表明，采取这种领导方式从事经营活动的主管人员，一般都是极有成就的领导人，以这种方式来管理的企业和公司，在制定目标和实现目标方面是最有成效的。

利克特设计了一套测定表来用于判断领导者属于哪种领导形态，该表包括领导、激励和沟通、交往与相互作用、政策、目标设定等问题，将其编制成问卷，然后到企业做调查，根据答案的评定分数判断企业的领导形态。如在上下级关系和工作激励的问题上可用利克特的这套管理系统进行测定（见表 10 - 4 所列）。

表 10 - 4　利克特的管理系统测定表

组织变数		专制式的集权领导	仁慈式的集权领导	协商式的民主领导	参与式的民主领导
上下关系	信任程度	对下属无信任	有主仆之间的信赖关系	上下之间有相当但不完全的信任	有完全的信任
	交往	极少的交往或交往在惧怕和不信任下进行	交往是在上级屈就，下属惶恐的情况下进行	适度的交往，并在相当的信任下进行	深入友善的交往，有高度的信赖
	沟通程度	上下之间不沟通	有一定的沟通	比较沟通	上下左右意见完全沟通
工作激励	奖惩程度	恐吓威胁和偶尔的报酬	报酬和有形无形的惩罚	报酬和极偶然的惩罚	优厚的报酬启发自觉
	参与程度	下层极少参与做决策	决策上层制定，某些方面首先由下面拟定	重大决策上层制定，下层对具体问题有决定的权力	下层参与决策控制散布在组织中，低层完全参与控制

三、领导行为四分图理论

1945 年美国俄亥俄州立大学商业研究所发起了对领导行为进行研究的热潮，并提出了领导行为四分图。研究人员经过调查列出了一千多种刻画领导行为的因素，通过逐步概括和归类，最后将领导行为的内容归纳为两个方面，即以人为重和以工作为重。

1. 以人为重

以人为重是指注重建立领导者和被领导者之间的友谊、尊重和信任关系，包括尊重下属的意见，给下属以较多的工作主动权，体贴他们的思想感情，注重满足下属的需要，平易近人，平等待人，关心群众，作风民主。

2. 以工作为重

以工作为重是指领导者注重规定他与工作群体的关系，建立明确的组织模式、意见交流渠道和工作程序，包括设计组织机构，明确责权关系，确立工作目标，制定工作程序、工作方法和规章制度。

根据这两方面内容设计的领导行为调查问卷的结果表明，以人为中心和以工作为中心常常同时存在，只是强调的侧重点有所不同。因此领导者的行为可以是这两个方面的任意组合。若把每个方面分为高低两种情况，则两个方面的具体组合就是四种领导行为，即高关系低工作、高关系高工作、低关系低工作、低关系高工作。这四种领导行为可以用二维平面的"四分图"来表示（如图 10-2 所示）。

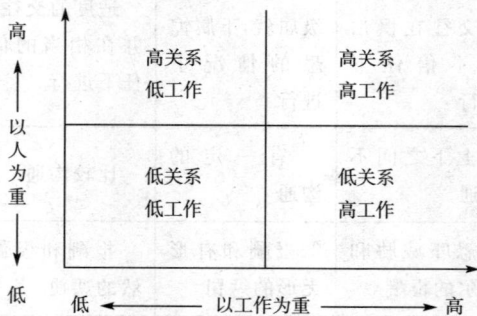

图 10-2 领导行为的四分图

通过四分图，就可以鉴别领导，评定领导的类型。属于低关系高工作的领导行为，最关心的是工作任务；属于高关系低工作的领导行为，注重关心领导者与下属之间的合作,重视相互信任和尊重气氛;属于低关系低工作的领导行为,对人对工作都不关心,一般来说,这种领导行为的效果差,会带来更多的旷工、事故和怨言;而属于高关系高工作的领导行为对人对工作都很关心,一般来说,这种领导行为的效果好。到底哪一种领导行为效果好呢?结论是不肯定的,要根据具体情况而定。

该项研究的研究者认为,以人为重和以工作为重,这两种领导方式不应是相互矛盾、相互排斥的,而应是相互联系的。一个领导者只有把这两者相互结合起来,才能进行有效的领导。四分图理论是从两个角度考察领导行为的首次尝试,为进行领导行为的研究开辟了一个新的途径。

四、管理方格理论

在俄亥俄州立大学提出的四分图理论的基础上,美国心理学家罗伯特·布莱克(Robert Black)和简·穆顿(Jane Mouton)提出了管理方格图理论。将四分图中以人为重改为对人的关心度,将以工作为重改为对生产的关心度,并将这两种关心度各划 9 个等分,这样在二维平面上就形成了 81 个方格,每个小方格就表示关心人和关心工作这两个基本因素以不同程度相结合的一个领导方式(如图 10-3 所示)。

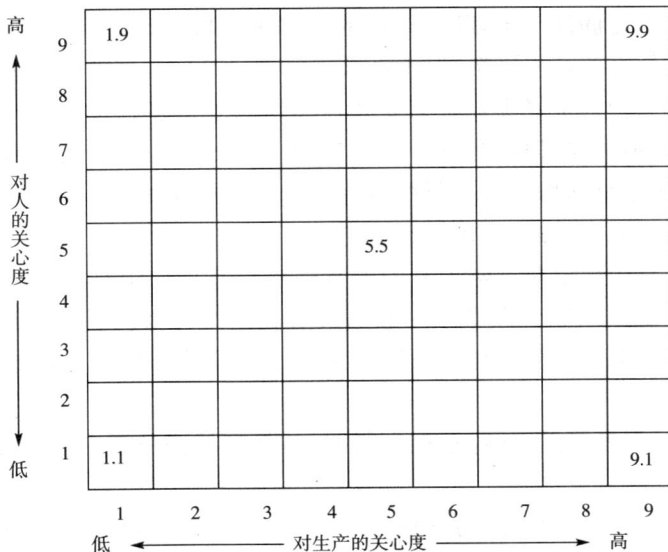

图 10-3 管理方格图

主管人员对工作的关心,一般表示为他对各种事物所持的态度。例如,政策决定的质量、程序与过程、研究的创造性、职能人员的服务质量、工作效率以及产品的质量等。对人的关心表现为：个人对实现目标能承担的责任、保持员工的自尊、建立在信任而非顺从的基础上的职责、保持良好的工作环境以及具有满意的人际关系等。在根据管理方格图评价领导者的领导行为时，应按他们这两方面的行为程度在方格图中寻找交叉点，这个交叉点就是其领导行为类型。横轴数值越高，表示他越重视工作；纵轴数值越高，表示他越关注人的因素。

布莱克和穆顿在管理方格图中列出了5种典型的领导行为：

（1）贫乏型（1.1）。采取这种领导方式的管理者希望以最低限度的努力来实现组织的目标，对职工和工作均不关心，是一种不称职的领导方式。

（2）俱乐部型（1.9）。管理者只注意搞好人际关系，创造一个舒适的、友好的组织气氛和工作环境，不太注重工作效率，是一种轻松的领导方式。

（3）任务型（9.1）。管理者全神贯注于工作任务的完成，很少关心下属的成长和士气，在安排工作时尽力把人的因素干扰减少到最低限度，是一种只关心工作不关心人的领导方式。

（4）团队型（9.9）。管理者对人和工作都很关心，努力协调各项活动以提高士气促进工作，这是一种协调配合的领导方式。

（5）中间型（5.5）。管理者对人和工作都有适度的关心，保持完成任务和满足人们需要之间的平衡，既有正常的效率来完成工作任务又保持一定的士气。这种领导方式追求平衡，但不追求卓越，从长远看，可能使企业落伍。

到底哪一种为最好呢？布莱克和穆顿组织了很多研讨会，绝大多数参加者认为（9.9）型最佳，但也有不少人认为（9.1）型最佳，还有人认为（5.5）型最佳。后来，布莱克和穆顿指出哪种领导型态最佳要看实际工作效果，最有效的领导型不是一成不变的，要依情况而定。

管理方格图理论对于培养有效的管理者是有用的工具，它提供了一种衡量管理者所处领导型态的模型，可使管理者较清楚地认识到自己的领导行为，并指出改进方向。布莱克和穆顿据此提出了一项培训管理人员的规划，其要点如下：

（1）让管理者熟悉、理解管理方格图，并根据该图分析自己属于何种领导风格；

（2）集中来自相同部门的管理者，讨论本部门管理者成为（9.9）型领导应达到的标准；

（3）组织学习和讨论（9.9）型标准，研究现存的问题和不利于达到标准的影响因素；

（4）根据标准要求，由主管领导和部门领导研讨并确定组织整体性目标的修订；

（5）组织所有参加这项活动的人员进一步讨论目标，提出实现目标的方法，并采取适当的行动来加以实施；

（6）对整个计划实施过程评估，巩固已取得的成果并使之不断推进。

五、领导行为连续统一体理论

美国学者坦南鲍姆（R. Tannenbaum）和史密特（W. H. Schimdt）在 1958 年提出了领导连续统一体模型。他们指出领导风格并不是只有独裁和民主两种极端的方式，而是在这两种极端的方式之间存在着一系列领导方式，这些领导方式是随着领导者或主管人员授予下属的自主权程度而连续变化的（如图 10-4 所示）。

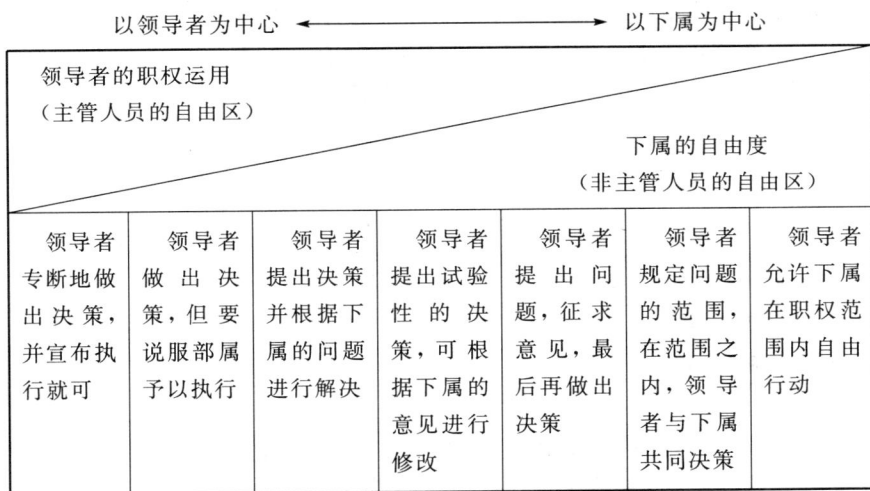

以领导者为中心 ←——————————————→ 以下属为中心

领导者的职权运用 （主管人员的自由区）				下属的自由度 （非主管人员的自由区）		
领导者专断地做出决策，并宣布执行就可	领导者做出决策，但要说服部属予以执行	领导者提出决策并根据下属的问题进行解决	领导者提出试验性的决策，可根据下属的意见进行修改	领导者提出问题，征求意见，最后再做出决策	领导者规定问题的范围，在范围之内，领导者与下属共同决策	领导者允许下属在职权范围内自由行动

图 10-4　领导连续统一体模型

这种理论描述了以领导者权力运用的程度为依据划分的领导方式，实际上是一个连续变化的系列，专制式和民主式只代表着两种极端的领导方式，在他们之间还存在着 7 种有代表性的中间状态的领导方式。

坦南鲍姆和史密特经过研究认为没有哪一种领导方式总是正确的，而另一种总是错误的；也没有哪一种是最好的或最坏的。因为领导方式实际上有从以领导者为中心到以下属为中心的多种多样的方式。故不应仅在专制的和民主的两种领导方式中做出选择，而是应在这一系列连续变化的领导方式中做出选择。

基于这种观点他们提出了领导行为连续统一体理论，也称为领导连续带模式或称作主管者-非主管者的行为连续流。

领导连续统一体理论认为，在这一系列的领导方式中何种领导方式是最适合的，取决于领导者的能力、下属的能力和当时的情境，此外组织环境和社会环境也会对领导风格产生影响。

第四节　领导权变理论

领导权变理论是近年来国外行为科学家重点研究的领导理论。此理论着重研究影响领导行为和领导有效性的环境因素。研究发现，在一种情境下具有相当效能的领导方式，在另一种情境下可能失去效能。要找到一种适合于任何组织、任何性质的工作和任务、任何对象的固定的领导特质和领导行为方式，都是不现实的，因此不存在一种普遍最好的领导方式，有效的领导方式是因情境而变的。由此就形成了领导权变理论的各种研究成果。

领导权变理论认为，若使领导行为有效，除取决于领导者的素质和才能之外，还取决于领导方法所应用的情境，如被领导者的素质、工作性质等，它是诸多因素相互作用、相互影响的过程。因此，有效的领导行为应当随着被领导者的特点和环境变化而变化，这个关系可用公式表示如下：

$$Z = f(L \cdot F \cdot S)$$

式中，Z——领导者的有效性；

　　L——领导者；

　　F——被领导者；

　　S——环境。

在这个公式中，变量的定义域和取值范围以及他们之间的具体的函数关系还没有公认的结论，领导权变理论正在朝着这个方向努力，以期找到更好的定量方法来研究领导行为。因此，这种认为领导行为应随环境因素的变化而变化的领导权变理论，没有一种"最好"的领导行为。一切要以时间、地点、条件为转移，这便是权变理论的实质。比较有代表性的领导权变理论有以下几个。

一、菲德勒权变模型

第一个全面的领导模型是由菲德勒提出的。菲德勒首先从组织绩效和领导态度之间的关系着手进行研究，经过长达数年的调查试验，提出了"有效领导的权变模式"，他认为任何领导形态均可能有效，其有效性完全取决于是否与所处的环境相适应。菲德勒定义对一个领导者工作最起影响作用的环境因素包括以下三项内容：

1. 职位权力

职位权力指组织赋予领导者正式地位所拥有的权力。正式权力和权威是否明确、充分,在上级和整个组织中所得到的支持是否有力,直接影响到领导的有效性。一个领导者对其下属的雇佣、工作分配、报酬、提升等直接决定性的权力越大,其对下属的影响力越大。

2. 任务结构

任务结构指的是任务的明确程度和人们对这些任务的负责程度。当任务明确、组织纪律明确、成员有章可循、个人对任务负责,则工作质量比较容易控制;反之,工作规定不明确,成员不知如何去做,领导者就会处于被动地位。

3. 上下级关系

上下级关系指下属对领导者的信任、喜爱、忠诚和愿意追随的程度以及领导者对下属的吸引力。领导者与下属之间相互信任、相互喜欢的程度越高,领导者的权力和影响力就越大;反之,其影响力就越小。

菲德勒开发了"最不愿与之共事者(Least - Preferred Co - worker questionnaire)"问卷,简称 LCP 问卷(见表 10 - 5 所列),来反映和测定领导者的领导风格。它把领导方式假设为两大类:以人为主和以工作为主。一个领导者如果对其最不喜欢的同事都能给予好的评价(即 LCP 量高),就被认为对人宽容、体谅、注重人际关系和个人的声望,是以人为主的领导;如果领导者对其不喜欢的同事批评得体无完肤(即 LCP 量低),则被认为对人苛刻、惯于命令和控制,只关心工作的领导者。

表 10 - 5　LCP 问卷

快乐	8	7	6	5	4	3	2	1	不快乐
友善	8	7	6	5	4	3	2	1	不友善
拒绝	1	2	3	4	5	6	7	8	接受
有益	8	7	6	5	4	3	2	1	无益
不热情	1	2	3	4	5	6	7	8	热情
紧张	1	2	3	4	5	6	7	8	轻松
疏远	1	2	3	4	5	6	7	8	亲密
冷漠	1	2	3	4	5	6	7	8	热心
合作	8	7	6	5	4	3	2	1	不合作
助人	8	7	6	5	4	3	2	1	敌意

无聊	1	2	3	4	5	6	7	8	有趣
好争	1	2	3	4	5	6	7	8	融合
自信	8	7	6	5	4	3	2	1	犹豫
高效	8	7	6	5	4	3	2	1	低效
郁闷	1	2	3	4	5	6	7	8	开朗
开放	8	7	6	5	4	3	2	1	防备

计分：对所有项目的反应的平均数。高 LCP 的领导者具有高的平均分（为 4.1～5.7）；低 LCP 的领导者有低的平均分（为 1.2～2.2）。

菲德勒将三个环境变数任意组合成八种群体工作环境，对 1200 个团体进行调查，收集了把领导风格与工作环境关联起来的数据，得出了在不同情况下使领导有效的领导方式，其结果如下（如图 10-5 所示）。

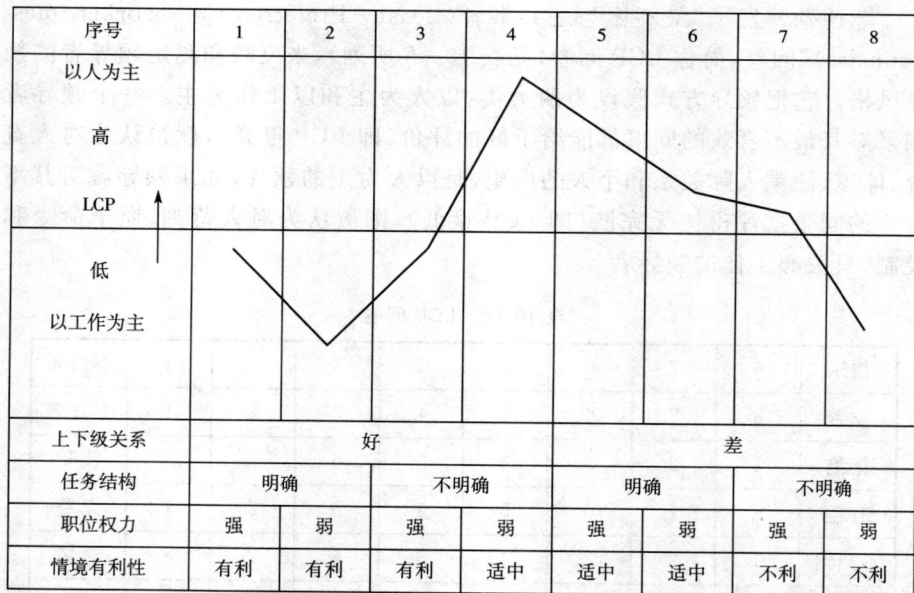

序号	1	2	3	4	5	6	7	8
以人为主 高 LCP↑ 低 以工作为主								
上下级关系	好				差			
任务结构	明确		不明确		明确		不明确	
职位权力	强	弱	强	弱	强	弱	强	弱
情境有利性	有利	有利	有利	适中	适中	适中	不利	不利

图 10-5　菲德勒模型

菲德勒的研究结果表明，根据组织工作的情境，采取适当的领导方式。在环境有利和最不利的情况下，采取以工作为中心的指令型领导方式，效果较好。而对处于中间状态的情境，则采取以人为中心的宽容型领导方式。菲德勒模型的意义在于:首先,这个模型特别强调效果,强调为了领导有效,需要采取什么样的领导方式或领导行为,不是从领导个人的素质出发,这对研究领导行为提供了新方向;其次,这个模型最突出之处是将领导行为和情境的影响、领导者和被领导者之间关系的影响联系起来,它表明并不存在绝对的最好的领导型态,企业领导者必须具有适应力,自行适应变化的情况;再次,管理阶层必须依照情况来选用领导者;最后,菲德勒还主张有必要改造环境,以符合领导者的风格,并提出了一些改善上下级关系、任务结构和职位权力的建议。例如,上下级关系可以通过改组下属组成加以改善;任务结构可通过详细布置工作内容而使其更加定型化;职位权力可以通过变更职位,充分授权而增加其权威性。

二、领导生命周期理论

领导生命周期理论是由美国俄亥俄州立大学的科曼(A. Korman)首先提出,其后由保罗·赫塞(Paul Hersey)和肯尼斯·布兰查德(Kenneth Blanchard)予以发展。这一理论把下属的成熟度作为关键的情景因素,认为依据下属的成熟度水平选择正确的领导方式,决定着领导者的成功。

赫塞和布兰查德把成熟度定义为:个体对自己的直接行为负责任的能力和意愿。它包括工作成熟度和心理成熟度两个方面。工作成熟度是下属完成任务时具有的相关技能和技术知识水平;心理成熟度是下属的自信心和自尊心。高成熟度的下属既有能力又有信心完成好某项工作。领导生命周期理论提出任务行为和关系行为这两种领导维度,并且对每种维度进行了细化,从而组合成四种具体的领导方式(如图 10-6 所示):

(1)命令型领导(高任务—低关系)。领导者告诉下属应该做什么,怎样做以及在何时何地做。

(2)说服型领导(高任务—高关系)。领导者同时提供指导行为与支持行为。

(3)参与型领导(低任务—高关系)。领导者与下属共同决策,领导者的主要角色是提供便利条件和沟通。

(4)授权型领导(低任务—低关系)。领导者给下属以自行处理问题的权力,自己只起监督作用,通过充分授权、高度信任来调动下属的积极性。

随着下属成熟程度的提高,领导者应该按照下列顺序相应地改变自己的领导方式:高任务—低关系→高任务—高关系→低任务—高关系→低任务—低关系。赫塞和布兰查德把领导方式和员工的行为关系通过成熟度联系起来,形成一种周期性的领导方式。当下属的成熟度水平不断提高时,领导者不但可以减少对活动的控制,而且还可以不断减少关系行为。

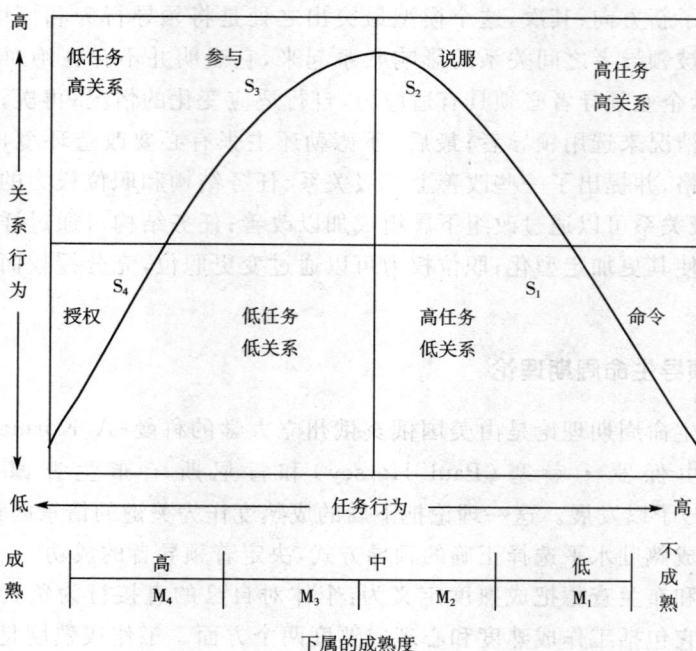

图 10-6 领导生命周期示意图

图 10-6 中,S 代表 4 种领导方式,分别是命令型、说服型、参与型和授权型。它们依赖于下属的成熟度 M,其中 M_1 表示低成熟度,M_4 表示高成熟度。

领导生命周期理论可类比于家长对子女在不同的成长期所采取的不同方式:当人处在学龄前时,一切都需要父母照顾安排,此时父母的行为基本上是一种任务导向的行为,是高任务—低关系;当孩子长大进入小学和初中时,父母除安排照顾外,还必须给孩子以信任和尊重,增加关系行为的分量,即采取高任务—高关系;当孩子进入高中和大学时,他们逐步要求自立,开始对自己的行为负责了,此时父母已不必对他们过多地安排照顾或者干预,应采取低任务—高关系;当孩子成人走向社会,结婚组成新的家庭后,父母即开始采取低任务—低关系的行为。

与菲德勒的权变理论相比,领导任务周期理论更直观和容易理解。但它只针对了下属的特征,而没有包括领导行为的其他情景特征。因此,这种领导方式情景理论算不上完善,但它对于深化领导者和下属之间的研究,具有重要的基础作用。

三、路径-目标理论

路径-目标理论已经成为当今备受人们关注的领导理论之一,它是加拿大多伦多大学教授罗伯特·豪斯(Robert J. House)提出的一种领导权变模型。

该理论认为,领导者可以而且应该根据不同的环境因素来调整自己的领导方式和作风。领导方式是由环境因素决定的,环境因素包括两个方面:一是下属的特点,包括受教育的程度、领悟能力、下属参与管理的程度、承担责任的态度、对本身独立自主性的要求程度等,领导者对于改变下属的特点一般收效甚微,但可通过改变工作环境来充分发挥下属的特长;二是工作环境的特点,主要指工作本身的性质、奖励制度、组织性质等。

路径-目标理论认为领导者的主要职能是对下属设置和澄清目标,帮助他们清除障碍,寻找实现目标的最佳路径,使他们顺利达到目标,并在实现目标的过程中获得激励和满足。强调领导的有效性取决于领导行为、下属、任务之间的协调配合。领导者如何为下属提供实现目标的有效途径,是和下属的能力、任务性质以及工作环境有直接关系的。领导者必须根据具体情况为下属提供帮助,即采取不同的领导方式。豪斯认为,领导方式一般有四种:

(1)指令型方式

领导者给予下属具体的指导,让下属知道工作的目标、完成工作的时间安排以及如何完成任务。这种领导行为方式的主要特点是领导者发布指令,下属不参加决策,只接受命令。

(2)支持型方式

领导者在努力建立舒适的工作环境的同时,表现出对员工的健康和需要的关心。当下属处于挫折或不满意时,这类领导行为对下属的行为能产生最大的影响。

(3)参与型方式

领导者允许下属对上级的决策施加影响,即在做某些决策时,领导者与下属共同磋商,并且在实施之前充分考虑下属的建议。

(4)成就型方式

领导者为员工设置富有挑战性的目标,并且相信员工有能力而且愿意实现这些挑战性的目标。

路径-目标理论提出了与领导者行为以及员工满意感有关的两类情境因素:下属的个性特征和环境因素。下属特征中最重要的是控制点、经验和知觉能力,即下属对于自身行为结果的原因的解释以及员工对于自身完成任务努力的评价;环境因素中更关键的是任务结构、职权系统和工作群体(如图 10-7

所示）。这些环境形成领导者所面临的不确定性，从而影响了员工的工作动机。

对于一个领导者而言，没有什么固定不变的领导方式，要根据不同的环境，选用不同的领导方式。例如，当下属本身的能力较差，又愿意接受领导时，或者工作尚处于非程序化而较复杂时，采用指令型方式最为有效；当任务结构程度较高，职工的能力又较强时，就不宜采用指令型方式。因此，领导者应根据环境的变化调整自己的领导方式。

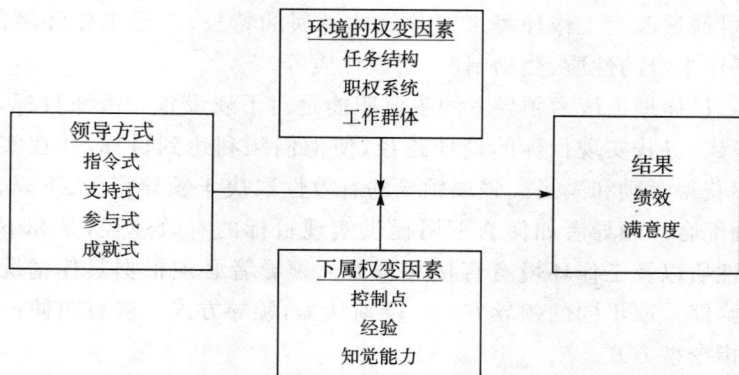

图 10-7 路径-目标理论

第五节　领导理论的新趋向

一、领导归因理论

归因理论主要探讨和了解原因与结果之间的关系。领导归因理论（attribution theory of leadership）指的是工作成败得失主要归结于与领导者的个体有关。运用归因理论的框架，研究者发现人们倾向于把领导者描述为具有这样一些特质，如智慧、随和的个性、很强的语言表达能力、进取心、理解力、责任感等。并且，发现一些高-高领导者（即在结构和关怀方面均高）与人们对好领导具有哪些因素的归因相一致。不管情境如何，人们都倾向于将高-高领导者视为最佳。在组织层面上，归因理论的框架说明了为什么人们在某些条件下使用领导来解释组织结果。当组织中的绩效极端低或极端高时，人们倾向于把它们归因于领导。

二、领导魅力理论

领导魅力理论(charismatic leadership)是归因理论的扩展。它指的是卓越的领导者具有不可抗拒的领袖气质和人格魅力。

美国学者罗伯特·豪斯提出魅力型领导者的三个因素:极高的自信、支配力以及对自己的信仰和坚定的信念。

瓦伦·本尼斯研究了90位美国最杰出和最成功的领导者,发现他们有四种共同的能力:①有令人折服的远见和目标意识;②能清晰地表达这一目标,使下属明确理解;③对这一目标的追求表现出一致性和全身心的投入;④了解自己的实力并以此作为资本。

麦吉尔大学的管理学者杰·康格和鲁宾德拉·卡农格经过研究,得出的结论是,魅力型领导者具有如下特点:自信果断,对目标持有坚定信念;富有远见卓识,能够清楚地描述远景、表述目标;乐观进取,相信明天会更好,对外部环境有着天生的敏感性;做事不循规蹈矩,蔑视传统和规范,能够充分激励下属,使下属在工作上获得高绩效和高满意度。

研究还表明:具有领袖魅力的领导者在企业中并不是战无不胜的,当企业处于危机状态下或围绕新产品开发可否上市进行争议时,他们都能显示出卓越超群的作用。但在企业管理的常态形势下,往往会因其过于自信和独断而使企业陷于困境。

三、交易型领导和变革型领导理论

这是领导理论在最新发展过程中提出的两个极为重要的概念。前面所阐述的俄亥俄州立大学的研究、菲德勒的模型、路径-目标理论等讲的都是交易型领导者(transactional leadership),这些领导者一般通过明确角色和任务要求来指导或激励下属向着既定的目标活动。但是变革型领导者(transformational leadership)则是一种不同的领导类型,变革型领导者勾勒出一幅组织远景并热情洋溢地进行宣传。他们帮助下属开阔眼界,从只关注自己的工作或部门的狭隘中解放出来,即鼓励下属为了组织的利益而超越个人利益,并能对下属产生深远而不同寻常的影响。因此,交易型领导带有更多的理性色彩,它是在交换中谋求一种平衡;而变革型领导则是试图为组织提供一种希望和发展动力。下表说明了交易型领导者和变革型领导者的不同点(见表10-6所列)。

表 10-6　交易型领导和变革型领导

交易型领导	变革型领导
权变奖励：努力与奖励相互交换原则，良好绩效是奖励的前提，承认成就	领袖魅力：提供远见和使命感，逐步灌输荣誉感，赢得尊重与信任
通过例外管理（主动）：监督、发现不符合规范与标准的行为，把它们改正为正确行为	感召力：传达高期望，使用各种方式强调努力，以简单明了的方式表达重要意图
通过例外管理（被动）：只有在没有达到标准时进行干预	智力刺激：鼓励用智力、理性活动和周到细致的问题进行管理
自由放任：放弃责任，回避决策	个别化关怀：关注每一个人，针对每个人的不同情况给予培训、指导和建议

四、学习型组织的领导风格理论

美国管理学者彼得·圣吉博士在《第五项修炼》中提出了"学习型组织"的理论，世界各国管理学界普遍认为学习型组织是未来成功组织的模式。而学习型组织的领导者就应该扮演这样的角色：他们不仅是设计者，还是教练，甚至是仆人。

假如说组织是一艘轮船，航行在激烈的市场竞争的汪洋大海中，此时的领导者已不再局限于以往船长或舵手的职责范围，更像是组织这艘轮船的设计师。他虽然处于幕后，但却能科学地设计组织系统，敏锐地预知并影响组织变革，培育一种能使组织自主学习的环境，帮助下属了解共同的愿景和价值观；充分考虑到下属思维方式的差异，挖掘团队的潜能，辅导并支持他们做出决策，发自内心地为下属提供服务，为组织的目标服务，使共同的事业获得成功。

五、彼得·德鲁克的领导理论新观念

随着新世纪的到来，全球一体化趋势不断发展，国家之间的交往日益增多、文化间的交流也日益频繁，领导者的重要性似乎具有一种全球性的效应。这是一个需要新型领导者和新型领导哲学的时代。培养未来领导者，建构崭新的领导理论，塑造新型领导方式，已成为新世纪我们迫切需要研究的重要课题。现代管理学之父彼得·德鲁克在为赫塞尔本等主编的《未来的领导》一书撰写的序言中写道,所有领导者唯一共同的个性特征就是:他们几乎从不使用"魅力"去领导。所有成功的领导者都知道下面四个简单道理:

(1)领导者的唯一定义就是其后面有追随者(一些人是思想家,一些人是预言家,这些人都很重要,而且也很急需,没有追随者,就不会有领导者)。

(2)一个成功的领导者不仅是受人爱戴的人,而且是使追随者做出正确事情的人。结果才是最重要的。

(3)领导者都是受人瞩目的,因此必须以身作则。

(4)领导地位并不意味着头衔、特权、级别或金钱,而是责任。

尽管在个性、风格、能力、兴趣上存在着千差万别,成功的领导者在做事上还是有一些共同之处:

(1)他们最开始不会问"我需要什么"这样的问题,而是会问"现在需要做什么"这样的问题。

(2)然后他会问:"我能够而且应该做些什么与众不同之事?"这些事必须是必要的,而且适合领导者的长处和做事风格。

(3)他们会不断地问:"组织的任务和目标是什么? 组织中的绩效和结果是由什么组成的?"

(4)他们特别容忍人们之间出现分歧,并不希望别人与他众口一词。他们甚至很少问:"我对这个人是喜欢还是不喜欢?"但他们却无法容忍人们的绩效、标准、价值观等方面存在缺陷。

(5)他们不害怕副手比自己强,相反会为此而高兴。他们的座右铭就是安德鲁·卡耐基希望刻在其墓碑上的话:"长眠于此的逝者曾将更优秀的员工吸引于其服务之中,而不仅仅是其本身。"

(6)他们经常采用"对镜自测法",也就是说,他们确保早晨起来照镜子所看到的人就是他所尊敬、信任,并希望是有成就的人。通过这种方法,他们抵制了对领导者的最大诱惑——只做那些表面漂亮、受人欢迎但却微不足道的事情,而不是做正确的事情。

(7)这些成功的领导者不是布道人,而是实干家。

以上几点内容可以看作是对西方领导理论发展进程的一个总结。它从一个侧面道出了领导的本质属性和内在发展动力。

综上所述,领导理论精彩纷呈,从上述各抒己见的领导理论来看,尽管不胜枚举的研究成果并没有最终在领导问题上达成一致意见,但是就是在这些难以取得一致性的观念中,领导的地位与作用才不断显示出来。

第六节　有关领导实践中的问题

通过前面对各种有关领导的理论与观点的讨论，你可以看到，随着研究者对组织领导不断深入的研究，对它的认识日益深化，"有效的领导"这一概念也在不断地更新。下面我们进一步看看一些当前有关领导实践的问题。

一、创建信任的文化

对领导者来说，需要思考的一个重要问题是建设信誉和信任。下属希望领导者是值得信赖的。那么信任和信誉这些概念意味着什么呢？

信誉（credibility）的一个主要成分是诚实。调查发现，受尊重的领导者当中，诚实这一要素一直位列第一。"诚实对领导来说绝对重要。要想让人们心甘情愿地追随你，不论是在战争年代还是在办公会议中，他们首先需要确信的是你这个人是否有信誉。"除了诚实之外，人们还发现值得信赖的领导者是有能力的和可以鼓舞人心的，他们能够有效地传递自己的信任和热情。概而言之，下属根据领导者的诚实、胜任力和鼓舞他人的能力来判断领导者的信誉。信任与信誉这两个概念是紧密交织在一起的，实际上，两者常常互换使用。信任（trust）被界定为，对领导者的为人、人格和能力的信念。信任领导者的下属很容易受到领导者活动的影响，因为他们相信领导者不会对自己的权利和兴趣不负责任。研究指出，信任这一概念由五个维度构成：

（1）正直：诚实与真实。

（2）胜任力：有关技术和人际方面的知识与技能。

（3）始终如一：可靠性、可预测性、在处理突发事件时良好的判断力。

（4）忠诚：保护一个人（生理上和情感上）的意愿。

（5）开放：自由地分享想法与信息的意愿。

与信誉的研究一致，个体在考察另一个人是否值得信任时，看重的最关键的特点是：正直与胜任力。实际上，如果你回头看看我们在领导特质上的讨论，就会发现正直及工作相关知识是领导者六项特质中的两种。尽管人们一直不否认这些特质的重要性，不过，工作场所的变化进一步强化了它们在建构信任当中的重要性。

授权员工与建立自我管理工作团队的趋势，削减或消除了传统上用于监控员工的控制机制。当工作团队可以自己安排工作日程、评估业绩水平，甚至做出聘用决策时，信任显得尤其重要。员工必须要相信管理者会公平地对待他们，而管理者也必须相信员工会负责地完成工作。另外，由于组织内部与组织之间非权威性关系的扩展,也增强了人际信任的需要。领导者现在不得不更多时候对一些在自己所辖工作群体之外的其他人进行领导(如管理交叉职能型团队中的成员,与供应商或客户打交道的管理者),甚至还会对由于战略联盟而一起工作的代表其他组织的人员进行领导。这些情境下,领导者都无法实施正式职位所赋予的影响力。实际上,这类关系的特点是流动性和变化迅速。因此,能否迅速建立信任可能是这种关系成功与否的关键。为什么这样说呢? 在一项研究中,根据信誉问卷的得分把管理者划分为高信誉组和低信誉组。结果发现,当员工感觉自己的管理者具有高信誉时,相比那些感觉管理者低信誉的员工,对自己的工作和组织的态度更为积极和认可。另一项研究中,那些报告他们的管理者是诚实、有能力和有激情的员工,相比那些报告管理者缺乏这些特点的员工而言,更强烈地感受到团队精神并愿意对他们的组织做出承诺。

既然信任对有效的领导如此重要,那么领导者应该如何建构信任呢? 以下是一些建议:

(1)工作透明化。很多时候,不信任的原因来自人们对自己想知道的事情却不知情。信息公开化会带来信任和信心。公开做出决策的标准,解释你的决策背后的合理原因,坦率地面对问题,全方位公布与工作相关的信息。

(2)公正。做出决策或采取行动之前,从客观与公正角度上思考一下别人会如何看待你的行为。如果需要证据则同时提供证据;在绩效评估中要客观无偏;还要注意奖励分配方面人们的公平感知。

(3)分享情感。仅仅传递冷冰冰事实的领导者常常被视为是冷淡的、疏远的和漠不关心的。如果和别人分享你的感情世界,则会被人们认为是现实的和有人情味的人。他们会了解你是谁,并提高对你的尊重。

(4)说真话。在信誉方面诚实是关键,因此你必须让人感到你所说的内容是真实的。员工通常更能原谅你所传递的负面信息,而不能原谅领导者在欺骗他们。

(5)始终如一。人们都希望对周围的可预测性。不信任来自不知道下一步会发生什么。花一点时间想一想你的价值观和信念,然后让它们始终如一地指导你的决策与行动。

(6)兑现承诺。所谓信任,就是需要人们相信你是可以信赖的。遵守你的诺言,只要做出承诺就一定要兑现。

(7)保护隐私。如果有人因为告诉了你关于他的隐私而处于被动局面时,那么你要让他确信你不会告诉其他人,也不会背叛这种信任。

(8)展现实力。通过展现你在技术和专业方面的能力,赢得他人对你的敬重。尤其要注意发展有效的沟通、谈判和其他人际技能。

二、通过授权而领导

公司授权给员工的原因之一是快速决策的需要。如果组织想在动态的全球经济竞争中获胜，就必须能够快速决策和迅速变革。只有那些对问题最了解的人才可能做出快速决策，不过这些人经常处于组织的较低层次。另一个原因源自 20 世纪末组织精简的事实，其结果使得很多管理者的管理幅度显著增加。为了适应这种过度的工作要求，管理者不得不授权给下属。尽管授权并不是一种万能的灵丹妙药，但是，如果员工有足够的知识、技能和经验完全可以胜任工作任务，而且员工又是内控型并追求工作的自主性，则授权方式应该是有利的。

三、性别与领导

"男性与女性的领导方式不同吗？"这曾经是一个纯粹学术上探讨的问题，因为它仅仅令人感兴趣却没有什么价值。然而今非昔比！很多女性现在已经走上管理岗位，而且在未来的几年里还会有更多的女性进入管理层。无论对于男性还是女性，在领导与性别关系上存在的误解将会对聘用、绩效评估、晋升及其他人事决策造成不利的影响，因而很值得我们充分讨论一下这个课题。首先声明：这是一个颇具争议的课题。如果女性与男性的风格不同，是否意味着某一种处于劣势？另外，如果两者之间存在差异，那么以性别来标识领导风格是否助长了刻板印象的形成？这些都是我们无法回避的问题，我们会简要地做一些讨论。

近年来在性别与领导风格方面进行了大量研究。总体的结论是，男性与女性确实采用不同的领导风格。具体而言，女性更倾向于采用民主型或参与型风格而较少采用专制型或指示型风格，女性更乐于鼓励参与，共享权力与信息，并致力于提高下属的自我价值。她们通过包容而进行领导，并依赖她们的领袖魅力、专业知识、接触和人际交往技能来影响他人。女性倾向于运用变革型的领导方式，通过将员工的自身利益转化为组织目标而激励他人。男性则更乐于使用指示型、命令型加控制型的领导风格。他们以工作岗位所赋予的正式职权作为影响基础。男性使用事务型领导方式，通过奖励优异工作和惩罚不良业绩而进行领导。

有关上述发现还有一个十分有趣的补充说明。当女性在男性掌管的工作中，女性领导者更为民主的倾向减弱了。显然，此时群体规范和男性角色的刻板印象影响到女性，使她们采用更为专制的风格行动。

尽管在男性与女性的不同领导风格上看到了一些有趣的发现,但一个更重要的问题是:它们是否在有效性上存在差异?虽然一些研究者表明男性与女性作为领导者时效果相当,但越来越多的综合性管理研究表明,女性领导者在很多测量指标上被同事、下属、上司评估的分数高于她们的男性对手。为什么?一种可能的解释是:在今天的组织中,灵活性、团队工作、互帮互助、信任、信息共享的特点迅速地取代了僵化的结构、竞争的个体主义、控制和保密这些特点。最好的管理者应认真聆听下属的意见,充分激励和支持他们的下属,他们实行鼓励和影响而不是控制。女性在这些方面似乎比男性更为出色。比如,组织中越来越多地使用交叉功能型的工作团队,这意味着有效的管理者必须成为高水平的谈判者。女性的领导风格使她们在谈判方面更为有利。她们并不像男性那样过分看重输赢和竞争,而是在持续关系的背景下进行谈判——她们努力使对方无论从自己的角度还是从他人的角度都感到自己也是成功者。

在以变化为特点的当代全球环境中,尽管对于成功领导者所必备的领导技能中女性得到的评分更高,但我们切不可像早期领导研究那样,再度落入"试图寻找所有情境都适用的最佳领导风格"的陷阱中。我们知道,没有一种风格可以放之四海皆准,何种风格有效还取决于情境因素。因此,即使男性与女性在领导风格上存在不同,我们也不应凭空假定某一种风格总比另一种风格优越。比如,如果组织中的任职者是一些没有经验并缺乏进取心的工人,他们所从事的又是缺乏结构化的任务,那么指示型领导可能是最有效的。另外,我们还应认识到,一些人在调整领导风格以适应不同情境方面表现得更为灵活。也就是说,可能最恰当的做法是,把性别视为一种可以影响领导行为倾向的因素。比如,一个人可能倾向于参与型的风格却在实际中运用了专制型风格,因为情境需要如此。

四、领导风格与不同的文化

从领导研究中得到的一个明显结论是,有效领导者并不使用任何的单一风格,他们根据情境调整自己的风格。尽管没有明确指出,但我们知道在确定哪种领导风格更为有效时,民族文化无疑是一项重要的情境变量。例如,一项有关亚洲人的领导风格的研究揭示,亚洲管理者喜欢的领导者是:一个有效的决策者、良好的沟通者,同时还能对员工给予支持和鼓励。

民族文化之所以影响到领导风格,原因在于它影响着下属做出回应的方式。领导者不能(也不应该)随意选择他们的风格,而是要受到文化条件的约束,因为下属的期望基于他们的文化基础。思考一下这些现象:韩国的领导者被期望对待员工如同家长;对于阿拉伯的领导者,如果对方没有请求你就表现出仁慈和慷慨，会被其他阿拉伯人视为软弱可欺的表现；日本的领导者被期望作风谦逊，而且说话很少；斯堪的纳维亚地区与荷兰的领导人如果在公开表扬时只点了个别员工的名字，很可能只会让这些个体感到尴尬，而不会激发他们产生工作动力。

请记住，绝大多数领导理论都是在美国发展起来的，并使用美国人为测试对象进行检验，因此其中存在一定的美国化偏差。美国人更强调下属的责任而不是权利；更看重达到自我满足感而不是对职责的承诺或是利他的动机；更看重工作本身和民主化的价值取向；更强调理性而不是灵性、宗教或迷信。

你可以思考一下前面介绍的文化价值维度，它有助于指导你调整自己的领导风格。例如，专制风格与高权力距离的文化（如阿拉伯、远东和拉丁美洲等国家）具有相容性。对于员工是否愿意接受参与型领导，权力距离的等级应该是一个很好的衡量指标。参与型领导在低权力距离的国家（如美国、挪威、芬兰、丹麦、瑞典）中最有效。毋庸置疑，这一点可以解释：第一，为什么大量的领导研究（如密歇根大学的行为研究、领导参与模型）间接表明了参与型风格或员工取向更有利；第二，北美的组织中最近对授权运动充满了热情。

五、有时领导根本没必要

在此我们可以断定：认为领导风格在任何情境下都有效的看法并不正确。领导并不总是重要的。研究资料表明：在一些情境下，领导者的行为表现是无关紧要的。一些个体的、工作的、组织的变量可以作为"领导替代物"，取代领导者的影响。

首先，一些下属特点，诸如经验、培训、专业取向、独立需要，会抑制领导的效果。基于这些特点，员工在工作中并不需要获得领导者的支持，也不需要领导者为他们明确任务的结构、降低任务的模糊性。其次，一些工作特点，诸如明确性、规范化，或当该任务本身可以满足个体需要时，也大大降低了员工对领导变量的需求。最后，一些组织特点，诸如明确正式的目标、严格的规章制度与程序、高内聚力的工作群体，也可以取代正式的领导活动。

复习思考题

一、名词解释

1. 领导

2. 职位权力

3. 变革型领导

4. 成熟度

5. 授权

二、问答题

1. 领导者与管理者的区别是什么？

2. 如何看待领导者与追随者？

3. 领导者的影响力包括哪些内容？

4. 领导特质理论的内容是什么？

5. 勒温的三种极端的领导方式是什么？

6. 利克特管理理论的主要观点是什么？

7. 领导行为四分图理论的主要观点是什么？

8. 布莱克和穆顿管理方格理论的五种典型的领导方式是什么？

9. 连续统一体理论的七种典型的领导方式是什么？

10. 菲德勒权变理论中对组织的环境主要包括哪些权变因素？

11. 赫塞和布兰查德的情境领导理论的主要观点是什么？

12. 豪斯的路径-目标理论的主要内容是什么？

13. 作为大学生,怎样做才能更容易使你成为一个领导者呢？

14. 你觉得你的主要定位是倾向于:人？任务？理想？

15. 为什么信任的文化在工作场所中如此重要？领导者如何建构信任？

16. 授权与领导有什么关联？

三、案例分析题

(一)掌握授权艺术,走出管理困境

A公司是某民营集团公司下属的一家玩具生产企业,由于集团公司业务经营规模的扩大,2010年开始,集团公司老板决定将A公司交由企业聘请的总经理及其经营管理层全权负责经营管理。其间,公司老板基本上不过问玩具企业的日常经营事务,同时,既没有要求玩具企业的经营管理层定期向集团公司汇报经营情况,也没有对经营管理层的经营目标作任何明确要求,只是非正式承诺如果企业盈利了,将给企业的经营管理层奖励,至于具体的奖励金额和奖励办法也不明了。而且,企业没有制定完善的规章制度,采购、生产和销售甚至财务全部由玩具企业的总经理负责。经过两年的经营,到2012年底,问题出现了。

公司老板发现,玩具企业的生产管理一片混乱,账务不清,在生产中经常出现用错料、装错模、次品率过高、员工生产纪律松散等现象,甚至出现个别业务员在采购中私拿回扣、收取外企业务委托加工费不入账等问题。同时,因为账务不清,老板和企业经营管理层之间对企业是否盈利也各执一词,老板认为这两年公司投入了几千万元而没有得到回报,属于企业经营管理不善;而企业经营管理层则认为这两年企业已经减亏增盈了,老板失信于企业的经营管理层,没有兑现其给予企业经营管理层奖励的承诺。

面对企业管理中存在的问题,老板决定将企业的经营管理权全部收回,重新由自己亲自负责企业的经营管理。于是企业原有的经营管理层一下觉得大权旁落,认为老板对自己不信任,情绪低落,在员工中有意无意散布一些对企业不利的消息,使得企业人心涣散,经营陷入困境。

根据上述材料,回答下列问题:

1. 在授权过程中,领导者要注意哪些问题?
2. 你认为A公司应如何走出管理困境?

(二)亚历山大经理的领导方式

亚历山大是某便利连锁店公司的一位片区经理。他管辖的片区有7家分店,由他全面负责它们的经营管理。这些连锁店在每个轮班时间内只有1个人当班。有些商店全天24小时营业,但市中心的那家商店只是周一至周四全天营业,周五至周末的营业时间为早上6点到晚上10点。由于该店每周三天的营业时间短,这三天的销售额就放在连锁店的保险柜里,到下周一早上再统一清点。这样,周一早上当班的店员就要比平常花更多的时间来清点这些现金。

公司的一项政策规定是,当腾空店里的保险柜时,片区经理必须同当班的店员一起清点现金,而且店员必须将现金分成每1000美元一叠置于一棕色袋内,做过标记后搁在保险柜旁的地上让片区经理核实各袋中的现金金额。

比尔就在这家市中心商店当店员。他想在片区经理到来之前预先将保险柜里的钱点好,以便使经理节省些时间。店里的生意很忙,比尔在打包一位顾客购买的商品时,不注意将一钱袋误当作一个包了3块三明治的食品袋,放进了顾客的购物袋中。20分钟以后,片区经理亚历山大来了。在发现差错后,两人开始寻找这一钱袋。过了些时间,那位顾客送回了这袋误搁的钱。可是,公司有政策规定,任何人违背了点钱的程序,都必须立即解雇。

比尔非常的伤心,"我真的需要这份工作",比尔申辩说,"我的妻子刚生了小孩,花了一大笔医疗费。我一定不能够没有工作!"

"你是知道公司的政策的。"亚历山大这样提醒道。

"是的,我知道,"比尔回答,"我确实无可争辩。尽管如此,但要是你不解雇我,我保证我会成为你所有的店员中最好的一个。"

在比尔招呼一位顾客的时候,亚历山大给休斯顿总部的上司打了电话。征得上司批准后,他决定不解雇比尔。

根据上述材料,回答下列问题:

请运用管理方格理论说明亚历山大经理的领导方式。

第十一章 激 励

【学习目标】

通过本章内容的学习,学生将了解和掌握激励的概念、对象,激励产生的内因和外因,激励的内容理论,激励的过程理论,激励的强化理论。

【导入案例】

无效的激励不如不激励

VK 公司原来是一家校办企业,主要生产一种为其他电器配套的机电部件,产品有较大的市场空间。从 1994 年到 1997 年,公司的经营业绩一直不理想。1997 年,企业实施了改制,变成了一家民营企业。此后,公司凭借技术实力和灵活的机制,取得了良好的效益,产品不仅为多家国内大型电器公司配套,而且还有相当数量的出口,一时成了所在区的纳税大户。

但是,伴随市场成功而来的却是公司内部管理上的一系列麻烦。尽管员工的工作条件和报酬比起其他企业来都已经相当不错,但管理人员、技术人员乃至熟练工人都在不断地流失;在岗的员工也大都缺乏工作热情。这给公司的发展乃至生存带来了极大的威胁。

为什么会出现这样的问题呢?从以下几个具体事例也许能窥见公司的人力资源管理和员工激励方面存在的问题。

"红包事件"——公司改制时,保留了"员工编制"这一提法(尽管这个"编制"是公司自己定的,而非原来的国家事业单位编制),这就使公司有了三种不同"身份"的员工,即"工人"、"在编职工"和"特聘员工"。其中,"工人"是通过正规渠道雇佣的外来务工人员;"在编职工"是与公司正式签订过劳动合同的员工,是公司的技术骨干和管理人员,他们中一部分是改制前的职工,一部分是改制后聘用的;"特聘员工"则是向社会聘用的高级人才,有专职的，也有兼职的。一次，公司在发放奖金时，"工人"和"在编职工"的奖金是正式造表公开发放的，而"特聘员工"是以红包形式"背靠背"发放的，并且"特聘员工"所得是"在编职工"的2~3倍。但这件事的实际效果却是大大挫伤了员工的积极性，特别是"特聘员工"的工作积极性。他们中一部分人感到公司没有把他们当作"自己人"，而更多的人则误认为"在编职工"肯定也得到了红包，作为公司的"自己人"，所得数额一定比"特聘员工"更多，自己的辛苦付出没有得到公司的认可。公司多花的钱不但没有换来员工的凝聚力，反而"买"来了"离心力"。

"人尽其用法则"——公司高层领导的"爱才"是出了名的，公司在"招才"上舍得花钱，但在如何"用才"上，却不尽如人意。公司的职能机构设置很简单，厂长室下设了生产科、技术科和综合科。生产科长兼任主要生产车间主任，还兼管供应；财务、统计、文秘等均压缩在综合科；市场则由副总经理直管。因此，职能科室成员往往是"一位多职"，如会计师同时还可能是文秘，又要作接待，等等。这本来体现了用人机制的灵活和高效。但是，这种"一位多职"又不稳定。一项任务交给谁完成，十分随意。又由于职责与分工不明确，最终也就无从考核。于是多数科员为减轻自己的工作强度，纷纷降低了工作效率，以免显得过于"空闲"而被额外"加码"。

"评比出矛盾"——公司定期对员工进行考评，整个考评工作由各部门分别作出，但公司规定不论工作如何，必须分出 A、B、C 三等，并将考评结果与待遇挂钩。这使得员工之间产生不少矛盾。

第一节　激励概述

一、激励的概念与对象

1. 激励的概念

在管理学的一般教科书中，激励通常是和动机连在一起的。美国管理学家罗宾斯把动机定义为个体通过高水平的努力而实现组织目标的愿望，而这种努力又能满足个体的某些需要。因此，无论是激励还是动机，都包含三个关键要素：努力、组织目标和需要。一般而言，动机是指诱发、活跃、推动并指导和引导行为指向一定目标的心理过程。

所以，所谓的激励，是指人类的一种心理状态，它具有加强和激发动机，推动并引导行为指向目标的作用。通常认为，一切内心要争取的条件、欲望、需要、动力等,都构成对人的激励。

激励作为一种内在的心理活动过程和状态,不具有我们可以观察的外部状态。但是,由于激励对人的行为具有驱动和导向作用,因此,可以通过人的行为表现及效果来对激励的程度加以推断和测定。

2. 激励的对象

从激励的定义看出,激励是一个适用于各种动机、欲望、需要、希望以及其他相类似的力量的一个通用术语。因而,激励的对象主要是人,或者准确地说,是组织范围中的员工或领导对象。激励的对象受到多种因素的影响。

正确认识激励的对象,有助于体现领导的管理学职能。从激励的内涵看,意味着组织中的领导者应该从行为科学和心理学的基础出发,认识员工的组织贡献行为,即认识到人的行为是由动机决定的,而动机则是由需要引起的。动机产生以后,人们就会寻找能够满足需要的目标,而目标一旦确定,就会进行满足需要的活动。从需要到目标,人的行为过程是一个周而复始、不断进行、不断升华的循环。通过认识激励的对象,可以认识到,需要是人类行为的基础,不同的需要在不同的条件下会诱发出不同的行为。

二、激励与行为

对激励对象的讨论说明,人类的有目的的行为都是出于对某种需要的追求。未得到满足的需要是产生激励的起点,进而导致某种行为。行为的结果可能是需要得到满足,之后再发生对新需要的追求;行为的结果也可能是遭受挫折,追求的需要未得到满足,由此而产生消极的或积极的行为。

所以,激励是组织中人的行为的动力,而行为是人实现个体目标与组织目标相一致的过程。无激励的行为,是盲目而无意识的行为,有激励而无效果的行为,说明激励的机理出现了问题。例如,领导者打算通过增加额外的休息日来提高员工的劳动生产率,但结果可能有效,也可能无效,因为在一定的环境下,员工可能更愿意保持以往的工作日,希望提高薪水,而不是增加闲暇支出。这说明,激励与行为也有匹配的问题。

这样就进一步说明,要通过激励促成组织中人行为的产生,取决于某一行动的效价和期望值,即

$$激励力=某一行动的效价×期望值$$

所谓效价,是指个人对达到某种预期成果的偏爱程度,或某种预期成果可能给行为者带来的满足程度;期望值则是某一具体行动可带来某种预期成果的概率,即行为者采取某种行动,获得某种成果从而带来某种心理上或生理上

满足的可能性。能够满足某一需要的行动对特定个人的激励力是该行动可能带来结果的效价与该结果实现可能性的综合作用的结果。

三、激励产生的内因与外因

如何对组织中的人或员工进行激励，是建立在对人的运动规律的认识基础上的。而人不是孤立存在的，是生活在特定的环境之中的。这个环境包括气候、水土、阳光、空气等自然环境以及社会制度、劳动条件、经济地位、文化条件等社会环境。外界环境对人的影响是客观存在的。

因此，激励产生的根本原因，可分为内因和外因：内因由人的认知知识构成，外因则是人所处的环境。激励基础上人的行为可看成是人自身特点及其所处环境的函数。显然，激励的有效性在于对内因和外因的深刻理解，并使它们达成一致。

四、需要的管理学意义

激励的起点是激发人未满足的需要。未满足的需要将产生某种期望值。

从领导方式看，需要是领导者指挥下属和鼓励下属的行为基础。领导的目的，是通过他人的活动或投入，实现组织的目标。

在这里，领导者和下属的组织行为，都是一种通过行动来满足未实现的需要的过程。领导者的需要，既可以是缘于对制度权力的渴望，也可能源于实现自我价值的意愿。同样，下属未满足的需要也是多样性的。因此，对员工的激励能否有效，很大程度上取决于组织中领导者对下属的未满足需要的识别。

正是从需要这种人的动机导向出发，引出了关于如何激励的各种理论。对需要以及人内在动机和环境的激发，形成各种各样具体的激励理论。根据激励对象的不同方面，一般可以把激励理论分为激励的内容理论、激励的过程理论和激励的强化理论。

五、X理论和Y理论

X理论和Y理论是指美国麻省理工学院管理学教授道格拉斯·麦格雷戈关于人性假设所做的两类区分。道格拉斯·麦格雷戈提出了有关人性的两种截然不同的观点：一种是基本上消极的X理论（Theory X）；另一种是基本上积极的Y理论（Theory Y）。通过对管理和处理员工关系方式的观察，麦格雷戈发现，管理者关于人性的观点是建立在一些假设基础之上的，而管理者又根据这些假设来塑造他们自己对下属的行为方式。

1. X理论

所谓X理论，反映的是经理人对员工的不信任，主张对员工严加看管。属于 X 理论的经理认为,企业目标和员工个人目标不可能是同一的,企业要求员工刻苦工作,而人天生都是好吃懒做的,因此讨厌工作,尤其是逃避艰苦困难的工作。因此,要想企业各项工作得以完成,唯有对员工制订严格的纪律,采取强制、监管、惩罚等措施。在这种氛围中,俯首帖耳、老老实实工作的员工便是好员工。信奉 X 理论的管理者对下属的行动非常警觉,对他们的一言一行都非常敏感。他们更倾向于采取军队的管理方法,要求下属对上级的指令一味地服从,否则就要对他们实行责罚。

X 理论的人性假设是:

(1)员工天生不喜欢工作,只要可能,他们就会逃避工作;

(2)由于员工不喜欢工作,所以对大多数人都必须进行强迫、控制以及指挥,甚至要以惩罚相威胁,才能使他们尽到自己的努力;

(3)员工只要有可能就会逃避责任,安于现状;

(4)大多数员工喜欢安逸,没有雄心壮志。

2. Y 理论

所谓 Y 理论认为员工都是善良的,完全可以通过激励的方式使其自觉地为企业工作。Y 理论跟中国古代认为"人之初,性本善"的观点很是相似,认为人都是有良心和自觉性的,只要条件合适,员工一般会卖力地工作。要求员工很好地工作,不能仅靠苛刻的管理制度和惩罚措施。如果企业能够采取正确的激励措施,员工不仅能够在工作中约束自己,自觉地完成所分配的工作任务,而且还会发挥自己的潜能。持有这种信念的管理者往往采用松散诱导的管理方式,通过与员工一起制定目标的方式,促使员工参与管理,从而达到完成工作任务的目的。

Y 理论的人性假设是:

(1)一般的人在本质上并不厌恶工作;

(2)外部控制和惩罚威胁并不是能够使人们为组织目标而奋斗的唯一手段;如果员工对某些工作做出承诺,他们会进行自我指导和自我控制,以完成任务。

(3)激励人们的最好办法是满足他们的成就感、自尊感和自我实现感等此类的高层次需求;

(4)在适当的条件下,一般的人不仅愿意承担责任而且会主动地去寻求责任感;

(5)较高的想象力、理解力、在解决组织问题的过程中所运用的创造力等各种能力,是非常广泛地体现在每一个人身上的,而不是仅仅集中在少数人的身上。绝大多数人都具备做出正确决策的能力,而不仅仅管理者才具备这一能力。

当然并无证据证实某一种假设更为有效，也无证据表明采用 Y 理论联系的假设并相应改变个体行为的做法，更有效地调动了员工的积极性。现实生活中，确实也有采用 X 理论而卓有成效的管理者案例。例如，丰田公司美国市场运营部副总裁鲍勃·麦格克雷就是 X 理论的追随者，他激励员工拼命工作，并实施"鞭策"式体制。在竞争激烈的市场中，这种做法使丰田产品的市场占有份额得到了大幅度的提高。

3. 员工管理的 X 理论、Y 理论、Z 理论

企业管理员工有没有一定的模式？应该说是有的。如何管理员工首先取决于管理者如何看待员工。美国学者道格拉斯·麦格雷戈根据企业对待员工的不同态度和管理方法，总结出了 X、Y 两种理论。

Y 理论在近几十年中越来越受到管理者的重视和应用。日本推行的美国学者戴明的全面质量管理方法就是建立在 Y 理论的基础之上的。从表面上看，Y 理论和 X 理论是相互对立的，但实际上它们是同一个问题的两个侧面，而不是互不兼容的必选其一的对立关系，一味地强调一个方面显然是片面的。

我们也可以说，X 理论和 Y 理论是统一价值杠杆上的两个不同终端。我们从两者之中可以看出，不管你怎样看待员工，对员工提出目标并进行管理是完全必要的，既要尊重员工，诱导他们自觉地工作，又要制订科学严谨的管理制度，对员工进行一定的纪律约束。在这个价值杠杆上，左端是 X 理论式管理，而右端是 Y 理论式管理，管理的标点应根据员工素质、公司管理基础和工作特点等条件灵活机动地进行滑动。在员工素质比较差、公司管理基础比较薄弱、生产力低下的公司，管理标点应该滑向左端，反之应向右端滑动。优秀的管理者应该根据企业的实际状况和员工的素质特点，善于运用这个杠杆，讲究管理艺术，将员工管理维持在一个高水平上。

日裔美籍学者威廉·大内在比较了日本企业和美国企业的不同的管理特点之后，参照 X 理论和 Y 理论，提出了所谓 Z 理论，将日本的企业文化管理加以归纳。Z 理论强调管理中的文化特性，主要由信任、微妙性和亲密性所组成。根据这种理论，管理者要对员工表示信任，而信任可以激励员工以真诚的态度对待企业、对待同事，为企业而忠心耿耿地工作；微妙性是指企业对员工的不同个性的了解，以便根据各自的个性和特长组成最佳搭档或团队，增强劳动率；而亲密性强调个人感情的作用，提倡在员工之间应建立一种亲密和谐的伙伴关系，为了企业的目标而共同努力。

X 理论和 Y 理论基本回答了员工管理的基本原则问题，Z 理论将东方国度中的人文感情揉进了管理理论。我们可以将 Z 理论看作是对 X 理论和 Y

理论的一种补充和完善,在员工管理中根据企业的实际状况灵活掌握制度与人性、管制与自觉之间的关系,因地制宜地实施最符合企业利益和员工利益的管理方法。

第二节　内容型激励理论

这类激励理论,根据对人性的理解,着重突出激励对象的未满足的需要类型。它有两种思路:一种是从社会文化的系统出发,对人的需要进行分类,通过提供一种未满足的需要的框架,寻求管理对象的激励效率,称之为需要层次论;另一种是从组织范围角度出发,把人的需要具体化为员工切实关心的问题,称之为双因素理论。这两种激励理论形成于 20 世纪 50 年代。后期还出现与强调需要相关的后天需要理论。

一、需要层次论

这一理论是由美国社会心理学家亚伯拉罕·马斯洛提出来的,也称为马斯洛需要层次论。

需要层次论主要试图回答这样的问题:决定人的行为的尚未得到满足的需要是些什么内容? 马斯洛深化了包括霍桑试验在内的其他关于激励对象的行为科学研究,通过对需要的分类,找出对人进行激励的途径,即激励可以看成是对具体的社会系统中未满足的需要进行刺激的行为过程。

马斯洛的需要层次论有两个基本论点。一个基本论点是人是有需要的动物,其需要取决于它已经得到了什么,还缺少什么,只有尚未满足的需要能够影响行为。换言之,已经得到满足的需要不再起激励作用。另一个基本论点是人的需要都有层次,某一层需要得到满足后,另一层需要才出现。

为此,马斯洛认为,每个人都有五个层次的需要:生理需要、安全需要、社交需要、尊重需要、自我实现需要。需要的层次性如图 11-1 所示。

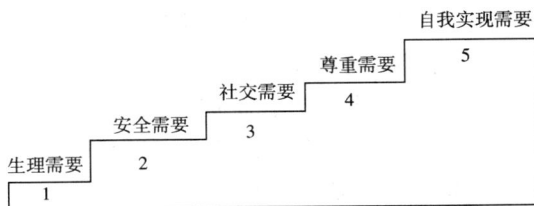

图 11-1　需要的层次性

(1)生理需要是任何动物都有的需要,只是不同的动物这种需要的表现形式不同而已。对人类来说，这是最基本的需要，如衣、食、住、行等。所以，在经济欠发达的社会，必须首先研究并满足这方面的需要。

（2）安全需要是保护自己免受身体和情感伤害的需要。它又可以分为两类：一类是现在的安全的需要，另一类是对未来的安全的需要。即一方面要求自己现在的社会生活的各个方面均能有所保证，另一方面希望未来生活能有所保障。

（3）社交需要包括友谊、爱情、归属及接纳方面的需要。这主要产生于人的社会性。马斯洛认为，人是一种社会动物，人们的生活和工作都不是孤立地进行的，这已由 20 世纪 30 年代的行为科学研究所证明。这说明，人们希望在一种被接受或属于的情况下工作，属于某一群体，而不希望在社会中成为离群的孤鸟。

（4）尊重需要分为内部尊重和外部尊重。内部尊重因素包括自尊、自主和成就感；外部尊重因素包括地位、认可和关注或者说受人尊重。自尊是指在自己取得成功时有一种自豪感，它是驱使人们奋发向上的推动力。受人尊重，是指当自己做出贡献时能得到他人的承认。

（5）自我实现需要包括成长与发展、发挥自身潜能、实现理想的需要。这是一种追求个人能力极限的内趋力。这种需要一般表现在两个方面：一是胜任感方面，有这种需要的人力图控制事物或环境，而不是等事物被动地发生与发展；二是成就感方面，对有这种需要的人来说，工作的乐趣在于成果和成功，他们需要知道自己工作的结果，成功后的喜悦要远比其他任何报酬都重要。

马斯洛还将这五种需要划分为高低两级。生理的需要和安全的需要称为较低级需要，而社会需要、尊重需要与自我实现需要称为较高级的需要。高级需要是从内部使人得到满足，低级需要则主要是从外部使人得到满足。马斯洛的需要层次论会自然得到这样的结论，在物质丰富的条件下，几乎所有员工的低级需要都得到了满足。

这种需要还有多种特征：需要的多样性，是指一个人在不同时期可有多种不同的需要，即使在同一时期，也可存在着好几种程度不同、作用不同的需要。需要的层次性，应是相对排列，而不是绝对的由低到高排列的，需要的层次应该由其迫切性来决定。对于不同的人在不同时期，感受到最强烈的需要类型是不一样的。因此，有多少种类型的需要，就有多少种层次不同的需要结构。需要的潜在性，是决定需要是否迫切的原因之一。人的一生中可能存在多种需要，而且许多是以潜在的形式存在的，只是到了一定时刻，由于客观环境和主观条件发生了变化，人们才发现、才感觉到这些需要。需要的可变性，是指需要的层次结构是可以改变的。

只有在认识到了需要的类型及其特征的基础上,企业的领导者才能根据不同员工的不同需要进行相应的有效激励。马斯洛的需要层次论为企业激励员工提供了一个参照样本。

二、ERG 理论

美国耶鲁大学的克雷顿·奥尔德弗(Clayton Alderfer)在马斯洛提出的需要层次理论的基础上,进行了更接近实际经验的研究,提出了一种新的人本主义需要理论。奥尔德弗认为,人们共存三种核心的需要,即生存的需要、相互关系的需要和成长发展的需要,因而这一理论被称为"ERG 理论"。生存的需要与人们基本的物质生存需要有关,它包括马斯洛提出的生理和安全需要。相互关系的需要是指人们对于保持重要的人际关系的要求,这种社会和地位的需要的满足是在与其他需要相互作用中达成的,它们与马斯洛的社会需要和自尊需要分类中的外在部分是相对应的。奥尔德弗把成长发展的需要独立出来,它表示个人谋求发展的内在愿望,包括马斯洛的自尊需要分类中的内在部分和自我实现层次中所包含的特征。

除了用三种需要替代了五种需要以外,与马斯洛的需要层次理论不同的是,奥尔德弗的 ERG 理论还表明:人在同一时间可能有不止一种需要起作用;如果较高层次需要的满足受到抑制的话,那么人们对较低层次的需要的渴望会变得更加强烈。

马斯洛的需要层次是一种刚性的阶梯式上升结构,即认为较低层次的需要必须在较高层次的需要满足之前得到充分的满足,两者具有不可逆性。而相反的是,ERG 理论并不认为各类需要层次是刚性结构,比如说,即使一个人的生存和相互关系需要尚未得到完全满足,他仍然可以为成长发展的需要工作,而且这三种需要可以同时起作用。

此外,ERG 理论还提出了一种叫做"受挫——回归"的思想。马斯洛认为当一个人的某一层次需要尚未得到满足时,他可能会停留在这一需要层次上,直到获得满足为止。相反地,ERG 理论则认为,当一个人在某一更高等级的需要层次受挫时,那么作为替代,他的某一较低层次的需要可能会有所增加。例如,如果一个人社会交往需要得不到满足,可能会增强他对得到更多金钱或更好的工作条件的愿望。与马斯洛需要层次理论相类似的是,ERG 理论认为较低层次的需要满足之后,会引发出对更高层次需要的愿望。不同于需要层次理论的是,ERG 理论认为多种需要可以同时作为激励因素而起作用,并且当满足较高层次需要的企图受挫时,会导致人们向较低层次需要的回归。因此,管理措施应该随着人的需要结构的变化而做出相应的改变,并根据每个人不同的需要制定出相应的管理策略。

阿尔德弗的 ERG 理论在需要的分类上并不比马斯洛的理论更完善，对需要的解释也并未超出马斯洛需要理论的范围。如果认为马斯洛的需要层次理论是带有普遍意义的一般规律，那么，ERG 理论则偏重于带有特殊性的个体差异，这表现在 ERG 理论对不同需要之间联系的限制较少。

ERG 理论的特点有：

（1）ERG 理论并不强调需要层次的顺序，认为某种需要在一定时间内对行为起作用，而当这种需要得到满足后，可能去追求更高层次的需要，也可能没有这种上升趋势。

（2）ERG 理论认为，当较高级需要受到挫折时，可能会降而求其次。

（3）ERG 理论还认为，某种需要在得到基本满足后，其强烈程度不仅不会减弱，还可能会增强，这就与马斯洛的观点不一致了。

三、双因素理论

这种激励理论也叫"保健—激励理论"，是美国心理学家弗雷德里克·赫茨伯格于 20 世纪 50 年代后期提出的。这一理论的研究重点是组织中个人与工作的关系问题。赫茨伯格试图证明，个人对工作的态度在很大程度上决定了任务的成功与失败。为此，他向近 2000 名白领工作者进行了调查。通过对调查结果的综合分析，赫茨伯格发现，引起人们不满意的因素往往是一些工作的外在因素，大多同他们的工作条件和环境有关，能给人们带来满意的因素，通常都是工作内在的，是由工作本身所决定的。

由此，赫茨伯格提出，影响人们行为的因素主要有两类：保健因素和激励因素。

（1）保健因素是那些与人们的不满情绪有关的因素，如公司的政策、管理和监督、人际关系、工作条件等。保健因素处理不好，会引发对工作不满情绪的产生，处理得好，可以预防或消除这种不满。但这类因素并不能对员工起激励的作用，只能起到保持人的积极性、维持工作现状的作用，所以保健因素又称为"维持因素"。

（2）激励因素是指那些与人们的满意情绪有关的因素。与激励因素有关的工作处理得好，能够使人们产生满意情绪，如果处理不当，其不利效果顶多只是没有满意情绪，而不会导致不满。激励因素主要包括这些内容：工作表现机会和工作带来的愉快，工作上的成就感，由于良好的工作成绩而得到的奖励，对未来发展的期望，职务上的责任感，等等。

这两类因素与员工对工作的满意程度之间的关系如图 11-2 所示。

激励因素	保健因素
成就 承认 工作本身 责任 晋升 成长	监督 公司政策 与监督者的关系 工作条件 工资 同事关系 个人生活 地位 保障 与下属的关系

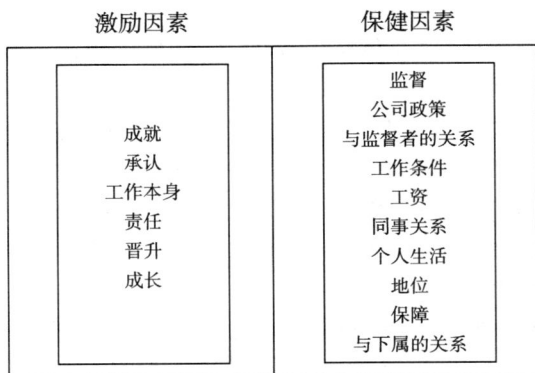

图 11-2 赫茨伯格双因素理论

赫茨伯格双因素激励理论的重要意义,在于它把传统的满意—不满意(认为满意的对立面是不满意)的观点进行了拆解,认为传统的观点中存在双重的连续体:满意的对立面是没有满意,而不是不满意;同样,不满意的对立面是没有不满意,而不是满意。这种理论对企业管理的基本启示是:要调动和维持员工的积极性,首先要注意保健因素,以防止不满情绪的产生。但更重要的是要利用激励因素去激发员工的工作热情,努力工作,创造奋发向上的局面,因为只有激励因素才会增加员工的工作满意感。

不过,赫茨伯格的双因素理论也有欠完善之处。像在研究方法、研究方法的可靠性以及满意度的评价标准这些方面,赫茨伯格这一理论都存在不足。另外,赫茨伯格讨论的是员工满意度与劳动生产率之间存在的一定关系,但他所用的研究方法只考察了满意度,并没有涉及劳动生产率。

四、后天需要理论

后天需要论,由美国管理学家大卫·麦克兰提出。他认为,在人的一生中,有些需要是靠后天获得的。换句话说,人们不是生来就有这些需要的,而是通过生活经验能够学习的。有三种需要的研究最多,它们是:①成就的需要,指渴望完成困难的事情、获得某种高的成功标准、掌握复杂的工作以及超过别人;②依附的需要,指渴望结成紧密的个人关系、回避冲突以及建立亲切的友谊;③权力的需要,指渴望影响或控制他人、为他人负责以及拥有高于他人的职权的权威。

早期的生活阅历决定着人们是否获得这些需要。如果鼓励儿童做自己的事情,并且让他们接受强化培训,他们就会获得某种实现成就的需要;如果让他们加强形成温暖的人际关系,他们就会发展出某种依附的需要;如果让他们从控制别人那儿获得满足,那他们就会获得某种权力的需要。

麦克兰指出,有着强烈成就感需要的人,是那些倾向于成为企业家的人。他们喜欢比竞争者做得更好,并且敢冒商业风险。另一方面,有着强烈依附感需要的人,是成功的"整合者"。他们的工作是协调组织中几个部门的工作。整合者包括品牌管理人员和项目管理人员,他们必须具有过人的人际关系技能,能够与他人建立积极的工作关系。高归属需要者喜欢合作而不是竞争的环境,希望彼此间更好地沟通和理解。而有着强烈权力需要的人,则经常有较多的机会晋升到组织的高级管理层。

总的来说,激励的内容理论突出了人们根本上的心理需要,并认为正是这些需要,激励人们采取行动。需要层次论、双因素理论和后天需要论,都有助于管理人员理解是什么在激励人们。所以,管理人员可以设计工作去满足需要,并付诸适当的工作行为。

第三节　过程型激励理论

激励的过程理论试图说明员工面对激励措施,如何选择行为方式去满足他们的需要,以及确定其行为方式的选择是否成功。过程理论有两种基本类型:公平理论和期望理论。

一、公平理论

公平理论又称社会比较理论,它是美国行为科学家亚当斯(J. S. Adams)在《工人关于工资不公平的内心冲突同其生产率的关系》(1962,与罗森合写)、《工资不公平对工作质量的影响》(1964,与雅各布森合写)、《社会交换中的不公平》(1965)等著作中提出来的一种激励理论。该理论侧重于研究工资报酬分配的合理性、公平性及其对职工生产积极性的影响。

该理论的基本要点是:人的工作积极性不仅与个人实际报酬多少有关,而且与人们对报酬的分配是否感到公平更为密切。人们总会自觉或不自觉地将自己付出的劳动代价及其所得到的报酬与他人进行比较,并对公平与否做出判断。公平感直接影响职工的工作动机和行为。因此,从某种意义来讲,动机的激发过程实际上是人与人进行比较,做出公平与否的判断,并据以指导行为的过程。

公平理论可以用公平关系式来表示。设当事人 a 和被比较对象 b,则当 a 感觉到公平时有下式成立:

$$OP/IP = OC/IC$$

式中,OP——自己对所获报酬的感觉;

OC——自己对他人所获报酬的感觉;

IP——自己对个人所作投入的感觉;

IC——自己对他人所作投入的感觉。

当上式为不等式时,可能出现以下两种情况:

(1)OP/IP<OC/IC

在这种情况下,他可能要求增加自己的收入或减小自己今后的努力程度,以便使公式左边增大,趋于相等;第二种办法是他可能要求组织减少比较对象的收入或者让其今后增大努力程度以便使公式右边减小,趋于相等。此外,他还可能另外找人作为比较对象,以便达到心理上的平衡。

(2)OP/IP>OC/IC

在这种情况下,他可能要求减少自己的报酬或在开始时自动多做些工作,但久而久之,他会重新估计自己的技术和工作情况,终于觉得他确实应当得到那么高的待遇,于是产量便又会回到过去的水平了。

除了横向比较之外,人们也经常做纵向比较,即把自己目前投入的努力与目前所获得报酬的比值,同自己过去投入的努力与过去所获报酬的比值进行比较。只有相等时他才认为公平,如下式所示:

$$OP/IP=OH/IH$$

式中,OP——自己对现在所获报酬的感觉;

OH——自己对过去所获报酬的感觉;

IP——自己对个人现在投入的感觉;

IH——自己对个人过去投入的感觉。

当上式为不等式时,也可能出现以下两种情况:

(1)OP/IP<OH/IH

当出现这种情况时,人也会有不公平的感觉,这可能导致工作积极性下降。

(2)OP/IP>OH/IH

当出现这种情况时,人不会因此产生不公平的感觉,但也不会觉得自己多拿了报酬,从而主动多做些工作。

调查和试验的结果表明,不公平感的产生,绝大多数是由于经过比较,认为自己目前的报酬过低而产生的;但在少数情况下,也会由于经过比较,认为自己的报酬过高而产生。

我们看到,公平理论提出的基本观点是客观存在的,但公平本身却是一个

相当复杂的问题,这主要是因为下面几个原因:

第一,它与个人的主观判断有关。上面公式中无论是自己的或他人的投入和报酬都是个人感觉,而一般人总是对自己的投入估计过高,对别人的投入估计过低。

第二,它与个人所持的公平标准有关。上面的公平标准是采取贡献率,也有采取需要率、平均率的。例如有人认为助学金应改为奖学金才合理,有人认为应平均分配才公平,也有人认为按经济困难程度分配才适当。

第三,它与绩效的评定有关。我们主张按绩效付报酬,并且各人之间应相对均衡。但如何评定绩效? 是以工作成果的数量和质量,还是按工作中的努力程度和付出的劳动量? 是按工作的复杂、困难程度,还是按工作能力、技能、资历和学历? 不同的评定办法会得到不同的结果。最好是按工作成果的数量和质量,用明确、客观、易于核实的标准来度量,但这在实际工作中往往难以做到,有时不得不采用其他的方法。

第四,它与评定人有关。绩效由谁来评定,是领导者评定还是群众评定或自我评定,不同的评定人会得出不同的结果。由于同一组织内往往不是由同一个人评定,因此会出现松紧不一、回避矛盾、姑息迁就、抱有成见等现象。

然而,公平理论对我们有着重要的启示:首先,影响激励效果的不仅有报酬的绝对值,还有报酬相对值。其次,激励时应力求公平,使等式在客观上成立,尽管有主观判断的误差,也不致造成严重的不公平感。再次,在激励过程中应注意对被激励者公平心理的引导,使其树立正确的公平观,即一是要认识到绝对的公平是不存在的,二是不要盲目攀比,三是不要按酬付劳,按酬付劳是在公平问题上造成恶性循环的主要杀手。

为了避免职工产生不公平的感觉,企业往往采取各种手段,在企业中造成一种公平合理的气氛,使职工产生一种主观上的公平感。如有的企业采用保密工资的办法,使职工相互不了解彼此的收支比率,以免职工互相比较而产生不公平感。

公平理论对企业管理的启示是非常重要的,它告诉管理人员,工作任务以及公司的管理制度都有可能产生某种关于公平性的影响作用。而这种作用对仅仅起维持组织稳定性的管理人员来说,是不容易觉察到的。员工对工资提出增加的要求,说明组织对他至少还有一定的吸引力,但当员工的离职率普遍上升时,说明企业组织已经对员工产生了强烈的不公平感,这需要引起管理人员高度重视,因为它意味着除了组织的激励措施不当以外,更重要的是,企业的现行管理制度有缺陷。主管人员的主要职责就是运用各种方法和手段,使下属员工处于拥有公平感的心理状态。

公平理论的不足之处,在于员工本身对公平的判断是极其主观的,这种行为对管理者施加了比较大的压力。因为人们总是倾向于过高估计自我的付出,而过低估计自己所得到的报酬,而对他人的估计则刚好相反。因此管理者在应用该理论时,应当注意实际工作绩效与报酬之间的合理性,并留心注意对组织的知识吸收和积累有特别贡献的个别员工的心理平衡。

二、期望理论

相比较而言,对激励问题进行比较全面研究的,是激励过程的期望理论。这一理论主要由美国心理学家弗鲁姆在 20 世纪 60 年代中期提出并形成的。

期望理论认为,只有当人们预期到某一行为能给个人带来有吸引力的结果时,个人才会采取特定的行动。它对于组织通常出现的这样一种情况给予了解释,即面对同一种需要以及满足同一种需要的活动,为什么不同的组织成员会有不同的反应:有的人情绪高昂,而另一些人却无动于衷呢?有效的激励取决于个体对完成工作任务以及接受预期奖赏的能力的期望。

根据这一理论的研究,员工对待工作的态度依赖于对下列三种联系的判断:

(1)努力—绩效的联系。即员工感觉到通过一定程度的努力而达到工作绩效的可能性。如果个人主观认为通过自己的努力达到预期目标的概率较高,就会有信心,就可能激发出很强的工作热情,但如果他认为再怎么努力,目标都不可能达到,就会失去内在的动力,导致工作消极。但能否达到预期的目标,不仅仅取决于个人的努力,还同时受到员工的能力和上司提供支持的影响。

(2)绩效—奖赏的联系。即员工对于达到一定工作绩效后可获得理想的奖赏结果的信任程度。如当我达到这一绩效水平后,会得到什么奖赏?这种奖励既可包括提高工资、多发奖金等物质奖励,也包括表扬、自我成就感、同事的信赖、提高个人威望等精神奖励,还包括得到晋升等物质与精神兼而有之的奖励。如果他认为取得绩效后能够得到合理的奖励,就可能产生工作热情,否则就可能没有积极性。

(3)奖赏—个人目标的联系。即如果工作完成,员工所获得的潜在结果或奖赏对他的重要性程度。如这一奖赏能否满足个人的目标?吸引力有多大?由于人们各方面的差异,他们的需要的内容和程度都可能不同。因而,对于不同的人,采用同一种奖励能满足需要的程度不同,能激发出来的工作动力也就不同。

在这三种关系的基础上,员工在工作中的积极性或努力程度(激励力)是

效价和期望值的乘积，即

$$激励力(M)＝效价(V)×期望值(E)$$

其中，激励力指激励水平高低的衡量标准；期望值指自己主观上估计实现目标、得到报酬的可能性；效价指个人对某一目标的重视程度与评价高低。

期望理论的基础是自我利益，它认为每一位员工都在寻求获得最大的自我满足。期望理论的核心是双向期望，管理者期望员工的行为，员工期望管理者的奖赏。期望理论的假说是管理者知道什么对员工最有吸引力。期望理论的关键是，正确识别个人目标和判断三种联系，即努力与绩效的联系、绩效与奖励的联系、奖励与个人目标的联系。

激励过程的期望理论对管理者的启示是，管理人员如果处理好了以上三个关系，便可有效地提高下属的工作积极性。例如，在处理努力与绩效关系方面，管理者可以在员工招聘时选择有能力完成工作的人，或向员工提供适当的培训；在他们工作时，向他们提供足够的支持。在处理绩效与奖励的关系方面，管理者应尽量做到以工作表现来分配各种报酬，并向员工清楚解释分配各种报酬的原则和方法，而关键的是奖励要公平。在处理奖励与满足需要的关系方面，管理者应了解各员工不同的需要，尽量向员工提供他们认为重要的回报。

第四节　强化型激励理论

一、强化理论的提出

强化理论是美国的心理学家和行为科学家斯金纳、赫西、布兰查德等人提出的一种理论。斯金纳(Burrhus Frederic Skinner)生于 1904 年，他于 1931 年获得哈佛大学的心理学博士学位，并于 1943 年回到哈佛大学任教，直到 1975 年退休。1968 年他曾获得美国全国科学奖章，是第二个获得这种奖章的心理学家。他在心理学的学术观点上属于极端的行为主义者，其目标在于预测和控制人的行为而不去推测人的内部心理过程和状态。他提出了一种"操作条件反射"理论，认为人或动物为了达到某种目的，会采取一定的行为作用于环境。当这种行为的后果对他有利时，这种行为就会在以后重复出现；不利时，这种行为就减弱或消失。人们可以用这种正强化或负强化的办法来影响行为的后果，从而修正其行为，这就是强化理论，也叫做行为修正理论。

斯金纳所倡导的强化理论是以学习的强化原则为基础的关于理解和修正人的行为的一种学说。所谓强化，从其最基本的形式来讲，指的是对一种行为的肯定或否定的后果（报酬或惩罚），它至少在一定程度上会决定这种行为在今后是否会重复发生。根据强化的性质和目的可把强化分为正强化和负强化。在管理上，正强化就是奖励那些组织上需要的行为，从而加强这种行为；负强化就是惩罚那些与组织不兼容的行为，从而削弱这种行为。正强化的方法包括奖金、对成绩的认可、表扬、改善工作条件和人际关系、提升、安排担任挑战性的工作、给予学习和成长的机会等。负强化的方法包括批评、处分、降级等，有时不给予奖励或少给奖励也是一种负强化。

开始，斯金纳也只将强化理论用于训练动物，如训练军犬和马戏团的动物。以后，斯金纳又将强化理论进一步发展，并用于人的学习上，发明了程序教学法和教学机。他强调在学习中应遵循小步子和及时反馈的原则，将大问题分成许多小问题，循序渐进。他还将编好的教学程序放在机器里对人进行教学，收到了很好的效果。

斯金纳的强化理论和弗隆的期望理论都强调行为同其后果之间关系的重要性，但弗隆的期望理论较多地涉及主观判断等内部心理过程，而强化理论只讨论刺激和行为的关系。

二、强化的类型

强化包括正强化、负强化和自然消退三种类型。

(1)正强化，又称积极强化。当人们采取某种行为时，能从他人那里得到某种令其感到愉快的结果，这种结果反过来又成为推进人们趋向或重复此种行为的力量。例如，企业用某种具有吸引力的结果（如奖金、休假、晋级、认可、表扬等），以表示对职工努力进行安全生产的行为的肯定，从而增强职工进一步遵守安全规程进行安全生产的行为。

(2)负强化，又称消极强化。它是指通过某种不符合要求的行为所引起的不愉快的后果，对该行为予以否定。若职工能按所要求的方式行动，就可减少或消除令人不愉快的处境，从而也增大了职工符合要求的行为重复出现的可能性。例如，企业安全管理人员告知工人不遵守安全规程，就要受到批评，甚至得不到安全奖励，于是工人为了避免此种不期望的结果，而认真按操作规程进行安全作业。

惩罚是负强化的一种典型方式，即在消极行为发生后，以某种带有强制性、威慑性的手段（如批评、行政处分、经济处罚等）给人带来不愉快的结果，或者取消现有的令人愉快和满意的条件，以表示对某种不符合要求的行为的否定。

(3)自然消退，又称衰减。它是指对原先可接受的某种行为强化的撤销。

由于在一定时间内不予强化,此行为将自然下降并逐渐消退。例如,企业曾对职工加班加点完成生产定额给予奖酬,后经研究认为这样不利于职工的身体健康和企业的长远利益,因此不再发给奖酬,从而使加班加点的职工逐渐减少。

正强化是用于加强所期望的个人行为,负强化和自然消退的目的是为了减少和消除不期望发生的行为。这三种类型的强化相互联系、相互补充,构成了强化的体系,并成为一种制约或影响人的行为的特殊环境因素。

强化的主要功能,就是按照人的心理过程和行为的规律,对人的行为予以导向,并加以规范、修正、限制和改造。它对人的行为的影响,是通过行为的后果反馈给行为主体这种间接方式来实现的。人们可根据反馈的信息,主动适应环境刺激,不断地调整自己的行为。

三、强化理论的运用及行为原则

在企业安全管理中,应用强化理论来指导安全工作,对保障安全生产的正常进行可起到积极作用。在实际应用中,关键在于如何使强化机制协调运转并产生整体效应。为此,应注意以下五个方面:

(1)经过强化的行为趋向于重复发生。所谓强化因素就是会使某种行为在将来重复发生的可能性增加的任何一种"后果"。例如,当某种行为的后果是受人称赞时,就增加了这种行为重复发生的可能性。

(2)要依照强化对象的不同采用不同的强化措施。人们的年龄、性别、职业、学历、经历不同,需要就不同,强化方式也应不一样。如有的人更重视物质奖励,有的人更重视精神奖励,就应区分情况,采用不同的强化措施。

(3)小步子前进,分阶段设立目标,并对目标予以明确规定和表述。对于人的激励,首先要设立一个明确的、鼓舞人心而又切实可行的目标,只有目标明确而具体时,才能进行衡量和采取适当的强化措施。同时,还要将目标进行分解,分成许多小目标,完成每个小目标都及时给予强化,这样不仅有利于目标的实现,而且通过不断地激励可以增强信心。如果目标一次定得太高,会使人感到不易达到或者说能够达到的希望很小,这就很难充分调动人们为达到目标而做出努力的积极性。

(4)及时反馈。所谓及时反馈就是通过某种形式和途径,及时将工作结果告诉行动者。要取得最好的激励效果,就应该在行为发生以后尽快采取适当的强化方法。一个人在实施了某种行为以后,即使是领导者表示"已注意到这种行为"这样简单的反馈,也能起到正强化的作用;如果领导者对这种行为不予注意,这种行为重复发生的可能性就会减小以至消失。所以,必须利用及时反馈作为一种强化手段。

(5)正强化比负强化更有效。所以,在强化手段的运用上,应以正强化为主的同时,必要时也要对坏的行为给以惩罚,做到奖惩结合。

强化理论只讨论外部因素或环境刺激对行为的影响,忽略人的内在因素和主观能动性对环境的反作用,具有机械论的色彩。但是,许多行为科学家认为,强化理论有助于对人们行为的理解和引导。因为,一种行为必然会有后果,而这些后果在一定程度上会决定这种行为在将来是否重复发生。那么,与其对这种行为和后果的关系采取一种碰运气的态度,就不如加以分析和控制,使大家都知道应该有什么后果最好。这并不是对职工进行操纵,而是使职工有一个最好的机会在各种明确规定的备选方案中进行选择。因而,强化理论已被广泛地应用在激励和人的行为的改造上。

对强化理论的应用,要考虑强化的模式,并采用一整套的强化体制。

强化模式主要由"前因"、"行为"和"后果"三个部分组成。

"前因"是指在行为产生之前确定一个具有刺激作用的客观目标,并指明哪些行为将得到强化,如企业规定车间安全生产中每月的安全操作无事故定额。

"行为"是指为了达到目标的工作行为。

"后果"是指当行为达到了目标时,则给予肯定和奖励;当行为未达到目标时,则不给予肯定和奖励,甚至给予否定或惩罚,以求控制职工的安全行为。

复习思考题

一、名词解释

1. 激励

2. 动机

3. 效价

4. 激励因素和保健因素

5. 正强化和负强化

二、问答题

1. 为什么说激励理论在现代环境下更加重要?

2. 激励的一般过程包含哪些环节?

3. 如何认识激励在组织管理中的重要作用?

4. 需要层次理论包含那些主要内容?

5. 需要层次理论在现实生活中是如何应用的?

6. 如何评价需要层次理论?

7. ERG 理论对于马斯洛需要层次理论有哪些肯定之处？有哪些否定之处？并进行了怎样改进？ERG 理论对现实中的管理者有什么启示？

三、案例分析题

前景内燃机公司的激励问题

前景内燃机公司最高层主管人员长期忧虑的一个问题是：生产车间的工人对他们的工作缺乏兴趣。其结果就是产品质量不得不由检验科来保证。对于那些在最后检验中不合格的产品，公司找到的唯一方法就是在一个特别的车间内设置一个由技术高的工匠组成的班组，安排在生产线的最后，在那里解决质量问题。由于这种方法费用高，而且发现的质量问题大多是装配时不小心等可以实现预防的差错造成的。因此，公司中很多人对于使用这种事后处理方法感觉不满意。当然，也有的差错是由于设计不合理造成。

在公司总裁的催促下，分公司总经理召集他的主要部门主管开会研究这个问题该如何解决。生产经理刘伟断言，这些问题是工程设计方面的事情。他认为，只要工程设计上仔细地设计部件和整体结构，许多质量问题就不会出现。他又责怪人事部门没有更好地挑选工人，并且没有让员工的使用部门参与到选拔工作中来。他特别指出装配工人的流动率每月高达 5% 以上，且星期一的旷工率经常达到 20%。他的结论是：用这样的劳动力，没有一个生产部门能够有效地运作。

总工程师王选认为，部件和整机结构都设计得很好。如果标准要求再严格一点儿，生产就会非常困难和费时，成本就会大幅度提高。

人事经理刘彦从多方面来说明人事问题。首先，她指出，由于本公司有强有力的工会，她的部门对公司雇佣和留用工人很少有或根本没有控制权。其次，她观察到车间的工作是单调和非常辛苦的。所以公司不应该期望工人对于这种工作除了领取工资外还会有什么兴趣。但是刘彦说，她相信公司可以想办法提高工人的兴趣。如果工人承担的工作范围能够扩大的话，必然会出现高质量的工作以及较低的缺勤率和流动率。当问她建议内容是什么时，她向公司提出：一是要工人掌握各种操作技能，而不是只做一项简单的工作。二是工人每星期轮流换班，从生产线的一个位置换到另一个位置上，这样可以为工人提供新的和更有挑战性的工作。

这些建议被采用并付诸实行。使每个人觉得意外的是：工人对新计划表示极大的不满。一个星期后，装配线关闭。工人们声称，新计划只是一种管理上的诡计，那就是他们要比以前做更多的工作，并且让他们去替代其他工人却不增加任何工资。

根据上述材料，完成下列选择题：

1. 从案例中我们可以看到，该企业对产品的质量控制不够。管理控制主要有三大类，你认为该企业在产品生产过程中没有采用的控制是（　　）。

　　A. 现场控制　　B. 反馈控制　　C. 前馈控制　　D. A 和 C

2. 针对企业产品质量存在的问题，企业的高层领导专门开会讨论解决方案，在会议上大家见解不一致，典型的看法有以下四种。你认为看法更可取的是（　　）。

　　A. 根本原因是工人缺乏兴趣和责任感，因此应该首先从提高工人的责任心和归属感入手

　　B. 为了让工人负起责任来，应该制定详细的工作规范，要求他们严格执行

C. 在生产过程中的每个工序都要由检验员进行检验,及早发现问题,及早解决

D. 由于一些质量问题是设计原因造成的,应该着眼于提高设计人员的素质

3. 从案例中我们发现企业各个部门对于质量责任和原因都有不同的看法和争执,这些争执反应的问题是( )。

A. "经济人"的假设是正确的,人总倾向于推卸责任

B. 企业各个部门之间的协调不好

C. 企业中长期存在的难以调和的矛盾此时激化了

D. 企业的各部门很难达成统一的意见

4. 从案例中我们可以判断,该公司采用的划分部门的方式主要是( )。

A. 按职能 B. 按产品 C. 按地区 D. 按业务性质

5. 从案例中我们可以看出,人事经理刘彦试图通过改变工作的方式和扩大工作范围来提高工人的兴趣。这种方式属于双因素理论中( )。

A. 保健因素

B. 激励因素

C. 改变工作方式是保健因素,扩大工作范围是激励因素

D. 信息不足,难以做出判断

第十二章 沟 通

【学习目标】

通过本章内容的学习,学生将了解和掌握沟通及其过程,沟通的类别,人际沟通的概念、特点及其功能,组织中的沟通形式,影响组织沟通的因素,改善组织沟通的意义及其途径,干扰有效沟通的障碍因素,有效沟通的实现途径等。

【导入案例】

人际沟通

杨瑞是一个典型的北方姑娘,在她身上可以明显地感受到北方人的热情和直率,她为人坦诚,有什么说什么,总是愿意把自己的想法说出来和大家一起讨论,正是因为这个特点她在上学期间很受老师和同学的欢迎。今年,杨瑞从西安某大学的人力资源管理专业毕业,她认为,经过四年的学习,自己不但掌握了扎实的人力资源管理专业知识,而且具备了较强的人际沟通技能,因此她对自己的未来期望很高。为了实现自己的梦想,她毅然只身去广州求职。

经过将近一个月的反复投简历和面试,在权衡了多种因素的情况下,杨瑞最终选定了东莞市的一家研究生产食品添加剂的公司。她之所以选择这家公司是因为该公司规模适中、发展速度很快,最重要的是该公司的人力资源管理工作还处于尝试阶段,如果杨瑞加入,她将是人力资源部的第一个人,因此她认为自己施展能力的空间很大。

但是到公司实习一个星期后,杨瑞就陷入了困境中。原来该公司是一个典型的小型家族企业,企业中的关键职位基本上都由老板的亲属担任,其中充满了各种裙带关系。尤其是老板安排了他的大儿子做杨瑞的临时上级。而老板的大儿子主要负责公司研发工作,根本没有管理理念,更不用说人力资源管理理念,在他的眼里,只有技术最重要,公司只要能赚钱,其他的一切都无所谓。但是杨瑞认为越是这样就越有自己发挥能力的空间,因此在到公司的第五天,杨瑞拿着自己的建议书走向了直接上级的办公室。

"王经理,我到公司已经快一个星期了,我有一些想法想和您谈谈,您有时间吗?"杨瑞走到经理办公桌前说。

"来来来,小杨,本来早就应该和你谈谈了,只是最近一直扎在实验室里就把这件事忘了。"

"王经理,对于一个企业尤其是处于上升阶段的企业来说,必须在管理上狠下功夫。我来公司已经快一个星期了,据我目前对公司的了解,我认为公司主要的问题在于职责界定不清;雇员的自主权力太小致使员工觉得公司对他们缺乏信任;员工薪酬结构和水平的制定随意性较强,缺乏科学合理的基础,因此薪酬的公平性和激励性都较低。"杨瑞按照自己事先所列的提纲开始逐条向王经理叙述。

王经理微微皱了一下眉头说:"你说的这些问题我们公司也确实存在,但是你必须承认一个事实——我们公司在赢利,这就说明我们公司目前实行的体制有它的合理性。"

"可是,眼前的发展并不等于将来也可以发展,许多家族企业都是败在管理上。"

"好了,那你有具体方案吗?"

"目前还没有,这些还只是我的一点想法而已,但是如果得到了您的支持,我想方案只是时间问题。"

"那你先回去做方案,把你的材料放这儿,我先看看然后给你答复。"说完王经理的注意力又回到了他自己的研究上。

杨瑞此时真切地感受到了不被认可的失落,她似乎已经预测到了自己第一次提建议的结局。

果然,杨瑞的建议书石沉大海,王经理好像完全不记得建议书的事。杨瑞陷入了困惑之中,她不知道自己是应该继续和上级沟通还是干脆放弃这份工作,另找一个发展空间。

第一节 沟通概述

一、沟通及其过程

1. 沟通及其重要性

沟通是指可理解的信息或思想在两个或两个以上人群中的传递或交换的过程,目的是激励或影响人的行为。在很大程度上,组织的整个管理者工作都和沟通有关。在组织内部,有员工之间的交流、员工与工作团队之间的交流、工作团队之间的交流;在组织外部,有组织与客户之间的交流、组织之间的交流。

一般来说,沟通在管理中具有三方面的重要意义:首先,沟通是协调各个体、各要素,使企业成为一个整体的凝聚剂;其次,沟通是领导者激励下属,实现领导职能的基本途径;第三,沟通是企业与外部环境之间建立联系的桥梁。企业客观的社会存在使得企业不得不和外部环境进行有效的沟通。

2. 沟通的过程

从表面上看,沟通就是传递信息的过程。但是实际上,管理学意义上的沟通是一个复杂的过程。这种复杂过程可以用图 12-1 所示简要反映出来。

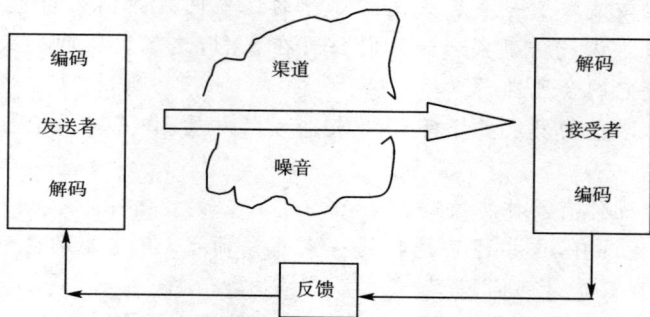

图 12-1　沟通过程简图

在这个过程中,至少存在着一个发送者和一个接受者,即信息发出方和信息接收方。其中沟通的载体成为沟通渠道,编码和解码分别是沟通双方对信息进行的信号加工形式。信息在两者之间的传递是通过下述几个方面进行的:

(1)发送者需要向接受者传送信息或者需要接受者提供信息。这里所说的信息包括很广,诸如想法、观点、资料等。

(2)发送者将这些信息译成接受者能够理解的一系列符号。为了有效地进行沟通,这些符号必须能够符合适当的媒体。例如,如果媒体是书面报告,符号的形式应选择文字、图表或者照片。

(3)将上述符号传递给接受者。由于选择的符号种类不同,传递的方式也不同。传递的方式可以是书面的,也可以是口头的,甚至还可以通过形体动作来表示。

(4)接受者接受这些符号。接受者根据这些符号传递的方式,选择相对应的接受方式。

(5)接受者将这些符号译为具有特定含义的信息。由于发送者翻译和传递能力的差异,以及接受者接受和翻译水平的不同,信息的内容和含义经常被曲解。

(6)接受者理解信息的内容。

(7)发送者通过反馈来了解他想传递的信息是否被对方准确无误地接受。

二、沟通的类别

沟通的类别依划分的标准不同而不同。

1. 按照功能划分,沟通可以分为工具式沟通和感情式沟通

(1)工具式沟通,指发送者将信息、知识、想法、要求传送给接受者,目的是影响和改变接受者的行为。人的因素是企业成功的关键所在。管理说到底就是做人的工作,其中观念整合是先导。所有的管理问题归结到最后都是沟通问题。管理者最重要的任务就在于培养起与员工之间健康的关系。这一科学认识无论是在理论上还是在实践上都得到印证。

(2)感情式沟通,指沟通双方表达情感,获得对方精神上的同情和谅解,最终改善相互之间的人际关系。国内外事业有成的名企无不视沟通为管理的真谛。企业实现高效率和充满生机,依赖于下情能为上知,上意能迅速准确地下达,部门之间互通信息,互知甘苦。同时,打破等级制度,充分强调家庭般的和谐和温暖。这就需要沟通,需要高速、有效的沟通。良好的沟通让员工感觉到企业对自己的尊重和信任,因而产生极大的责任感、认同感和归属感,促使员工以强烈的事业心报效企业。此外,沟通还能化解矛盾、澄清疑虑、消除误会。日本的一些企业别出心裁地设置"出气室",里面放着企业主管及部门主管的塑料人体塑像,旁边还放着大棒。受到委屈的员工,尽可以到那里用大棒把他们"痛打"一顿,怨气也就随之冰释。

2. 按照方法划分,沟通可分为口头沟通、书面沟通、非语言沟通和电子媒介沟通等

(1)口头沟通

口头沟通就是运用口头表达的方式来进行信息的传递和交流。这种沟通通常见于会议、会谈、对话、演说、报告、电话联系、市场访问、街头宣传等。

口头沟通的优点:口头沟通灵活多样,它既可以是两人之间的交谈,也可以是群体中的讨论或辩论;它既可以是正式的磋商,也可以是非正式的聊天;口头沟通是所有沟通形式中最直接的方式;口头沟通传递速度快,并能及时反馈信息;口头沟通可使下属感到被尊重、受重视,从而会激发下属的工作积极性。

口头沟通的缺点:口头沟通过程中,信息从发送者一个个接力式的传递,存在着较大的失真的可能性。因为每个人都以自己的偏好增减信息,以自己的方式诠释信息，这样，当信息经过多个环节到达终点时，其内容往往与最初的含义存在重大偏差。如果组织中的重要决策通过口头方式，沿着权力等级链上下传递，则信息失真可能相当大。这种情况一旦出现，将会给组织带来各种难以预料的负面影响。

（2）书面沟通

书面沟通指的是用书面形式进行的信息传递和交流，例如简报、文件、通讯、刊物、调查报告、书面通知等。

书面沟通的优点：书面沟通具有有形展示、长期保存以及可作为法律防护的依据等优点。一般情况下，发送者与接受者双方都拥有沟通记录，沟通的信息可以长期保存下来。如果沟通中的任意一方对信息的内容有疑问，事后的查询是完全可能的。对于复杂或长期的沟通来说，这一点尤为重要。例如，一个新产品的市场推广计划，可能需要几个月的大量工作，以书面的方式记录下来，可以使计划的构思者在整个计划的实施过程中有个依据。此外，书面沟通是把沟通的内容写出来，这就会促使人们对自己要表达的东西更加认真地思考。因此，书面沟通还具有周密、逻辑性强、条理清楚等优点。书面语言在正式发表之前能够反复修改，使作者所要表达的信息内容被充分地表达出来，减少了情绪、他人观点等因素对信息传达的影响。书面沟通的内容易于复制、传播，这对于大规模传递来说，是一个十分重要的条件。

书面沟通的缺点：书面沟通花费的时间较长，同等时间的交流，口头沟通比书面沟通所传达的信息要多得多。事实上，花费一个小时写出的东西，只需十多分钟就能说完。

书面沟通缺乏这种内在的信息反馈机制，其结果是无法确保所发出的信息能被接收到，即使接收到，也无法确保接受者对信息的解释正好是发送者的本意。发送者往往要花费很长的时间来了解信息是否已被接收并被准确地理解。

（3）非语言沟通

非语言沟通借助于非语言符号，如姿势、表情、动作、空间距离等实现。尽管语言是人类最重要、最便捷的沟通工具，但语言并非唯一。非语言符号在人际沟通中同样具有极重要意义。一位专门研究非语言沟通的学者曾提出以下公式：

$$相互理解＝表情（55\%）+语调（38\%）+语言（7\%）$$

上述公式提示，非语言信息在人与人之间情感、态度的传递过程中扮演着重要的角色。如护患沟通过程中，患者的非语言行为包含了丰富信息，它有助于护士了解患者真实的感觉和需要。同样，护士在此过程中所展示的非语言行为也可为患者提供丰富信息，如反映护士对患者是否尊重、理解、体贴和友好等，对建立良好护患关系起着极重要的作用。

目前,多数学者所接受的非语言符号分类是三分法,即将非语言符号分为无声的动姿、无声的静姿和有声的辅助语言与类语言。

① 无声的动姿。无声的动姿指非语言行为的动姿,主要包括面部表情、点头、姿势转换、手势以及拍打、拥抱等身体接触方式,眼睛的运用也属于无声动姿。

② 无声的静姿。无声的静姿主要指人们坐立时的姿势和彼此的空间距离。

③ 有声的辅助语言与类语言。辅助语言包括声音的音调、音量、节奏、停顿、沉默等;而类语言则指有声而无固定意义的声音,如呻吟、叹息、叫喊等。

（4）电子媒介沟通

如果人们要进行远距离沟通,面对面的方式就不可行了,他们必须借助一个媒介来传递信息。有些沟通媒介,比如电子邮件和音频会议是一维的。其他媒介,比如插图书籍和报纸,在文字的基础上增加了照片、表格和插图,还增加了一维。还有一些媒介,比如视频会议、网络会议和信息流是真正的多媒体方式,结合了声音、图像和文本,增强了用户的感受,增加了多层次的意义。今天,最常用的电子媒介沟通方式包括:

① 电子邮件。电子邮件打破了时间和空间的限制,让工作时间或工作地点不同的人们能够有效沟通。电子邮件让人们能够同时给几个人发送信息,并能发送电子文件、图片或文档等附件。但电子邮件的普及导致其被滥用,而且往往被用于不正当的目的,因为电子邮件几乎不包含人们的外貌特征和气质形象方面的信息,也不能传达微妙的手势或者非言语的暗示,它可能被误解或者曲解,导致矛盾产生。而面对面的沟通则没有这些问题。因此,许多研究人员和经理们建议,对有争议或者敏感的问题进行沟通时,应避免使用电子邮件。

② 即时讯息。即时讯息是一种接近于实时进行的文字信息沟通,它可以在两个或更多用户之间进行。它和普通电子邮件的不同之处在于,它的信息沟通立即就完成,而且进行"对话沟通"相当简便。因为参与人员是"好友名单"上的,即时讯息有一种浓厚的社区气氛。在很多情况下,这种气氛有助于建立有效的沟通区域,但它不适合所有的场合或者工作关系。两个工作联系不是很紧密的人对于这种亲密的实时聊天可能会感到尴尬,而两个试图解决难题的人可能会认为即时讯息的固有缺陷妨碍了解决问题的进程。

③ 音频会议。电话方便快捷、使用简单,加上今天的语音邮件功能,在沟通方面具有很大的灵活性,即使另一方不能接听电话也没关系。和电子邮件或者即时讯息相比,音频会议最突出的优点是,与会者之间有了更加"实质性"的接触。在音频会议上,与会者可以通过改变语气、音调或者音量,使用停顿

和语气词（嗯、呃）来衔接话题，增加音频本身没有的弦外之音。音频会议最大的缺点是看不见与会人员。总的说来，音频会议在一些商业应用上非常有效，但它也让与会者更容易做其他与会议不相干的事情。

④ 带音频的网络会议。网络会议增加了一定的视频信息，能让与会者观看 PowerPoint 演示，在主持人引导下浏览网页，或者和其他人沟通、讨论文件。网络会议同网络音频或者视频不同，与会者在参加远程会议的同时，可以通过浏览器共享文件。它是一种相对便宜和有效的团队协作技术，有不少独到之处，可以增强团队的会议体验。然而，网络会议和音频会议类似，与会人员是隐蔽的。所以，与会人员往往在会议过程中"忙私活"。如果要建立合作关系或者促进团队工作，网络会议和音频会议都不是理想的选择。

⑤ 信息流。信息流也叫网络传播，它将极具震撼力、内容丰富的信息传输给任何一个拥有电脑和网络浏览器的人。凭借它，人们可以在互联网或者公司内部网上快速传输音频和视频文件，用户不必苦苦等候文件下载就可以看到视频画面或者听到声音。

在一个直播或者实时的信息流中，参与人员被告知在预定的时间访问特定的网址，大家同时观看节目。而在一个存档的或者按需提供的信息流中，事件被转化成数字文件，储存起来供以后查看。这种情形不像现场直播一样直接，用户需要下载后才能观看。最重要的是，信息流本质上是一种从主持人到观众的单向沟通。假如一个议题需要与会人员讨论，或者要求发言人和与会者在预先准备好的提问和回答范围以外对话，信息流就不是最好的沟通方式。

⑥ 视频会议。视频会议是一种召开现场会议的方法，它为处在两个或者两个以上不同地点的人提供面对面的会议。这种技术利用计算机网络把音频和视频数据传输到所有的会议地点。视频会议同样也提供远程共享其他媒介的方法，包括录像带、书写板和 PowerPoint 等计算机程序。视频会议提供了面对面沟通的所有独特好处，而不用支付召集异地人员集中到一个会议室的直接和间接成本。在会议中，与会人员可以展示与工作相关的物品，比如器械或者产品，这样就可以发现其他人是否在认真听取会议观点和信息并做出适当的反应。与会人员还可以被分成两个或多个小组，同时对问题展开讨论，推进决策进程。

（5）沟通方式的选择

多数组织都使用多种沟通方式帮助员工保持联系和正常工作。过去，很多沟通方式都被当作孤立的方案来解决特殊需要。现在，必须把它们放在更大的环境下考虑，尽量将不同的沟通方式整合到一个统一的、多层次的沟通平台。

在考虑成本的基础上选择沟通的方式，不失为一个谨慎的方案。因为所有的组织都必须控制成本底线。但这并非就是最合适的,特别是当你要权衡某个沟通方式的成本和全部沟通过程所创造的价值的时候。

那么是怎么衡量价值的呢?在沟通过程中,某个沟通方式的价值取决于它包含的非言语信息的数量。事实上,研究人员认为,一条信息的 $50\% \sim 90\%$ 是通过暗示、信号或者符号来传达的。暗示是一个人发出的提醒,让另一个人开始特定的发言或者行动。信号是表达需要、感情和欲望的动作。而符号则在沟通中代表一件事情或者一个动作、一件东西、一个人或者地点。

在某个沟通方式里包含的非言语的沟通系统越多,使用者之间的沟通就越直接。换句话说,一个沟通方式越接近面对面沟通,其信息沟通也就越丰富。因此,视频会议的信息比电话更丰富,而电话则比即时讯息更丰富,即时讯息比电子邮件更丰富。

显然,组织必须权衡使用某种沟通方式的成本和其信息沟通的丰富程度。试图把每个会议都安排成面对面的互动沟通,其代价太高,无法操作;完全依靠电子邮件则会造成混乱且疏远关系。

有鉴于此,组织应该采取一个更加平衡的沟通计划,做到投入小、效果佳,而且与各种关系相适应。比如,刚建立的关系应该安排更多的面对面的交流,这些充满非言语信息的沟通,能够建立信任和融洽关系。关系稳定以后,其他沟通方式可以用来替代面对面的互动。然而,即使是牢固的关系如果长时间没有进行面对面的沟通,也会逐渐疏远。

3. 按照组织系统,沟通可分为正式沟通和非正式沟通

一般来说,正式沟通指以企业正式组织系统为渠道的信息传递。非正式沟通指以企业非正式组织系统或个人为渠道的信息传递。

(1)正式沟通

正式沟通一般指在组织系统内,依据组织明文规定的原则进行的信息传递与交流。

根据古典管理理论,沟通应遵循指挥或层级系统进行。严格地说,越级报告或命令,或不同部门人员间彼此进行沟通,都是不允许的。实际上,按照这种模式进行沟通,不但是不可能的,而且不符合组织的需要。

正式沟通的优点是:沟通效果好,比较严肃,约束力强,易于保密,可以使信息沟通保持权威性。其缺点是:因为依靠组织系统层层传递,所以很刻板,沟通速度很慢,此外也存在着信息失真或扭曲的可能。

正式沟通有几种具体的沟通形态(如图 12-2 所示)。

① 链式沟通

居于两端的人只能与内侧的一个成员联系,居中的人则可分别与两人沟

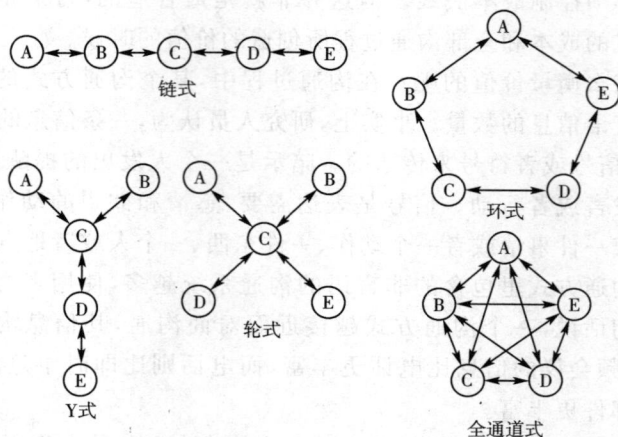

图 12-2 沟通形态

通信息。信息经层层传递、筛选,容易失真,平均满意程度有较大差距。这种网络属控制型结构,适用与系统过于庞大,需要实行分权授权的组织。

② 环式沟通

其中,每个人都可同时与两侧的人沟通信息。在这个网络中,组织的集中化程度和领导人的预测程度都较低,畅通渠道不多,适用于需要创造出一种高昂的士气来实现组织目标的组织。

③ Y式沟通

这是一个纵向沟通网络,其中只有一个成员位于沟通内的中心,成为沟通的媒介。这种网络集中化程度高,解决问题速度快,组织中领导人员预测程度较高。除中心人员(C)外,组织成员的平均满意程度较低。这种沟通网络适用于主管人员的工作任务十分繁重的组织。

④ 轮式沟通

属于控制型网络,其中只有一个成员是各种信息的汇集点与传递中心。此网络集中化程度高,解决问题的速度快。主管人(当然是 C)的预测程度很高,而沟通的渠道很少,组织成员的满意程度低,士气低落。如果组织接受紧急攻关任务,要求进行严密控制,则可采取这种网络。

⑤ 全通道式沟通

这是一个开放式的网络系统,其中每个成员之间都有一定的联系,彼此了解。此网络中组织的集中化程度及主管人的预测程度均很低。组织成员的平均满意程度高且差异小,所以士气高昂,合作气氛浓厚。

上述种种沟通形态和网络,都有其优缺点。作为一名主管人员,在管理工作实践中,要进行有效的人际沟通,就需发挥其优点,避免其缺点,使组织的管理工作水平逐步提高。

(2)非正式沟通

非正式组织是由于组织成员的感情和动机上的需要而形成的。其沟通途径是组织内的各种社会关系,如图 12-3 所示。

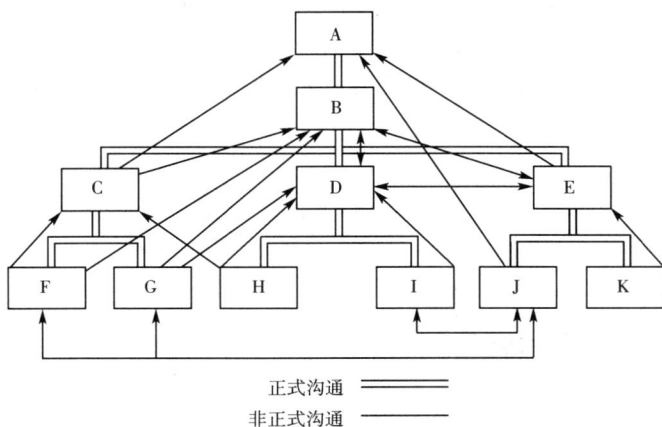

正式沟通 ══════
非正式沟通 ────

图 12-3　正式沟通与非正式沟通图

① 非正式沟通的意义及性质

非正式沟通的产生,可以说是由于人们天生的需求。通过这种沟通途径来交换或传递信息,常常可以满足个人的某些需求。因此,对依靠非正式沟通可以获得这种信息的环境,组织成员是会感到满意的。

② 非正式沟通的优点和缺点

非正式沟通的优点在于:沟通形式不拘,直接明了,速度很快,容易及时了解到正式沟通难以提供的"内幕新闻"。

其缺点:难于控制,传递的信息不确切,容易失真,易影响组织的凝聚力和人心稳定。

③ 非正式沟通的特点

a. 消息越新,人们谈论的就越多;

b. 对人们工作有影响的,越容易招致人们谈论;

c. 最为人们所熟悉者,则多为人们谈论;

d. 在工作上有关系的人,往往容易被牵扯到同一传闻中去;

e. 在工作中接触多的人员可能被牵扯到同一传闻中去。

④ 非正式沟通的类型

非正式沟通在自然状态下有四种形态,如图 12-4 所示。依照最常见至较少见的顺序分别为：

a. 集群连锁。即在沟通过程中，可能有几个中心人物，由他转告若干人，而且有某种程度的弹性。如图 12-4a 中的 A 和 F 两人就是中心人物，代表两个集群的"转播站"。

b. 密语连锁。由一人告知所有其他人，犹如其独家新闻，如图 12-4b。

c. 随机连锁。即碰到什么人就转告什么人，并无一定中心人物或选择性，如图 12-4c。

d. 单线连锁。就是由一人转告另一人，他也只再转告一个人，这种情况最为少见，如图 12-4d。

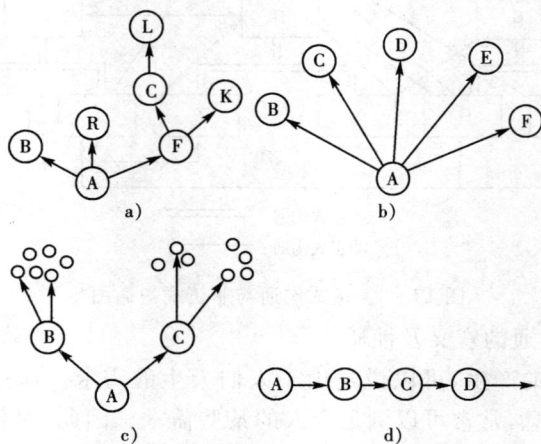

图 12-4　非正式沟通的类型

⑤ 非正式沟通在管理上的对策

a. 主管者应尽可能使组织内沟通系统较为开放或公开，则种种不实的谣言将会自然消失；

b. 对已经形成的谣言，正面提出相反的事实更为有效；

c. 不要使组织成员有过分闲散或过分单调枯燥的情形发生；

d. 最基本的做法，乃是培养组织成员对组织管理当局的信任和好感；

e. 对于组织主管人员应增加这方面的知识，使他们有比较正确的观念和处理方法。

4. **按照方向，沟通可分为下行沟通、上行沟通和平行沟通**

(1)下行沟通

指上级将信息传达给下级，是由上至下的沟通。

① 下行沟通中的问题

a. 信息过载问题。人们处于信息爆炸的境地，无法吸收所有的信息，造成相关信息的丢失。

b. 管理者和雇员间缺乏公开性问题。多数管理者没有给他们的下属足够的重要信息，因此管理者应考虑到信息没有得到共享的后果并确保相关信息都发送出去。

c. 过滤问题。当信息从一个人传到另一个人那里时，其中一部分信息被过滤掉了，当信息通过组织多个层次向下传递时，很多信息都丢失了，从而给组织带来严重的问题。

② 解决下行沟通中问题的途径

a. 指导。指导是旨在帮助他人在工作中提高效率并发挥他的最大潜能的对话。当人们的工作绩效不好或需要改变行为方式时，指导通常是改变他们的工作方法并使他们获得成功的最佳途径。

b. 困难时刻的下行沟通。充分的下行沟通在公司面临困难的时刻显得特别有价值。困难时刻的下行沟通，无论从观念还是从道义出发，公司的最高管理层都应该尽早将公司发生的变化通报给员工们，也更能体现对员工的理解和关心。

c. 公开式管理。公开式管理是指与组织内的所有员工共享重要的信息并共同发掘它在管理上的意义。需要共享的信息包括财务目标、收入表、预算、销售额和销售预测及其他有关公司的绩效和前景的数据。公开式管理能激发员工的工作热情，提高生产率，尽管可能会冒情报泄露、员工对分配不满的风险。公开式管理可以帮助员工了解什么对他来说是重要的，为什么重要并促使每个人都来关心公司的业务，可以激发人们思考如何以不同的方式为公司做贡献，学习新的技能，并通过苦干和巧干提高工作绩效。

（2）上行沟通

指下级将信息传达给上级，是由下至上的沟通。

① 上行沟通的重要性

a. 管理者可以准确地了解下属的工作和成绩、面临的问题、工作计划、态度和设想；

b. 雇员有机会向上反映情况，增强参与意识；

c. 有效的上行沟通和下行沟通形成信息沟通的双向通道。

② 上行沟通中的问题

a. 管理者被各种信息包围，可能忽略从下面传上来的信息；

b. 过滤问题，员工并不总是在老板面前畅所欲言；

c. 报喜不报忧。

③ 解决上行沟通问题的途径

a. 管理者应为上行沟通创造条件，如管理者开明的态度、征求意见、面谈、问卷调查等；

b. 激励人们提供有效信息，对待有益的上行沟通应加以强化而非惩罚；

c. 要进行上行沟通，人们必须要有对领导的信任，且还要知道在报忧后管理者不会怨恨。

（3）平行沟通

指同级之间横向的信息传递，也称横向沟通。

① 横向沟通的作用

横向沟通能导致信息共享、协作、解决不同工作部门和单位间的问题，有助于消除冲突，通过同学、朋友、同事间的交流，产生社会和情感支撑。总之，横向沟通能帮助提高士气和效率。

② 加强横向沟通整合的技术

a. 管理者间的直接联系；

b. 整合的规划；

c. 任务小组；

d. 项目团队。

5. 按照是否进行反馈，沟通可分为单向沟通和双向沟通

一般来说，单向沟通指没有反馈的信息传递。双向沟通指有反馈的信息传递，是发送者和接受者相互之间进行信息交流的沟通。表 12-1 所列为这两种沟通的优缺点比较。

表 12-1 双向沟通与单向沟通的优缺点比较

因　素	结　果
时间	双向沟通比单向沟通需要更多的时间
信息和理解的准确程度	在双向沟通中，接受者理解信息和发送者意图的准确程度大大提高
接受者和发送者的置信程度	在双向沟通中，接受者和发送者都比较相信自己对信息的理解
满意	接受者比较满意双向沟通，发送者比较满意单向沟通
噪音	由于与问题无关的信息较易进入沟通过程，双向沟通的噪音比单向沟通要大得多

第二节　人际沟通

一、人际沟通的概念

人际沟通是一个古老的课题,早在古希腊就有哲学家研究了沟通的形式。现代信息论的出现和信息概念被引入社会心理学领域后,它又成了社会心理学中的一个崭新的课题。人际沟通是指人们之间的信息交流过程,也就是人们在共同活动中彼此交流各种观念、思想和感情的过程。这种交流主要通过言语、表情、手势、体态以及社会距离等来表示。

二、人际沟通的特点

把人的观念、思想、情感等看作信息,把人际沟通看作信息交流的过程,按照苏联社会心理学家安德列耶娃的说法,这种观点可以说是迈出了很有意义的一步,使之可以用信息论的观点来解释人际沟通的整个过程。但是,在方法论上却不能认为这种观点是正确的。因为这种观点忽略了人际沟通的某些重要特点。安德列耶娃指出人际沟通有以下特点:

(1)人际沟通不同于两套设备间的简单的"信息传输",其中每一个个体都是积极的主体。也就是说,人际沟通中的每一个参加者都要求自己的对方具有积极性,不能把沟通伙伴看成是某种客体。因此在沟通过程中,信息发出者必须判定对方的情况,分析他的动机、目的、态度等,并预期从对方的回答中得到新信息。因此人际沟通的过程不是简单的"信息传输",而至少是一种信息的积极交流。

(2)人们之间的信息交流不同于设备之间的信息交流,沟通双方借助符号系统相互影响。人与人的交流产生的沟通影响是以改变对方行为为目的一个沟通者对另一个沟通者的心理作用。

(3)作为信息交流结果的沟通影响,只有在发送信息和接受信息的人掌握统一的编码译码系统的情况下才能实现。这个法则用一般的话说,就是要使用双方都熟悉的同种语言说话。

(4)人际沟通可能产生完全特殊的沟通障碍。这些障碍与某些沟通渠道的弱点以及编码译码的差错无关,而是社会性的和心理性的障碍。

三、人际沟通的功能

关于人际沟通的功能,社会心理学家有不同的提法,美国社会心理学家费斯汀格认为人际沟通有两方面的功能：一是传达信息；二是满足个人心理需要。而前苏联心理学家洛莫夫则认为人际沟通有信息、思想、情感等三方面的沟通功能。

以上两位社会心理学家提出了人际沟通的最基本的功能是传达信息。美国学者还注意到它在满足人的心理需要方面的作用。这有助于我们认识和理解这个问题。但他们对于人际沟通功能的概括和分析，却不能认为是完满的和充分的。

人际沟通在社会心理现象的形成和发展中有着巨大的作用。无论是个体心理现象或是群体社会心理现象的形成和发展都有赖于人际沟通。所以我们认为人际沟通起码有三方面的功能：①传达信息。通过沟通，人们交流消息、知识、经验、思想和情感。②心理保健。人与人之间的交往是重要的心理需要，正常的人际沟通是心理保健所不可缺少的。③形成和发展社会心理。人的社会心理正是在人际沟通中形成和发展的。

第三节 组织沟通

组织沟通是人力资源管理中最为基础和核心的环节，它关系到组织目标的实现和组织文化的塑造。目前我国大多数企业在组织沟通领域的确存在许多问题。虽然有些问题所导致的不良现象已有所反映，但是企业的管理者们却不能正确认识问题的起源和本质。所以，重视组织沟通、采取有效措施改善组织沟通是实现组织目标的关键。

一、团队沟通

团队是两个或两个以上相互作用和协作以便完成组织预定的某项特别目标的单位。团队的概念包含三个要素：第一，需要两个或两个以上的人员，团队的规模可大可小，但一般规模都低于十五人；第二，团队人员有规律的相互接触，彼此间不打交道的人不能组成一个团队；第三，团队人员共享绩效目标。团队有时在组织中又称"群体"。"团队"和"群体"这两个词汇经常相互替换。团队概念意味着一种崇高的使命感和竞争感。

团队沟通是指组织中以工作团队为基础单位对象进行的信息交流和传递的方式。对团队沟通的研究集中在两个方面：团队沟通集权的程度和团队任务的性质。这两个方面又是由企业组织中沟通网络的复杂性决定的。在集权的网络中，团队成员必须通过一个人解决问题和做决策来进行沟通；在分权网络中，个人可以随意地和其他团队成员进行沟通，团队成员平等地处理信息直至达成一致。

集权沟通网络对简单问题能够较快解决,分权沟通则显得迟缓些,因为信息于个体中间要等到有人最终获得信息并解决问题时才会传递。但对复杂问题而言,分权沟通网络的解决速度就较快。由于所有的必需信息并不局限在一个人那儿,通过广泛的沟通产生的信息汇总就为决策提供了更多的产出。同样,解决问题的精度和问题的难度是连在一起的。

团队沟通对组织的意义在于:在高度竞争的全球环境中,组织应用群体或团队解决复杂问题。当团队活动复杂而且难度大时,所有成员都应该在一种分权的结构中共享信息,以便解决问题。团队需要在各个方向上自由沟通,应该鼓励团队成员彼此间讨论问题,员工的大量时间应该投放于信息加工。但是,执行常规任务的团队沟通可以是集权式的,在处理信息上的时间不宜太多。

二、组织间沟通

组织间沟通简单地说就是组织之间如何加强有利于实现各自组织目标的信息交流和传递的过程。组织间沟通的目的,是通过协调共同的资源投入活动,实现有利于合作各方的共同利益。

和一般的组织中的人际沟通和工作团队沟通不同的是,组织间沟通日益成为管理学中沟通的重要一环。组织间沟通的重要基础,一般不是建立市场交易关系基础上的契约关系,而是建立相互信任的互惠关系。如果沟通的主要目标是有关践约和履约的问题,那么组织间的关系就会走向纯粹的市场交易关系,进而失去组织间沟通的本来意义。在经济活动全球化和技术进步日益加快的背景中,组织间沟通对企业尤其是对互联网领域的企业正起着越来越重要的作用。

三、影响组织沟通的因素

组织沟通是企业最为常见的管理行为。从其行为构成要素来看,它包括沟通背景、沟通发起者、沟通编译码、沟通渠道、沟通干扰、沟通接受者和沟通反馈。上述诸要素的科学合理配置、选择与否对组织沟通的效果都有不同程度的影响。

同时任何组织的沟通总是在一定背景下进行的,受到组织文化类型的影响。企业的行为文化直接决定着员工的行为特征、沟通方式、沟通风格,而企业的物质文化则决定着企业的沟通技术状况、沟通媒介和沟通渠道。

除此之外,"领导者作风"也是影响组织沟通的重要因素。社会心理学家勒温曾把领导者在领导过程中表现出来的极端工作作风分为三种类型,即专制作风、民主作风和放任自流作风。三种不同的领导作风对于组织沟通效果的影响是大不相同的。专制作风的领导者实行的是个人独裁领导,把权利完全集中于自己手中。他个人独断设计工作中的一切,却很少与组织成员进行沟通,更谈不上向组织成员征求决策意见。所以这种领导作风表面上看来虽然是一种极为严格的管理,但无法顾及组织成员的精神与情感需求。因而,组织内部弥漫着消极态度和对抗情绪。从长远看这种领导作风必将有害于组织的发展与成长。民主作风的领导则会把部分权力授权给组织成员,并积极提倡组织成员之间相互交流并商讨组织事务与决策;同时,还关心他人,尊重他人,鼓励组织成员提出新意见、好想法。

可见,影响组织沟通的因素是方方面面的。无论是沟通行为本身的流程要素,还是组织的领导行为风格或组织文化,都直接对组织沟通产生重要影响。

四、改善组织沟通的意义

组织沟通是管理中极为重要的部分。管理与被管理者之间有效沟通是任何管理艺术的精髓。美国著名未来学家奈斯比特曾指出:"未来竞争是管理的竞争,竞争的焦点在于每个社会组织内部成员之间及其外部组织的有效沟通上。"

组织是按一定规则和程序为实现其共同目标而结集的群体,组织目标的实现与否取决于组织沟通是否畅通,有效的组织沟通有利于信息在组织内部的充分流动和共享,可以提高组织的工作效率,增强组织决策的科学性和合理性。另外行为科学理论告诉我们,组织成员并不是单纯的物质利益追求者,他们同时还有精神层次的需求。比如说对组织的归属感、荣誉感和参与感,而这一切也都是借助于有效的组织沟通得以实现的。因为只有有效的组织沟通,组织成员的意见、建议才能得到充分的重视;只有有效的组织沟通,组织成员的工作成绩才能得到应有的评价和认可。从企业文化看来,企业文化是企业员工所共有的企业核心价值观,属意识范畴。企业文化的形成有赖于组织成员之间的良好沟通以达成最后价值观的认同。所以说,组织沟通是一切企业管理行为的灵魂。

五、改善组织沟通的途径

面对市场日益复杂多变的竞争环境,顺畅的沟通是组织保持活力的有效保障。提升组织沟通效率既需要外部的力量,比如商学院的教育水平、职业化的人力资源供给等,更需要企业从内部改善沟通的环境及机制。

1. 建立沟通标准

任何的沟通只有在有了标准的情况下才有意义,那么企业内部的沟通标准何在? 作为营利性的组织,企业的存在就是以经营业绩为依归。衡量任何沟通活动的意义,都会最终追溯到业绩目标。领导的话可以被下属揣摩,但这种揣摩的导向应该是为了达成经营目标,而不是领导的好恶。从这个方面来说,企业组织必须首先要构建好自身的业绩管理体系,通过设置明确、科学的业绩目标,用以指导企业行为,包括沟通行为。

2. 强化内部培训

强化培训是为了在企业的内部构建一种统一的沟通风格和行为模式,减少因沟通形式不一而造成的摩擦。通过培训可以将一些概念性的东西固定下来,形成大家一说出口就能被理解的企业话语,而不必再挖空心思的去弄清楚一句话从老板口里说出和从某位副总口中说出有何区别。

3. 转换领导意识

中国企业经过前期的快速发展已经变得越来越复杂,管理的难度也在不断增加,这对于企业的创始人来说既是挑战,也是不得不走过的历程,关键是企业的高层首先必须转变过去的思维模式、行为模式,不能让所有的员工都围着自己的想法转,如果不解决这个问题,企业迟早会出事。必须让企业各级管理者都能根据企业总体战略目标的要求担负起责任,员工各司其职,都清晰地知道自己该向谁负责、向什么负责。从目前国内企业来看,在这方面做得最好的无疑是万科公司,虽然老总王石依然是企业的精神领袖,但基于业绩的管理体系已经能够顺畅自如的运作,企业内部的沟通层次明确,效率自然很高。

总而言之,良好的沟通能够给企业带来的不仅仅是信息的顺畅流动,更能为组织的决策与执行力提供基本的保障。努力提升执行力的中国企业,应充分意识到这个工具的重要意义,尽快打通阻滞企业内部沟通的障碍,最终达成良好的沟通氛围,以至在最大程度上调动组织成员的积极性。而放任自流作风的领导虽也积极倡导组织内部的良好沟通,但缺乏科学的管理,从而使得组织整体工作效率低下,甚至不能有效地完成组织目标。

第四节　沟通的障碍及其克服

一、沟通的障碍

沟通是信息的传递和理解。完美的沟通,如果其存在的话,应是经过传递之后被接受者感知到的信息和发送者发出的信息完全一致。然而，沟通中的障碍总是影响沟通的有效性。一般来讲，沟通联络中的障碍主要有主观障碍、客观障碍和沟通方式的障碍三个方面。

1. 主观障碍

（1）个人的性格、气质、态度、情绪、见解等的差别，使信息在沟通过程中受个人的主观心理因素的制约。

（2）在信息沟通中，如果双方在经验水平和知识结构上差距过大，就会产生沟通的障碍。

（3）信息沟通往往是依据组织系统分层次逐级传递的。然而，在按层次传达同一条信息时，往往会受到个人的记忆、思维能力的影响，从而降低信息沟通的效率。

（4）对信息的态度不同，会使有些组织成员和管理者忽视对自己不重要的信息，不关心组织目标、管理决策等信息，而只重视和关心与他们物质利益有关的信息，使沟通发生障碍。

（5）管理人员和下级之间相互不信任产生沟通障碍。这主要是由于管理人员考虑不周，伤害了下属的自尊心，或决策错误所造成，而相互不信任又会影响沟通的顺利进行。

（6）下级人员的畏惧感也会造成障碍。这主要是由于管理人员管理严格、咄咄逼人和下级人员本身的素质所决定的。

2. 客观障碍

（1）信息的发送者和接收者如果空间距离太远、接触机会少，就会造成沟通障碍。社会文化背景不同，种族不同而形成的社会距离也会影响信息沟通。

（2）组织机构过于庞大，中间层次太多，信息从最高决策层到下级基层单位而产生失真，而且还会浪费时间，影响其及时性。

3. 沟通联络方式的障碍

（1）语言系统所造成的障碍。

（2）沟通方式选择不当，原则、方法使用不当所造成的障碍。

在管理工作实践中，存在着信息的沟通，也就必然存在沟通的障碍。管理人员的任务在于正视这些障碍，采取一切可能的方法消除这些障碍，为有效的信息沟通创造条件。

二、影响有效沟通的因素

1. 个人因素

个人因素主要包括两大类：一是接受的有选择性，二是沟通技巧的差异。

接受的有选择性是指人们拒绝或片面地接受与他们的期望不相一致的信息。研究表明,人们往往听或看他们感情上有所准备的东西,或他们想听到或看到的东西,甚至只愿意接受中听的,拒绝不中听的。因此,管理人员应该懂得:①由于人们的偏见在所难免,在做最后决定的时候必须对有关各方进行协调。②各部门间如果没有有效的沟通,冲突是不可避免的,因为每个部门主管都认为其他部门的主管不了解真实的情况。

沟通技巧上的差异也影响着沟通的有效性。例如,有的人不能口头上完美地表达,但却能够用文字清晰而简洁地写出来;另一些人口头表达能力很强,但不善于听取意见;还有一些人阅读较慢,并且理解起来比较困难。

2. 人际因素

人际因素主要包括沟通双方的相互信任、信息来源的可靠程度和发送者与接受者之间的相似程度三个方面。

沟通是发送者与接受者之间"给"与"受"的过程。信息传递不是单方的而是双方的事情。因此,沟通双方的诚意和相互信任至关重要。上下级间的猜疑只会增加抵触情绪,减少坦率交谈的机会,也就不可能进行有效的沟通。

沟通的准确性与沟通双方间的相似性有着直接的关系。沟通双方特征(如性别、年龄、智力、种族、社会地位、兴趣、价值观、能力等)的相似性影响了沟通的难易程度和坦率性。沟通一方如果认为对方与自己相近,那么他将比较容易接受对方的意见,并且容易较快达成共识。相反,如果沟通一方视对方为异己,那么信息的传递将很难进行下去。例如,年龄差距或"代沟"在沟通中就是一个常见的问题。

3. 结构因素

结构因素主要包括地位差别、信息传递链、团体规模和空间约束四个方面。

一个人在组织中的地位很大程度上取决于他的职位。许多研究表明,地位的高低对沟通的方向和频率有很大的影响。

一般说来,信息通过的等级越多,它到达目的地的时间也越长,信息失真率则越大。这种信息连续地从一个等级到另一个等级所发生的变化,称为信息链现象。

当工作团体规模较大时,人与人之间的沟通也相应地变得较为困难。这一方面是由于可能沟通渠道的增长大大超过人数的增长;另一方面是由于随着团体规模的扩大,沟通的形式将非常复杂。

4. 技术因素

技术因素主要包括语言、非语言暗示、媒介的有效性和信息过量。

三、有效沟通的实现

要克服沟通的障碍,实现有效的沟通,管理者一方面要明确沟通的原则,灵活运用沟通的方法,另一方面还需要不断提高沟通的技巧。

1. 沟通的原则

组织沟通中应坚持以下原则:

(1)准确性原则

准确是基本的原则和要求,在沟通中,只有当你所用的语言和方式能为对方理解时,沟通也才有效。这一点看起来简单,做起来未必容易。在实际工作中,由于接收方对发送方的信息未必能完全理解,发送方应将信息加以综合并力求用容易理解的方式来表述,这就要求发送方具有较高的语言表达能力并熟悉下级、同级和上级所用的语言,如此,才能克服沟通过程中的各种障碍。

(2)组织结构完整性原则

即上一级对下一级发出信息,而不是越过下级管理人员而直接向有关人员发布指示。

(3)及时性原则

信息只有得到及时反馈才有价值。在沟通时,不论是向下传达信息,还是向上提供信息,或者与横向部门沟通信息,经理都应遵循"及时"原则。遵循这一原则可以使自己容易得到各方的理解和支持,同时可以迅速了解同事的思想和态度。在实际工作中,沟通常因信息传递不及时或接受者重视不够等原因而使效果大打折扣。

(4)非正式组织策略性运用原则

这一原则的性质就是,只有当主管人员使用非正式的组织来补充正式组织的信息沟通时,才会产生最佳的沟通效果。

2. 沟通的方法

沟通的方法是多种多样的,除了前面所述的沟通形态外,还有发布命令、会议制度、个别交谈等,其运用要随机制宜,因人而定。

(1)发布指示

在指导下级工作时,指示是重要方法之一。指示可使一项活动开始着手、变更或中止,它是使组织正常运转的必要环节。管理中使用指示方法时应考虑下列问题:

① 一般的或具体的。一项指示是一般的还是具体的,取决于管理人员根据其对周围环境的预见能力以及下级的响应程度。对授权持有严格观点的管理人员倾向于用具体的指示,而在对实施指示的周围环境不可能预见的情况

下,大多采用一般的形式。当指示的实施远离上级的监督时,下达指示应该特别小心。此外,下级对接收指示形式的反应也影响着指示的性质。

② 书面的或口头的。在决定指示是采用书面的还是口头的时候,应考虑的问题是上下级之间关系的持久性、信任程度以及避免指示的重复等。如果上下级之间关系持久、信任程度高,则不必采用书面指示。如果为了防止命令的重复和司法上的争执,为了对所有有关人员宣布一项特定的任务,则书面指示大为必要。

③ 正式的和非正式的。对每一个下级准确地选择正式的或非正式的发布指示的方式是一种艺术。正确采用非正式的方法来启发下级,用正式的书面或口述的方式来命令下级。

（2）会议制度

领导与领导工作的实质是处理人际关系,影响他人,而人与人之间的沟通是人们思想、情感交流的主要渠道。采取开会的方法,就是提供交流的场所和机会。会议有以下作用:

① 会议是组织活动的重要表现形式,与会者在组织中的身份、影响、地位、所起作用都会在会议中有所表现,会议中的信息交流能在人们的心理上产生影响。

② 会议可集思广益。与会者在交流意见后,会形成共同的见解和行动方针。

③ 会议可使人们了解共同目标,了解自己的工作与他人工作的关系,更好地选择自己的工作目标,明确自己怎样为组织做出贡献。

④ 通过会议,可以对每一位与会者产生约束力。

⑤ 通过会议,能发现人们未注意到的问题,从而加以认真地考虑和研究。

（3）个别交谈

个别交谈就是指领导者用正式或非正式的形式,在组织内外,同下属或同级人员进行个别交谈,征询谈话对象对组织中存在的问题和缺陷的看法,以及对别人或对别的上级,包括对管理人员自己的意见。这种形式大部分都是建立在相互信任的基础上,无拘无束,双方都感到有亲切感,这对双方统一思想、认清目标、体会各自的责任和义务有很大好处。在这种情况下,人们往往愿意表露真实思想,提出不便在会议场所提出的问题,从而使领导者能掌握下属人员的思想动态,在认识、见解、信心诸方面容易取得一致。

3. 沟通的技能技巧

（1）提高对沟通重要性的认识,正确对待沟通

不少管理人员十分重视计划、组织、领导和控制,但沟通常有疏忽,认为信

息的上传下达有了组织系统就可以了，对非正式沟通中的"小道消息"常常采取压制的态度。上述种种现象都表明沟通没有得到应有的重视，重新确立沟通的地位是刻不容缓的事情。

（2）改善人际关系

人是社会的人，人有合群和集体的需要。人只有通过彼此间相互交往和沟通，诉说各人的喜怒哀乐，才能增进人与人之间的思想感情，产生亲密感。换言之，交往与沟通本身是一种人类所特有的精神需要，在人类需要结构中占有相当重要的位置。如果满足组织成员精神上的需要，他们就心情愉快，干劲倍增。人与人之间有了共同的语言，即使沟通碰到障碍，也会相互理解。

（3）提高组织沟通网络的技术

有效的组织沟通是及时地用正确的形式向必须沟通的人提供准确的信息。要提高组织沟通网络的技术，管理人员必须在组织内建立有效的沟通渠道，尤其是那些非正式的、开放式的沟通渠道，因为沟通渠道畅通，有利于组织成员之间、上下级之间建立相互信任的关系，减少地位障碍和谣言的传播。在当今新技术革命的时代，沟通更加方便，速度更加快捷。

（4）控制信息流程

为了缓和信息过多的状况，管理者有必要建立一套控制系统，使接受的信息都是重要的，而且优先接受那些较为重要的信息。所谓控制信息，是指控制信息的质和量。控制信息流程，首先要考虑授权下属处理某些信息，由下属有选择地将重要信息报告给管理者；其次，让下属将收集的信息加以浓缩。信息传送者做口头沟通时，要求他们列出报告的要点。再次，让下属根据信息的重要程度分类。这样，信息与信息之间就可以确定一个优先次序的关系，而且也不至于遗漏或忽略重要的信息。

（5）主动倾听意见

管理者要注意倾听各种不同意见。倾听是主动地听取意见和了解对方话中的含意，但是，听却是被动的。很多人把听和倾听混为一谈，认为倾听是每个人理所当然具备的天生的能力。实际上，听主要是对声波振动的获得，倾听则是理解所听到的内容的意义，它要求对声音刺激给以注意、解释和记忆。所以，倾听不是单纯的身体反应过程，它同时需要智力和情感上的反应。要真正欣赏别的人和别人的话，就需要提问，需要反馈，需要保持话题，需要分清已说的和未说的，并且对讲话人的体态语言也要加以观察和理解。有句谚语说：倾听是最高的恭维。

复习思考题

一、名词解释

1. 沟通
2. 人际沟通
3. 团队沟通

二、问答题

1. 什么是沟通？信息沟通在组织管理中有何作用？
2. 沟通的过程是怎样的？
3. 沟通的类别有哪些？
4. 如何进行有效的沟通？
5. 阻碍沟通的因素有哪些？如何改善？
6. 人们进行沟通的主要目的有哪些？

三、案例分析

聚科公司的新型管理

有些企业能够让职工参与管理而转危为安,聚科公司就是这样一个成功的典范。该公司过去的许多管理制度都是在权威式的管理思想指导下制定出来的,职工没有提出意见的机会,即使有时职工的意见能够提出来,也得不到应有的重视。这样做的结果,使得职工的流动率很高,正式或非正式的罢工事件层出不穷,缺勤率高达 8%,产品的退货率为 4.5%,公司的营业状况每况愈下。

在这种情况下,该公司领导不得不改弦易辙,设法改革原有的管理制度。经过反复讨论之后,该公司在"通过职工参与管理来改进工作"的思想指导下,建立了一些新的管理制度,实施了一些新的举措。

首先,公司领导向全体职工印发了一本简明易懂的职工手册,这本手册有条有理地讲解了该公司的宗旨、目标和各项政策与措施,使每个职工了解到远景规划、具体要求和公司领导对他们的期望。

其次,对公司高级管理人员的人选做出了新规定。过去公司一般都是从公司外选聘高级管理人员(如总经理和副总经理等),而新的制度规定,公司高级管理人员一般应从公司内部表现突出、能力强的职工当中选拔。

公司还新成立了一个工程管理部,这是一个富有朝气的部门,该部门除了负责工程方面的改进工作之外,还经常派人到各车间去观察各项作业的流程,听取工人的意见。正是这个部门的工作,加强了公司内部各部门之间的联系与协调。公司还建立职工出勤奖励制度,对于全勤和出勤较好的职工给予奖励。作为公司领导和职工之间沟通意见的渠道,由公司办公室负责出版了一份内部刊物。公司领导的新精神和职工的各种意见都能在这个刊物上得到反映。每当公司领导要采取一些重要措施时,公司领导都会向职工的家庭发出信件,目的是使职工及其家属了解这些重要措施的主要内容及其意义。这就是公司与职工家庭之间的通信制度。

以往该公司的申诉案件多得不胜枚举，许多案件都是由于领班对劳资协定不了解而产生的。为了解决这些问题，公司建立了"抱怨"登记制度，这样许多抱怨事件在演变成为费时而不费钱的申诉案件之前就能够得到合理解决。公司现在按月召开"职工参与管理会议"。参加会议的代表按下列办法产生：先通过抽签方式抽出初选人员，然后再由总经理和高级主管从中任意挑选20名参加会议。公司规定，每个月参加会议的人员不得重复，因此在一年中有四分之一的职工至少都有一次机会当面向高级主管畅谈自己对公司工作的各种意见。

由于采取了以上措施，聚科公司的工作发生以下一些重大变化：全公司产量增加了37%；公司直接参加生产的职工减少了20%，间接职工减少了37%，高级主管人员从26人减少为18人；从建立这些制度、采取这些措施以来，从未发生过罢工事件，职工申诉案件由以往平均每年45件减为5件；缺勤率由8%降为3.2%；产品退货率由4.5%降为1.3%。目前，聚科公司仍在积极采取各种方式让职工参与企业的管理。

根据上述材料，完成下列选择题：

1. 印发职工手册的根本作用在于（　　）。

   A. 使职工了解公司领导对他们的期望

   B. 使职工正确理解公司的目标

   C. 使职工能够自觉地将个人目标与公司目标正确地结合起来

   D. 以上都是

2. 公司新规定，高级管理人员一般应从公司内部表现突出、能力强的职工当中选拔，做此规定的理由是（　　）。

   A. 以前从外部招聘的高级管理人员都不理想

   B. 从内部提拔的人与公司彼此互相都了解

   C. 能够激发公司员工的上进心，提高职工的士气

   D. 获得当初对被提拔者的培训投资的回报

3. 公司新成立的工程管理部行使的主要职权是（　　）。

   A. 直线职权　　　　　　　　　　B. 职能职权和参谋职权

   C. 职能职权　　　　　　　　　　D. 参谋职权

4. 公司内部出版刊物，作为公司领导与职工沟通的渠道，这种沟通方式是（　　）。

   A. 正式沟通　　　　　　　　　　B. 非正式沟通

   C. 非语言沟通　　　　　　　　　D. 横向沟通

5. 公司职工和高级主管人员的减少，说明（　　）。

   A. 有人可能不适应公司的这种变化而离开了，比如不能保证全勤等

   B. 公司内部适合担当高级主管之职的人太少，所以不能只有内部提升，特别是对于高级主管的人选

   C. 人员减少了，但效率却提高了

   D. 各级管理者的管理幅度都变小了，这是改革后出现的新问题

第五篇　控　制

● 控　制

第十三章 控 制

【学习目标】

通过本章内容的学习,学生将了解和掌握控制的概念、控制的必要性、控制的基本原则、控制的基本类型、控制系统、控制过程和控制的技术与方法。

【导入案例】

破窗理论

美国斯坦福大学心理学家詹巴斗曾做过这样一项实验:他找来两辆一模一样的汽车,一辆停在比较杂乱的街区,一辆停在中产阶级社区。他把停在杂乱街区的那一辆车的车牌摘掉,顶棚打开,结果一天之内就被人偷走了。而摆在中产阶级社区的那一辆过了一个星期还安然无恙。后来,詹巴斗用锤子把这辆车的玻璃敲了个大洞,结果,仅仅过了几个小时,它就不见了。

后来政治学家威尔逊和犯罪学家凯琳依托这项实验,提出了一个"破窗理论"。这一理论认为:如果有人打坏了一个建筑物的窗户玻璃,而这扇窗户又未得到及时维修,别人就可能受到显示性的纵容去打烂更多的窗户玻璃。久而久之,这些破玻璃窗户就给人造成一种无序的感觉。那么在这种公众麻木不仁的氛围中,犯罪就会滋生、蔓延。

控制是管理工作的最重要职能之一。它是保证企业计划与实际作业动态相适应的管理职能。控制工作的主要内容包括确立标准、衡量绩效和纠正偏差。一个有效的控制系统可以保证各项活动朝着达到组织目标的方向进行,而且控制系统越是完善,组织的目标就越易实现。

第一节　控制概述

一、什么是控制

1. 控制的概念

控制作为科学的概念,是指人们根据给定的条件和预定的目的,通过改变和创造条件,使事物沿着可能性空间内确定的方向发展。控制的实质是一个在事物可能性空间中进行有方向的选择过程,是实现事物有目的变化的活动。控制的概念不仅和事物发展变化的可能性空间有关,而且还与选择有关。也就是说,要实现对事物的控制,必须具备相应的条件。

事物的发展过程不同,预期的目标状态不同,其实施控制的方式也不同。但是,对于一般的控制过程来说,要实现对事物的控制,必须具备以下两个条件:

首先,被控制对象必须存在多种发展的可能性,即事物的发展都有一定的可能性空间。比如,一件工作有成功或基本成功的可能,也有遭到失败的可能;世界上的现实的具体事物,在其自身发展变化中成为可能性空间中的哪一状态,则取决于其内外部条件。事物的发展具备了相应的内外部条件后,才能使事物沿着可能性空间中某一状态发展下去,最终使这种可能状态变为现实状态。一旦事物变化到某一状态后,它的下一时刻又面临着新的可能性空间。当人们利用并创造条件,把事物的可能性状态转化为现实状态的过程,就是对该事物实施控制的过程。如果事物的发展没有状态的变化,即事物的未来只有一种可能性,就无所谓控制了。

其次,事物发展的目标状态在各种可能性中是可以选择的。被控制对象不仅必须存在多种可能性,而且可以通过一定的手段在这些可能性中选择,才能谈得上控制。这种选择的必要前提有两个:一是所确定的目标状态必须包括在被控制对象的可能性空间之中;二是具备相应的手段和条件能从可能性空间中把目标状态选择出来。否则,就无法实现控制的目的。

控制的目的就是使可能性空间尽可能缩小,通过控制活动以后,可能性空间缩小的程度,可以用来衡量控制能力的大小。可能性空间缩小的幅度越大,说明控制能力越大;反之,则越小。所谓控制能力,就是实施控制者通过创造条件,改变事物的可能性空间的能力。

管理学中的控制是指按照既定目标和标准,对组织活动进行监督、测量,发现偏差并分析原因,采取措施使组织活动符合既定要求的过程。这个概念至少包含三个方面的含义：①控制的目的是保证组织中的各项活动按既定的计划或标准进行，控制具有很强的目的性，控制与计划密不可分；②控制是通过"监督"和"纠偏"来实现的，这就要求控制系统具有良好的信息系统，一方面可以预警，一方面可以发现并探查出"偏差"产生的原因；③控制是一个过程。不难看出，控制与计划的关系相当紧密，计划为控制提供依据，控制是计划实现的保证。

2. 管理控制的特点

不管是管理工作中的控制活动还是物理、生物、经济及其他方面的控制，基本过程和基本原理都是一样的。然而，管理控制又不同于物理、机械、生物及其他方面的控制，管理控制有其自身的特点：

(1)管理控制具有整体性。这包含两层含义：一是管理控制是组织全体成员的职责，完成计划是组织全体成员共同的责任，参与控制是全体成员的共同任务；二是控制的对象是组织的各个方面。确保组织各部门和单位彼此在工作上的均衡与协调是管理工作的一项重要任务，为此需了解掌握各部门和单位的工作情况并予以控制。

(2)管理控制具有动态性。管理工作中的控制不同于电冰箱的温度调控，后者的控制过程是高度程序化的，具有稳态的特征；而组织不是静态的，其外部环境及内部条件随时都在发生着变化，进而决定了控制标准和方法不可能固定不变。管理控制应具有动态的特征，这样可以提高控制的适应性和有效性。

(3)管理控制是对人的控制并由人执行控制。管理控制是保证工作按计划进行并实现组织目标的管理活动，而组织中的各项工作要靠人来完成，各项控制活动也要靠人去执行。管理控制首先是对人的控制。

(4)管理控制是提高职工能力的重要手段。控制不仅仅是监督，更重要的是指导和帮助。管理者可以制定偏差矫正计划，但这种计划要靠职工去实施，只有职工认识到矫正偏差的必要性并具备矫正能力时，偏差才会真正被矫正。通过控制工作，管理者可以帮助职工分析偏差产生的原因，端正职工的工作态度，指导他们采取矫正措施。这样，既会达到控制目的，又会提高职工的工作和自我控制能力。

二、控制与计划的关系

控制工作就是按照计划标准衡量计划的完成情况和纠正计划执行中的偏差以确保计划目标的实现，或适当修改计划，使计划更加适合于实际情况。

一旦计划付诸实施，控制工作对于衡量计划执行的进度、揭示计划执行中的偏差以及指明纠正的措施等，都是十分必要的。但是，控制工作远不仅限于衡量计划执行中出现的偏差，在有些情况下，正确的控制工作可能导致确立新的目标、提出新的计划、改变组织结构、改变人员配备以及在指导和领导方法上做出重大的改变等。真正的控制表明，纠正措施能够而且一定会把不符合要求的活动拉回到正常的轨道上来。因此，控制工作使管理工作成为一个连续的循环过程。在多数情况下，控制工作既是一个管理过程的终结，又是一个新的管理过程的开始。

要理解控制职能的含义，需要把控制职能与计划职能联系起来。计划和控制是同一个事物的两个方面，两者密不可分。一方面，有目标和计划而没有控制，人们可能知道自己干了什么，但无法知道自己干得怎么样，存在有哪些问题，哪些地方值得改进；另一方面，有控制而没有目标和计划，结果便更加难以想象，人们将不知道要控制什么，也不会知道怎样控制。事实上，计划越明确、全面和完整，控制的效果也就越好；控制工作越是科学、有效，计划就越是容易得到实施。

所以，计划和控制的效果分别依赖于对方，计划越明确、全面和完整，控制工作就越好进行，效果也就越好；而控制越准确、全面和深入，就越能保证计划的顺利执行，并能更多地反馈信息以提高计划的质量。

一切有效的控制方法首先就是计划方法，如预算、政策和规划等，选择控制的方法和设计控制系统时必须要考虑到计划的特点；计划工作本身必须要有一定的控制，如对计划的程序、计划的质量等实施控制；控制工作本身也必须有一定的计划，如对控制的程序、控制的内容等，都必须进行一定的计划。

三、控制的类型

管理系统作为一种控制系统，由于管理对象不同，管理目标不同，系统状态不同，所运用的控制方式也不同，就形成了不同的管理控制类型。管理控制的类型是多种多样的，各种控制类型也不是相互排斥的，为有效地实现管理的目标，往往是多种控制类型交叉使用。对于同一个管理系统，可以从不同的角度划分控制的类型。

1. 按控制点的位置划分类型

控制活动可以按控制点处于事物发展进程的不同阶段，而划分为前馈控制、同期控制和反馈控制三种类型。

（1）前馈控制

前馈控制，亦称预先控制或事前控制，强调的是"事前"控制，即在实际问题发生之前就采取管理行动，避免预期问题的出现。

前馈控制的主要目的是防止问题的发生而不是当问题出现时再予以补救。要实现这个目的，及时、准确的信息以及对活动未来结果的预测就显得尤为重要。通常，管理者对此可以分两部分工作来进行：一是检查活动所需各种资源的准备情况和保证程度；二是分析影响活动的各种因素，预测活动可能的结果。如果资源不能充分保证，或者预测结果不能满足要求，管理者就必须采取相应的措施，要么督促相关人员加强有关工作，要么就必须对计划或者执行程序做必要的调整。

前馈控制与事后控制和现场控制相比，具有许多优点：首先，前馈控制是在工作开始之前进行的控制，因而可防患于未然，避免了事后控制对于已铸成的差错无能为力的弊端；其次，前馈控制适用于一切领域中的所有工作，企业、学校、医院、军队都可运用这种控制方法，因而，前馈控制比现场控制的适用范围更广；再次，前馈控制是在工作开始之前，是针对某项计划行动所依赖的条件进行控制，不针对具体人员，因而不会造成心理冲突，易于被职工接受并付诸实施。但是，实施前馈控制的前提条件也较多，它要求管理者拥有大量准确可靠的信息，对计划行动过程有清楚的了解，懂得计划行动本身的客观规律性并要随着行动的进展及时了解新情况和新问题，否则就无法实施前馈控制。

（2）同期控制

同期控制，亦称现场或过程控制，是指在活动进行的过程中，对活动中的各种因素予以控制。管理者采用同期控制的方法，可以及早发现活动与计划的偏差，以便及时采取纠偏措施，在发生重大问题之前及时纠正。

现场控制具有指导的职能，有助于提高工作人员的工作能力和自我控制能力。但是，现场控制也有很多弊端：首先，运用这种控制方法容易受管理者的时间、精力、业务水平的制约，管理者不能时时事事都进行现场控制，只能偶尔使用或在关键项目上使用现场控制；其次，现场控制的应用范围较窄，对生产工作容易进行现场控制，而对那些问题难以辨别、成果难以衡量的工作，如科研、管理工作等，几乎无法进行现场控制；再次，现场控制容易在控制者与被控制者之间形成心理上的对立，容易损害被控制者的工作积极性和主动精神。所以，无论对于什么性质的组织，现场控制都不可能成为日常性的控制方法，而只能是其他控制方式的补充。

最常见的同期控制方式是直接视察。当管理者直接视察下属的行动时，一方面，管理者可以随时发现下属在工作中与计划要求相偏离的现象，从而及时采取措施，马上进行纠正，将问题消灭在萌芽状态，或者避免问题对企业不利影响的扩散。另一方面，管理者有机会当面解释工作的要领和技巧，纠正下属错误的作业方法与过程，从而可以提高他们的工作能力。

（3）反馈控制

反馈控制,亦称事后控制,是指活动结束后,通过活动结果与计划的比较,肯定成绩,分析不足,总结经验和教训,为后续的计划提供参考与借鉴。反馈控制是企业管理中最常用的控制类型,在生产、营销、人力资源管理等方面均有广泛的应用。

反馈控制是面向未来的。由于它是在活动结束后进行的,因此对已经形成的活动结果不可能产生任何影响,但对后续活动的计划、实施等却有非常重要的作用。所以,为了不断提高组织的工作效率、管理水平,采用反馈控制是十分必要的,更何况在许多情况下,反馈控制是唯一可用的控制手段。

与前馈控制和同期控制相比,反馈控制在两个方面要优于它们。首先,反馈控制为管理者提供了关于计划的效果究竟如何的真实信息。如果反馈显示标准与现实之间只有很小的偏差,说明计划的目标是达到了;如果偏差很大,管理者就应该利用这一信息使新计划制定得更有效。其次,反馈控制可以增强员工的积极性。因为人们希望获得评价他们绩效的信息,而反馈正好提供了这样的信息。

事后控制的最大弊端是在实施纠正措施之前,偏差就已经产生。但人们可以通过事后控制认识组织活动的特点和规律,为进一步实施预先控制和现场控制创造条件,进而实现控制工作的良性循环,并在不断的循环过程中,提高控制效果。

前馈控制、现场控制和事后控制这三种控制方式互为前提、互相补充。在实际控制工作中,不能只依靠某一种方式进行控制,必须根据实际情况,综合运用各种控制方式,以提高控制效果。

2. 按照控制源划分类型

按照控制源划分可以把控制分成正式组织控制、群体控制和自我控制三种类型。

（1）正式组织控制

正式组织控制是由管理人员设计和建立起来的一些机构或规定来进行控制,像规划、预算和审计部门等是正式组织控制的例子。组织可以通过规划指导组织成员的活动;通过预算来控制消费;通过审计来检查各部门或个人是否按照规定进行活动,并提出更正措施。

（2）群体控制

群体控制是由非正式组织基于群体成员的价值观念和行为准则来加以维持的。非正式组织中的行为规范,虽然没有明文规定,但非正式组织中的成员都十分清楚它的内容,都知道如果自己遵循这些规范,就会得到奖励,这种奖励可能是获得其他成员的认可，也可能是强化了自己在非正式组织中的地位。如果违反了这些行为规范就可能遭到惩罚，这种惩罚可能是遭到排挤、讽刺，甚至被驱逐出该组织。群体控制由于是通过非正式组织来左右人们的行为，处理得好则有利于达成组织的目标，处理得不好将会给组织带来很大的危害。

（3）自我控制

自我控制是个人有意识地去按某一行为规范进行活动。自我控制的能力取决于个人本身的素质。具有良好修养的人一般自我控制能力较强，顾全大局的人比仅看重自己局部利益的人有较强的自我控制能力，具有高层次需求的人比具有低层次需求的人有较强的控制能力。

3. 按照控制信息的性质划分类型

按照控制信息的性质可以把控制划分为反馈控制和前馈控制两种类型。

（1）反馈控制

反馈控制是根据反馈原理对系统进行调节的一种方式，就是施控系统根据反馈信息通过调节受控系统的输入，来实现控制目的。对管理控制系统而言，为了对控制对象进行调节和纠正偏差，必须对控制对象进行有效的再控制，即不断从控制对象了解运行结果的信息，控制机构向控制对象发出再控制信息，这样才能进行有效的控制。这种不断从控制对象获得有关控制效果的信息的过程，就是控制系统的信息反馈过程，信息反馈是保证系统运行达到预期目标的前提。在控制系统中，控制机构和控制对象之间相互作用体现为控制与反馈的关系。当目标确定后，控制部分和被控制部分已没有明显区别，已处于同等地位而互相协调，以达到系统的目标。

反馈控制是一个不断提高的过程，它的工作重点是把注意力集中在历史结果上，并将它作为未来行为的基础。反馈控制并不是最好的控制，但它目前仍被广泛地使用着，这是因为有许多工作，现在还没有有效的预测方法，而且受主观、客观条件的限制，人们往往会在执行计划过程中出现失误。在组织中应用最广泛的反馈控制方法有财务报告分析、标准成本分析、质量控制分析、工作人员成绩评定等。

（2）前馈控制

前馈控制是充分利用各方面的信息，来预测由于外部干扰和输入变量之间的相互作用对系统行为的影响，以及这种影响使系统在运行过程中可能产生的偏差，并据此对系统的输入做出相应的调整，以实现控制。前馈控制是在系统产生偏差之前进行，因此，可以使系统更快地接近目标。

控制系统通过信息反馈及行动调节，来保证系统的稳定性，所以，反馈调节的速度必须大于控制对象的变化速度，否则，会在调节中发生振荡现象。由于时滞的存在,使得适时的信息也难以得到适时的控制,致使反馈控制就成为一件事后的补救措施。为了解决这一问题,采取前馈控制可以收到较好的效果。前馈控制又称为指导未来的控制,它可以在一定程度上减少由于时滞作用带来的损失。它的具体做法是不断利用最新的信息进行预测,把所期望的结果同预测的结果进行比较,采取措施使投入和实施活动与期望的结果相吻合。

前馈控制的着眼点是通过预测被控制对象的投入或者过程进行控制,以保证获得期望的产出,这就解决了时滞所带来的问题。前馈控制的关键是要求对系统的偏差及其产生的原因进行准确的预测。然而,即使是实行了前馈控制,主管人员仍然要对输出结果进行测量、衡量和评价,因为不可能期望前馈控制是完美无缺的,以致使人相信最终结果一定是完全符合要求的。

4. 按逻辑发展划分类型

按逻辑发展可以把管理控制划分为试探性控制、经验控制、推理控制、最优控制四种类型。

(1)试探性控制

试探性控制也叫随机控制,是一种最原始的控制类型,也是其他控制类型的基础。试探控制是完全建立在偶然机遇的基础上的,是"试试看"思想在控制活动中的体现;是在人们对解决问题的必需条件不了解,对控制对象的性质不清楚的情况下所能采取的唯一办法。试探性控制在成功的同时,常常伴随着失败,这种控制方式有较大的风险,对事关重大的活动,一般不宜采用这种控制。在人类社会发展的初期,人们对客观事物的认识很有限,因而常采用试探性控制。尽管,人们对客观世界的探索是无止境的,但无论科学怎样发达,客观世界总会存在尚未被认识的事物,当不能用其他方法来控制对象时,试探性控制往往成为人们唯一可采用的办法。

(2)经验控制

经验控制也叫记忆控制,是一种应用广泛的控制类型。试探性控制所得的直接成果就是经验,把由试探性控制得出的结果用于指导下一次控制,就是经验控制。

在经验控制中,最重要的是经验的可靠性。这包括两层意思:一是真实性;二是必然性。真实性是指能反映解决问题的正确方法。如果把失败的经验当作成功的经验加以运用,就会导致失败。必然性是指经验能反映事物的内部规律性。偶然的经验虽是真实的,但它不反映事物的规律性,不能用来指导以后的行动。需要注意的是,事物是不断发展变化的,而经验都是从已做过的事中总结的。如果对新问题的处理,对具体情况不做详细的分析,一味照套过去的成功经验,或者把某一时的经验当作教条,不允许越"雷池"一步,这样的控制也达不到目的。

（3）推理控制

推理控制也叫逻辑控制，是试探性控制和经验控制相结合的产物，它通过中间起过渡作用的媒介实现控制，因此又叫共扼控制。推理控制是根据事物之间的相似性，用类比的方法将对一种事物的控制方法用于另一种事物的控制。由于推理控制归根到底是使用别处的经验，所以也叫经验转移。其关键是两个控制对象的相似性，否则，就不能把对某一控制对象的控制方法用于另一控制对象。

（4）最优控制

它是控制类型发展的高级阶段，是在前三种控制类型的基础上，通过精确地分析和推导得出的，是"选优求好"的思想在控制活动中的具体体现，是人们主观能动性高度发挥的产物。所谓最优控制就是符合最优标准的控制，其主要特征是，不仅要保证实现控制的目的，而且强调要在较短时间内，以尽可能少的人力、物力、财力消耗（即系统的输入）来实现控制；或者，在同样的时间、资源条件下，使系统的输出达到最佳目标状态。这就要求在实际控制前或控制过程中，提供多种可供选择的方案，以便在实际控制时，能够有所选择，使受控系统能够达到尽可能好的结果。

5. 按控制的手段划分类型

按控制手段可以把控制划分为直接控制和预防性控制两种类型。

（1）直接控制

所谓直接控制，是指当人们没有觉察到那些将要出现的问题，因而未能及时采取适当的纠正或预防措施，往往是根据计划和标准，对比和考核实际结果，追查出现偏差的原因和责任，然后才去进行纠正的控制过程。

（2）预防性控制

预防性控制是相对于直接控制而言的，它是通过提高主管人员的素质来进行控制工作的。预防性控制的指导思想认为：合格的主管人员差错最少。他能觉察到正在形成的问题，并能及时采取纠正措施。所谓"合格"，就是指他们能熟练地运用管理的概念、原理和技术，能以系统的观点来进行管理工作。因此，预防性控制的原则也就是：主管人员及其下属的质量越高，就越不需要进行直接控制。

第二节　控制系统

一个组织的控制系统要解决控制什么、谁来控制、控制实现什么、通过什么来实现控制组织的问题。

一、控制系统的构成

管理者要保证组织目标的实现,必须在组织中建立控制系统,以监督环境的变化和各项管理活动的正常进行。图 13 - 1 所示就是一个组织的控制系统的主要组成部分。

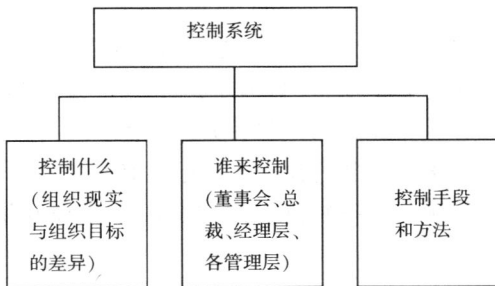

图 13 - 1　组织控制系统

二、控制什么

控制什么就是指一个组织的控制体系的控制对象和内容是什么,总体上讲,控制是控制组织现实与组织计划目标的差异。造成现实与计划目标差异的来源是组织内部活动和组织外部环境的变化,由于两者的未来发展都有一定的不确定性,因此,企业经营具有风险性,而"控制"就是要控制和减少这种不确定性带来的目标差异。

控制对象和内容的划分:从组织资源要素上划分,组织内的人、财、物、时间和信息等资源要素是控制的对象和内容;从组织活动的过程上划分,组织的销、产、供、研发等活动阶段是控制的对象和内容;从组织活动的内容上划分,能力、观念、行为、权力、责任和绩效是控制的对象和内容;从组织结构上划分,子公司、事业部、职能部门、生产单位、岗位是控制的对象和内容。

组织目标的实现是组织整体活动的表现,组织的控制是全面控制,但实际的控制往往是针对关键点和关键目标的控制。

三、谁来控制

一个组织的控制体系必须解决控制主体的问题,就是谁来控制、谁来承担控制的职责问题。

控制职能在组织设计时就加以确定。组织控制系统的控制者是各级管理部门和各级管理者,董事会、总裁、经理层和各级管理层,他们依据组织设计的职责来完成各自相应的控制工作。

四、控制要实现什么

控制是有目标导向的，无论控制什么，都是为了实现一定的组织目标。控制系统需要有明确的控制目标，控制目标可以是单个目标也可以是一个目标体系。

现实实行过程中会有一定的目标偏差，因此还要有一个允许偏差的范围，在这个允许范围内，偏差是可容忍的，出了这个允许偏差的范围，其组织风险就加大了，这个偏差是不可容忍的。目标加上允许的偏差范围就成了控制标准，控制标准是控制的准绳。组织有总体目标也有相应的分目标，对应的也有不同的控制标准。管理中的各种制度、规定、规范、流程及指标等都是控制标准和控制目标。

五、通过什么来实现控制

控制要具有一定的控制手段和方法才能实现对目标的控制，不同的目标控制有着不同的控制手段和方法，计划的方法往往也是控制的方法，具体的方法本书将在控制的技术和方法一节中重点介绍。

第三节　有效控制的原则

控制是一项重要的管理职能，控制工作的基本运行过程和原理具有普遍性。所有的管理者都希望有一个运行有效的控制系统来协助他们确保一切工作都按计划进行，所有的组织也都有自己的控制工作系统。但是控制实践证明，并非所有的控制工作都是有效的。控制的成功与否，在很大程度上依赖于被控制者的态度。大多数人经常将控制视为管制、约束、监督、压制，因而不愿接受控制。这就使控制工作经常会遇到各种障碍，如只重视被衡量的工作，产生本位主义、短期行为、虚报成绩等。这些表明，尽管控制的原理是简单明了的，但在实际工作中，由于各方面的障碍，实现有效的控制并不容易。有效的控制必须具备一定的条件，遵循科学的控制原则。

一、控制应该同计划与组织相适应

管理的各项职能相互关联、相互制约。控制是为了保证计划得到顺利实施，这无疑要靠组织中的各单位、各部门及全体成员来执行。所以，控制系统和控制方法应当与计划和组织的特点相适应。不同的计划有不同的特点，因而控制所需的信息各不相同。例如,对成本计划的控制主要是各部门、各单位甚至各种产品在生产经营过程中发生的费用;而对产品销售计划的控制则主要是销售产品的品种、规格、数量和交货期。控制工作越是考虑到各种计划的特点,就越能更好地发挥作用。

同样,控制还应当反映组织结构的类型和状况。组织结构既然是明确企业内每个人应当担任什么职务的主要依据,因而它也就成了明确计划执行的职权所在和产生偏差的职责所在的依据。为此,控制必须反映一个组织的结构状况并由健全的组织结构来保证,否则,控制只是空谈。健全的组织结构有两方面的含义:一方面,要能在组织中将反映实际情况和工作状态的信息迅速地上传下达,保证联络渠道的畅通;另一方面,要做到责权分明,使组织结构中的各部门、各个人员都能切实担负起自己的责任。否则,出了偏差就难以纠正,控制也就不可能实现。

二、控制应该突出重点,强调例外

控制要突出重点,不能只从某个局部利益出发,要针对重要的、关键的因素实施重点控制。作为管理人员,都希望对自己所管理的人员和工作活动进行全面了解、控制,但组织中的工作活动往往错综复杂,涉及面广,谁也无法对每一方面甚至是每一件事均予以完全控制。因此,找出或确定出最能反映或体现经营成果的关键因素,并加以重点控制,是一种有效的控制方法。

控制也应强调例外。控制工作着重于计划实施中的例外情况,可使管理者把精力集中在需要他们注意和应该加以注意的问题上。但是,仅仅注意例外情况是不够的,对例外情况的重视程度不应仅仅依据偏差的大小而定,而要考虑客观实际情况。因为在一个组织中,不同工作的重要程度各不相同。有时,管理费用高出预算 5% 可能无关紧要,而产品的不合格品率上升 1% 却可能使所有产品滞销。所以,在实际工作中,例外原则必须与控制关键问题的原则结合起来,注意关键问题上的例外情况。

三、控制应该具有灵活性和及时性的特点

灵活的控制是指控制系统能适应主客观情况的变化,持续地发挥作用。控制工作不是僵化的,其依据的标准、衡量工作所用的方法等都可能会随着情况的变化而变化。如果事先制定的计划因为预见不到的情况而无法执行,但实现设计的控制系统仍在如期运转,那将会在错误的道路上越走越远。例如,假设预算是根据一定的销售量制定的,那么,如果实际销售量远远高于或低于

预测的销售量，原来的预算就变得毫无意义，这时就得修改甚至重新制定预算，并根据新的预算制订合适的控制标准。

控制工作还必须注意及时性。信息是控制的基础。为提高控制的及时性，信息的收集和传递必须及时。如果信息的收集和传递不及时，信息处理的时间又过长，则偏差便得不到及时的矫正。更有甚者，当采取矫正措施时，实际情况已经发生了变化，这时如果采取的措施不仅不能产生积极作用，反而会带来消极影响。

四、控制工作应注重经济性

为进行控制而支出的费用和由控制而增加的收益都直接与控制程度相关。这就是说，控制工作一定要坚持适度性原则，以便提高控制工作的经济性。并不能说，越是复杂的控制系统，越是加大控制工作的投入，计划就越能顺利实施。

控制所支出的费用必须是合算的。这项要求说起来容易，但做起来却常常很复杂。因为管理人员很难准确地了解到哪个控制系统是值得的，以及这个控制系统所花费的费用是多少。控制工作是否经济是相对的，因为控制的效益随业务活动的重要性大小、业务的规模大小、在不存在控制情况下可能引起的损失以及控制系统可能做出的贡献不同而有所差异，因而，在大多数情况下，管理人员只能在他认为是最重要的方面选择一些关键问题来进行控制。控制工作的经济性主要是要求管理人员具备这样一种意识，即努力追求以最小的费用或其他代价来探查和阐明偏离计划的实际原因或潜在原因。

五、控制应该具有客观性、精确性和具体性的特点

客观性就是"实事求是"的原则。在控制工作中，管理者不能凭个人的主观经验或直觉判断，而应采用科学的方法，尊重客观事实。

精确性是指由控制系统所掌握并向管理者提供的信息情报必须是精确无误的。如果控制系统提供信息情况不精确，就很容易做出错误的决策。

控制系统所能提供的信息情报还应该是尽量具体的，要对重要内容尽可能作具体的说明。这样，管理者才能做出有针对性的决策。

六、控制工作应面向未来

一个真正有效的控制系统应该能预测未来，及时发现可能出现的偏差，预先采取防患措施，而不是等问题出现再去解决。

七、控制工作应注重培养组织成员的自我控制能力

广大职工处于生产和业务活动的第一线，是各种计划、决策的最终执行者。所以，职工进行自我控制是提高控制有效性的根本途径。比如，要提高产品质量，仅靠工商部门监督和新闻报道是不够的，重要的是企业改善管理，加强控制。而在企业中，光靠管理者重视和完善控制制度也是不够的，广大职工应加强质量意识并对产品生产的每个环节严格把关，这才是提高产品质量的最终保证。

自我控制的优点是很多的。首先，自我控制有助于发挥职工的积极性和创造性。自我控制是职工主动控制自己的工作活动，是自愿的。这样，他们在工作中便能潜心钻研技术，对工作中出现的问题会主动设法去解决。其次，自我控制可以减轻管理人员的负担，减少企业控制费用支出。再次，自我控制有助于提高控制的及时性和准确性。实际工作人员可以及时准确地掌握工作情况的第一手材料，所以能及时准确地采取措施纠正偏差。

当然，鼓励和引导职工进行自我控制，这并不是说对职工可以放任自流。职工的工作目标必须服从于组织的整体目标，并有助于组织整体目标的实现。管理者要从整体目标的要求出发，经常检查各单位和职工的工作成果，并将之纳入企业全面控制系统之中。

第四节　控制过程

控制是根据计划的要求，设立衡量绩效的标准，然后把实际工作结果与预定标准相比较，以确定组织活动中出现的偏差及其严重程度，在此基础上，有针对性地采取必要的措施，以确保组织资源的有效利用和组织目标的圆满实现。不论控制对象是新技术的研究与开发，还是产品的加工制造、市场营销宣传、企业的人力条件、物质要素、财务资源，控制的过程都包括三个基本环节的工作，即确立标准、衡量成效、纠正偏差。

一、确立标准

标准是人们检查和衡量工作及其结果（包括阶段结果与最终结果）的规范。制定标准是进行控制的基础，没有一套完整的标准，衡量成效或纠正偏差就失去了客观依据。

1. 确定控制对象

标准的具体内容涉及需要控制的对象。那么，企业经营与管理中哪些事

或物需要加以控制呢？这是在建立标准之前要加以分析的。

无疑，经营活动的成果是需要控制的重点对象。控制工作的最初始动机就是要促进企业有效地取得预期的活动结果。因此，要分析企业需要什么样的结果。这种分析可以从营利性、市场占有率等多个角度来进行。确定了企业活动需要的结果类型后，要对它们加以明确的、尽可能定量的描述，也就是说，要规定需要的结果在正常情况下希望达到的状况和水平。

要保证企业取得预期的结果，必须在成果最终形成以前进行控制，纠正与预期成果的要求不相符的活动。因此，需要分析影响企业经营结果的各种因素，并把它们列为需要控制的对象。影响企业在一定时期经营成果的主要因素有：

（1）关于环境特点及其发展趋势的假设

企业在特定时期的经营活动是根据决策者对经营环境的认识和预测来计划和安排的。如果预期的市场环境没有出现，或者企业外部发生了某种无法预料和抗拒的变化，那么原来计划的活动就可能无法继续进行，从而难以为组织带来预期的结果。因此，制订计划时应将所依据的对经营环境的认识作为控制对象，列出"正常环境"的具体标志或标准。

（2）资源投入

企业经营成果是通过对一定资源的加工转换得到的，没有或缺乏这些资源，企业经营就会成为无源之水、无本之木。投入的资源不仅会在数量和质量上影响经营活动按期、按量、按要求进行，从而影响最终的物质产品，而且其取得费用会影响生产成本，从而影响经营的盈利程度。因此，必须对资源投入进行控制，使之在数量、质量以及价格等方面符合预期经营成果的要求。

（3）组织的活动

输入到生产经营中的各种资源不可能自然形成产品，企业经营成果是通过全体员工在不同时间和空间上利用一定技术和设备对不同资源进行不同内容的加工劳动才最终得到的。企业员工的工作质量和数量是决定经营成果的重要因素，因此，必须使企业员工的活动符合计划和预期结果的要求。为此，必须建立员工的工作规范以及各部门和各员工在各个时期的阶段成果的标准，以便对他们的活动进行控制。

2. 选择控制重点

企业无力、也没有必要对所有成员的所有活动进行控制，只能在影响经营成果的众多因素中选择若干关键环节作为重点控制对象。美国通用电气公司关于关键绩效领域（key performance areas）的选择或许能对我们提供某种启示。

通用电器公司在分析影响和反映企业绩效的众多因素的基础上，选择了对企业经营成败起决定作用的八个方面，并为它们建立相应的控制标准。这八个方面如下：

（1）获利能力

通过提供某种商品或服务取得一定的利润，这是任何企业经营的直接动因之一，也是衡量企业经营成败的综合标志，通常可用销售额或资金占用量相比较的利润率来表示。它们反映了企业对某段时期内投资应获利润的要求。利润率实现情况与计划的偏离，可能反应生产成本的变动或资源利用效率的变化，从而为企业采取活动指出了方向。

（2）市场地位

市场地位是指对企业产品在市场上占有份额的要求。这是反映企业相对于其他厂家的经营实力和竞争能力的一个重要标志。如果企业占领的市场份额下降，那么意味着由于价格、质量或服务等某个方面的原因，企业产品相对于竞争产品来说吸引力降低了，因此，应该采取相应的措施。

（3）生产率

生产率标准可用来衡量企业各种资源的利用效果，通常用单位资源所能生产或提供的产品数量来表示。其中，最重要的是劳动生产率标准。企业其他资源的充分利用在很大程度上取决于劳动生产率的提高。

（4）产品领导地位

产品领导地位通常指产品的技术先进水平和功能完善程度，它表明企业在工程、制造和市场方面领导一个行业的新产品和改良现有产品的能力。为了维护企业产品的领导地位，必须定期评估企业产品在质量、成本方面的状况及其在市场上受欢迎的程度。如果达不到标准，就要采取相应的改善措施。

（5）人员发展

企业的长期发展在很大程度上依赖于人员素质的提高。为此，需要测定企业目前的活动以及未来的发展对职工的技术、文化素质的要求，并与他们目前的实际能力相比较，以确定如何为提高人员素质采取必要的教育和培训措施，要通过人员发展规划的制定和实施，为企业及时供应足够的经过培训的人员，为员工提供成长和发展的机会。

（6）员工态度

员工的工作态度对企业目前和未来的经营成就有着非常重要的影响。测定员工态度的标准是多个方面的，比如，可以通过分析离职率、缺勤率来判断员工对企业的忠诚，也可通过统计改进作业方法或管理方法的合理化建议的数量来了解员工对企业的关心程度，还可以通过对定期调查的评价分析来测定员工态度的变化。如果发现员工的态度不符合企业的预期，那么任其恶化是非常危险的，企业应采取有效的措施来提高他们在工作或生活上的满足程度，以改变他们的态度。

(7)公共责任

企业的存在和延续是以社会的承认为前提的。而要争取社会的承认，企业必须履行必要的社会责任，包括提供稳定的就业机会、参加公益事业等多个方面。公共责任能否很好履行，关系到企业的社会形象。企业应根据有关部门对公共态度的调查，了解企业的实际社会形象同预期的差异，改善对外政策，提高公众对企业的满意程度。

(8)短期目标与长期目标的平衡

企业目前的生存和未来的发展是相互依存，不可分割的。因此，在制定和实施经营活动计划时，应能统筹长期与短期的关系，检查各时期的经营成果，分析目前的高利润是否会影响未来的收益，以确保目前的利益不是以牺牲未来的收益和经营的稳定性为代价的。

3. 制定标准的方法

控制的对象不同，为他们建立标志正常水平标准的方法也不一样。一般来说，企业可以使用的建立标准的方法有下列三种：

(1)统计性标准

统计性标准也叫历史性标准，是以分析反映企业经营在历史上各个时期状况的数据为基础来为未来活动建立的标准。这些数据可能来自本企业的历史统计，也可能来自其他企业的经验。据此建立的标准，可能是历史数据的平均数，也可能是高于或低于中位数的某个数，比如上四分位值或下四分位值。

利用本企业的历史统计资料为某项工作确定标准，具有简便易行的好处。但是，据此制定的工作标准可能低于同行业的卓越水平，甚至低于平均水平。这种条件下，即使企业的各项工作都达到了标准的要求，也可能造成劳动生产率的相对低下，制造成本的相对高昂，从而造成成果和竞争能力劣于竞争对手。为了克服这种局限性，在根据历史性统计数据制定未来工作标准时，充分考虑行业的平均水平，并研究竞争企业的经验是非常必要的。

(2)根据评估建立标准

实际上，并不是所有工作的质量和成果都能用统计数据来表示，也不是所有的企业活动都保存着历史统计数据。对于新从事的工作，或对于统计资料缺乏的工作，可以根据管理人员的经验、判断和评估来为之建立标准。利用这种方法来建立工作标准时，要注意利用各方面的管理人员的知识和经验，综合大家的判断，给出一个相对先进合理的标准。

（3）工程标准

严格地说，工程标准也是一种用统计方法制定的控制标准，不过它不是对历史性统计资料的分析，而是通过对工作情况进行客观的定量分析来进行的。比如，机器的产出标准是其设计者计算的正常情况下使用的最大产出量；工人操作标准是劳动研究人员在对构成作业的各项动作和要素的客观描述与分析的基础上，经过消除、改进和合并而确定的标准作业方法；劳动时间定额是利用秒表测定的受过训练的普通工人以正常速度按照标准操作方法对产品或零部件进行某个（些）工序的加工所需的平均必要时间。

二、衡量成效

企业经营活动中的偏差如果能在产生之前就被发现，则可指导管理者预先采取必要的措施以避免，这种理想的控制和纠偏方式虽然有效，但其现实可能性不是很高。并非所有的管理人员都有远见卓识，同时也并非所有的偏差都能在产生之前被预见。在这种限制条件下，最满意的控制方式应是必要的纠偏行动能在偏差产生后迅速采取。为此，要求管理者及时掌握反映偏差是否产生、并能判定其严重程度的信息。用预定标准对实际工作成效和进度进行检查、衡量和比较，就是为了提供这类信息。

为了能够及时、正确地提供能够反映偏差的信息，同时又符合控制工作在其他方面的要求，管理者在衡量工作成效的过程中应注意以下几个问题。

1. 通过衡量成效，检验标准的客观性和有效性

衡量工作成效是以预定的标准为依据的。但利用预先制定的标准去检查各部门在各个阶段的工作，这本身也是对标准的客观性和有效性进行检验的过程。

检验标准的客观性和有效性，是要分析通过对标准执行情况的测量能否取得符合控制需要的信息。在为控制对象确定标准的时候，人们可能只考虑了一些次要因素，或只重视了一些表面的因素，因此，利用既定的标准去检查工作，有时并不能达到有效控制的目的。比如，衡量职工出勤率是否达到了正常水平，不足以评价劳动者的工作热情、劳动效率或劳动贡献；分析产品数量是否达到计划目标，不足以评价判定企业的赢利程度；计算销售人员给顾客打电话的次数和花费在推销上的时间，不足以判定销售人员的工作绩效。要评价员工的工作热情，可以考核他们提供有关经营或技术改造合理化建议的次数；评价他们的工作效率，可以计量他们提供的产品数量和质量；分析企业的赢利程度，可以统计和分析企业的利润额及其与资金、成本或销售额的相对百分比；衡量推销人员的工作绩效，可以检查他们的销售额是否比上年或平均水

平高出一定数量，等等。

由于企业中许多类型的活动难以用精确的手段和方法加以衡量，建立标准也就相对困难。因此，企业可能选择一些易于衡量、但并不能反映控制对象特征的标准。比如，科研人员和管理人员的劳动效果，并不总能用精确的数字表示出来，有关领导可能根据研究小组上交研究报告的数量和质量来判断其工作进展，或根据科室是否整齐划一、办公室是否挂满了各种图表来判断管理人员的工作努力程度。然而，根据这些标准去进行检查，得到的可能是误导信息：科研人员用更多的时间去撰写数量更多、结构更严谨的报告，而不是将精力真正花在科研上；管理人员花更多的精力去制作和张贴更漂亮的图表，而不是用这些时间去扎扎实实地做必要的管理基础工作。

衡量过程中的检验就是要辨别并提出这些不能为有效控制提供必要信息、容易产生误导作用的不适宜标准。

2. 确定适宜的衡量频度

控制过多或不足都会影响控制的有效性。这种"过多"或"不足"，不仅体现在控制对象和标准数目的选择上，而且表现在同一标准的衡量次数或频度上。对影响某种结果的要素或活动过于频繁的衡量，不仅会增加控制的费用，而且可能引起有关人员的不满，从而影响他们的工作态度；而检查和衡量的次数过少，则可能使许多重大的偏差不能及时发现，从而不能及时采取措施。

以什么样的频度，在什么时候对某种活动的绩效进行衡量，取决于被控制活动的性质。例如，对产品的质量控制常常需要以小时或以日为单位进行，而对新产品开发的控制则可能只需以月为单位进行就可以了。需要控制的对象可能发生重大变化的时间的间隔是确定适宜的衡量频度所需要考虑的主要因素。

管理人员经常在他们方便的时候，而不是在工作绩效仍"在控制中"（即可能因为人们采取的措施而改变）进行衡量。这种现象必须避免，因为这可能导致行动的延误。

3. 建立信息管理系统

负有控制责任的管理人员只有及时掌握反映实际工作与预期工作绩效之间偏差的信息，才能迅速采取有效的纠正措施，不精确、不完整、过多或延迟的信息将会严重地阻碍他们的行动。通常，并不是所有的衡量绩效工作都是由主管直接进行的，有时需要借助专职的检测人员。然而，管理人员所接受的信息通常是零乱的、彼此孤立的，并且难免混杂着一些不真实、不准确的信息。因此，应该建立有效的信息管理网络，通过分类、比较、判断、加工，提高信息的真实性和清晰度，同时将杂乱的信息变成有序的、系统的、彼此紧密联系的信息,并使反映实际工作情况的信息适时地传递给适当的管理人员,使之能与预定标准相比较,及时发现问题。这个网络还应能及时将偏差信息传递给与控制活动有关的部门和个人,以使他们及时知道自己的工作状况、错误原因,以及需要怎样做才能更有效地完成工作。建立这样的信息管理系统,不仅有利于保证预定计划的实施,而且能防止基层工作人员把衡量和控制视作上级检查工作、进行惩罚的手段,从而避免产生抵触情绪。

三、纠正偏差

利用科学的方法,依据客观的标准,通过对工作绩效的衡量,可以发现计划执行中出现的偏差。纠正偏差就是在此基础上,分析偏差产生的原因,制定并实施必要的纠正措施。这项工作使得控制过程得以完整,使组织计划得以遵循,使组织机构和人事安排得到调整,使领导活动更加完善。

为了保证纠偏措施的针对性和有效性,必须在制定和实施纠偏措施的过程中注意下列问题。

1. 找出偏差产生的主要原因

并非所有的偏差都可能影响企业的最终成果。有些偏差可能反映了计划制定和执行工作中的严重问题,而另一些偏差则可能是一些偶然的、暂时的、局部性因素引起的,不一定会对组织活动的最终结果产生重要影响。因此,在采取纠正措施以前,必须首先对反映偏差的信息进行评估和分析。首先,要判断偏差的严重程度是否足以构成对组织活动效率的威胁,从而值得去分析原因,采取纠正措施;其次,要探寻导致偏差产生的主要原因。

纠正措施的制定是以对偏差原因的分析为依据的。而同一偏差则可能由不同的原因造成:销售利润的下降既可能是因为销售量的降低,也可能是因为生产成本的提高。前者既可能是因为市场上出现了技术更加先进的新产品,也可能是由于竞争对手采取了某种竞争策略,或是企业产品质量下降;后者既可能是原材料、劳动力消耗和占用数量的增加,也可能是由于购买价格的提高。不同的原因要求采取不同的纠正措施。要通过评估反映偏差的信息,分析影响因素,透过表面现象找出产生偏差的深层原因,在众多的深层原因中找出最主要者,为纠偏措施的制定指导方向。

2. 确定纠偏措施的实施对象

如果偏差是由于绩效的不足而产生的,管理人员就应该采取纠偏行动。他们可以调整企业的管理战略,也可改变组织结构,或通过更完善的选拔和培训计划,或更改领导方式。但是,在有些情况下,需要纠正的可能不是企业的实际活动,而是组织这些活动的计划或衡量这些活动的标准。大部分员工没有完成劳动定额，可能不是由于全体员工的抵制，而是定额水平太高；承包后企业经理的兑现收入可高达数万、甚至数十万，可能不是由于经营者的努力数倍或数十倍于工人，而是由于承包基数不恰当或确定经营收入的挂钩方法不合理；企业产品销售量下降，可能并不是由于质量下降或价格不合理，而是由于市场需求的饱和或周期性的经济萧条。在这些情况下，首先要改变的不是或不仅是实际工作，而是衡量这些工作的标准或指导工作的计划。

预订计划或标准的调整是两种原因决定的：一是原先的计划或标准制定得不科学，在执行中发现了问题；二是原来正确的标准和计划，由于客观环境发生了预料不到的变化，不再适应新形势的需要。负有控制责任的管理者应该认识到，外界环境发生变化以后，如果不对预先制定的计划和行动准则进行及时调整，那么，即使内部活动组织得非常完善，企业也不可能实现预定目标；消费者的需求偏好转移，这时，企业的产品质量再高，功能再完善，生产成本、价格再低，依然不可能找到销路，不会给企业带来期望利润。

3. 选择恰当的纠偏措施

找对产生偏差的主要原因，就可能制定改进工作或调整计划与标准的纠正方案。纠偏措施的选择及其在实施过程中要注意：

（1）使纠偏方案双重优化

纠正偏差，不仅在实施对象上可以进行选择，而且对同一对象的纠偏也可采取多种不同的措施。是否需要采取措施，要视采取措施纠偏带来的效果是否大于不纠偏的损失而定，有时最好的方案也许是不采取任何行动，如果行动的费用低于偏差带来的损失的话，这是纠偏方案选择过程中的第一重优化。第二重优化是在此基础上，通过对各种经济可行方案的比较，找出其中追加投入最少、解决偏差效果最好的方案来组织实施。

（2）充分考虑原先计划实施的影响

由于对客观环境的认识能力提高，或者由于客观环境本身发生了重大变化而引起的纠偏需要，可能会导致对原先计划与决策的局部甚至全局的否定，从而要求企业对活动的方向和内容进行重大的调整。这种调整有时被称为"追踪决策"，即"当原有决策的实施表明将危及决策目标的实现时，对目标或决策方案所进行的一种根本性修正"。

追踪决策是相对于初始决策而言的。初始决策是所选定的方案尚未付诸实施，没有投入任何资源，客观对象与环境尚未受到人的决策的影响和干扰，因此是以零为起点的决策。进行重大战略调整的追踪决策则不然，企业外部的经营环境或内部的经营条件已经由于初始决策的执行而有所改变，是"非零起点"。因此，在制定和选择追踪决策的方案时，要充分考虑到伴随着初始决策的实施已经消耗的资源,以及这些消耗对客观环境造成的种种影响。

(3)注意消除人们对纠偏措施的疑虑

任何纠偏措施都会在不同程度上引起组织的结构、关系和活动的调整,从而涉及某些组织成员的利益,不同的组织成员会因此而对纠偏措施持不同的态度,特别是纠偏措施属于对原先决策和活动进行重大调整的追踪决策时。虽然一些原先反对初始决策的人会幸灾乐祸,甚至夸大原先决策的失误,反对保留其中任何合理的成分,但更多的人对纠偏措施持怀疑态度和反对的态度。原先决策的制定者和支持者因害怕改变决策标志着自己的失败,从而会公开或暗地里反对纠偏措施的实施;执行原决策、从事具体活动的基层工作人员则会怕自己失去某种工作机会,影响自己的既得利益,而极力抵制任何重要的纠偏措施的制定和执行。因此,控制人员要充分考虑到组织成员对纠偏措施的不同态度,特别是要注意消除执行者的疑虑,争取更多人理解、赞同和支持纠偏措施,以避免在纠偏方案的实施过程中出现的人为障碍。

第五节 控制的技术和方法

一、控制的技术

随着组织规模的扩大,组织中管理活动也日趋复杂,其表现出两个显著的特点:一是时间成为做任何事情都必须考虑的重要因素;二是协作关系十分复杂。例如,大型的军事工程、大型水坝的建设工程、大城市交通枢纽工程(例如立交桥的施工)、企业生产线的安装与调试等,都是要求在规定的时间里,利用有限的资源去完成十分复杂的工程项目。这就对控制工作提出了很高的要求,需要有一套科学的计划与控制方法。下面简要介绍两种在管理实践中常用的控制技术。

1. 网络计划技术

网络计划技术最早源于美国,当时包括两项技术,分别称之为关键路线法(Critical Path Method,CPM)和计划评审法(Program Evaluation and Review Technique,PERT)。关键路线法是于 1965 年由杜邦公司与兰德公司合作研究出来的。1957 年杜邦公司将它应用于一个价值 1000 万美元的合成橡胶化工厂,使整个工期缩短了 4 个月;接着又将它应用于生产设备维修工程,一年内就节约了 100 万美元,相当于该公司用于研究开发 CPM 法所花费用的 5 倍。就在 CPM 法出现的时候,1958 年美国海军特种计划局在研制"北极星"导弹核潜艇的过程中,在汉密尔顿公司及洛克菲勒公司的协助下首次提出了控制进度的先进方法——计划评审法,它使整个工期比计划提前两年完成。

CPM 法与 PERT 法两者虽名称不同,但它们主要的概念、基本原理都是相同的。它们是采用网络图的形式来表达一个系统工程项目的计划模式,所反映的都是一个工程项目系统中各道作业在整个生产过程中的先后顺序和组合制约关系,并且从这种网络关系中找出关键路线和关键作业。通过对网络的优化和调整,不断改善网络的结构与组合,以取得一个经济效果最好或生产周期最短的计划。下面以一简单的例子为例,来介绍它们的基本思想和基本工作步骤,假设存在一个项目,有 A~I 项作业构成,要利用 CPM/PERT 技术,我们可以按以下步骤进行:

(1)先确定达到项目目标所需的各项作业,假设为 A~I,具体内容略;

(2)确定各项作业的先后顺序和消耗时间,见表 13-1 所列;

表 13-1 作业时间表

作业代号	作业内容描述	期望时间(月)	紧前事件
A	略	4	—
B	略	3	—
C	略	1	A
D	略	2	A
E	略	7	B、C
F	略	6	B、C
G	略	5	D、E
H	略	4	F
I	略	2	G、H

(3)绘制网络图(如图 13-2 所示),其中圈表示一项作业的起点或终点,箭头表示作业顺序,字母表示作业,字母的右边数字表示完成时间;

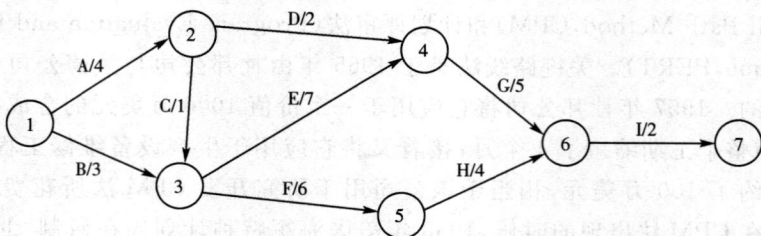

图 13-2 CPM/PERT 网络图

（4）利用追溯法，找出关键路径，也就是耗时最长的作业顺序。A、C、E、G、I构成了本项目的关键路径。

找出所谓关键路径的最大好处在于，明确了控制的重点，如上例，由于A、C、E、G、I构成了本项目关键路径，它构成了整个项目完成时间的决定要素，即使你在其他环节上多投入人力、物力或财力，但只要这条路径上的作业环节没有变化，项目的工期也不会缩短，因此，这种方法实际上明确了控制的重点，只要在关键路径上的作业活动改善就可以控制工期。另外当项目投入资源发生矛盾时，可以适当调动非关键路径上的力量来支持关键路径上作业的活动，以最有效地保证项目的完成。

2. 零基预算（zero-based budgets）

传统的预算方法实际上是一种增量预算（incremental budget）方法，也就是说当一个新的预算期间开始时，都采用上一期的预算作为参照标准，以此作为新预算的制定依据。举个例子，某公司上年为销售部门制定的销售费用预算是100万元，那么考虑到公司发展和市场变化等因素，今年的销售费用预算则可能在100万基础上增加10％，变为110万。显然这种方法最大的优点是方便，但弊病则在于采用了新的销售渠道，销售费用实际是应该下降10％，而不是相反。因此，越来越多的组织在寻找新的预算方法，以避免上述问题，零基预算便应运而生。

零基预算，是指在编制年度预算时，每个部门的负责人对新的预算年度中想要做的所有事情都要进行审核，而不仅仅是修改上年预算和检验新增部分。这种预算方法的设想是，把企业的计划分为目标、业务活动以及所需资源等组成的几个"决策包"（decision package），然后以零为基数开始计算每个决策包的资源分配比例。由于每个决策包都是以零为基数开始的，因此，对每个预算期间的资源使用情况都应重新计算，以此避免预算编制中只注意前期变化的这种普遍倾向。一般而言，零基预算包括三个过程：

（1）设定决策包。决策包是一个识别和描述特定活动的文件，通常由部门的管理者负责制定，包括对活动目的陈述、活动费用、人员需求、绩效衡量标准、备择的行动方案等。

（2）决策包排序。按照决策在预算期间给组织带来的直接效益和间接效益对决策包进行评价并排序。

（3）按照优先次序将预算资源分配给各个决策包。

毋庸讳言，这种预算方法的主要优点在于迫使主管人员重新编制每一项新计划。这样做的结果就是主管人员可以全面审查新计划及其费用，有抑制浪费、提高组织效率的好处。但也应该看到，它也有自身的局限性。零基预算增加了文书工作,要花费大量的时间进行准备,而且管理者倾向夸大自己认为重要的活动的效益,由此导致的预算膨胀和组织资源浪费也很难避免。事实上,各组织应该根据自身的实际情况来决定采用何种预算模式,而不要盲目模仿。

二、控制的方法

要对整个组织的活动进行全面控制,必须借助各种不同的控制方式,而根据控制的对象、内容和条件不同,又可以有多种不同的控制方法。充分了解并有效地运用这些控制方式和方法,是现代组织进行成功控制的一个重要方面。

1. 预算控制

(1)预算控制的含义与作用

预算就是用数字编制未来某一时期的计划,也就是用财务数字或非财务数字来表明预期的结果。预算也是一种控制技术,它把预算指标作为控制标准,用来衡量其计划执行的情况。通过编制预算不仅能使确定目标和拟订标准的计划工作得到改进,而且对组织的协调和控制有所改进。当为组织的各职能部门都编制了预算时,就为协调组织的活动提供了基础。同时,由于对预期结果的偏离将更容易查明和评定,因此预算也为控制工作中的纠正措施奠定了基础。把各种计划用一些确切的数字来表示,可以使主管人员清楚地看到哪些资金将由谁来使用,并涉及哪些费用开支计划、收入计划和以实物表示的投入量与产出量计划。主管人员明确了解这些情况,就可能放手授权给下属,以便使之在预算的限度内去实施计划。

(2)预算控制的种类

① 收支预算,是指组织在预算期内以货币单位表示的收入和经营费用支出的计划预算。它综合反映了组织在预算期内生产经营的财务情况,并作为组织经营活动最终成果的重要依据。收入预算应考虑到可能有的各个方面的收入,主要有销售产品或提供劳务取得的收入、财政拨款等。各个组织的经营费用的支出项目往往比组织的收入项目要多,在支出预算时,各个可能产生的费用支出均应尽可能考虑全面,并在支出预算中安排一定数量的不可预见费用,以支付一些额外的开支。

② 投资预算,是指组织为更新或扩大规模,投资于厂房、机器、设备等其他有关设施,增加固定资产的各项支出预算。它概括了组织何时进行投资、投资多少、融资渠道如何、何时可获得收益、每年的现金流量为多少、投资回报率等问题。投资预算涉及金额大、回报时间长。因此,投资预算总是和组织的发展战略以及长远规划保持一致。

③ 现金预算，是对组织未来生产与销售活动中现金的流入与流出进行预测，是以收入和支出预算中的基本数据为基础编制的。现金预算只能包括现金流程中的项目，不需要反映组织的资产负债情况，而要反映组织在未来活动中的实际现金流量和流程。通过现金预算，可以帮助组织发现资金的闲置或不足，从而指导组织及时利用暂时过剩的现金，或及早筹集维持营运所缺的资金。

④ 资产负债预算，是对企业会计年度末期的财务状况进行预测。它通过将各部门和各项目的分预算汇总在一起，表明如果企业的各种业务活动达到预先的标准，在财务末期企业资产与负债会呈现何种状况。另外，通过分析流动资产与流动负债的比率，可能发现企业未来的财务安全性不高，偿债能力不强，从而要求企业在资金的筹措方式、来源及其使用计划上作相应的调整；通过本期预算与上期实际发生的资产负债情况进行对比，还可以发现企业财务状况可能发生哪些不利变化，从而指导事前控制。

（3）预算控制的方式

① 弹性预算。为使预算适应将来可能出现变化的环境，在编制预算中必须注意预算的弹性问题。弹性预算控制就是指预算指标有一定的调整余地，且执行人员可以灵活执行的预算。这种预算的控制力度稍弱，但有较强的环境适应性，能较好地适应控制的要求。在编制弹性预算时，应根据具体情况研究各种费用的变动程度，以确定各种换算系数，这样更有利于预算的合理性、准确性、减少预算变动的频繁程度。

② 零基预算。在传统的预算方法中，人们确定某项职能的成本费用，往往是以过去的实际支出为基础；然后再根据新情况的变化，作适当增加、减少或维持不变。但很可能是这笔费用支出的调整不适应实际情况的变化，甚至可能是原有的费用支出本来就是不合理的。因此，那种以原来费用支出为准线上下调整的办法是有很多弊端的。零基预算不受前一年度预算水平的影响，在每个预算年度开始时，将所有还在进行的管理活动根据其对实现组织目标的意义与效果，并在费用效益分析的基础上重新排出各项管理活动的优先次序，资金和资源分配均按此次序进行。其基本思想是在编制预算时，必须对每项费用都予以重新核查，且要以目前的需求和发展趋势作为核查基准。应该看到零基预算同开办新事务一样以零为出发点，不受现有框框限制，对一切费用一视同仁，能促使各方面精打细算、量力而行，合理使用资金，因而可大幅度压缩开支，提高效益。但是需要注意的是，零基预算工作量很大，成本较高，而且在费用估计时有一定的主观性。

（4）预算控制的作用及其局限性

由于预算的实质是用统一的货币单位为企业各部门的各项活动编制计

划,因此它使得企业在不同时期的活动效果和不同部门的经营绩效具有可比性,可以使管理者了解企业经营状况的变化方向和组织中的优势部门与问题部门,从而为调整企业活动指明方向;为不同的职能部门和职能活动编制预算,也为协调企业活动提供依据。更重要的是预算的编制与执行始终是与控制过程联系在一起的;编制预算是为企业的各项活动确立财务标准,用数量形式的预算标准来对照企业活动的实际效果,大大方便了控制过程中的绩效衡量工作,也使之更加客观可靠。在此基础上,很容易测量出实际活动对预期效果的偏离程度,从而为采取纠偏措施奠定了基础。

由于这些积极作用,预算手段在组织管理中得到了广泛应用。但在预算的编制和执行中,也有一些局限性。预算只能帮助企业控制那些可以计量的、特别是可以用货币单位计量的业务活动,而不能促使企业对那些不能计量的企业文化、企业形象、企业活力的改善予以足够的重视。在编制预算时通常参照上期的预算项目和标准,从而会忽视本期活动的实际需要,因此会导致这样的错误:上期有的而本期不需的项目仍然沿用,而本期必需上期没有的项目会因缺乏先例而不能增设。另外,企业活动的外部环境是不断变化的,这些变化会改变企业获得资源的支出或销售产品实现的收入,从而使预算变得不合时宜。因此,缺乏弹性、非常具体、特别是涉及较长时期的预算可能会过度束缚决策者的行动,使企业经营缺乏灵活性和适应性。预算,特别是项目预算或部门预算,不仅对有关负责人提出了希望他们实现的结果,而且也对他们得到这些成果而有效开支的费用规定了限度。这种规定可能使主管在活动中精打细算、小心翼翼而忽视了部门活动的本来目的。

2. 生产控制

一个组织的成功,在很大程度上取决于它在生产产品或提供服务的能力上的效率和效果。生产控制就是对一个组织的转换过程的效率和效果进行评价和控制。它主要包括以下几个方面的控制。

(1)生产控制

生产控制就是在企业生产计划执行过程中,对基本生产过程的作业活动和产品生产数量、速度所进行的控制。虽然生产计划和生产作业计划对日常生产活动已做了比较周密而具体的安排,但随着时间的推移,市场需求往往会发生变化。此外,由于生产准备工作不周全或生产现场偶然因素的影响,也会使计划产量和实际产量之间产生差距。因此,必须对生产进行控制。其主要的控制内容包括生产进度控制、在制品占用控制及生产调度等。控制的主要方法包括看板管理法、图表控制法、台账控制法、网络计划技术等。

（2）库存控制

库存控制是企业运作中一个必不可少的环节。企业的生产要正常连续地进行,供应流不能断,就需要一定的库存。但存货过量会积压大量的资金,有时还会造成极大的浪费。若不保持充足的存货,生产过程就可能会中断或拖延,从而造成产品不能及时进入市场,将导致销售损失。为了使生产系统的运行保持高效,必须在这两种情况之间保持一种平衡。库存控制技术就是用来达到这种平衡的。库存控制主要是对存货品种和数量的控制。

库存品种控制常用的方法有 ABC 分类法。ABC 分类法是根据 80/20 原则制定的。ABC 分类法将企业的物资按其资金占用比重排列,分为 A、B、C 三类。A 类资金占用比重很大,但品种较少;C 类则相反,品种较多,但资金占用比重很小;B 类介于两者之间。通过分类,对各类物资实行不同的管理。A 类品种少,但资金占用大,是库存控制的重点,应严格控制库存数量,严格盘点,采购间隔期尽量缩短以利于加速资金周转;C 类品种多,但资金占用小,可适当延长采购间隔期,简化管理;B 类介于 A 类和 C 类之间,其控制方式可根据具体情况,采取适当的管理方式。

库存量的控制决定采购间隔期和采购批量两个因素,前者是先确定采购间隔期,根据间隔期来确定期间的使用量,然后在订货日根据现有库存量确定采购批量;而后者则是先确定订货时间和订货点量,如果库存量只剩订货点量,则发出订货。订货的方式有定期订货和定量订货两种。

（3）质量控制

质量是由产品使用的目的所提出的各项适用特性的总称。对产品质量特性按一定的尺度、技术参数或技术经济指标来规定必须达到的水平,这就形成质量标准,它是检验产品是否合格的技术依据。质量控制就是以这些技术依据为衡量标准来检验产品质量的。为保证产品质量符合规定标准要求和满足用户使用目的,企业需要在产品设计、试制、生产制造直至使用全过程中,进行有全员参加、事后检验和预先控制的有机结合。

为了有效地实施质量控制,必须建立质量保证体系。质量标准体系就是企业以提高产品质量为目标,运用系统的概念和方法,把质量管理的各个阶段、各个环节、各个部门的质量管理职能和活动合理地组织起来,形成一个任务、职责、权限明确而又相互协调、互相促进的有机整体。

质量管理体系的运转按照"计划（Plan）、执行（Do）、检查（Check）、处理（Action）"循环的业务流程,即 PDCA 循环,这个循环包括四个阶段、八个步骤。

① 计划阶段"P"。即制定有关质量控制的方针、目标、活动计划等。这个

阶段包含整个循环的前四个步骤：

a. 分析现状、找出问题；

b. 分析有关问题的各种原因；

c. 找出其中的主要原因；

d. 针对主要原因，制定解决问题的措施和计划。

② 执行阶段"D"。即根据制定的计划和措施，具体组织贯彻执行。这是整个循环的第五个步骤。

③ 检查阶段"C"。即将执行的情况和结果进行比较，检查是否能达到预期的目标，分析差距，发现问题。这是整个循环的第六个步骤。

④ 处理阶段"A"。即对检查的结果进行总结和处理。这个阶段包括最后两个步骤：

a. 总结经验与教训，并纳入有关标准和制度；

b. 将尚未解决的问题转到下一循环。

质量标准体系就是以这样 PDCA 循环周而复始地运转。大环套小环，小环保大环，互相联系，相互推动，不断循环，不断提高。每循环一次都有新内容，质量管理也就达到一个新高度。它不是原地打转，而是螺旋式上升的循环。

3. 其他控制

（1）比率分析控制

比率表示两个变量之间的对比关系。它对反映受控系统的实际状态做出正确评价是很有用处的。反映系统某方面数量特征的绝对数，有时不能提供所需要的信息。如利润额较大并不能直接反映企业经营效益究竟如何；而资金利润率则较好地反映了企业对本行业的经济效益的大小。因此，比率分析是一种必需的控制技术。一般可以把这些比率分为财务比率和经营比率两大类。

① 财务比率分析。它主要用来分析财务结构，控制财务状况，并透过这种资金形式，来集中对整个系统进行控制。例如，投资利润率分析，可以掌握投资的经济效益；销售利润率分析，可以一般地考察企业的盈利能力。

② 经营比率分析。它有助于直接控制企业的经营活动。例如，用平均库存价值去除销售净额，即得库存周转率，它反映了商品周转的速度及库存的合理性；再如市场占有率，它反映了本企业占领与开拓市场的情况，而用销售费用去比经销售额，可以用来测定销售工作的效率。

（2）审计控制

审计是对反映组织的资金运动过程及其结果的会计分析及财务报表进行

审计、鉴定,以判断其真实性和可靠性,从而为控制和决策提供依据。审计是一种常用的控制方法,主要有以下几种:

① 财务审计。财务审计是以财务活动为中心内容,以检查并核实账目、凭证、财物、债务以及结算关系等客观事物为手段,以判断财务报表中所列出的综合的会计事项是否正确无误的控制方法。通过这种审计还可以判断财务活动是否符合财经政策和法令。财务审计一般分为外部财务审计和内部财务审计。外部财务审计是由非本组织成员的外部专门审计机构和审计人员,如国家审计部门、公共审计事务所对本组织的财务程序和财务经济往来进行有目的的综合检查审核。内部审计是由本组织系统内部的财务人员所负责开展的财务审计活动。其目的也是和外部财务审计的目的相同,即保证组织系统的财务报表能准确、真实地反映组织的财务状况。

② 管理审计。管理审计是对组织各项职能以及战略目标所进行的全面审计。管理审计虽然也可以由组织内部的有关部门进行,但为了某些敏感领域得到客观的评价,企业通常聘请外部专家来进行。管理审计的方法是利用公开记录的信息,从反映企业管理绩效及其影响因素的若干方面将企业与同行业其他企业或其他行业的著名企业进行比较,以判断企业经营与管理的健康程度。管理审计不是在一两个容易测量的活动领域进行比较,而是对整个组织的管理绩效进行评价,因此可以为重点企业在外来改进各类系统的结构、工作程序和结果提供有用的参考。管理审计的目的是要明确组织的优势和劣势,全面改善组织的管理工作。

③ 经营审计。经营审计是对组织经营计划的实施过程,即经营控制过程的审计。它是经营决策、经营战略和经营计划等的必然延续和补充,可验证、补充或纠正经营计划审计的结论,并可为经营结果、经营效益的审计提供依据。具体来讲,经营审计要审查、分析组织经营控制的组织、方式及手段,评价经营控制的合理性、科学性、效率和效益,提出完善组织经营控制的措施建议。经营审计的根本作用在于通过组织经营控制的组织程序,以及控制幅度、依据、职责、权限和利益等制度的审查、分析,发现控制组织不完备、职责分工不明确等问题,帮助组织采用有效的控制方法和手段,提高控制能力和促进组织取得最佳效果;通过实际状况的审查分析,还可发现经营控制在经营系统中与其他经营管理职能的关系是否协调,从而帮助组织协调经营活动和管理职能,全面提高企业经营管理水平。经营审计的目的在于保证组织实际的经营活动及其成果同预期的目标相一致。

（3）人事控制

人事控制是企业控制的又一重要内容,人事控制主要集中在对组织内人力资源的管理上。它具体包括两大方面：一是主要人事比率的控制，即分析组织内各种人员的比率，比如分析管理人员与员工的比率、后勤服务人员与生产工作人员的比率、正式员工与临时工的比率以及人员流动率和旷工缺勤率等是否维持在合理的水平上，以便采取调整和控制措施。如果反映调离和调进本单位的职工占职工总数比例的人员流动率太高，就会影响职工队伍的稳定，并增加了培训费用；但如果人员长期不调动，也会使组织缺少新的活力，因此人员流动率需要控制在一定的限度内。二是人事控制对管理人员和一般员工在工作中的成绩、能力和态度进行系统的、周期性的客观公正的考核、评价和分析鉴定，即进行业绩评估。这既有利于激励原来表现好的员工将优点继续保持和发扬下去，也有利于原来表现差的员工向着好的方向转化和发展，从而提高团体战斗力。

复习思考题

一、名词解释

1. 控制
2. 前馈控制
3. 零基预算
4. 生产控制
5. 预算控制

二、问答题

1. 控制有哪些类型？
2. 控制的原则是什么？
3. 简述控制过程的三个基本步骤。
4. 预先控制、现场控制和事后控制的特点有哪些？
5. 简述控制与计划的关系。
6. 管理控制的目标和特点是什么？
7. 简述审计的三种基本形式和主要特点。
8. 常用的预算方法有哪些？

三、案例分析题

Zeus 公司是否失控

Zeus 公司有 8 个子公司，其经营范围主要在电子行业。各子公司经营状况优劣不同，但从整体上来说，总公司的盈利是可观的。

公司经营之所以成功，主要是因为具有完备、有效的计划和控制系统。企业计划系统包括三个层次：总公司长期计划、子公司年度计划以及职能部门的业务计划。

年度计划审查通过后，各公司在执行过程中，只要不超出预算范围，通常有很大的改动余地。总公司的控制主要表现在用预算指标来检查对比实际执行结果。子公司可在资本预算范围内自行决定投资。如果需要超过预算，则可向总公司申请调整。一般在一个月内能得到满意的解决。

8个子公司之一的信用信息公司的业务是通过中心银行信息系统向贷方提供信用信息，比如消费者用分期付款方式购买汽车，或开设全国通用的记账户头所需的信用信息等。这是一个别具一格的服务项目，每个客户那儿都有信用信息公司提供的一个终端。需要了解某个消费者或企业的信用状况时，只需操作该终端，便可从信用信息公司的"银行信息中心"提取有关信息。信用信息公司的经理自豪地说："我们能最及时、最迅速地告诉贷主（即我们的顾客）关于某个想借款的消费者是否如期还账，你看多方便！"

该子公司每年的营业额平均增加20%～50%。它的信息中心具有贮存200亿个数据单位的能量，目前拥有2000万个消费者的信用信息，每月更新信息达一亿次。在高峰时期，中心可在一小时内处理10万个查询请求，目前公司在全国各地设立了近8000个终端。

显然，子公司对自己的经营状况是引以为豪的，总公司对其业绩相当满意。然而，公司总部的工作人员则颇多微词，认为公司总部对信用信息公司失去了控制。意见主要表现在以下两个方面。

（1）认为信用信息公司的管理人员在预测未来发展时显得非常保守。指责他们低估了自身的发展能力，并认为这是计划能力缺乏的表现。而信用信息公司的经理们则不同意这种指责，认为公司的发展计划和速度已非常适合，如果对发展的可能性估计过高，则有可能造成盲目乐观，从而导致较低的收益水平。这些经理还认为，实现利润高于计划指标，则很容易做出解释，但假如比预算要求低，则很难说得清楚。因此，在制定经营计划时，或多或少显得有点保守。

（2）认为信用信息公司的资本费用支出经常超预算的标准。总公司有关人员认为这是缺乏控制的表现。为了纠正这种状况，他们对信用信息公司的资本费用支出进行了分析，发现其主要部分被用于购置计算机设备，有一年甚至全部用于这个项目。

信用信息公司购置的计算机有两种类型：一种是大型的程序处理系统，主要用于公司的信息处理业务；另一种是微型的终端处理系统，被转售或出租给用户。后者实际上是公司经营中的原材料，它的添置数反映了新客户增加的数目。问题主要出在大型电子计算机的购置上。这种支出属固定资产投资。公司处理信息的能力必须随着客户的增加而不断提高，因此企业必须在预测未来业务发展的基础上，计划未来添置大型电子计算机的数目（其订货交货周期为18至24个月）。信用信息公司预测其业务增长速度为35%，但在预测未来所需的信息处理能力和确定大型电脑的订购数量时，则是按50%的业务增长率来计算的，其理由是为了安全保险起见。如果到发货期时，企业业务增长速度低于预测水平，则企业可以推迟发货（以支付一定的罚金为代价），或按期提货，使企业保留多余的信息处理能力，以应付日后业务增长的需要。

在这以前，大型电脑的订购未在年度预算中反映。总公司的有关人员只是在固定资产费用项目上才发现上述问题。他们认为这是资本费用"失控"的表现，是不被允许的，因此明确告知信用信息公司"为了保证重点需要，必须编制专门的计算机设备预算。而且你们在向计算机供应商订货之前，一定要上报总公司有关部门，原则上不能超过预算。如果确有必要超过,则需申请修改预算,在总公司认可之后,方能行事。"信用信息公司则对总公司有关部门的新规定颇为不满,认为原先的做法完全是为了达到总公司所要求的业务增长速度。

实行计算机单独预算的办法后,总公司发现,很难参照企业目前和未来的利润预算来调整各种计算机的订货和提货合同;信用信息公司则认为,取得总公司的批准认可才能订购新的电脑设备,这样会延长购买周期。比如说,原先购置微型计算机,从分公司决定订货到提货,只需一个星期,而现在则需四个星期,这样势必会推迟公司向顾客出租或转售的许诺,有违企业服务及时的宗旨。

根据上述材料,回答下列问题:

1. Zeus 总公司原先对子公司(信用信息公司)的资本支出是否缺乏控制?

2. 总公司应对信用信息公司实行何种程度资本费用控制?如何建立这样的控制系统?

第六篇 创 新

● 创 新

第十四章 创 新

【学习目标】

通过本章内容的学习，学生将了解和掌握创新的基本内涵，创新的来源；管理创新的概念、作用、类别、特征及基本内容，创新与维持的关系，管理创新的过程和组织；技术创新的概念及其内容，技术创新的 TRIZ 理论，技术创新决策及风险；制度创新的内涵、理论基础，制度创新过程；组织创新的内涵、影响因素、内容，组织创新中的新思维与关键因素。

【导入案例】

盘旋而上的南浦大桥引桥

上海黄浦江上的南浦大桥建造时，建筑学家们遇到了一个问题。为了不影响浦江上的船只来往，桥必须造得很高；桥造的很高，引桥就必须造的很长，它将绵延数里，直达市区中心，要占去很多道路和土地，给城市建设带来很不利的影响。

建筑学家们寻找着一个使引桥节省空间的办法。直的能不能转换成弯的呢？能的。沿着这条思路，工程师们提出，可以把直的引桥变成螺旋形引桥，就像盘山公路蜿蜒上升。根据这个方案建成的南浦大桥浦西段，引桥建成了螺旋形。上桥的汽车在一圈一圈的螺旋形引桥上盘旋，一层一层地盘高，最后登上主桥。这种引桥，既节省了空间，又增加了美观。

人类社会的发展史是一部不断创新的历史，创新是人类社会永恒的主题，创新更是组织生命力的无穷源泉。在动态的环境中生存和发展的组织，应当深入思考如何培养创新意识、创新精神和打造创新能力的问题。传统的思维模式和程序化的工作方式必须进行变革与创新，以适应组织变化着的环境要求。

第一节　创新与管理创新

一、创新及其来源

1. 创新的基本内涵

关于"创新"的定义,学者们有着各自不同的表述。美国哈佛大学教授约瑟夫·熊彼特(Joseph Schumpeter)认为,创新是指建立一种新的生产函数,即把一种从来没有过的关于生产要素和生产条件的"新组合"引入生产体系。熊彼特的创新概念包括五种情况:"①采用一种新的产品,也就是消费者还不熟悉的产品或一种产品的一种新的特征;②采用一种新的生产方法,也就是在有关的制造部门中尚未通过经验鉴定的方法,这种新的方法不需要建立在科学上的新发现的基础上,并且,也可以存在于商业上处理一种产品的新的方式之中;③开辟一个新的市场,也就是有关国家的某一制造部门以前不曾进入的市场,不管这个市场以前是否存在过;④获取或控制原材料或半成品的一种新的供应源,也不问这种来源是已经存在的,还是第一次创造出来的;⑤形成一种新的组织,比如造成一种垄断地位(如通过'托拉斯化'),或打破一种垄断地位。"

被誉为现代管理学之父的彼得·德鲁克(Peter Drucker)认为,创新是企业家精神的特殊手段,是企业家的具体工具,也是他们借以利用变化作为开创一种新的实业和一项新的服务机会的手段。德鲁克进一步认为,创新是管理的一部分,是创造出新的财富和行动的潜力,而不是新的知识。创新行动赋予资源一种新的能力,使它能够创造财富,凡是能够改变已有资源创造财富的潜力的行为就是创新行为。

美国经济学家、诺贝尔经济学奖获得者保罗·萨缪尔森(Paul Samuelson)认为,创新是指企业家对生产要素实行的新的组合。萨缪尔森进一步认为,创新更多的是指小企业的创新,是企业保证获得超额利润和经济增长的动力。

南京大学的陈传明教授认为,创新就是改变现状,是一种思想及在这种思想指导下的实践,是一种原则以及在这种原则指导下的具体活动,是管理的一种基本原则。创新贯穿于各种管理职能和各个管理层次。

根据以上的定义,我们认为,创新是指经济活动主体对组织的各种要素实行新的组合以实现组织目标的活动过程。

对这一定义可作进一步解释:

(1)创新的载体是组织。创新不能脱离组织而存在,持续运营的组织必定存在创新。

（2）创新的本质是一个活动过程。具体地说，创新存在于组织活动过程之中，并伴随组织活动过程的始终。

（3）创新的内容是对组织的各种要素实行新的组合。要素的重新组合不仅仅是一种创新理念的体现，它同时也是一种新方法、新手段的尝试。

（4）创新的目的是为了实现既定的目标。创新最终要落实到结果的质的飞跃上，没有结果的创新是难以想象的。

2. 创新的来源

彼得·德鲁克认为系统化的创新意味着关注创新机遇的七个来源，即意外的事情、不协调、程序需要、产业和市场结构、人口变化、认知的变化和新知识。在彼得·德鲁克看来，创新机遇的前四项来源存在于组织内部，不管它是企业还是公共服务机构，或者存在于某项产业或服务业部门之内，而后三项来源则是发生于企业或产业以外的变化。

（1）意外的事情

彼得·德鲁克将意外的事情又细分为意外的成功、意外的失败和意外的外部事情三种。

关于意外的成功，德鲁克认为，没有任何其他领域能够像意外的成功那样提供给成功创新最多的机遇。与其他领域相比，它所提供的创新机遇风险最低，创新过程也较简单。但是，意外的成功几乎完全受到人们的忽视，更糟糕的是，管理部门还往往将它拒之门外。对于意外成功视而不见的原因在于，我们往往相信一切事物凡是能持续相当长时间的，就一定是正常的，而且还将一成不变地存在下去。因此任何事物，只要与我们已认定的自然规律相矛盾，就会被视为是不可靠的、不健康的、不正常的东西而加以拒绝。其次，我们现存的情报部门忽视市场竞争趋向，不经常做出分析和报道，更别提大声疾呼以引起管理阶层的重视了。因此，德鲁克要求企业家不能消极地坐等意外成功的出现，而应该进行组织调查工作去发掘它。企业家需要有决心、具体的政策、看待现时的意愿，以及纠正以往举措的诚意和决心来面对意外的成功。这是因为意外的成功不仅是一个机会，同时它也有它的要求，即要求人们谨慎地对待它；要求配备最优秀的、最有能力的人员，而不是一群滥竽充数的人；要求管理者给予与机会的大小相般配的关注和支持。

关于意外的失败，德鲁克认为，意外的失败与意外的成功不同，它不能被拒之门外，而且几乎总引起人们的注意。但是，它很少被视作机遇的征兆。面对意外的失败，管理人员特别是大型机构的主管，往往会坐下来做更深入的研究和分析，这种反应是失误的。意外的失败要求你走出去，用眼看，用心听；要求你走出原来的思路,聆听别人的意见。失败应该总是被当作一种创新机遇的征兆,必须慎重地对待它。

关于意外的外部事件,德鲁克认为,意外的外部事件是发生在一个企业或行业所关注的本业之外的事情,利用这些看来好像"与己无关"的事情,常常可以拓展延伸本行业的业务范围,取得意想不到的成功。利用意外的外部事件特别适合具有相当规模的公司,它也许是提供给大公司最大机遇和最低风险的创新领域;也许是创业较久的大型企业从事创新的领域;也许是具备最重要的专门知识以及调动大量资源的能力而且会快速产生最大差异的领域。

(2)不协调

德鲁克将不协调又细分为不协调的经济现状、现状和设想之间的不协调、所付出的努力与顾客的价值观和期望值之间的不协调以及程序的节奏或逻辑内部的不协调。

在这样一个行业中,某个产品或服务的需求稳步增长,而经济效益不能稳步提高,企业得不到利润,就说明经济的现状之间出现了不协调。面对经济现状之间的不一致,德鲁克认为,创新应该简单,不能复杂,应该明了,不能浮夸。

关于现状和设想之间的不协调,德鲁克认为,当现状出现问题时,如果一个行业的人们对现状做出错误的判断,并做出改变现状的设想及措施;然而这种主观设想和行动的结果却依然没有改变现存的问题,即现状和设想之间的不协调问题。他认为,解决这种不协调,并不一定是需要"英雄式"的创新,解决方案依然应该简单、小规模化、有重点而且专业化。

德鲁克认为,造成所付出的努力与顾客的价值观和期望值之间的不协调的原因中,往往潜伏着商业强人的傲慢、强硬以及武断。他提醒创新者,如果听到这种埋怨时,那么就有理由认为商家的价值观和期望值与顾客的价值观和期望值之间出现了不协调,应该去探索一个具体的创新行动了。

在一些专门业务的操作中,或一些消费者产品的使用过程中,往往会出现一些不顺畅、不方便的麻烦,这些麻烦说明事情中存在某些尚待改进的不协调,即程序的节奏或逻辑内部的不协调。如果发现它们并从中寻找到成功的解决办法,就抓到了创新的机会。

(3)以程序需要为基础的创新

作为创新机遇的来源而被讨论的需要,是一种非常特定的需要,或可称之为"程序需要",它存在于产业、服务业或者一个企业的内部。它是以有待完成的工作为开始,着重于工作,而不是情况。它使现有程序完美,取代薄弱环节;同时,还围绕新得到的知识,重新设计存在的旧程序。有时,它通过提供"欠缺的环境",而使某个程序成为可能。

德鲁克认为,根据程序需要的成功创新有五个基本要素和三个限制条件。五个基本要素是:一个独立程序、一个薄弱或欠缺的环节、一个清晰明确的目标、解决方案的规则可以清楚地加以规定以及具有可行性。三个限制条件包括:其一,必须对该需要有深入地了解,而不是只注意到它,如果搞不清症结或原因,就不可能确定它的创新方案或规则;其二,也许了解某个程序,但是还是缺少解决问题的知识;其三,解决方案应该符合人们做事的方式,而且人们愿意按这个方案去做。

(4)产业和市场结构的改变

市场和产业结构非常脆弱,一个小小的打击,就会导致它们土崩瓦解,而且解体速度还非常快。当这种情况发生后,产业内的每个成员都必须采取应付对策,这就要求产业内每个成员具有创业精神。

德鲁克认为,当产业结构发生变化时,通常能够确定其四项近乎可靠而且非常明显的指标,这四项指标分别是:某产业迅速增长、原有关于市场认识和服务的方式不再适合、彼此独立的科技的整合以及运营方式正在发生迅速的变化。在这些指标里,最可靠、最容易被发现的是某产业的迅速增长。

(5)人口的变化

人口变化通常指人口、人口规模、年龄结构、人口组合、就业情况以及收入的变化。德鲁克认为,在所有外部变化中,人口变化是最清晰稳定的,并且能够得出最可靠的预测结果。决策者,无论是商人还是政治家,在进行分析和思考时,人口因素是所应注重的第一环境因素。

(6)认知变化

当认知发生变化时,事实本身并没有改变,改变的只是它们的意义。这种变化绝不是奇异的或难以捉摸的,它很具体,即它可以被定义、被检测,更重要的是它还可以被利用。

德鲁克认为,利用认知变化创新有四个要素,即创新性、当机立断的迅速手段、准确判断变化的现象是否具有创新潜力以及基于认知变化创新要始于小而专的领域。

(7)新知识

德鲁克认为,实现知识的创新是最能展现企业家精神的。在所有历史性创新中,基于知识的创新占有很大的比例,而且它往往带来巨大的经济效益。在这里,知识并不一定限于科技方面,基于知识的社会创新有时可能会有更强烈的效果。

德鲁克概括了知识创新的四个基本特征,即实现这种创新的时间跨度较长、需要各种知识的聚合、不可预测性较大以及结果难以预料。

综上所述,德鲁克有关七个创新机遇的来源领域的分界线是相当模糊的,而且彼此之间还有相当大的重叠部分,每一项来源都有其与众不同的特征,没有哪一个来源本质上比其他来源更重要或更具有生产力。

二、管理创新概述

1. 管理创新的含义

如前所述,管理过程就是一个创新的过程,管理就是创新。管理创新是创新活动的一个重要方面,是组织为达到向社会提供新产品和服务的目的,适应外部环境和内部条件的发展变化,推动组织结构和体制的变革,促进科技进步的管理活动。管理创新涵盖的内容可以用图 14 - 1 所示的管理活动创新螺旋式上升模式图来表示。

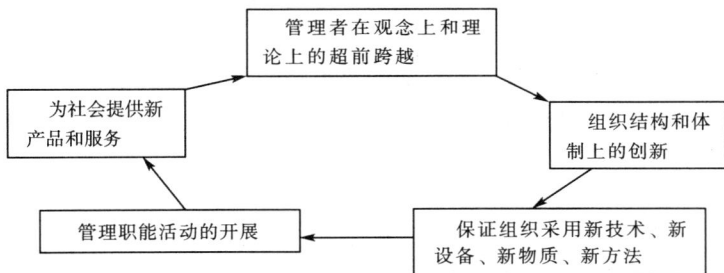

图 14 - 1　管理活动创新螺旋式上升模式图

2. 管理活动中的创新与维持

在特定时期内,某一社会经济组织的管理工作主要包括以下几项内容:

(1)确立组织目标

组织在确立自身的使命之后,一项重要的工作便是设立组织的目标。所谓组织的目标是指组织从事某种活动希望达到的状况和水平。组织目标是组织今后一段时间活动的方向,是组织前行的动力。

(2)制定并选择可实现目标的行动方案

一旦组织目标被确立下来,管理者就要提出实现组织目标的各种解决方案。在提出解决方案时,管理者必须时刻牢记组织的目标,否则提出的方案就有可能偏离组织的目标。

备选方案拟订后,需要确定各种备选方案的价值或恰当性,从中选择出可实现目标的最满意的方案。这就要求管理者不仅要具备评判各种备选方案的价值或恰当性的能力,还要具备挑选并实施某一具体方案的魄力与智慧。

（3）分解目标活动

组织总目标的实现以各个分目标的实现为基础，因此，科学地进行组织目标的分解是实现组织目标的关键。组织目标的分解工作涉及目标在时间和空间两个维度的展开，明确了组织的各个部门在从目前到将来的各个阶段，特别是近阶段所应从事的各种活动。

（4）因岗定人

组织目标的分解，为组织成员的行动提供了依据，同时也对组织成员提出了岗位责任要求。组织的管理者应根据不同岗位的工作要求，配备工作人员。管理者应该始终清醒地认识到，员工是对岗位负责的，而不是对某个人负责的。

（5）推动组织运转

组织运转其实质就是员工在各自的岗位上履行自己的职责。管理者发布工作指令，落实组织运转所需要资源，使组织运转起来。在组织运转过程中，管理者始终应牢记的问题是：组织提供给员工完成工作所需的资源了吗？同时，管理者应督促员工忠实地履行各自的职责，激发他们发挥自身的潜能，以保证组织目标的实现。

（6）协调组织各部分的关系

在组织运行过程中，组织、部门、单位和个人之间的关系呈现复杂化的趋势，矛盾和冲突在所难免。这就要求组织的管理者注重协调各种利害关系，以保证组织各部分平衡，衔接良好。

（7）监督和控制各部门的工作

在朝向目标努力的过程中，内外环境的变化使得偏差在所难免。管理者应协同组织各个部门了解偏差发生的原因并加以纠正，保证计划目标的实现。

（8）根据内外条件的变化，寻求变革与发展

内外条件的变化使得组织的适应性降低，对组织的持续运营构成了威胁，有必要对组织进行局部或全局的调整，使组织重新焕发生机与活力，以全新的状态呈现在人们的面前。

综合对上述有关社会经济组织管理工作内容的简要描述，我们认为，在组织管理工作中，上述第1～7项是组织管理的维持工作，第8项突出的是组织管理的创新工作。有效的组织管理是维持工作和创新工作的有机结合。

3. 管理创新的作用

（1）管理创新可增强组织适应环境变化的能力

组织作为一个开放的系统，与外部环境发生着物质、能量和信息的交换，外部环境的变化客观上要求组织做适应性的调整，否则组织便难以生存。管

理创新可增强组织适应环境变化的能力,以应对来自环境的各种挑战。

(2)管理创新是为组织更高层次的维持提供依托和框架

管理活动的创新使组织呈现出螺旋式上升的态势,而创新的结果有赖于管理的维持工作,或者说更高层次的维持工作。没有管理的维持工作,创新工作便失去了载体。

(3)管理创新可以延缓组织的退化和消亡

任何组织都要经历产生、发展、衰退和消亡的生命运动过程,或者说组织的退化和消亡是不可避免的。从这一意义上说,组织是在同自身的退化和消亡作斗争。创新可以使组织和环境之间的矛盾暂时得到缓解,增强组织的生命力,延缓组织的退化和消亡。

4. 管理创新的类别

组织内部的管理创新从不同角度来考查,有不同的类型。

(1)局部创新和整体创新

从创新的规模和对组织的影响程度分,管理创新包括局部创新和整体创新。

局部创新是指在组织性质和目标不变的前提下,组织中某些要素的属性或相互间的关系发生变化,引发组织功能的形式或方式的变化。

整体创新是指组织性质和目标发生变化,组织的构成要素及相互之间的关系发生根本性的改变,组织功能发生实质性的变动。

因此,整体创新无论是在创新的规模还是对组织的影响程度上,都明显地超过了局部创新。但是,这并不意味着我们可以忽视局部创新,相反,局部创新对于组织适应性的增强起着重要的作用,同时也为整体创新打下坚实的基础。

(2)消极防御型创新与积极攻击型创新

从创新与环境关系来分析,创新可分为消极防御型创新与积极攻击型创新。

消极防御型创新是指当外部环境的变化已对组织的存在和运行造成某种程度的威胁,为避免威胁,组织在内部展开局部或全局性的调整。

积极攻击型创新是指组织敏锐地预测到未来环境可能提供某种有利机会,主动地去调整自身,以利用有利机会,谋求组织的发展。

在消极防御型创新中,创新者的创新意愿是被动的,创新时期的选择是滞后的,最终的创新效果可能差强人意;而在积极攻击型创新中,创新者有强烈的创新愿望,在创新过程中不打无准备之仗,创新结果可能在自己的预想之中。

（3）"内生型"创新、"外生型"创新和"混合型"创新

从组织创新所依赖的科技资源的来源进行分析，创新分"内生型"创新、"外生型"创新和"混合型"创新。

"内生型"创新是指组织依赖自身的科技资源所开展的创新活动。

"外生型"创新是指组织借助自身以外的科技资源所开展的创新活动。

"混合型"创新是指组织在依赖自身的科技资源的同时，又借助自身以外的科技资源所开展的创新活动。

（4）自发创新与有组织的创新

从创新的组织程度上看，创新分自发创新和有组织的创新。

自发创新是指组织内部各部分的自发调整行为，创新的组织程度低。组织内部各部分的自发调整可能产生两种结果：一种是各部分调整都是正确的，而且从整体上看是相互协调的，创新给组织带来积极的效果；另一种是各部分调整有的是正确的，有的是错误的，调整后各部分的关系出现了不协调，创新给组织带来的总效应有可能是正的，也有可能是负的，即创新的结果难以预料。

有组织的创新是指组织管理人员根据内外环境的变化积极地引导和组织创新活动，使组织创新活动有计划、有组织的展开，创新的组织程度高。一般来说，较之自发创新，有组织的创新更有可能给组织带来正的创新效果。

5. 创新活动具有的特征

（1）高风险性

创新本身意味着打破旧的框架，打破原有的平衡，因而创新会受到来自组织内外部各种因素的制约，创新活动有可能失败。

（2）高效益性

创新活动使组织的维持工作在较高的层次上进行，最终为社会提供新的产品和服务，可能为组织赢得高效益。

（3）相对性

创新是一个相对的概念，而不是一个绝对的概念，因为从创新的过程看，创新过程是一个螺旋式上升的过程。

（4）继承性

创新虽然是组织适应环境变化而在观念、结构、体制、方法、手段以及结果等方面的质的飞跃，但创新活动的开展不能离开组织原有的基础。

（5）创造性

创新表现为观念、理论上的超前性，组织体制、技术手段、生产方式的更新，为社会提供新的产品和服务。因此，创新活动的整个过程都充满了创

造性。

6. 创新职能的基本内容

在组织的众多职能中,创新职能是通过对其他职能的影响,而发挥自身的功能的。那么,创新职能是如何能影响其他职能的呢? 我们认为,这就涉及创新职能的内容问题。创新职能的主要内容有以下三方面:

(1)技术创新

技术创新是从一个新的构思出发到这一构想获得成功的商业应用为止的全部活动,它包括科学发现、发明到研究成果被引入市场、商业化和应用扩散的一系列科学、技术和经营活动的全过程。技术创新是企业创新的重要内容,技术创新的进行、技术水平的提高是企业增强自己在市场上竞争力的重要途径。

(2)制度创新

制度创新是能够使创新者获得追加利益的现存制度的变革。制度创新强调通过制度设计和安排,能够降低交易费用,引导人们通过合作而提高经济效益。就企业制度创新而言,其方向应是不断调整和优化企业所有者、经营者、劳动者三者之间的关系,维护各方的利益,倡导合作,降低交易费用,以提高企业的经济效益。

(3)组织创新

组织创新涉及组织机构和组织结构的创新。组织机构的创新是组织中不同的管理部门的创新,主要涉及管理劳动的横向分工的问题。组织结构的创新是各管理部门之间,尤其是不同层次的管理部门之间的相互独立、相互制衡关系的重新调整。

不同的企业有不同的组织形式,同一企业的不同时间,也要求组织的机构和结构进行不断调整。

组织机构和结构的创新目的在于使组织适应变化了的组织内外环境,更有效地发挥组织管理人员的作用,提高管理劳动的效率,从而保证组织目标的实现。

7. 管理创新的过程和组织

(1)创新的过程

创新过程是指从创新构思产生到创新实现,直至创新成果投放市场后改进创新的一系列活动及其逻辑关系。

① 寻求创新机遇

系统的、有目的的创新从分析机遇开始。彼得·德鲁克提出的有关创新机遇的七大来源,为管理者提供了寻求创新机遇的可能选择。但是,作为管理者必须清醒地认识到,不同领域、不同来源的机遇在不同的时间有着不同的重要性,必须有组织、有系统地对所有创新的来源定期地进行分析研究,以把握最适合本组织的创新机遇。

② 提出构想

努力把握创新机遇,提出可能的应对变化的构想,并进行优选。构想的提出与优化依赖于多看、多听、多问。管理者要利用一切可能的机会了解客户,了解他们的期望、价值观和他们的需要,以判断构想的正确性和未来适应性。

③ 迅速行动

构想提出后,必须立即付诸行动才有意义,迅速行动涉及的活动很多,主要有研究开发、技术管理、组织、工程、创造、营销、用户参与及管理和商业活动等。创新并不是等所有这些活动准备就绪后再进行,创新往往是从小起步,开始只需要少量的资金、少数几个人手,而且只需要有限的小市场。在创新的初始阶段,只有小规模,对人员、资金和市场要求不高时,才能进行必要的改变。

④ 坚持不懈

创新过程是不断尝试、不断失败、不断提高的过程,更是对组织领导者及其员工意志及其品质考验的过程。在这一过程中,他们可能经历前所未有的挑战,可能遭受来自精神和肉体的双重打击,对此,管理者要有充分的思想准备。因此,创新活动贵在坚持不懈、持之以恒。

(2)创新活动的组织

组织的管理者对组织的创新活动负有直接的领导责任。他们不仅对自己的工作进行创新,更主要的是启迪下属的创新思维,为下属的创新活动提供条件、创造环境,对组织系统内部的创新活动进行有效的组织。

① 正确理解和扮演"保守的创新者"的角色

成功的创新者不是盲目的"冒险家",他们都试图找出所要冒的风险,然后尽量把它们降至最低点。彼得·德鲁克认为,所有的经济行为都是高风险的,但吃老本(即不创新)比创造明天风险更大。成功的创新者是保守的,他们都成功地找出了风险并加以控制。他们成功地有系统地分析了创新机遇的来源,然后专注于挖掘这个机遇并充分利用它。因此,成功的创新者不是专注于风险,而是专注于机遇。

② 浓厚创新的组织氛围

创新是全体组织成员共同的职责所在,需要全体成员勤奋、有恒心和责任感,这就要求员工把创新作为一项辛苦、专注和有目的的工作来对待。因此,有必要在组织内部营造创新的浓厚氛围,鼓励进取、创新,鞭策甚至淘汰无所作为者。

③ 制定有弹性的计划

创新是经济社会双重作用的结果,组织目标的实现是在变化着的环境中进行的,有变化意味着创新活动本身的变动性。为了保证创新活动的顺利开展,在制订计划时,必须就众多不确定的因素充分加以考虑,给计划留有一定的变化余地。

④ 变过程控制为目标管理

创新工作是一项开拓性的工作,旧有的思维模式和工作方式可能会阻碍创新工作的开展。因此,应尽可能减少对创新过程的直接干预,不要硬性给创新工作设定所谓的路径,变过程控制为目标管理。

⑤ 正确地看待失败

尽管创新者试图找出风险并加以控制,但是创新过程是尝试的过程,客观上存在着高风险,即失败的可能性很大。因此,管理人员要充分认识到这一点,支持尝试,允许失败,并帮助寻找创新失败的经验和教训,努力缩短创新成功的时间。

第二节　技术创新

自美籍经济学家熊彼特提出技术创新理论以来,技术创新理论体系日渐完善,并在经济增长中发挥了重要的作用。技术创新战略的实施,技术水平的提高是企业增强自身竞争力、实现可持续经营目的的有力保障。

一、技术创新的概念及其内容

1. 技术创新的概念

自 1912 年熊彼特提出创新概念以来,技术创新作为创新的一个重要领域,受到国内外学者的广泛关注。但是由于技术创新工作本身的复杂性,加之涉及面广的特点,迄今为止,技术创新尚未形成统一的定义。

结合创新本身的定义,我们认为,技术创新是指经济活动主体借助技术进行变革,对组织的各种要素实行新的组合以实现组织目标的活动过程。这一定义可以从以下三方面加以说明。

(1)技术创新是通过技术进行的变革,而不是创新技术

在技术创新中,技术本身无须发生革命性的变革,技术创新是通过技术进行的变革,而不是创新技术。如实际工作中应用的新材料、新设备和新工艺,或某种已经存在的事物以新的方式在实践中的有效使用,或者原有技术的重新组合,等等。

（2）技术创新的手段是对组织的各种要素实行新的组合

技术创新功能的发挥离不开组织这一平台，借助这一平台，技术创新可以对组织的各种要素实行重新组合，充分发挥各种要素的潜在功能，更好地实现组织的目标。

（3）技术创新对组织的其他职能进行渗透，促进其他职能作用的发挥

决策、计划、组织、领导、控制等职能可以被看作是组织的维持职能，而创新职能则是这些维持职能不断提高的内在动力，是组织能不断成长壮大的关键。

组织各职能间的关系可以用图14-2来表示。

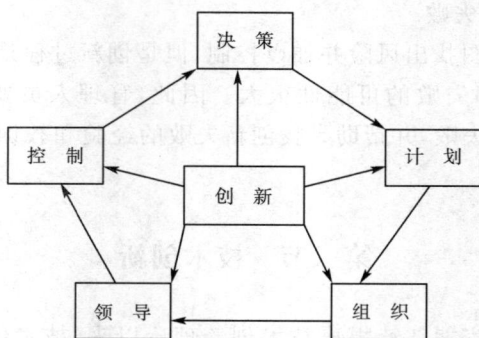

图 14-2 组织各职能间的关系图

由图14-2所示可知，创新职能对其他职能具有渗透作用，创新职能使得其他职能在更高的平台上发挥作用，同时，创新职能又是借助其他职能作用的发挥来体现自身价值的。

作为创新职能重要组成部分的技术创新，则是借助技术进行变革，强化了创新职能，从而达到促进组织其他职能作用的发挥。

2. 技术创新的内容

技术创新有着极其丰富的内容，从企业生产过程的角度来考察，技术创新涉及以下几个方面：

（1）材料创新

材料既是产品和物质生产手段的基础，也是生产工艺和加工方法作用的对象。因此，在技术创新的各种类型中，材料创新可能是影响最为重要、意义最为深远的。材料创新或迟或早会引起整个技术水平的提高。

由于迄今为止作为工业生产基础的材料主要是由大自然提供的，因此材料创新的主要内容是寻找和发现现有材料，特别是自然提供的原材料的新用

途,以使人类从大自然的恩赐中得到更多的实惠。随着科学的发展,人们对材料的认识渐趋充分,利用新知识和新技术制造的合成材料不断出现,材料创新的内容也正在逐渐地向合成材料的创造这个方向转移。

（2）产品创新

产品是企业的象征,任何企业都是通过向市场上提供某种或某些在某种程度上不可替代的产品来表现并实现其社会存在的。产品在国内和国际市场上的受欢迎程度是企业市场竞争成败的主要标志。只有不断地组织并实现产品的创新,企业才能保持持久的竞争优势,充满生命力。

产品创新包括新产品的开发和老产品的改造。这种开发和改造是指对产品的结构、性能、材质、技术特征等一方面或几方面进行改进、提高或独创。它既可以是利用新原理、新技术、新结构开发出一种新型产品,也可以是在原有产品的基础上,部分采用新技术制造出来适合新用途、满足新需要的换代型新产品,还可以是对原有产品的性能、规格、款式、品种进行完善,但在原理、技术水平和结构上并无突破性的改变。

产品在企业经营中的作用决定了产品的创新是技术创新的核心和主要内容,其他创新都是围绕着产品的创新进行的,而且其成果也最终会在产品创新上得到体现。

（3）工艺创新

工艺创新包括生产工艺的改革和操作方法的改进。生产工艺是企业制造产品的总体流程和方法,包括工艺参数和工艺配方等;操作方法是劳动者利用生产设备在具体生产环节对原材料、零部件或半成品加工的方法。生产工艺和操作方法的改进,要求企业在不改变现有物质生产条件的同时,不断研究和改进具体的操作技术,调整工艺顺序和工艺配方,使生产过程更加合理、现有设备得到充分的利用、现有材料得到更充分的加工。

（4）手段创新

手段创新主要指生产的物质条件的改造和更新。任何产品的制造都需要借助一定的机器设备等物质生产条件才能完成。生产手段的技术状况是企业生产力水平具有决定性意义的标志。

生产手段的创新主要包括两个方面的内容:一是将先进的科学技术成果用于改造和革新原有的设备,以延长其技术寿命或提高其效能,比如用单板机把一般机床改装成自动控制的机床,用计算机把老式的织布机改装成计算机控制的织布机,等等;二是用更先进、更经济的生产手段取代陈旧、落后、过时的机器设备,以使企业生产建立在更加先进的物质基础之上,比如用气流纺纱取代旧式的纺纱机,用电视卫星传播系统取代原有的电视地面传播系统,等等。

上述几个方面的创新，既是相互区别，又是相互联系、相互促进的：材料创新不仅会带来产品制造技术的革命，而且会导致产品物质结构的调整；产品的创新不仅是产品功能的增加、完整或更趋完善，而且必然要求产品制造工艺的改革；工艺的创新不仅导致生产方法的更加成熟，而且必然要求生产过程中利用这些新的工艺方法的各种物质生产手段的改进。反过来，机器设备的创新也会带来加工方法的调整或促进产品功能的更加完善，工艺或产品的创新也会对材料的种类、性能或质地提出更高的要求。总之，上述各类创新虽然侧重点各有不同，但任何一种创新都必然会促进整个生产过程的技术改进，从而必然会带来企业整体技术水平的提高。

二、技术创新决策

一旦组织全面分析了当前的技术状况，它就可以开始决定如何在未来开发或利用潜在的技术创新。技术创新决策必须平衡很多相关联的因素，最有效的开发技术的方法不仅依赖技术支持组织战略需求的潜在可能，而且依赖于组织能成功利用技术的技能与能力、组织的竞争性战略、员工处理新技能的能力、技术与公司运作的适应性、组织处理风险的能力及采用新技术的渴望，所有这些都应与开发技术的动态力量相吻合。技术创新决策过程如下：

1. 评估技术需求

评估组织的技术需求涉及组织现有技术以及外部技术趋势两方面。

（1）评估组织现有技术

在组织制定设计开发和利用技术创新的战略之前，有必要对他们现有的技术基础有一个清楚的了解，尤其要弄清组织依靠的关键技术。

（2）评估外部技术趋势

技术决策不仅要对组织的现有技术有个清楚的了解，还要能够了解行业内技术状况及其变化趋势。一方面，将组织的实际技术与同行业其他公司的技术相比较，关注能做什么以及当前正在开发的技术；另一方面，着重于识别和监督行业中新技术的来源，发掘出那些正在引进和开发阶段的技术。

2. 可预计的市场接受程度

当制定一项关于技术创新的战略时，首先要考虑的是市场潜力，在很多情况下，创新是由对新产品和服务的外部需求所激发的。在评价市场的接受程度时，组织管理者需要做出两个决定：一是短期必须要迅速的应用以显示新技术的价值，二是长期则需要有一套应用以表明新技术是满足市场需求的有效方法。

3. 技术可行性

组织必须考虑技术创新的可行性。技术创新过程中存在技术障碍,它可能延缓潜在的有价值的创新。例如,在制药行业中,科学家和医师不懈的努力以找到像癌症和艾滋病这样的疾病的病因和疗法,但是技术性限制延缓了创新的进程。

4. 经济可行性

经济可行性是组织必须考虑的一个重要问题。组织领导者除了关心是否能够赢得技术创新外,还要考虑是否有好的财务动机去实现它。如果没有好的财务预期,在研发上的投入就可能没有理由了。

5. 可预期的能力发展

通常,技术创新被看作是无形技术带来的有形产品,它们可以增强企业的核心竞争力。当一项技术有广阔的市场应用前景时,公司必须拥有(或发展)内在的能力去实现技术战略,如果没有一个实施创新所需的能力,甚至可以预言,技术创新对公司将是一场灾难。

6. 组织适应性

技术创新必须要与组织文化、管理者利益、股东利益相适应。拥有前瞻性和机会主义文化的组织文化是一种崇尚创新的组织文化,它是组织技术创新的基础。技术创新中必须考虑管理者的利益维护问题,否则技术创新的风险可能会阻挠管理者的创新意识和创新实践。技术创新中要注意维护股东的利益,尤其是长远利益的维护,向股东展示技术创新后公司良好的发展前景。

三、技术创新风险

1. 技术创新风险及其影响因素

所谓技术创新风险,是指由于外部环境的不确定性、技术创新项目的难度与复杂性以及创新者自身能力与实力的有限性,而导致技术创新活动达不到预期目标的可能性及其后果。

技术创新风险是由众多因素,包括内部因素和外部因素相互作用的结果,这些导致技术创新风险产生并使之变化的因素,称为风险因素。影响技术创新成败的因素众多而复杂,涉及政治、社会、市场、技术和生产经营、销售等多方面。技术创新的风险因素可进行如下分类:

(1)客观风险因素与主观风险因素

客观风险因素是指属于外部环境的不确定性、项目本身的难度与复杂性以及企业自身客观条件的限制等方面的风险因素。而主观风险因素是指由决策者、管理者、创新者的主观原因导致的风险因素。

（2）系统性风险因素与非系统性风险因素

系统性风险因素是指就某个技术创新项目而言，对所有从事该项目的企业均构成不利的风险因素，如由于外部环境的不确定性、项目本身的难度与复杂性等所形成的风险因素便是系统性风险因素。而非系统性风险是指只对某一特定企业构成不利影响的风险因素，其中包括企业的能力与实力的有限性、决策管理失误以及仅对某企业构成不利的突发因素（如被控侵权）。

（3）可管理的风险因素与不可管理的风险因素

可管理的风险因素是指那些在技术创新过程中出现的可回避或可控制、可转移、可分散的风险因素。而那些既不可回避，又不可控制、不可转移、不可分散的风险因素称为不可管理的风险因素。

2. 技术创新风险的类型

按照不同的风险成因，可以将技术创新过程中可能遇到的风险分为以下几类：

（1）政治风险

具体说来，政治风险可能来源于国家政局发生变化，使企业的新产品无法进入市场；国家制订的有关法律法规限制新产品进入市场（如新产品的开发侵犯了技术专利，造成环境污染，安全性能不符合标准等）；国家、地区的发展规划和产业政策的调整变动给技术创新活动带来了困难。特别是国家在经济形势发生变化时，就会使用财政政策和货币政策进行宏观调控。如当国家实行紧缩性的财政政策和货币政策时，技术创新所需资金筹措就比较困难，从而使得技术创新难以顺利进行而产生风险。当然，这种风险实质上也是政策风险。

（2）社会风险

社会风险是泛指其他一切社会因素，如文化、宗教、民族等所引发的技术创新的风险的可能性。比如企业研制的新产品与销售地域的文化传统不相符，或与当地的宗教习惯有冲突，从而引发人们的心理抵触感，造成销售失败。

（3）市场风险

市场风险是指技术创新后所生产的新产品投入市场得不到消费者的接受和认可，从而导致产品销售受阻，无法收回技术创新的投资的可能性。并且，产生市场风险的主要原因是市场的不确定性。

技术创新的市场风险发生后的损失与一般的市场风险不一样，一般的市场风险的损失表现为本期收益的减少或降低，而技术创新的市场风险的损失包括技术创新开发、转让和转化过程中的投入损失。

（4）技术风险

技术风险主要来自技术创新的构思和实施阶段。由于技术创新的主体受多方面因素的影响，不可能对创新技术的成果转化和投放市场做出准确无误的预测，加上技术创新所使用的技术装备水平、科研力量的限制，致使许多因素处于不确定状态，从而产生技术风险。

（5）决策风险

企业领导者的主要责任不仅是维持企业的正常生产和经营，而且要实现长期和短期的利润最大化。在这种职责驱使下，当企业领导者看到技术含量高、市场需求量大、潜在经济效益高的新技术时就会抓住不放。如果此时不管自己的企业是否有配套的技术力量、相应的设备、原材料来源和资金的支撑，而盲目决策买进技术进行转化，结果是尽管技术很成熟，但是由于接受方条件不成熟，使得技术转化失败，产生决策风险。

3．技术创新风险的特征

（1）技术创新风险与收益的对立统一性

技术创新是一种风险性活动。在复杂的风险因素作用下，技术创新的风险活动是一种矛盾运动，从而使得技术创新的收益具有不确定性、风险具有突发性，使得技术创新具有风险与收益的对立统一性。统一性表现在风险与收益是对称的、共生的，而矛盾性表现为企业在进行技术创新决策时面临风险与收益之间的矛盾，从而不得不进行风险与收益的权衡。

（2）不确定性与确定性

不确定性是造成风险的原因之一，但不确定性中存在确定性的成分。企业要防范技术创新风险，也就必须从不确定性中寻找和把握其中隐含的确定性，将风险减到最小。但是，从动态意义上讲，确定性中可能含有不确定性。这主要是外部环境的变化，使一些原本确定性的因素变为不确定性。例如，在技术创新投资方面往往存在"测不准现象"，即企业对某项技术创新所制订的投资计划，一旦实施，会由于不可预见因素的出现而使实际投资大大超过预算。可见，技术创新中的不确定性与确定性是相互共存的。

（3）主观风险与客观风险并存

风险既具有客观性，又具有主观性。技术创新风险之所以具有客观性是因为技术创新风险是客观存在的，客观因素可导致技术创新风险；技术创新风险之所以具有主观性是因为不同的决策者对待风险的感受、态度和偏好会有所不同，同时，决策者的主观因素亦会导致技术创新风险。技术创新风险运动是主观与客观相互作用的过程。

对于一个技术创新项目，不同的决策者掌握的有效信息量不同，再加上决策者对"风险"的理解及把握尺度的不同,会导致对技术创新项目做出不同的决策或采用不同的风险处理方法。即使不同的决策者对同一技术创新项目做出同样的风险估计,也会因风险倾向的差异导致决策的差异,而这种差异会改变技术创新项目的风险状态。在技术创新项目的实施中,针对风险因素的相继出现,决策者或管理者可能会采取相应的措施,产生主观风险与客观风险的交互影响。

第三节　制度创新

一、制度创新的内涵

关于"制度"的含义,诺斯表述为"是一系列被制定出来的规则、服从程度和道德规则",具体地包括组织方式、产权结构、管理体制、市场规则等。

关于制度创新,新制度学派有很多论述,他们在制度创新含义的认识上主要有以下几种:①制度创新一般是指制度主体通过建立新的制度以获得追加利润的活动。它包括以下三方面:第一,是反映特定组织行为的变化;第二,是指这一组织与其环境之间的相互关系的变化;第三,是指在一种组织的环境中支配行为与相互关系规则的变化。②制度创新是指能使创新者获得追加利益而对现行制度进行变革的种种措施与对策。③制度创新是在既定的宪法秩序和规范性行为准则下制度供给主体解决制度供给不足,从而扩大制度供给以获取潜在收益的行为。④制度创新是由产权制度创新、组织制度创新、管理制度创新和约束制度创新四方面组成。⑤制度创新既包括根本制度的变革,也包括在基本制度不变前提下具体运行的体制模式的转换。⑥制度创新是一个演进的过程,包括制度的替代、转化和交易过程。

一般而言,制度创新有狭义和广义之分。狭义的制度创新,亦称组织创新,是指随着生产的不断发展而产生的新的组织形式;广义的制度创新不仅包括组织创新,而且包括管理创新和市场创新。

二、制度创新的理论基础:产权重组理论

德姆塞茨认为:"所谓产权,意指使自己或他人受益或受损的权利。"产权制度是产权关系的制度化,是规范和协调主体在财产占有行为方面的规则、准则,体现为规范化的社会关系体系。产权制度具有经济激励功能、资源配置功能、约束功能以及社会安定和发展的保障功能。

产权不仅关系着效率,而且关系着公平。产权制度作为资源中的物的要

素(如土地、物质生产资料、货币财富)的产权界定,产权的不同分配机制、不同的制度安排将导致不同的效率。产权制度的评价要有效率标准。西方产权经济学认为,在存在社会交易费用的前提下,某一产权制度的效率就是选择这一制度的收益大于其成本。因此,产权制度创新要从效率与公平两个方面进行,这应该是我们对社会主义产权制度合理性评价的基本原则。

产权重组是指对于一项财产的一组权利在不同的产权主体之间进行的重新组合。产权重组的分类如下:

(1)根据构成产权的权利层次不同,产权重组可以划分为所有权换位和非所有权换位两种形式。

所有权换位的产权再配置指财产的所有权在产权主体之间发了交换,相应地其他几项权利可能全部或部分进行了交换。

非所有权换位的产权再配置指资产的最终所有权保持不变,只有使用权、收益权、处置权、让渡权这四项权利内容中的一项或几项在主体之间发生了重组。

(2)根据权利重新组合的途径不同,产权再配置可分为市场型和非市场型产权再配置。

任何经济关系调整的目的都在于优化稀缺性资源的利用效率。产权重组也正是基于这样的目的,产权结构的调整就是要以最低的交易费用取得这些稀缺资源。那么,企业组织又与交易技术结构之间有什么关系呢?如何评价产权创新的效果呢?

技术交易结构是指所从事的交易的类型,进行交易的资产专用性和交易外部效应是划分交易类型的尺度。

威廉姆森(Wiliamson)对有效率的组织结构设计的资产专用性原则和外部效应原则进行了以下阐述:

(1)资产专用性(是指资产用途的专门化程度)原则是指资产的专用性越高,就越难于从一种用途转移到另一种用途,这样在市场上完成一笔交易要花费搜寻价格和交易对象的成本,且任何一方违约都会给对方造成不可挽回的损失,因为资产不可能转作他用,因此交易双方必须了解合同的细节,并且在谈判和签约时要强调和确保合同的完全履行,为此就要付出更多的谈判和执行费用。为了降低交易费用,科层组织就趋于替代市场机制。所以资产专用性原则表明,资产的专用性越高,科层取代市场的趋势越强。

(2)外部效应原则通常与在市场交易中当事人的行为对他人利益造成的影响和侵害大小有关。如果交易的外部效应很强,那么双方为避免执行合同中受到侵害的潜在危险,交易合同的谈判和签订就会耗费当事人极多的时间和精力。出于节约交易费用的目的,市场交易趋向于内部化,即以科层结构的一个契约替代一系列市场契约,也就是所谓的一体化。只要交易内部化所节约的边际交易费用大于在企业内部组织同笔交易的边际组织费用,纵向一体化的规模就会扩大,直到交易费用和组织费用在边际上相等为止。因此,外部性原则意味着如果交易的外部效应越强,企业组织越趋于取代市场组织;反之,交易的外部效应越弱,市场组织越趋于取代企业组织。

威廉姆森的资产专用性和外部效应两个原则揭示了交易技术结构与组织结构最优匹配的模型。其可分为四种类型:①具有极高交易费用的交易类型;②具有较高交易费用的交易类型;③具有较低交易费用的交易类型;④具有低交易费用的交易类型。为达到体制组织效率最高的目标,应在每一个交易技术结构的区间内,选择适当的组织结构,使交易费用(包括组织费用)达到极小值。

组织创新实际上是一个经济体系为减少交易的外部效应而进行的一系列产权再配置在企业组织形态上的结果。组织创新的最终目的是优化资源配置,它是联结产权再配置与资源优化配置的枢纽。用产权经济学的方式方法构筑起来的关于企业制度创新的理论框架明确地告诉我们产权再配置是企业组织创新的中心环节。

通过产权格局的再调整即产权重组来消除外部效应是优化资源配置的内在要求。产权重组必然导致组织(制度)的创新。同时,组织创新和产权重组反过来引起交易费用的变动。

任何旨在重新塑造国有企业组织结构的举措都会首先遇到调整产权关系这个难题。以市场经济为导向的经济体制改革的关键在于企业组织创新,企业组织创新的关键在于产权再配置。

三、制度创新过程

戴维斯和诺斯认为,制度创新需要一个相当长的过程,因为制度创新存在着一定的时滞问题。戴维斯和诺斯把制度创新的全过程分为五个阶段:

(1)形成"第一行动集团"的阶段。所谓"第一行动集团"是指那些能预见到潜在市场经济利益,并认识到只要进行制度创新就能获得这种潜在利益的人。他们是制度创新的决策者、首创者和推动者,他们中至少有一个成员是熊彼特所说的那种敢于冒风险的、有锐敏观察力和组织能力的"企业家"。

(2)"第一行动集团"提出制度创新方案的阶段。先提出制度创新方案,再进入下一阶段的创新活动。

(3)"第一行动集团"对已提出的各种创新方案进行比较和选择的阶段。

（4）形成"第二行动集团"的阶段。所谓"第二行动集团"是指在制度创新过程中帮助"第一行动集团"获得经济利益的组织和个人。这个集团可以是政府机构，也可以是民间组织和个人。

（5）"第一行动集团"和"第二行动集团"协作努力，实施制度创新并将制度创新变成现实的阶段。

戴维斯和诺斯认为，制度创新的过程是制度失衡与制度均衡的交替变化过程。在制度均衡状态下，对现存制度的改革，不会给从事改革者带来更大的利益，因此，这时不会出现制度创新的动机和力量。但如果外界条件发生变化，或市场规模扩大，或生产技术发展，或一定利益集团对自己的收入预期有改变，等等，从而出现了获取新的潜在利益的机会时，可能再次出现新的制度创新，然后又达到制度均衡。在制度学派经济学家看来，制度不断完善的过程，就是这样一种周而复始的从制度的非均衡到制度均衡的动态变化与发展过程。

第四节　组织创新

一、组织创新的内涵

组织创新是指组织管理者根据创新的客观要求和创新活动的客观规律，有计划有组织地开展创新活动，给组织带来预期的积极结果的过程。

组织创新有着极为丰富的内涵，主要体现在以下五个方面：

（1）突破原有的创新范围，重组企业组织结构，在企业组织中建立起以速度、柔性和敏感性为核心内容的新的产品创新典型，以适应个性化的消费者需求。

（2）必须突破原有组织文化、工作方式所规定的职能空间，对企业结构进行彻底、激进和根本的改造。

（3）突破职能的框架，视作业流程为重组对象，通过对流程的重新设计，打破职能部门的限制，建立新的跨职能部门的组织形式，完成对流程的整合，实现组织结构的扁平化和组织结构的充分柔性。

（4）突破原有以领导者为核心的企业决策模式，通过共同目标的设立和广泛的授权，建立以员工为核心的、能够进行共同学习的团队型学习组织，使企业员工不断学习和进步。

（5）突破原有的工作模式，充分利用现代信息技术，依靠互联网、数据库、知识库和模型库，打破原有的串行作业流程，在组织内实现并行的工作模式。

二、组织创新的影响因素

在进行组织创新的过程中，必须考虑对组织创新具有重要影响作用的因素。就企业组织来说，从目前情况看，这些因素主要有以下六个：

（1）外部环境。从系统论的角度看，企业作为一个与外界保持密切联系的开放系统，需要不断地与外部环境进行物质、信息和能量的交换，因此，其管理组织也不可避免地要受到各种环境，主要由处于企业外围的、与企业经营有关的组织所影响。这些组织包括顾客、供应商、竞争对手、投资和金融机构、工会组织、行业协会和政府机构等；还包括一般环境，即对企业产生影响的经济、技术、政治、法律、社会、文化和自然资源等要素。所有这些要素的变化都会导致环境发生或大或小的变化。

（2）企业战略。企业战略是对企业长期生存和发展的总体谋划。战略是由组织中一定层次和部门的人规划制定的，而战略的实施需要有效的组织形式做保证。企业战略和组织形式之间存在着既相互制约又相互促进的关系。钱德勒通过对美国 70 家大型公司的发展史的考察，对企业战略和结构之间的关系进行了深入研究，得出了"结构跟着战略变"的著名结论。企业发展战略每经历一个新的阶段，组织形式也应相应改变。与战略不相适应的管理组织会成为阻碍战略产生效力的巨大抑制力量，只有组织形式与战略方案相匹配，才能成功地贯彻实施战略。

（3）企业的成长状况。其包括：①组织的年龄。组织的年龄是决定组织的结构与功能的关键因素之一。对于一个新建的企业来说，企业主要依靠直接监督和相互调整来协调各项活动。随着组织年龄的增长，逐渐积累了一系列有效的管理经验，管理知识日趋丰富，组织结构及内部规则将随着组织的成长而不断变化。值得注意的是，随着时间的推移，历史中形成的组织结构、规则往往具有一定的"惯性"，这在一定程度上阻碍了组织创新活动。②企业的成长方式。企业的成长方式对组织的形式也有较大的影响。以"内部发展"方式成长起来的大型企业，往往是从集权的职能结构，再到以分权为特征的事业部制结构。而以"兼并"方式成长起来的企业一般以"企业集团"式的组织开始，随着生产经营联系的日益密切，集团的核心企业逐渐控制其他企业的生产经营活动，逐步从"集中"过渡到"集权"。

（4）企业规模。企业规模大小与管理组织的正规化程度之间有着密切的关系。一般来说，小型企业适合于采用非正规的有机式组织，大型企业适合于正规的具有行政性特征的机械式组织或称行政化组织。成长与发展是企业组织所追求的永恒主题，任何一个企业从其诞生之日起，就有追求成长和发展的内在冲动,规模的增大是企业成长的核心内容。而随着组织规模的扩大、组织内部管理层级和管理跨度的增加,在管理者理性有限的情况下,协调和管理规模更大的组织需要有新型的组织形式来替代原有的组织形式,以缓解管理者有限理性的压力,提高组织的效率。

(5)技术的发展。技术可分为生产技术和信息技术。生产技术包括作为"硬件"的作业技术和作为"软件"的知识技术。作业技术是指某个组织将投入转换为产出所使用的工具和装备的总称;知识技术是指人们对转换过程及其投入和产出的认识能力,两者对组织结构都会产生较大影响。信息技术的发展将越来越多的可程序化决策纳入计算机系统中,使管理者把精力集中在非程序化决策上;企业在建立统一的信息系统后,促进重要决策的集中化,有利于高层领导做出快速、准确的决策;在重要决策集权的同时,次要的决策可以趋向分权化;促使以监督为主要职能的管理层次和部门得以精简。

(6)人员的思想和素质。环境对管理组织的影响往往必须通过企业中的人员才能产生作用,他们的思想和素质状况对管理组织特征具有重要的影响。企业管理组织的设计和变革是企业的一项战略决策,决策的制定者是企业高层领导者,决策受领导者主观因素的影响。不同的领导者将根据其各自的价值判断基准而选择截然不同的组织设计方案。企业员工的素质高低会通过管理幅度而影响到管理组织的形状。员工的素质和需要会影响组织集权化和正规化程度。具有较低层次需要的人适宜于在集权的机械式组织中工作,而具有自我控制能力和自我实现需要的人适宜于在分权的有机组织中工作,这样有利于发挥他们的聪明才智。

三、组织创新的内容

组织创新的目的是使组织管理不断适应内外条件的变化,使得组织能高效运转。要实现这一目标,具体的组织创新思路可围绕两个方面进行:一是改变组织中人员的行为,二是改变组织本身来影响组织中人的行为。以人为中心的组织创新,强调组织中的人员是可以经由组织训练和组织发展的方式,以达到组织创新的目的;而以改变组织为主的方法则强调组织中非人性因素的修正,如组织结构、政策和程序规则的修正等,可将其分为以组织结构为中心和以组织流程为中心两种情况,其共同特征是强调组织中的非人性因素。在现实中的组织创新,往往是以改变人员和改变组织共同进行的。

(1)以人为中心的组织创新。以人为中心的组织创新就是指以改变人员的态度及人际间的工作关系的性质来达到改进组织绩效的目的。在这种创新方式中,创新者(管理人员)首先致力于改变人员的态度,他希望通过人员态度的改变导致人员行为的改变或修正，从而达到改进工作绩效的目的。以人为中心的组织创新的具体方法就是组织发展方法，具体包括敏感性训练、调查反馈、过程咨询、团队建设和团体发展等。贯彻这种创新方法的共同主线是它们都设法带来组织人员及其内部相互关系的改变。

以人为中心的组织创新的最终目标是通过内部成员的组织修炼，建立学习型组织。学习型组织的精神基础是"自我超越"，它表现为组织内的每一个成员都集中精力、培养耐心、全身心投入，不断创造和超越自我。自我超越是个人终身学习的过程，也是组织学习的前提。

（2）以结构为中心的组织创新。它是以组织为中心的创新方式。它不追求组织中人员态度的改变，而是通过修正或变革组织结构、技术、沟通、奖励制度、工作环境等来改变组织现状，提高组织效能。管理人员希望借助工作环境的改变，使组织人员自动跟着修正他们的行为，至于人员的态度是无关紧要的。而事实上，组织系统的改变，确实能在某种程度上改变人员的态度，而这种态度的转变，可能有助于也可能有害于组织创新的进行。

一个组织的结构是由其复杂性、正规化和集权程度决定的。管理者可以对这些结构要素的一个或多个加以变革。如可将几个部门的职责组合在一起，或者精简纵向层次、拓宽管理跨度，以使组织扁平化和具有更少官僚机构特征。为提高组织的正规化程度，可以制定更多的规则和制度。而通过提高分权化程度，则可以加快决策制定的过程。

（3）以组织过程为中心的组织创新。以人为中心和以结构为中心的组织创新所依据的理论基础是比较传统的组织理论，前者是关注组织中的人的方面即非正式组织，而后者则将重点置于正式组织。以组织过程为中心的组织创新是对传统组织理论与实践的一种突破，其组织创新的结果将是构建"过程组织"。

根据分工理论，职位和部门是组织理论的基本构件。在传统企业中，一项工作的实施过程要由许多职位和部门来分别承担，这就必然产生频繁的跨部门的协调工作。尽管各个作业的效率从作业化分工中得到较大提高，但是由于各项作业间衔接的困难、跨部门协调的时间浪费和高费用，使得整个流程的适应性却由此产生。为了使被割裂的过程重新得到综合，企业只能依靠层层相叠的科层组织作为"黏合剂"。但实际上，企业作为一种社会系统，与其他社会系统一样，组织的基本构件不应是实体，而应该是活动或事件。美国管理学家哈默和钱皮提出企业再造给企业组织创新提供了一个新思路。他们认为，科层组织是以专业化分工为基础的结构设计的必然产物，"那些试图破除科层体制的企业，完全是本末倒置"；企业要突破科层体制，实现组织的扁平化，唯一的方式就是改造过程,使之不再支离破碎。因为"企业的问题源自过程的架构,而非组织的架构",把新组织放在旧过程上,就好比"新瓶装旧酒",难以取得突破性的成绩。企业再造理论提出,要以首尾相接的、完整的整合性过程来取代以往的碎片式的、不易看见也难以管理的"割裂性过程"。随之而来的是企业组织的构成单位就势必从专业的职能部门转变为以任务为导向、充分发挥个人能动性和多方面才能的过程小组。这样,企业组织的设计和再设计就主要不是结构组织的问题,而是确确实实地按"过程"作为构件来构造组织。因此,将这种组织称之为"过程组织"。以这种思路来重新设计组织,虽然并没有直接着眼于消减组织层次、部门和人员,但却可以带来组织结构的扁平化和组织机构精简的结果。因此,过程再设计可为企业组织的根本性改造提供一个前所未有的突破口。

四、组织创新中的新思维与关键因素

1. 创新组织的新思维

21世纪高效企业组织的基础是由若干原则组成的新思维,这些原则是:①企业组织可以说是最为关键的竞争优势;②员工参与是最有效的控制;③全体员工都能够显著地增加价值;④横向流程是建立高效企业组织的关键;⑤应该围绕产品以及顾客设计企业组织;⑥有效领导是企业组织高效运作的关键。

(1)企业组织起关键作用

传统观念认为,企业的竞争优势来自强大的财务、人力和自然资源,同时也包括打入市场的能力和非同一般的技术。新思维认为,一个企业要想以其竞争对手无法效仿的方式运作,其管理体系、流程和结构是创立竞争优势的关键。企业有了合适的组织结构,可以更快地推出新产品,更好地提高产品质量,更快捷和全面地满足顾客要求。

(2)员工的有效参与是控制的关键

传统观念认为,等级式控制方式是保障组织执行力的关键,企业主管和管理系统可以对员工的业绩施加影响。新思维认为,企业可以利用员工参与来实施有效控制和协调组织的行动。新思维要求废除传统的等级式控制方式,运用能促进员工有效参与的因素,如提供经营战略、流程、质量、顾客反馈、事件及经营绩效的信息;传授有关工作、企业及整个工作系统的知识;授予在工作诸方面采取行动和决策的权力。

(3)员工能显著地增加企业的价值

传统观念认为,等级式结构里的低层员工只能是唯命是从,从事低附加值的日常工作;而高级管理层则从事高附加值的工作,如战略制定、组织设计、协

调等。新思维则把谁给组织的产品和服务带来增值的传统颠倒了过来,它不停地驱使员工完成更复杂的任务,进行自我管理和控制,协调自身与其他员工的工作,提出合理化建议以便更好地完成组织的工作,开发新产品和建立服务顾客的新途径,最终达到为企业组织的产品和服务增加更多价值的目的。

(4)横向关系是关键

传统观念强调等级式的汇报关系的重要性,强调信息的上报和由上一级进行综合判断和决策,强调管理控制系统的重要性。新思维则极少强调等级式的汇报关系,更加注重横向或平行关系。新思维认为,创造高速度、低成本、硬质量和善于创新的企业组织,横向关系最为重要。注重横向关系,可以使员工对不同的工作和顾客更加积极主动,从而为顾客提供了更好的服务和产品。

(5)围绕产品以及顾客设计企业组织

传统观念强调企业组织设计是企业高层管理者的事,而与顾客或产品直接接触的一线员工至多是企业高层咨询的对象。新思维则认为,要想使不同专长的员工密切配合,企业应该围绕以产品或服务为中心的单位把员工组织起来。企业组织则是由一个个小而联系紧密的团队组合而成。

(6)企业组织高效运作需要有效的领导

传统观念虽然也强调企业组织中领导的重要性,但是这种领导方式更多的是借助等级式的汇报关系进行的,所谓领导艺术更多的是权术的灵活应用。新思维则认为,领导艺术要求高层经理创建关键系统、制定战略方向。他们能为企业组织带来最大增值的关键是能够制定出企业组织的发展日程以及把握经营环境中影响战略的条件。

总之,企业组织的新思维明晰了构筑高效企业组织的基础。其基本的出发点是,搞好企业组织的设计和管理可以提供最关键的竞争优势。要想在未来激烈的市场环境中获得成功,企业必须高度重视发挥企业组织的整体竞争优势,重视员工对企业运营过程的影响力,提高员工的参与度,必须尽可能采用横向流程,考虑产品和顾客来设计组织,要有高瞻远瞩的领导者来领导企业。

2. 驱动组织创新的关键因素

组织创新是一项十分复杂的系统工程,这其中影响因素众多,所以组织创新过程中对关键因素的把握是组织创新成功的关键。以下四个方面的因素对组织创新成功有极其重要的影响。

(1)人性因素

美国心理学家道格拉斯·麦格雷戈关于人性的 X 理论和 Y 理论很有代表性。X 理论认为,人的本质是坏的,工人天生好吃懒做,不求进取,反对变革,安于现状,没有创造性,以自我为中心,漠视组织的要求,易受外界或他人的影响。Y理论认为,人的本质是好的,并非生来就好吃懒做,不求上进不是本性,人并不是被动的,人有创造性,有想象力,在一定条件下,能主动承担责任。

在面临组织变革的关键时刻,人性的弱点就可能暴露无遗。一些人可能利用工作之便,阻挠组织创新工作的开展。如车间工人可能破坏业务流程的重组,因为他们害怕业务流程的重组会使他们失去工作机会;部门经理可能不拿出实际的业绩考核方案,因为他们害怕因此而损害本部门的利益等。因此,在组织创新中,必须学会利用人性的善的一面,如追求上进、积极主动、有创造性、有想象力、能主动承担责任等;同时学会减少人性恶的一面,如不求进取、反对变革、安于现状、没有创造性、以自我为中心、受外界或他人的影响等。

(2)职权因素

如前所述,职权指法定的制定决策和告诉其他人做什么的权力。它表明一个人有能力和权力做出决策、下达命令,利用资源和做任何必要的工作来完成责任。职权如果运用得当,可以推动组织创新的过程。首先,设立组织创新的机构,为组织创新做好规划;其次,努力化解矛盾与冲突,尤其是要注意克服中间层的抵触情绪;再者,利用权力坚持创新进程,通过不断的培训,统一员工的思想,让全体员工积极投身企业的变革之中。

(3)交流因素

在组织创新过程中,矛盾与冲突是在所难免的。这一方面是因为员工习惯于过去的思维模式和行为方式,不愿意做出调整;另一方面是因为员工客观上存在认知上的偏差,如果这种偏差使他们感到不舒服,他们就会设法消除或逃避。因此,就组织变革之事与员工进行深入的交流是必要的。

在交流过程中,组织领导者需要明确交流的目的,设计好交流的程序,充分考虑组织现有的环境因素。在交流过程中,应该平等地对待每一个员工,理解员工的态度,了解员工参与组织创新的积极性,并就现存的组织安排,征询员工的意见和建议。希望通过强有力的交流过程,改变员工长期以来形成的思维模式和行为方式,缩小认知上的偏差,从而达到促使员工理解并自觉接受组织创新的紧迫性、必要性和重要性。

(4)领导因素

组织创新过程是各种利害关系激化并加以调处的过程。在这一过程中,强有力的领导是保障组织创新工作顺利开展的关键。为此,组织领导者应就组织创新工作进行科学和周密的规划,为组织成员树立一个宏大而清晰的目标,以激励员工为之奋斗;重视信息工作,理解信息对于组织开展创新工作的重要性,科学地应用信息于组织创新的全过程;重视非正式组织的作用,借助非正式组织,实现组织创新的意图;运用善待员工的各种举措,增强组织对员工的凝聚力。

复习思考题

一、名词解释

1. 管理创新
2. 技术创新
3. 制度创新
4. 组织创新

二、问答题

1. 简述创新的基本内涵。
2. 管理创新的基本内容有哪些?
3. 简述创新与维持的关系。
4. 简述管理创新的过程和组织。
5. 如何进行技术创新的决策?
6. 技术创新中的风险有哪些?
7. 简述制度创新的过程。
8. 组织创新的内容有哪些?
9. 简述组织创新中的新思维与关键因素。

三、案例分析题

通用汽车公司的组织结构创新

1916年,随着联合汽车公司并入通用汽车公司,阿尔弗雷德·斯隆出任通用汽车公司副总裁。作为通用汽车公司副总裁的斯隆,发觉到通用汽车公司管理上存在问题。他先后写了三份分析通用汽车公司内部管理弱点的报告。但是,总裁杜兰特只是赞赏,不予采纳。到了1920~1921年的经济危机期间,通用汽车公司在经营管理上的问题彻底暴露出来了。公司危机四伏,摇摇欲坠。这时杜兰特引咎辞职,皮埃尔·杜邦兼任总经理。斯隆在他的支持下,开始了改革的进程,这场改革从1921年开始一直持续了10年。

斯隆分析了通用汽车公司的弊病,指出公司过去将领导权完全集中在少数高级领导人身上,他们事无巨细,大包大揽,反而事与愿违,造成了公司各部门失去控制的局面。他认为,大公司较为完善的组织管理体制,应以集中管理与分散经营两者之间的协调为基础。只有在这两种显然相互冲突的原则之间取得平衡,把两者的优点结合起来,才能获得最好的效果。由此他认为,通用汽车公司应采取"分散经营、协调控制"的组织体制。根据这一思想,斯隆提出了改组通用汽车公司的组织机构的计划,并第一次提出了事业部制的概念。

1920年12月30日,斯隆的计划得到公司董事会的一致同意。次年1月3日这个计划开始在通用公司推行。

斯隆在以后的 10 年中,改组了通用汽车公司。斯隆将管理部门分成参谋部和前线工作部(前者是在总部进行工作,后者负责各个方面的经营活动),这种分组在 19 世纪较大的铁路公司里已经成形。现代军队,特别是普鲁士军队也率先使用了这种组织形式,许多概念同时在工业公司里获得发展。斯隆也确实用过军事方面的例子来说明他正是要在通用汽车公司里干什么。

斯隆在通用汽车公司创造了一个多部门的结构。他废除了杜兰特的许多附属机构,将力量最强的汽车制造单位集中成几个部门。这种战略现在人们已经熟悉,但在当时是第一流的主意并且被出色地执行了。多年后斯隆这样说:我们的产品品种是有缺陷的。通用汽车公司生产一系列不同的汽车,聪明的办法是造出价格尽可能不同的汽车,就好像一个指挥一次战役的将军希望在可能遭到进攻的每个地方都要有一支军队一样。"我们的车在一些地方太多,而在另一些地方却没有。"因此通用汽车公司首先要做的事情之一是开发系列产品,以便在竞争出现的各个阵地上对付挑战。

斯隆认为,通用汽车公司生产的车应从卡迪拉克牌往下到别克牌、奥克兰牌,最后到雪佛莱牌,这是 20 世纪 20 年代早期的产品阵容。后面有了改变,即 1925 年增加了庞蒂艾克牌,以填补雪佛莱牌和奥尔兹莫比尔牌中间的缺口;奥克兰牌被淘汰了,增加了拉萨利牌,后来它也被淘汰了。

每个不同牌子的汽车都有自己专门的管理人员,每个单位的总经理相互之间不得不进行合作和竞争。这意味着生产别克牌的部门与生产奥尔兹莫比尔牌的部门都要生产零件,但价格和式样有重叠之处。这样,许多买别克牌的主顾可能对奥尔兹莫比尔牌也感兴趣,反之亦然。这样,斯隆希望在保证竞争有利之处的同时,也享有规模经济的成果。零件、卡车、金融及其他部门差不多都有较大程度的自主权,其领导人成功了则获奖赏,失败了则让位。通用汽车公司后来成为一架巨大的机器,但斯隆力图使它有较小公司所具有的激情和活力。

斯隆的战略及其实施产生了效果。1921 年,通用汽车公司生产了 21.5 万辆汽车,占国内销售的 7%;到 1926 年底,斯隆将小汽车和卡车的产量增加到 120 万辆,占有全国 40%以上的汽车市场。1940 年该公司产车 180 万辆,已达该年全国总销量的一半。相反,福特公司的市场份额 1921 年是 56%,而 1940 年是 19%,不仅远远落后于通用汽车公司,而且次于克莱斯勒公司成为第三位,后者在 1921 年时甚至还不曾出现。这是美国商业史上最戏剧性的沉浮之一。

根据上述材料,完成下列选择题:

1. 斯隆认为,在通用的组织结构方面(　　　)。

　　A. 集权有百害而无一利

　　B. 传统的集权式组织结构必须让位于现代的分权式组织结构

　　C. 应在集中管理与分散经营之间取得平衡

　　D. 它与通用当时的问题关系不大

2. 关于事业部制,下述说法中不正确的是(　　　)。

　　A. 它是一种集中指导下的分权管理形式

　　B. 它又称为斯隆模型

C. 各事业部具有相对独立的利益和自主权

D. 各事业部之间协调方便

3. 斯隆对通用汽车公司的部门进行划分时,主要是按( )进行的。

　　A. 工艺　　　　　　　B. 人数

　　C. 产品　　　　　　　D. 营销渠道

4. 在 1940 年前后,美国汽车市场是一种典型的( )。

　　A. 完全竞争市场　　　B. 垄断竞争市场

　　C. 寡头垄断市场　　　D. 完全垄断市场

5. 对于参谋职权与直线职权,下述说法中不正确的是( )。

　　A. 直线职权是上级指挥下级工作的权力

　　B. 参谋职权旨在协助直线职权有效地完成组织目标

　　C. 两者之间是"参谋建议、直线命令"的关系

　　D. 参谋职权应受直线职权的领导

6. 在产品方面,斯隆( )。

　　A. 把高档车作为目标市场

　　B. 把低档车作为目标市场

　　C. 把所有的汽车作为目标市场

　　D. 对原有的产品品种不作改动

参考文献

[1] [美]F. 泰勒. 科学管理理论[M]. 北京:中国社会科学出版社,1978.

[2] [美]恩斯特·卡西尔. 人论[M]. 上海:上海译文出版社,1985.

[3] [美]阿伦·肯尼迪,特伦斯·迪尔. 西方企业文化[M]. 北京:中国对外翻译出版社,1989.

[4] [美]哈罗德·孔茨,海因茨·韦里克. 管理学(第九版)[M]. 北京:经济科学出版社,1993.

[5] [美]迈克尔·波特. 竞争战略[M]. 北京:华夏出版社,1997.

[6] [美]丹尼斯·雷恩. 管理思想的演变[M]. 北京:中国社会科学出版社,2000.

[7] [美]托马斯·贝特曼,斯考特·斯奈尔. 管理学——构建竞争优势[M]. 北京:北京大学出版社,2001.

[8] [美]亨利·明茨伯格. 战略历程:纵览战略管理学派[M]. 北京:机械工业出版社,2001.

[9] [美]罗伯特·格兰特. 公司战略管理[M]. 北京:光明日报出版社,2001.

[10] [美]彼德·圣吉. 第五项修炼[M]. 上海:上海三联书店,2001.

[11] [美]艾尔弗雷德·钱德勒. 战略与结构:美国工商企业成长的若干篇章[M]. 昆明:云南人民出版社,2002.

[12] [美]希特. 战略管理:竞争与全球化[M]. 北京:机械工业出版社,2002.

[13] [美]斯蒂芬·罗宾斯,玛丽·库尔特. 管理学(第七版)[M]. 北京:中国人民大学出版社,2004.

[14] [美]加斯·塞隆纳. 战略管理[M]. 北京:机械工业出版社,2004.

[15] [英]丹尼斯·舍伍德. 创新管理[M]. 上海:上海远东出版社,2003.

[16] [美]加雷斯·琼斯. 当代管理学(第三版)[M]. 北京:人民邮电出版社,2005.

[17] [美]彼德·德鲁克. 创新与企业家精神[M]. 北京:机械工业出版社,2007.

[18] 刘云柏. 中国古代管理思想史[M]. 西安:陕西人民出版社,1997.

[19] 李录堂. 管理学原理[M]. 西安:陕西人民出版社,1998.

[20] 王忠明. 员工与组织创新[M]. 北京:中国经济出版社,1999.

[21] 王革非. 企业决策工具与方法[M]. 北京:机械工业出版社,2002.

[22] 王璞. 组织结构设计咨询实务[M]. 北京:中信出版社,2003.

[23] 杨锡怀. 企业战略管理[M]. 北京:高等教育出版社,2004.

[24] 杨文士,焦叔斌. 管理学原理(第二版)[M]. 北京:中国人民大学出版社,2004.

[25] 陈春花. 高成长企业的组织与文化创新[M]. 北京:中信出版社,2004.

[26] 龚荒,杨政军. 管理学[M]. 徐州:中国矿业大学出版社,2005.

[27] 崔卫国,刘学武. 管理学故事会[M]. 北京:中华工商联合出版社,2005.

[28] 郭小平,廖志江. 管理学原理[M]. 兰州:兰州大学出版社,2005.

[29] 芮明杰. 管理学——现代的观点(第二版)[M]. 上海:上海人民出版社,2005.

[30] 周三多. 管理学(第二版)[M]. 北京:高等教育出版社,2005.

[31] 倪杰. 管理学原理[M]. 北京:清华大学出版社,2006.

[32] 刘汴生. 管理学[M]. 北京:科学出版社,2006.

[33] 王凯. 管理学基础(第二版)[M]. 北京:高等教育出版社,2006.

[34] 魏文斌. 第三种管理维度组织文化管理通论[M]. 长春:吉林人民出版社,2006.

[35] 臧有良,暴丽艳. 管理学原理[M]. 北京:清华大学出版社,2007.

[36] 陈传明,周小虎. 管理学原理[M]. 北京:机械工业出版社,2007.

[37] 吴秀敏. 企业战略管理[M]. 北京:中国农业出版社,2007.

[38] 佟国光,李树超. 管理学[M]. 北京:中国农业出版社,2007.

[39] 洪剑峭. 企业分权管理和管理控制[J]. 经济研究,1998(2):46-50.

[40] 夏新平. 面向知识经济的企业组织创新[J]. 华中理工大学学报(社科版),2000(2):65-68.

[41] 李文涛. 制度创新理论研究评述[J]. 经济纵横,2001(11):61-62.

[42] 那国毅. 职能制和团队结构[J]. IT经理世界,2002(11):92-93.

[43] 罗争玉. 文化管理是组织管理思想发展的新阶段[J],湖南社会科学,2003(1):90-92.

[44] 郭朝阳. 公司层战略:基本内涵及其演变轨迹[J],厦门大学学报(哲学社会科学版),2005(2):34-41.

[45] 高杰,高林玉. 管理学的研究起点与逻辑起点问题探究[J],东北财经大学学报,2005(3):11-14.

[46] 尚煜. 事业部制理论及对中国商业银行的借鉴[J]. 前沿,2005(6):53-54.

[47] 王启亮. 业务层战略:基本内涵、特征及未来的研究方向[J]. 厦门大学学报(哲学社会科学版),2007(6):133-134.